교류분석의 이해와 상담의 적용

UNDERSTANDING AND APPLICATION OF TRANSACTIONAL ANALYSIS

한국교류분석상담학회 편

김미례 · 김장회 · 문영주 · 이영호 · 전우경 · 정원철 공저

학지사

머리말

에릭 번(Erick Berne)이 이 땅을 떠난 지 어언 반세기를 지나고 있다. 번에 의해 창시된 교류분석(TA)은 전 세계 많은 임상가의 사랑을 받으며 상담, 조직, 교육을 포괄하는 다양한 형태로 발전하고 있다. 실질과 증거기반을 중시하는 실천 현장의 기대를 충족시키기에 TA는 충분한 조건을 갖춘 것으로 평가되고 있다. 이러한 TA 모델의 확장과 활용은 더욱 가속화할 것으로 예측된다.

그동안 TA를 주제로 한 도서가 출판되고는 있지만 상당 부분 외국 저서를 번역하는 수준에 머물고 있다. 그마저도 오래전에 발간된 것이어서 TA의 최근 흐름을 제대로 반영하지 못한다는 한계를 지니고 있다. 더하여 사용하는 용어도 제각각이어서 개념에 대한 혼란이 생기는 경우가 빈번한 실정이다.

본서는 TA의 기본 개념에서부터 TA의 최근 흐름을 최대한 반영하고자 하였다. TA를 처음 접하는 입문자부터 심층적인 지식을 기대하는 이들의 욕구를 충족할 수 있도록 내용 구성에 심혈을 기울였다. 특별히 TA의 실천 장면에서 TA 성격프로파일을 쉽게 활용할 수 있도록 해석과 적용을 다룬 별도의 장을 제시하였다. 아울러 TA의 기본 이론은 물론 각각의 이론과 개념을 실제 임상 장면에서 활용할 수 있는 구체적인 지침들에 대해 서술하였다.

본서의 집필을 위해 한국교류분석상담학회에서 전문성과 식견을 인정받은 6인의 저자가 참여하였다. 저자들은 여러 차례의 대면, 비대면 회의를 통해 각 장에수록되어야 할 내용에 대해 의견을 나누고, 전체 저자가 참여하는 워크숍 형태의 회의를 통해 각 저자가 저술한 내용을 감수하고 점검하는 형태로 저술 내용의 일관성과 정확성을 높이고자 하였다.

본서는 전체 19장으로 구성되었다. 1장, 2장, 3장, 4장은 정원철 교수(신라대)가, 5장, 6장, 7장, 8장은 전우경 소장(아이플러스 부모교육연구소)이, 9장, 10장, 19장은 김장회 교수(경상국립대)가, 11장 TA 성격 프로파일 분석 워크숍은 이영호 교수(인제대)가 담당하였다. 12장, 13장, 14장, 15장은 문영주 원장(심리상담클리닉 뜨락)이, 16장, 17장, 18장은 김미례 교수(호남대)가 담당하였다.

첫술에 배부를 수는 없다. 본서가 더 나은 방향으로 나아갈 수 있도록 독자 여러분의 기탄없는 가르침을 구하는 바이다. 본서의 저자로 함께할 수 있어 대단히 기쁘게 생각하며, TA에 저명하신 저자들과 함께 의견을 나눈 기억들을 잊을 수가 없을 듯하다. 끝까지 함께해 주신 저자들께 큰 감사를 드리며, 많은 독자가 본서를 통해 TA와 친밀해지고 전문가를 향한 배움의 길에서 자율성에 한층 다가서길 기대한다.

2024년 6월

저자 일동

추천사

한국교류분석상담학회에서 『교류분석의 이해와 상담의 적용』을 한국의 중진 전문 TA 이론가, 치료상담가에 의해 출판하게 된 것을 축하하며 추천하는 바입니다.

한국의 TA 역사는 TA 이론의 원산지인 미국의 TA 역사와 맥을 거의 같이합니다. 그러나 지난 반세기에 걸친 한국의 TA는 미국, 유럽, 일본 등의 전문서적, 교재들을 번역해 사용해 옴으로써 한국 국적이 결여된 TA 정체성 속에서 한국의 TA DNA를 모색해야 했습니다.

이제 한국의 TA는 반세기 이상의 치료상담 역사를 축적하였습니다. 이번 출판된 개정 교재는 바로 한국의 TA 전문가들이 우리의 역사적 경험을 토대로 연구 출판하게 된 것입니다. 이 교재를 토대로 미래 한국의 치료상담 전문가들을 교육/훈련시키게 된 것을 높이 평가하며, 한국 TA 임상 1세대의 한 사람으로서 모든 TA 전문인들에게 강력하게 추천하는 바입니다.

숭실대학교 명예교수
한국교류분석상담학회 고문
(전) 월드비전 회장
박종삼

2024년 새해가 시작되는 시점에 한국교류분석상담학회에서 『교류분석의 이해와 상담의 적용』을 출판한 정원철, 김미례, 김장회, 문영주, 이영호, 전우경 선생

모두에게 감사의 마음을 전합니다.

'교류분석' 개념을 1964년 처음 도입한 학자는 미국의 Dr. Eric Berne입니다. Berne은 정신과 의사로서 정서적 문제를 가진 환자들을 치료하는 것이 목적이었지만 이 과정에서 인간과 인간의 교류는 정신과 환자들만의 문제가 아니라 갓 태어난 아기는 물론 어른들까지 '인정 허기'를 느끼고 다른 사람과의 관계가 원만하기를 원하는 것을 발견했습니다. 이를 위해 온갖 말과 행동을 하는 것을 파악하고 1964년『Games People Play』를 썼습니다.

여러분이 이 책을 많은 분에게 보급하여 우리나라 영유아부터 어른들까지 서로 소통하며 마음과 마음이 통하는 살만한 곳을 만들게 되기를 소망합니다.

중앙대학교 명예교수
한국교류분석상담학회 고문
(전) 대통령자문기구 교육개혁위원회 위원
(전) 한국유아교육학회장
이원영

인간의 행복과 고통은 본질적으로 관계에서 비롯된다. 대인관계는 물론 자신과의 관계에서 화평을 찾으면 행복에 접촉할 수 있다.

교류분석은 관계 심리학의 정수로 꼽힌다. 이 책은 이러한 교류분석의 핵심 개념을 기초부터 차근차근 설명하면서 교류분석의 심층적 이해를 도모한다. 상당 부분 번역서에 의지하고 있는 한국적 현실에서 저자들의 치열한 노력으로 수준 높은 교류분석 저술이 출간되어 기쁜 마음 가득하다. 나와 너와의 친밀한 관계 복원과 심리적 자율성의 길을 찾는 이들에게 본서를 추천한다.

국립부경대학교 평생교육상담학과 교수
(전) (사)한국상담학회 9대 회장
천성문

최근 급변하는 산업화로 상담의 수요가 급증하고 있으며, 전문적인 상담의 필요성에 대한 인식이 확산되고 있는 시점에 매우 유익한 교재가 나오게 되어서 매우 기쁩니다.

이 교재는 교류분석 이론뿐만 아니라 다양한 실제 분야에서 오랜 동안 경험을 쌓으신 전문가들이 집필한 매우 실용적인 저서로 교류분석을 처음 접하거나 또는 이미 배운 내용들을 체계적으로 심화시키려는 분에게 꼭 필요한 내용입니다. 우리나라 교류분석상담 발전에 많은 도움이 되고 교류분석을 한층 더 널리 알리는 데 큰 역할을 할 것이라 기대합니다.

대구대학교 청소년상담복지학과 교수
한국교류분석학회 회장
최웅용

차례

제3장 교류패턴 51

제4장 인생태도 65

제2부

제5장 스트로크 81

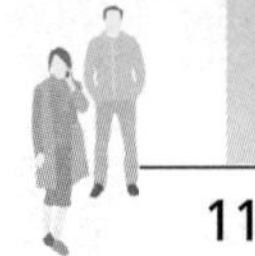

제1부

제1장 교류분석의 개관

제2장 자아상태 모델의 이해

제3장 교류패턴

제4장 인생태도

제1장 교류분석의 개관

1 교류분석의 이해

1) 개요

교류분석(transactional analysis: TA)은 정신과 의사인 에릭 번(Eric Berne, 1910~1970)에 의해 창안되었다. 1970년 번의 사망 후 50여 년이 경과하면서 교류분석은 오늘날 전 세계로 전파되어 심리상담, 교육, 조직 영역으로 확대 적용되고 있다.

국제교류분석협회(International Transactional Analysis Association: ITAA)는 "TA는 개인의 성장과 변화를 위한 성격 이론이며 체계적인 심리치료 이론이다."라고 정의하고 있다. TA는 프로이트(Freud)의 정신역동적 개념, 행동주의, 인본주의, 게슈탈트 등의 이론 체계가 결합하여 개발되었으며, 성격 이론, 의사 교류 이론, 아동발달 이론, 심리치료 이론을 내포하고 있다(Stewart & Joines, 1987).

TA는 통합이론으로서 TA의 출현에는, ① 프로이트의 정신분석, ② 펜필드(Penfield)의 뇌연구, ③ 하트만(Hartman) 등의 자아심리학, ④ 페던(Federn)의 자아상태 이론, ⑤ 에이브러햄(Abraham)의 성격 유형 이론, ⑥ 머피(Murphy)의 인간성장 이론, ⑦ 펄스(Perls)의 게슈탈트 이론, ⑧ 스테어(Stair)의 가족치료 이론, ⑨ 캠벨(Campbel)의 신화분석, ⑩ 매슬로(Maslow)의 자아실현 이론, ⑪ 스피츠(Spitqz)의 스트로크 이론, ⑫ 베터슨(Baterson)의 의사소통 체계이론이 활용되었다(우재현, 2005).

교류분석의 가장 큰 장점은 이론이 단순하다는 점이다(Stewart & Joines, 2010). 번은 TA 활용 가능성을 높이고자 평이한 용어를 사용하여 인간의 내면을 설명하고자 하였다. 특히 정신분석 이론의 경우 무의식, 꿈, 내면세계 등 검증하기 어려운 용어들이 난립하다는 비판을 받아 왔다는 점에서, 간결하고 쉬운 용어를 사용하고자 한 점은 TA가 타 이론과 크게 구별되는 점이다. TA는 여타 이론에 비해 단기간에 효과가 도출된다는 것이 전 세계 수많은 연구자로부터 확인된 바 있다(우재현, 1992). 이러한 점은 TA 상담사 양성이 용이하며 저렴한 비용으로 내담자의 문제해결에 이를 수 있다는 점에서 큰 장점이라 할 수 있다(우재현, 2005). 아울러 TA는 복잡한 인간행동을 명쾌하게 설명해 낸다는 점에서 많은 호응을 얻고 있다.

2) 주요 이론가

TA 이론은 번을 위시하여 다수의 이론가가 공헌한 결과이다. 1971년 제정된 에릭번기념과학상을 수상한 인물들을 중심으로 이론을 발달시켜 가고 있다. 에릭 번이 사망한 후 그를 기념하고 그의 이론을 정교화하기 위한 노력의 일환으로 1971년부터 1987년까지 '에릭번기념과학상'이 제정되어 수여되어 왔다. 1994년부터는 에릭번기념과학상(Eric Berne Memorial Award in Transactional Analysis)을 토대로 TA의 이론과 실제를 정교화하는 노력을 전개해 오고 있다(에릭번기념과학상 수상자는 국제교류분석협회 홈페이지 참조: https://itaaworld.com/about-itaa/awards).

3) 교류분석의 세 학파

TA는 번에 의해 창안되었지만 다수의 이론가가 참여하여 발달시킨 이론이다. 이들 이론을 정리해 보면 크게 세 학파로 정리된다(Stewart & Joines, 1987). 오늘날은 여러 학파가 활동함으로써 특정 학파의 주장만 활용하는 교류분석가도 있지만 대체로 세 학파의 사상과 기법이 두루 활용되고 있다. 따라서 오늘날 다양한 이론

을 융합하는 현상을 감안하면 통합학파를 포함하여 다음의 네 가지 학파가 제시한 개념을 전반적으로 이해할 필요가 있다.

(1) 고전학파

주로 에릭 번(1961)과 그의 동료의 주장을 반영하는 모델이며, 교류분석이 태동했을 당시의 접근 방법을 가장 잘 따르고 있기 때문에 고전학파(classical school)로 명명된다. 고전학파에서는 어른자아상태(이하 A자아)를 통해 내담자가 왜 문제가 생겼는지를 이해하는 데 주력하고, 각본 유형에서 벗어나 자율성을 획득하도록 하는 데 주안점을 두며, 이를 위해 집단의 활용을 중시한다. 여기에는 드라마 삼각형, 이고그램, 스트로킹 프로파일, 선택(option) 등의 개념이 포함된다. 내담자는 집단 과정을 통해 자신의 문제를 재연하고 이로써 자신의 게임, 라켓티어링, 기타 각본 유형을 자각할 수 있게 된다. 오늘날 활용되는 TA의 상당 부분이 고전학파의 주장을 반영하고 있다.

고전학파에서는 흔히 세 가지의 자아상태를 중시하며, 이러한 세 가지의 자아상태가 TA 장면에서 제대로 활용되는 것이 중요함을 강조한다. 이는 허용(permission)과 보호(protection), 역량(potential)이다. 교류분석상담사는 내담자의 금지명령을 해제하고 P 자아나 C 자아에서 벗어나 지금-여기에 근거하여 생각하고 느끼며 행동하는 자율성을 가지도록 하는 데 3P(보호, 잠재력, 허용)를 적극적으로 활용한다.

(2) 재결단학파

재결단학파(redecision school)는 밥 굴딩(Bob Goulding)과 메리 굴딩(Mary Goulding)에 의해 제안되었다(Goulding et al., 1979). 이 학파는 게슈탈트(gestalt) 이론의 창시자인 펄스(Perls, 1893~1970)의 주장을 교류분석에 접목시켰다는 평가를 받는다. 이들에 따르면 각본을 형성하는 초기결정은 사고(thought)보다는 감정 또는 기분(mood)에 의해 더 영향을 받는다는 입장이다. 따라서 초기결정이 이루어지던 시기의 C 자아의 감정과 재접촉하고, 이러한 감정을 표현하게 함으로써 초기 결정을 새롭고 적절하게 재결정할 수 있다고 본다.

개인의 문제는 성격의 두 부분이 동일한 힘을 가지고 정반대로 나아가도록 밀기 때문에 발생한다고 보았는데, 이를 임패스(impasse)라고 한다. 재결정학파는 임패스를 해결하는 데 게슈탈트 이론에서 흔히 사용하는 '빈 의자 기법' 등을 활용하여 C 자아의 감정이 드러나도록 유도한다. 집단치료(상담)도 활용하지만 고전학파보다는 일대일의 개인 중심 접근을 선호하며, 문제해결에 있어서 내담자의 책임을 강조한다. 따라서 내담자는 치료자로부터 새로운 행동과 감정을 느낄 수 있도록 허용을 얻는다. 재결정치료에서는 감정 표현을 중시하지만, 내담자 스스로 지금-여기에서 무슨 일이 벌어지고 있는지를 이해(자각)하는 것도 중요하다고 본다.

(3) 카텍시스학파

카텍시스학파(cathexis school)의 주요 인물은 정신과 의사인 쉬프(Schiff)이다. 이 학파는 재양육(reparenting)을 강조한다(Schiff et al., 1975). 카텍시스학파에 따르면 정신적 문제는 파괴적이고 일관성 없는 P 자아 메시지의 결과라는 점을 전제로 한다. 이를 위해 치료자는 내담자를 어린 시절로 퇴행시켜 내담자에게 긍정적이고 일관적인 부모자아 메시지를 경험하도록 한다. 이를 재양육이라고 하며, TA 상담은 일종의 재양육인 셈이다. 재양육(reparenting)이란 이미 성장한 '유아'가 새로운 '어머니'와 '아버지', 즉 치료자에게 의존하여 새로운 형태의 자아를 형성하게 하는 것이다.

카텍시스학파는 디스카운트(discount)에 대한 직면과 재정의(redefining)를 강조한다. 수동적인 자세를 버리고 문제해결을 위한 사고와 행동을 장려한다. 이 학파 역시 집단 활동을 중시하는데, 집단이 '반응적 환경'으로 작동되도록 해야 하며, 집단 내에서 수동성(passivity)과 디스카운트를 보일 경우, 타 성원은 이를 직면시키고 적극적인 문제해결을 요구한다. 쉬프는 이를 '배려의 직면(caring confrontation)'이라 칭하였다.

(4) 통합학파

오늘날의 교류분석은 한 가지 특정 이론에 매여 적용되기보다는 다양한 이론을 절충하여 활용된다는 특징이 있다. 많은 TA 상담가는 에릭 번의 전통학파와 굴딩의 재결단학파, 쉬프의 카덱시스학파의 단일 이론에 머무르지 않고 각 이론의 장점을 임상 장면에 적절하게 절충하여 사용한다. 각본 체계를 제시한 얼스킨과 잘크맨(Erskine & Zalcman), 축소 각본의 개념을 제시한 카알러(Taibi Kahler)는 이전의 학파를 넘어서 독자적인 주장을 펼친 교류분석학자로 평가받고 있다.

교류분석은 자아상태 모델과 인생각본 이론을 주요한 축으로 하여 이론이 구성되기 때문에 절충되는 모델 역시도 이 두 가지 개념을 토대로 모형이 형성된다. 굴딩이 제시한 교류분석의 재결단 모델이 게슈탈트 이론을 교류분석에 접목했듯이 정신분석의 개념, 행동주의 개념, 인본주의 개념, 심지어 최근에 강조되는 신경언어학 프로그램(NLP) 등도 교류분석에 절충되어 새로운 교류분석의 모델로 형성될 수 있는 여지를 지닌다.

2 교류분석의 창시자 에릭 번의 생애[1)]

에릭 번[2)]은 1910년에 캐나다의 몬트리올에서 의사인 아버지와 문인인 어머니 하에서 1남 1녀 중 장남으로 출생하였고, 9살 때에 개업 의사인 아버지가 38세의 나이에 폐결핵으로 병사했기 때문에 번의 어머니가 작가와 편집가로 겸직하면서 가장의 역항을 수행하였다. 이 와중에 번은 여동생을 돌보면서 자랐다. 그는 25세에 캐나다 동부의 맥길(McGill) 의과대학에서 의사 자격증을 받고 그해 미국으로 이사하였으며, 그 이듬해 예일대학병원 정신과에서 전공의로 활동하다가 미국 시

1) 보다 자세한 내용은 [박현주 역(2009). 에릭 번. 서울: 학지사.]를 참조.

2) 동시에 [박미현(2013). 오사카에서 만난 에릭 번. 교류분석상담연구 3(2), 81-91.] 논문을 참조.

민권을 획득하였다.

1940년에 번은 코네티컷(Connecticut)의 노워크(Norwalk)에서 개업, 첫 번째 부인 엘리노어(Elinor)와 결혼, 2명의 자녀를 두었다, 1941년에 본격적인 정신분석의 수련을 시작하였으며, 뉴욕분석연구소에서 페던(Paul Federn)에게 개인분석을 받았다.

1943부터 1946년까지 육군의료단에서 정신과 의사로 복무하는 동안 병사의 진료를 통하여 집단치료의 효과를 골고루 체험함과 동시에 단시간에 정확히 진단하는 방법에 관심을 기울이고, 병사들의 비언어적 커뮤니케이션의 관찰을 통해 TA의 이론적 기초를 만들 수 있었다. 이러한 경험은 베이트슨(Gregory Bateson)의 커뮤니케이션에 관한 이론에서 영향을 받았다고 회상하였다. 이후 1946년에 군에서 전역한 시기에 첫 아내와 이혼하였다.

1947년에 『행동에서 마음(The Mind in Action)』을 출간하였고, 제2차 세계대전이 끝난 해에 정신분석(psychoanalysis) 수련을 위해 샌프란시스코로 이사하였다. 1947년부터 2년간 San Francisco Psychoanalytic Institute에서 에릭슨(Eric Erickson)으로부터 정신분석을 전수받았고, 도로시(Dorothy)와 두 번째 결혼을 하였다. 번은 5명의 자녀를 기르면서 가장의 역할을 잘 수행하였고, 권위적인 부모보다는 가능하면 허용적이고 양육적인 부모 역할을 선호했으며 실제로 그러하였다. 1964년에 도로시와 이혼하였고, 1947년부터 10년간 개업과 인근 병원의 자문의 역할을 하면서 직관 intuition)에 관한 몇 가지 논문을 쓰면서 정신분석의 자격 취득을 열망하였다.

하지만 1956년에 정신분석가 자격 획득에 실패하였는데, 이는 향후 번이 3년 혹은 4년 정도 더 개인분석과 훈련을 한 후 다시 자격 요청에 응해야 한다는 것을 의미하였다. 따라서 이 사건은 번을 엄청나게 실망시켰고, 이는 번이 TA를 본격적으로 개발하게 하는 동인이 되었다. 이로써 번은 결국 정신분석협회를 탈퇴하기에 이르렀다. 번은 1950년부터 1951년에 이르기까지 샌프란시스코에서 '화요일 저녁세미나'를 시작하면서 교류분석 연구를 본격화하였다.

1964년에 번과 동료들은 '국제교류분석협회(International Transactional Analysis Association: ITAA)'를 창설하였고 이 협회는 샌프란시스코에 여전히 소재한다.

두 번째 이혼 후 번의 개인적 삶은 혼돈 그 자체였으나, 이는 번으로 하여금 저술에 매달리게 하는 동인이 되었다. 1967년에는 피터슨(Torre Peterson)과 재혼했으나 사망하던 그해 초에 다시 이혼하였다. 1970년에 번은 두 번의 심장발작으로 고통을 받았다. 그해 더 큰 또 다른 심장발작이 일어났고, 이로써 1970년 7월 15일 사망하였다. 번은 생존 중 즐겨 사용했던 좌우명, 즉 "단지 치료 과정을 논의하지 말고 환자를 치료하십시오(Cure them, dont just work for progress)."를 강조하였고, 항상 내담자 측에 서서 내담자와 같은 말을 사용하고 참된 마음의 접촉을 추구한 치료자였다(Stewart, 1992).

3 교류분석의 철학

교류분석은 정신역동, 인본주의, 게슈탈트, 인지행동 이론을 절충하여 인간의 복잡한 내면을 간명하게 제시함으로써 상담과 조직, 교육 분야의 전문가 양성과 내담자 변화에 용이하다는 특징이 있다. TA의 특성은 다음에서 중시하는 TA 철학을 통해 잘 드러난다(Stewart & Joines, 1987; 우재현, 2005).

1) 긍정적 존재: 모든 사람은 긍정적(OK)이다

번(1966)은 "인간은 모두 왕자 또는 공주로 태어났다."라는 표현을 통해서 인간성에 대한 긍정적인 견해를 피력하였다. 모든 인간은 OK라는 것이다. 여기서 중요한 인종, 성별, 연령, 직업 등과 무관하게 모든 인간은 기본적으로 긍정성을 지니고 있음을 전제로 한다. 이는 또한 행동에 관한 것보다는 인간의 본질에 대한 긍정성(OK)을 인정한다는 것이며, 인간의 기본적인 가치와 존엄성을 시인한다는 것이다. 따라서 모든 개인은 누구나 긍정적이며 누가 누구보다 잘나지도 못나지도 않은 'I am OK, You are OK'임을 중시한다. 뿐만 아니라 인간은 누구나 정신과 신체의 건강을 향한 내적 충동이 있음을 중시하였다.

2) 사고 능력 존재: 인간은 누구나 스스로 사고하는 능력을 지니고 있다

인간의 사고력은 뇌의 손상이 없는 한 누구나 소유하고 있다. 또한 상황에 맞는 사고 능력을 통해 적절한 적응을 도모할 수 있는 능력도 지니고 있다. 인간의 이러한 자율적인 사고 능력은 생리적이며 생득적이다. 그럼에도 불구하고 이러한 자율적 사고 능력은 인생 초기 부모의 것으로 학습되어, 내재된 사고 능력이 제대로 발휘되지 않을 경우 부적응에 처해질 수 있다. 그럼에도 불구하고 일정한 자극을 통해 부모에 의해 학습된 명령과 금지(각본 형성의 요소들)로부터 벗어나 유보되고 지체된 자율성(자발성, 친밀성, 자각성)을 회복할 수 있는 능력이 있음을 중시한다. TA는 이러한 자율적인 사고 능력을 회복하도록 돕는 데 유용하다.

3) 재결단 존재: 인간은 누구나 자신의 삶을 결단할 수 있다

인간의 생애 초기의 잘못된 조건 형성, 즉 자신의 과거 결단을 이해할 수 있으며, 초기의 결단을 새롭게 형성하는 재결단을 선택할 수 있다. 따라서 과거의 결정에 대해 재검토하고 아동기의 초기 결단은 (성장하여) 더 이상 타당하지 않다고 판단될 때 새로운 결단을 통해 운명을 개척하게 된다. 이러한 결단은 스스로 가능하기도 하지만 일정한 자극이 주어질 때 보다 용이해진다. TA는 이러한 결단이 형성되도록 하는 데 많은 관심을 가진다.

4 교류분석의 지향

TA는 심리 이론으로서 인간의 변화를 위한 체계적인 토대를 제공한다. 교류분석에는 학파별로 다양한 변화 개념이 제시되었는데, 기본 개념을 소개하면 다음과 같이 정리해 볼 수 있을 것이다(Stewart, 1992).

1) 자율성(autonomy)

번이 강조한 자아상태(ego state)는 시간성(time)을 중시한다. 자아상태를 이해하는 데 시간성을 염두에 두는 것은 매우 중요하다. C 자아, P 자아는 모두 지금이 아닌 이전에 형성된 자아상태를 강조하는 개념이다(Berne, 1964).

이에 반해 A 자아는 지금-여기에 부합하는 인지, 정서, 정서의 상태를 일컫는다. 따라서 TA가 지향하는 바는 개인이 지금-여기에 부합하는 정서, 행동, 인지로써 현실과 거래하고 반응하는 것이다. 이런 맥락에서 자율성은 교류분석의 지향성을 가장 잘 드러내는 개념이라 할 수 있다.

번(1964)은 자율성의 핵심으로서 지금-여기에 맞는 선택을 내릴 수 있는 개인의 자유를 중시했다. 번(1961)은 A 자아가 얻게 되는 이득은 이전에 형성된 C 자아나 P 자아가 아닌 지금-여기에 기초하는 기분, 행동, 사고가 증가하는 것임을 강조했다. 여기서 '지금'은 시간성을 말하고, '여기'는 공간성을 의미한다.

번(1964)은 자율성을 구비한 개인의 조건으로 자각성, 자발성, 친밀성을 제안한 바 있다. 번이 제안한 자율성을 정리하면 지금-여기에 걸맞은 선택을 하는 경우는 자율성이 주어진 상태이지만, 어린 시절 부모가 보여 준 감정, 행동, 사고를 여과 없이 지금-여기에서 재현하려고 한다거나 어린 시절 경험한 감정, 사고, 행동을 반복하여 드러내고 있다면 자율성이 저해된 상태라고 할 수 있다. 교류분석은 개인이 자율성을 더 많이 획득하도록 돕는 데 관심이 있다.

2) 자각성(awareness)

번에 따르면 자각이란 '자신이 배운 방식이 아니라 자신만의 고유한 방식으로 외부를 알아차리는 능력'이다. 번은 이것을 유아가 세계를 경험하는 방식, 즉 어떤 해석에 의해 방해되지 않고 자신이 직접 지각하는 방식이라고 보았다. 번(1964)은 "자신이 죽은 뒤에도 나무는 여전히 그곳에 그대로 존재하지만 자신은 그 나무를 다시 볼 수 없음을 알고 있다. 그래서 그는 가능한 한 치열하게 지금 그 나무들을 보고 싶어 한다."라는 내용으로 자각을 강조한 바 있다. 이를 통해서 번은 지금-여기에 집중하는 삶을 살아갈 것을 강조하였다. 다시 말해, 자각이란 과거도 아니고 미래도 아닌 지금-여기가 행동과 정서의 준거가 되어야 함을 강조하는 개념이다. 자아상태를 면밀하게 살피고 현재의 자아상태가 자율성을 손상시키고 있는지를 살펴보는 노력은 자각을 위한 노력의 일환이라 할 수 있다. 지금-여기에서의 자각이 발달할 경우, 자율성이 강화될 여지가 커진다.

3) 자발성(spontaneity)

자발성의 핵심은 어떠한 자아상태에 있더라도 다른 자아상태를 선택하여 이동할 수 있음을 의미한다. 즉, P 자아에서 A 자아로, A 자아의 통제 아래에서 C 자아로 또는 P 자아로 이동해서 반응할 수 있음을 의미한다. 자발성은 어떤 개인도 자신이 원하는 자아상태로 이동할 자유가 있음을 강조한다(Berne, 1964).

자발성은 또한 '게임을 하거나 또는 자신이 배운 감정만을 느껴야 한다는 강박관념으로부터 자유로워짐'을 의미한다. 번은 TA를 통한 변화의 목적이 어른자아(A)가 주도권을 가지도록 하는 것임을 여러 번 애써 강조했다. 즉, 어른자아가 외부 거래에 많이 관여하는 것이 필요하며, 이를 위해서는 어른자아의 통제하에 지금-여기에 맞는 자아상태를 선택하여 사용할 것을 강조하였다. 이는 여러 자아상태가 어른자아의 통제하에서 외부와 거래하도록 한다는 것을 의미하는 것으로서,

TA에서는 이를 매우 중요한 것으로 다룬다.

자발성이 높은 사람은 처음에는 외부로부터의 정보 파악에 'A 자아를 먼저 사용하고 어른자아에 그대로 있을지, 아니면 어린이 또는 부모자아로 이동하여 반응할지에 대한 선택권(option)'을 자유롭게 활용한다. C 자아는 직관력을 획득하는 데 유용하고, P 자아는 사회 규범과 문화를 채택하는 것이 반응에 유리하다는 판단이 관여한다.

4) 친밀감(intimacy)

번(1966)은 친밀감에 대해 게임을 하지 않고 상대방을 이용하겠다는 마음 없이 정서적 표현을 자유롭게 교환하는 것으로 정의했다. 친밀성의 지표는 게임을 하려는 강박관념으로부터 벗어난 정도를 의미한다. 친밀감이란 게임으로부터 자유로운 대인 관계의 표현이다. 높은 친밀성은 다른 사람과 따뜻하고 솔직하며 어울림을 유지할 수 있고, 심리게임을 하거나 타인을 평가절하하지 않는 상태에서 원만한 거래가 지속되도록 하는 것을 의미한다.

실습

1. 교류분석의 창시자인 에릭 번의 생애를 읽고 당신이 느낀 점을 나누어 보자.

2. 1장을 읽고 교류분석에 대한 당신의 느낌은 어떠하며, 교류분석과 기존 심리상담 이론과의 차이점에 대해 각자의 생각을 나누어 보자.

3. 교류분석의 주요 목표인 자율성에 대한 당신의 의견은 어떠한가? 자율성은 과연 달성이 가능한 것인지? 그리고 자율성을 달성하기 위한 당신의 노력은 무엇인지? 각각에 대해 서로의 생각을 나누어 보자.

4. 이번에 접한 교류분석을 통해 당신의 삶에서 일어나기를 기대하는 변화 두 가지를 서로 나누어 보자.

제2장 자아상태 모델의 이해

1 자아상태의 구조 모델

번은 효과적인 심리치료를 위해 개인의 '성격'을 구성하는 수많은 생각, 감정 행동을 이해할 수 있는 방법을 찾고자 일정한 심리 모델을 구현하고자 했다(Stewart, 1992). 이러한 심리 모델은 심리치료자가 매 치료 회기마다 쏟아지는 엄청난 양의 데이터를 단순화시켜 일종의 구조를 부여하는 기능을 한다. 자아상태 모델은 이러한 목적으로 번(1961)에 의해 제시되었다. 번은 모든 인간은 자신의 내부에 세 개의 구조를 가지고 있다고 보았고, 이를 자아상태(ego state)라고 명칭했다.

자아상태란 사고와 감정 그리고 이와 관련한 일련의 행동양식을 종합한 하나의 체계로 정의된다(Berne, 1961). 여기서 상태(state)라는 의미는 고정이 아니라 유동적이고 이동이 가능하다는 것을 강조하는 개념이다. 상태라는 용어를 근간으로 할 때 자율성을 토대로 지금-여기에 맞는 자아에 오랫동안 머무는 것이 중요함을 알 수 있다. 게다가 상태의 의미는 자각을 토대로 상황의 변화와 더불어 다른 자아의 상태로 이동함을 중시한다.

번은 프로이트의 구조 모델(Freud, 1923)과 페던(1952)의 자아심리학에 착안, 일상적인 용어를 사용하여 인간의 심리를 세 가지 자아상태로 제시하였는데, 이는 P 자아, A 자아, C 자아이다. 특히 부모(parent), 어른(adult), 어린이(child)와 같이 누구나 알아듣기 쉽고 친근한 용어를 사용하여 자아상태를 설명한 점은 교류분석의 용어가 일상적이고 쉬워 대중이 이해하기 용이해야 한다는 번의 신념이 반영된 것이다(Stewart, 1992).

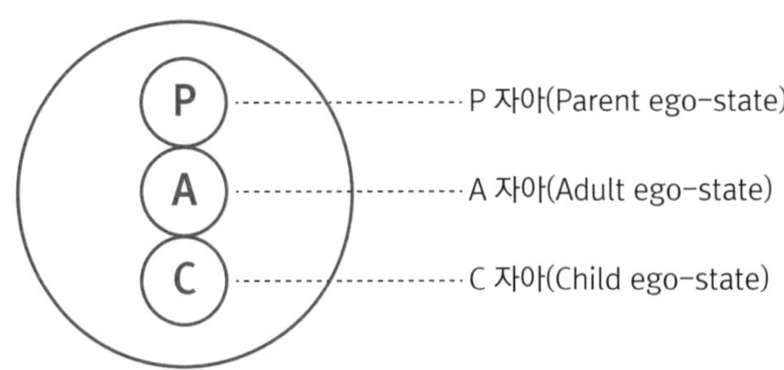

[그림 2-1] 자아상태 모델

얼핏 보면 세 가지의 자아상태 모델은 프로이트가 제시한 이드(Id), 자아(Ego), 초자아(Super Ego)의 구조 모델(structural model)과 비슷해 보여 같은 개념이 아닌가 하고 오해하기도 한다. 하지만 번(1961)이 제시한 자아상태 모델은 프로이트의 구조 모델과 다음의 두 가지 면에서 차이가 있다는 점을 숙지할 필요가 있다.

첫째, 프로이트 이론에서의 자아는 완전히 추상적인 단어인 데 반해 번이 제시한 자아상태는 관찰이 가능하다는 점에서 프로이트의 개념과 구분된다. 예를 들어, 프로이트의 구조 모델은 하나의 개념이므로 어떤 개인이 프로이트가 제시한 세 가지 구조 중에서 어디에 속해 있는지 가늠하기란 불가능하기 때문에 성격 구조가 과연 존재하는 것인지 의문을 제기하기도 한다.

이에 반해 번이 제시한 자아상태 모델에 따르면 개인은 반드시 세 가지의 자아상태 중 하나의 자아상태하에서 외부와 교류한다. 개인의 자아상태는 일견 보아도 알 수 있으며, 세심한 관찰을 할 경우 대부분 탐지해 낼 수 있다는 점에서 실재하는 것이며, 그래서 활용도 또한 높다고 할 수 있다.

둘째, 프로이트가 말하는 세 가지 구성 요소는 일반화된 것이지만, 교류분석의 세 자아상태는 개인마다 다르다. 한 사람이 P 자아에 놓여 있다는 것은 '어버이다운' 행동을 한다는 것이 아니라, '자신의' 부모나 부모와 같은 권위적 인물들이 했던 행동이나 감정이나 사고를 재연하는 것이다. 번은 프로이트의 구조 모델에다가 주어진 시간마다 자아상태가 달라진다는 페던(1952)의 주장을 반영하여 구조 모델을 제안하였다. 따라서 번이 제시한 자아상태 모델과 프로이트의 구조 모델은 일견 비슷해 보이지만 상당한 차이가 있는 개념이라고 할 수 있다.

2 자아상태의 기능분석

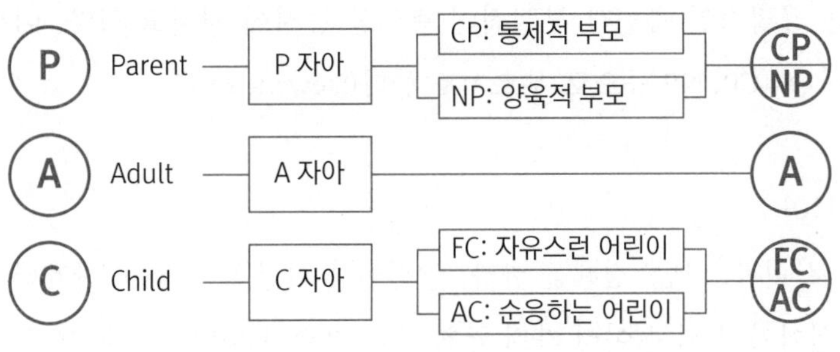

[그림 2-2] 자아상태-기능분석

번(1961)은 자아상태를 크게 세 가지, P 자아, A 자아, C 자아로 제시하였고, P 자아를 CP 자아와 NP 자아로, C 자아를 FC 자아와 AC 자아로 구분하여 제시하였다.

참고로 자아상태의 구조와 기능은 서로 다른 측면을 나타낸다. 자아상태를 분석할 때, 구조는 성격을 구성하고 있는 부분들을 나타내고 기능은 특정 순간에 성격이 기능하는 방법을 나타낸다. 보일러를 예로 들어 보면, 보일러 장치는 구조이고 집안을 데우는 것은 기능에 해당한다고 볼 수 있다. 바퀴(구조)와 회전(기능)도 그 예가 된다. 자아상태의 기능은 관찰이 가능한 데 반해 구조에 대한 이해는 추론으로 가능하다(Stewart & Joines, 1987).

1) P 자아(Parent Ego State: P): '부모의 것을 모방하는 나'

P 자아는(Parent Ego State)는 어렸을 때 부모가 그랬던 것(자신은 그렇지 않다고 생각할지라도 또는 나이에 상관없이)을 그대로 본떠서 자신의 마음속에 담고 있는 부분이다.

P 자아는 다음과 같은 두 부분이 있다. 두 가지 부분은 기능적으로 각각, ① 통제적 부모자아(Controlling Parent)의 약자로 CP와, ② 양육적 부모(Nurturing Parent)의 약자로 NP라고 부른다.

P 자아는 긍정적인 측면과 부정적인 측면을 동시에 지니고 있다. 이를 OK CP, NP와 Not-OK CP, NP 등으로 부르기도 한다(Stewart, 2010).

(1) CP 자아

CP는 주로 비판, 비난, 질책을 한다. 양심이나 이상 모두 깊이 관계하고 있어 어린이들이 살아가기 위한 여러 가지 규칙 등을 가르쳐 주며 엄격한 면을 나타낸다.

CP가 너무 강한 사람에게는 명령이나 지시 등 자기의 가치관을 강요하는 것과 같은 지배적인 언행을 볼 수 있다. 일반적으로 CP가 강한 사람과 접하게 되면 '위압적이고 통제적인 성격의 사람'으로 해석되어 긴장이 생길 수 있다.

다음은 CP가 작용하고 있는 예이다.

① 손님 배웅을 앉아서 하다니 말도 안 된다. 당연히 서서 공손히 해야지.
② 새로 온 간호사는 아주 호되게 훈련시켜 길을 잘 잡지 않으면 안 된다.
③ 간호사로 근무하는 중에는 당연히 흰색 스타킹을 신어야지.
④ 이렇게 제멋대로 해 버린 것은 틀림없이 K 양이 한 일일 거야.

긍정적 CP란 타인의 복지를 보호하거나 증진하기 위해 CP를 사용하는 경우가 해당한다. 이에 반해 부정적 CP는 타인을 비난하거나 억압하는 말과 행동으로써

표현된다. 부정적 CP는 대인 간 마찰을 발생시킬 가능성을 높인다.

(2) NP 자아

NP는 상대방이 원조를 필요로 할 때 부모처럼 보살펴 주고 위로해 주며 따뜻한 말을 해 준다. 그러나 그것도 정도가 지나치면 상대방의 독립심을 빼앗는 결과가 나오거나 친절을 마지못해 받는 일이 되고 만다.

다음에서 NP의 예를 보자.

① 고단하지? 중환자를 간호하느라 수고 많았다. 과자 먹고 좀 쉬었다가 하도록 해.
② 또 일이 계속되길래 주의를 환기시켰을 뿐이야. 달리 생각하지 말아라.
③ 힘내라. 그 정도로 다친 것은 매우 다행스러운 일이야. 지금부터 조심하면 괜찮아.
④ 많이 아팠지요. 잘 참아 주었습니다. 자, 이제부턴 어려움이 없습니다.

긍정적 NP의 경우, 상대방을 보살피고 돌보려는 행동으로 나타난다. 이에 반해 부정적 NP는 상대방이 지닌 능력을 깎아내리면서 상대의 의사와 무관하게 도와주려는 태도나 행동을 보이는 경우이다.

2) A 자아(Adult Ego State: A): '지금-여기에서 반응하는 나'

A 자아는 자신의 주변 환경을 객관적으로 평가하고 과거 경험에 근거하여 가능성과 확률을 계산하고 판단하는 심리 구조이다. A 자아에 있을 경우 '언제, 어디서, 누가, 무엇을, 어떻게, 왜'와 같은 육하원칙을 사용하며, "실제적이다." "예측 가능하다." "합리적이다." "구체적으로 말하면 …… 란 말입니까?" 등과 같은 말을 사용한다.

A 자아는 갈등 상황을 빚는 문제를 마치 거울에 비춰 보고 충분히 조목 조목 비교하여 보다 나은 쪽으로 해결을 선택하는 것과 같다. 이것은 자신을 객관적으로 보기 위해 양 당사자 간의 문제를 제삼자의 입장에서 바라보는 것과 같다. 또 의사결정을 하기 전에 충분히 생각해 보는 일을 맡는다. 그래서 '생각하는 나'라고도 한다.

A 자아의 작용은 사실 중심으로 관찰하여 데이터를 수집, 정리, 통합하는 것이다. 어떤 문제가 일어났을 때 가장 적절한 해결법을 찾으려고 하며 행동으로 옮기는 등 이성적인 판단에 의거하여 이루어진다.

A를 구별하기 위한 실마리를 기술해 보자.

① 다각적으로 각각의 사물을 관찰하고, 평등하고 공평하게 평가해 보려고 하는 태도
② 정보의 수집, 원인의 탐색을 목적으로 한 모든 질문
③ 목적 달성을 위해 자기감정이나 욕구를 자제(셀프 컨트롤)하고 있을 때
④ 일하는 중에 볼 수 있는 이성적이고 능률적인 상태

이처럼 A 자아란 한 사람의 '지금-여기'에서의 감정과 경험의 총체 및 이와 연관되는 행동으로 정의할 수 있다.

3) C 자아(Child Ego State: C): '어린 시절로 느끼고 반응하는 나'

C 자아는 기능적으로 두 가지 부분으로 나누어 볼 수 있다. 즉, 어린 시절의 자신이 되거나 어린 시절과 똑같은 감정을 갖고 행동하는 자유스런 어린이(Free Child: FC)와 자신 속의 '부모'를 기쁘게 하려고 눈치를 보는 순응한 어린이(Adapted Child: AC)가 있다.

C 자아는 긍정적인 측면과 부정적인 측면을 동시에 지니고 있다. 이를 OK AC, FC와 Not-AC, FC 등으로 부르기도 한다(Stewart, 2010).

(1) 자유로운 어린이자아상태(FC)

이것은 누구에게나 구속받지 않고 자연스럽게 행동하는 부분으로, 부모의 행실에 영향을 받고 있지 않다. FC는 감정적 · 본능적 · 자기중심적 · 적극적이며 호기심이나 창조성의 원천이기도 하다. 현실을 생각하는 일 없이 즉석에서 쾌감을 구하고 고통을 피하려고 한다. 좋은 면에서 보면 명랑하고 사양함 없이 천진난만하고, 화를 내더라도 오래가지 않으며 그 자리에 맞는 감정 표현을 한다. 이 FC가 적절히 잘 작용되면 주위 사람들에게 즐거움과 매력을 느끼게 한다. 당신 성격 중에 기쁨에 찬 가장 아름다운 부분이다. 그러나 FC도 너무 강하면 자기 자신에 대하여 제동을 걸지 못하고 경솔한 언동을 취하는 수가 있다.

보통 FC는 다음과 같은 형태로 표현된다.

① 여러 가지의 감탄사
② 있는 그대로의 감정이나 욕구를 솔직하게 표현할 때
③ 자기긍정(안심감과 능력에 대한 자신)
④ 공상적 · 창조적인 사고나 행동을 자유로이 할 수 있을 때

긍정적 FC는 즐거움 등을 일으키는 놀이에 가담하여 유쾌한 말과 행동을 하면서 시간을 보낼 경우, 어린 시절 마음껏 뛰어놀던 즐거움을 체험함으로써 심리적 만족감을 높일 수 있다. 이에 반해 부정적 FC는 주변을 고려하지 않고 자기중심적으로 행동하고 판단함으로써 타인의 복지와 권리를 침해할 수 있다. 또한 FC의 자기중심적인 행동은 무책임한 사회적 결과를 낳을 수 있다는 점에서 문제로 지적될 수 있다.

(2) AC 자아

AC는 자기를 예절 바르게 교육시키려고 애쓰는 부모에게 순종하고 있는 부분이다. 어린이가 성장 과정에서 양육자의 애정을 상실하지 않기 위해 자연적인 자기를 억제하고 상대방에게 관심과 인정을 받기 위한 결단이 AC를 초래하는 단초가 될 수 있다.

AC는 순종형이고 참을성이 있어 '말을 잘 듣는 아이' 편에 속하므로 대인 관계를 원만하게 끌고 나가는 것처럼 보이나, 실제의 자기를 항상 억제하고 있으므로 내부적으로 여러 가지 문제를 숨기고 있다. 감정을 억압하고 열등감에 사로잡힌다거나 슬픔에 잠기기 쉬운 면이 있다. AC가 너무 높으면 간단히 타협이나 동의를 잘하지만, 그 호의는 가짜 감정인 경우가 많다. 그 이면에 가끔 굴절된 공격성이 감추어져 있을 가능성이 높다.

AC의 언행이 나타나는 예를 들어 보자.

① 과장님 좋을 대로 하시면 됩니다.
② 특별한 나의 의견은 없습니다. 어차피 말을 해 봤자 아무런 도움이 안 되므로…….
③ 죄송합니다. 이 보고서 작성이 늦어졌지만 잘 쓰지도 못했습니다.
④ 어차피 나 같은 건 쓸모없습니다.

긍정적 AC의 경우, 질서에 순응하고 타인의 입장과 처지를 배려하는 모습을 보임으로써 사회 적응에 도움을 준다. 이에 반해 부정적 AC는 자신의 욕구나 입장을 지나치게 억제함으로써 사회적 역할 수행에 어려움을 겪을 수 있다. 또한 지나친 자기억압과 타인 중심의 행동은 부정적 감정이 누적되는 데 기여한다는 점에서 문제가 될 여지가 크다.

4) 지나치게 단순화된 모델

단순화된 자아상태 모델에서는 흔히 사고할 때는 A 자아, 감정을 느낄 때는 C 자아, 어떤 가치 판단을 할 때에는 P 자아에 있다고 말한다(Stewalt, 1992). 하지만 이는 아주 잘못된 것이다.

번의 입장은 자아상태에서 중요한 것이 바로 '시간성의 개념'이다(Stewart & Joines, 1987). C 자아는 어린 시절의 반응을 지금에서 재경험하는 것이고, P 자아는 이전에 부모로부터 경험된 것을 지금에서 재연하는 것을 강조하는 개념이다. 이 부분을 염두에 두는 것은 매우 중요하다. 이를 토대로 정리해 보면 각각의 자아상태는 보다 분명해진다.

개인이 성장한 사람으로서 나의 자원을 총동원하여 지금-여기의 상황에 반응하고 있다면 A 자아에 놓여 있는 것이다. A 자아에는 일종의 문제해결이 내포되어 있다. 나 자신도 '사고'하고 있다는 것을 안다. 나의 행동을 보고 있는 사람도 내가 사고하고 있다고 해석할 것이다.

개인이 C 자아로 들어가면, 어린 시절부터 해 왔던 행동이나 감정 혹은 사고를 재연하기 시작한다. 또한 개인이 P 자아에 놓여 있을 때에는 부모나 부모와 같은 권위적 인물을 본뜬 행동이나 사고, 감정을 드러낸다.

이처럼 단순화시킨 모델의 심각한 문제는 자아상태의 시간 차원을 고려하지 않고 단순일반화하여 자아상태를 구분한다는 데 있다. 번은 P와 C 자아가 어디까지나 '과거'의 반영이라는 사실을 누누이 강조해 왔다. C에 놓여 있을 때는 '나의 과거로부터, 아동기 시절부터 해 왔던 행동이나 사고나 감정'을 재연하는 것이다. 다만, A 자아에 놓여 있을 때에만 성장한 사람으로서 '현재'의 자원을 동원하여 상황에 대처하게 되는 것이다.

3 자아상태의 양면성

자아상태는 외부와 거래하는 개인의 정서, 행동, 사고를 하나의 형태로 순화시킨 것이다. P 자아와 C 자아가 비록 이전에 경험한 것이라고 할지라도 그것이 지금-여기의 상황에 부합하여 적응을 도울 수도 있다. 따라서 C 자아와 P 자아는 각각 현실 적응에 긍정적인 면과 부정적인 면을 동시에 지니고 있는데, 이를 표로 나타내면 다음과 같다. 하지만 자율성에 기반한 P 자아의 경우는 부정성에 포함하지 않는다.

<표 2-1> 자아상태의 양면성

구분	긍정성(OKness)	부정성(Not-OKness)
CP 통제적 부모	도덕적, 양심적, 이상적	지배적, 편견적, 간섭, 비난
NP 양육적 부모	배려, 이해, 염려, 양육적	자기주장 못 함, 불신, 과보호적, 침범
A 어른자아	성장한 사람으로서 자원을 총 동원하여 지금-여기 상황에 반응	
FC 자유로운 어린이	자연스러움, 자발적, 직관적	제멋대로, 자기중심적
AC 순응하는 어린이	신중, 협응, 조화	소심, 감정 억제, 타인 중심, 눈치 봄

4 자아상태의 구조적 병리

번(1967)은 각각의 자아상태 내용이 혼합되어 있거나 특정 자아상태에서 다른 자아상태로 이동할 수 없을 경우, 이를 오염과 배제로 명칭하였다. 각종 정신적 문제의 발생도 자아상태의 오염이나 배제와 연관이 있다. 오염과 배제를 모두 합

쳐 구조적 병리(structural pathology)라고 한다.

1) 자아상태의 오염(contamination)

오염이란 A 자아가 P 자아나 C 자아의 경계 속으로 침입당하는 것을 의미한다. 이러한 오염은 어린 시절의 경험과 결단 그리고 부모의 편견과 생활 방식에 의해 일어난다. A 자아가 오염된 경우 외적 능력과 바른 행동 등 모든 것이 갖추어진 것처럼 보이지만, P 자아나 C 자아가 A 자아와의 경계가 허물어져 있기에 편파적으로 정보를 해석할 수 있다.

오염된 자아상태를 그림으로 제시하면 다음과 같다.

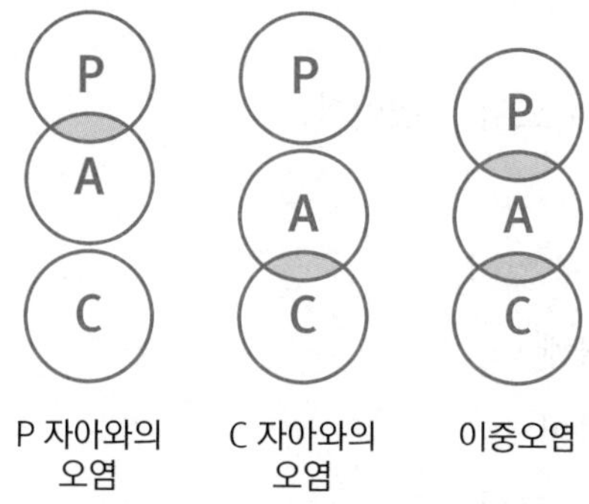

[그림 2-3] 오염된 자아상태

(1) P로부터의 오염

A 자아가 P 자아로부터 오염될 경우 흔히 P 자아로부터의 오염이라고 하고, 이 경우 발생하는 양상이 바로 편견(prejudice)이다. 편견은 P 자아에서의 판단이 반영되어 나타난 결과이다. 편견은 부모나 사회로부터 받아들인 가치관이나 규범을 객관적 검토 없이 개인, 집단, 직업, 종교, 민족, 인종 등을 왜곡하여 판단하거나 배타적 감정을 나타내는 반응의 총체를 말한다.

다음은 P로부터의 오염의 예이다.

① 나이 든 사람은 꼰대다.
② 뚱뚱한 사람은 게으르다.
③ 서울에서 산다면 정신을 바짝 차려야 한다.
④ 이 정도도 모르니 역시 너는 멍청하다.

(2) C로부터의 오염

A 자아가 C 자아로부터 오염된 경우로, 흔히 C 자아로부터의 오염이라고 한다. 이 경우 발생하는 임상 양상으로는 망상(delusion)이 대표적이다. 즉, 망상은 비합리적이고 비현실적인 신념으로서 반대의 증거를 제시해도 교정되지 않는 견고한 신념을 의미한다.

다음은 C 자아로부터의 오염의 예이다.

① 나는 잘할 수 있는 게 없어.
② 사람들은 나를 싫어해.
③ 나는 뭔가 잘못되었어.
④ 나는 담배를 끊을 수 없어.
⑤ 나는 임금님의 아들이다.
⑥ 내 음식에 누가 독을 넣었어.
⑦ 내 뒤를 누가 추적하고 있어.

(3) 이중오염

이중오염은 A가 거의 기능을 못 하는 상태이기에 언행 불일치, 사고나 태도 등의 반전, 감정의 억제나 폭발 등을 보인다. 대부분의 오염은 이중오염일 가능성이 크다. 이중오염의 내용은 자신이나 다른 사람, 그리고 세상에 대해 한 개인이 가

지는 낡고 왜곡된 신념으로 이루어져 있다. 이를 TA에서는 각본신념(scripts belief)이라고 한다.

다음은 이중오염의 예들이다.

① 사람들은 누구도 믿을 수 없어. (P 자아에 의한 오염)
② 나는 절대 누구도 믿을 수 없어. (C 자아에 의한 오염)
③ 세상은 부정으로 가득 차 있어. (P 자아에 의한 오염)
④ 나는 되는 게 없어. (C 자아에 의한 오염)

세상 사람들이 너무 영악하니 누구도 믿을 수 없다고 하며, 조금만 친절하게 대해 줘도 상대를 의심하고, 다가가서 잘해 주려고 하면 막 화를 내거나 무서워 도망을 가는 박 씨의 경우가 여기에 해당된다. 대개 어느 한 자아상태에 오염되었다면 모두 이중으로 오염될 수밖에 없다. 자아상태가 이중으로 오염되면 자신과 세상에 대해 낡고 왜곡된 신념을 드러내기 쉽다. TA에서는 이러한 신념을 각본신념이라고 한다(Erskine & Zalcman, 1978).

2) 자아상태의 배제(exclusion)

(1) 배제

배제란 P, A, C 심리적 에너지의 자유로운 이동을 허락하지 않아 전형적으로 하나 또는 두 개의 자아상태를 제외시키는 현상이다. 어떤 사람들은 자신의 자아상태를 상황에 적절히 활용하지 못하고, 하나의 자아상태를 거의 활용하지 못하거나 특정한 자아상태만 활성화시켜 교류하는 경우가 있다. 강박적이거나 유연성 부족, 심각한 심리장애를 유발한 사람에게서 배제된 자아상태가 쉽게 관찰된다. 먼저, 자아상태가 하나만 배제된 경우와 두 개가 동시에 배제된 경우로 나누어 볼 수 있다.

① 한 개의 자아상태가 배제된 경우

이 상황은 P가 배제된 경우, A가 배제된 경우, C가 배제된 경우로 나뉜다.

㉮ P가 배제된 경우

- 상황별로 규칙을 만들어 내거나 직관으로 상황을 처리하고자 함.

㉯ A가 배제된 경우

- 현실감에서 큰 문제가 발생함. 심각한 경우 정신병으로 진단될 수 있음.

㉰ C가 배제된 경우

- 매우 차갑거나 권위적이고 비사교적인 인물로 비칠 수 있음.

P, A, C 자아 중 하나의 자아상태를 배제한 그림을 제시하면 다음과 같다.

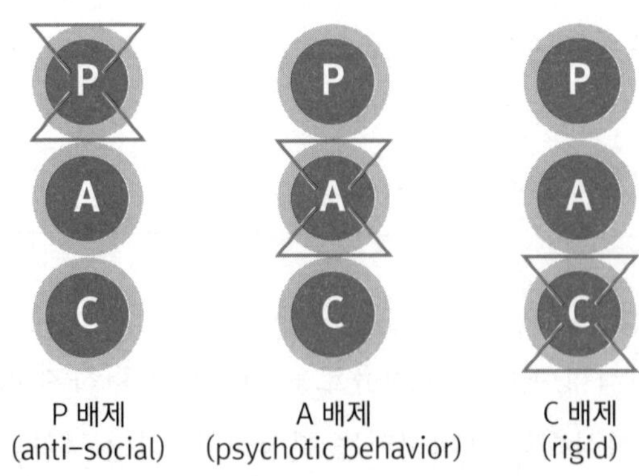

[그림 2-4] 한 개의 자아상태가 배제된 경우

② 두 개의 자아상태가 배제된 경우

이 상황은 P가 일관된 자아, A가 일관된 자아, C가 일관된 자아로 나눌 수 있다.

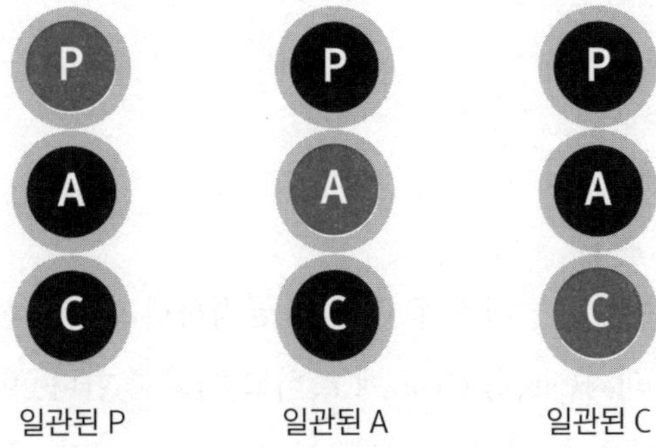

[그림 2-5] 일관된 자아상태

㉮ P만 일관되게 사용하는 경우

- 주로 일련의 P(P 자아와 연관됨.) 규칙들을 사용하여 타인과 교류함.
- 권위적 · 지시적이거나 지지적인 태도로 비칠 수 있음.

㉯ A만 일관되게 사용하는 경우

- 감정의 기복이 적고 단조롭게 느껴짐.
- 기획가, 정보 수집가 그리고 데이터 처리가로서의 역할을 수행함.

㉰ C만 일관되게 사용하는 경우

- 판단력과 검증 능력이 부족하고 감정적이고 자기중심적으로 행동함.
- 미성숙하거나 신경과민 양상을 보일 가능성이 큼.

5 자아상태의 활성화 전략

자아상태는 상황에 맞게 적절히 활용될 경우 개인의 적응력 향상에 큰 도움을 준다. 다음은 자아상태별 활성화 전략이다(우재현, 1998).

1) P 자아 활성화 기법

(1) CP 자아 활성화 기법

① 두 개의 빈 의자 요법

낮은 CP 자아의 소유자는 자신에 대해 불공평하다고 생각하거나 문제가 있는 사람을 상상하여 빈 의자(empty chair)에 앉히고 대화를 한다. 이 상상의 인물은 문제가 되었던 상사, 배우자, 부모 등이다. 그 상상의 대상과 구체적으로 대화하면서 비난하거나 욕하거나 안타까움을 드러내기도 한다. 또한 자리를 바꾸어 상대(상사, 배우자, 부모 등)가 되어 상대의 입장에서 처지를 바꾸어 이야기하도록 한다. 즉, 역할을 교대해 가면서 계속 이야기한다. 이러한 역지사지(易地思之) 과정에서 통찰이 생기고 문제해결의 실마리를 찾을 수 있다.

② 비판적 논평 · 해설 요법

CP가 낮은 사람은 타인의 속에 있는 자신이 좋아하지 않는 부분, 동의하지 않는 부분에 직면하여 자기방어의 벽을 쌓도록 하면 좋다. CP를 더 키워야 하는 입장에서 보면 자신을 돌볼 책임은 자신에게 있다는 것을 알아야 한다. 어떤 사안에 대한 자신의 입장을 적절히 드러내면 자존심을 높일 수 있다.

③ 베개 두들기기 요법

스트레스가 쌓였을 때 뭔가 두들겨 부순 후 스트레스가 해소되는 경험을 해 보았을 것이다. TA에서는 일상에서 생기는 답답함이나 억울함의 대상을 베개로 선정하여 그것을 두들기는 기법을 즐겨 쓴다.

④ 리더십 훈련 요법

CP가 낮은 경우 해병대 훈련, 보이스카우트 훈련, 리더십 훈련 등을 통해 자기주장이나 인간을 다루는 방법, 끈기나 대담함을 기를 수 있다.

⑤ 운전 요법

홀로 운전하는 자동차에서는 밀폐되고 외부와 차단되어 사람들 앞에서 하기 어려웠던 말을 쉽게 내뱉을 수 있다. 자동차 안은 앞에 가는 운전자의 운전 방식에 대해 불평을 드러낼 수 있고 직장이나 학교에서 있었던 답답한 일들을 말로 표현하기에 딱 좋은 공간이다.

(2) NP 활성화 기법

① 껴안기 요법

껴안기는 NP를 높이는 데 도움을 준다. 가슴이 닿는 면적을 넓게 하기 위해서 크로스로 껴안고 등을 가볍게 두들기거나 동정적인 눈짓을 하는 것은 NP의 전형이다. 부부간에 사이를 좋게 하거나 부모와 자녀의 사이를 좋게 하는 데에도 아주 효과적이다.

② 자원봉사 요법

자원봉사자(Volunteer)로서 일하거나 자선단체 등 사회복지단체에 가입하여 활동함으로써 NP를 높일 수 있다.

③ 플러스 스트로크 요법

칭찬 및 플러스 스트로크(격려, 안부, 좋아하는 표현 등)를 주는 스크로크 플랜을 짜서 계획적으로 실시해 보면 예상 밖의 파급 효과를 얻을 수 있는데, 그 과정에서 NP가 강화된다.

④ 요리 요법

두제이(J. Dusay)의『메어리의 사례』에서 볼 수 있듯이 타인을 위해 요리 서비스를 하는 과정에서 NP를 높일 수 있다. 요리를 제공하는 것은 상대에 대한 배려이며, 이를 맛있게 먹어 주는 것도 요리를 제공한 사람에 대한 배려이다.

(3) A 활성화 기법

① 외계인(ET) 요법

예컨대, 노처녀와 어머니가 매일같이 말다툼을 한다. 어머니는 직장이고 뭐고 다 치우고 빨리 시집가라고 하는데 노처녀는 내 일은 내가 알아서 할 테니 간섭하지 말라고 한다. 이로 인하여 매일같이 싸우는 경우, 딸인 노처녀가 집단에서 외계인 선언("나는 외계인이다."라고 세 번 외치게 한다.)을 하고 제3자적 외계인의 입장이 되어 지구 사람들이 무엇 때문에 싸우고 지지고 볶는가를 관찰한다. 어머니가 노처녀의 어느 버튼을 누르면 화를 내는가 등도 관찰한다. 이같이 사태를 객관화시켜 보면 A를 사용하여 문제를 해결할 수 있는 방법을 모색할 수 있게 된다.

② 시간적 여유 갖기 요법

어른자아가 낮아 즉흥적으로 말하거나 행동하는 경우, 말이나 행동을 하기 전에 약간의 시간적 여유를 가진 후 응답하거나 행동을 취하도록 하는 것이다. 예컨대, 말이나 행동을 하기 전에 1에서 10까지 헤아리는 등이 그것이다.

③ 메모 · 기록 요법

어른자아가 낮을 경우, 헷갈리거나 혼동할 가능성이 커진다. 이때 메모나 기록을 통해 어른자아를 높일 수 있다. 중요한 일상을 기록하는 것은 상황에 대한 객관성을 확장시킬 수 있으며 사안에 대해 제3자적 시각을 가지게 해 준다.

④ 몰래카메라 요법

어른자아가 낮은 사람은 말이나 행동을 하기 전에 자신이 현재 몰래카메라에 찍히고 있다고 생각하고 주의력을 기울임으로써 어른자아를 높일 수 있다.

⑤ 지명 반론자 요법

회사의 프로젝트를 수행할 경우, 한두 명의 지명 반론자를 정하여 앞으로 일정

기간 동안 프로젝트가 실패할 확률에 대해서만 연구하게 한다. 그 후 전체 회의를 할 때 지명 반론자는 실패할 확률을 이야기하게 함으로써 모든 측면을 검토할 수 있게 하여 그 프로젝트를 성공으로 이끌 수 있게 한다.

⑥ 바둑 요법

바둑이나 장기 등의 논리적 게임을 즐겨 하거나 수순 등을 외우는 것을 통해 어른자아를 높일 수 있다.

2) C 활성화 기법

(1) FC 활성화 기법

① 배꼽 분석 요법

주위 사람들을 돌아보고 그 사람들이 어떤 배꼽 모양을 하고 있는가를 상상한다. 그러면 그저 상상하는 것만으로도 웃음이 나온다.

② 동물 농장 요법

알고 있는 사람들이 어떤 동물과 닮았는가를 상상한다(여우, 곰, 뱀, 올빼미 등). 동물 농장 연습은 상상력이나 자발성을 자극하여 FC를 높인다.

③ 머리 기울이기 요법

머리를 좌우 어느 쪽이든 7도, 15도 등으로 기울여 보면 상황이 다르게 보인다. 이 요법은 가끔 상황에 새로운 시각을 던져 주는 것으로 매우 유용하다. 세상을 다르게 봄으로써 즐거움이 배가된다.

④ 자유 연상 요법

두 사람 이상이 머리에 떠오르는 것은 무엇이든 서로 자유롭게 말하게 함으로써 즐거움을 불러일으키는 데 효과가 있다.

⑤ 동요 부르기 요법

어린 시절 즐기던 동요를 부르거나 옛날에 좋아했던 노래를 부르는 것은 C 자아 활성화에 불을 붙이는 효과가 있다. 응원가 등도 좋다.

⑥ 금지 해제 요법

어린 시절에 좋아했던 과자(예컨대, 초콜릿, 엿 등) 등을 부모가 이빨 썩는다고 먹지 못하게 금지했던 경우, 성인이 된 지금이라도 실컷 먹게 하여 금지를 해제해 줌으로써 FC를 높이도록 한다.

⑦ 상대 웃기기 요법

집단에서 파트너를 무슨 수를 동원해서든지 웃게 함으로써 자신의 FC가 한껏 높아진다. '공원에 온 사람들 웃기기' 등으로 확대해서 실시하면 더욱 좋다.

⑧ 유머 플랜 요법

유머를 계획적으로 쓰는 노력을 해가는 과정에서 FC가 높아진다. 처음에는 직장과 가정에서 1개월에 한 번 정도 하다가 점차 1주일에 한 번, 하루에 한 번 식으로 실시하면 분위기가 달라지며 자신과 상대의 FC를 자극하게 된다.

⑨ 이벤트 요법

부부나 동료 사이에서 재미있는 이벤트(event)를 만들어 즐거움과 설렘이 있는 삶을 만들어 가는 속에서 FC를 높일 수 있다.

(2) AC 활성화 기법

① 타인 기대 부응 요법

타인이 기대하고 있는 것에 따르는 것이다. 상대가 선택한 영화, 식당, TV 프로 등에 순종하는 연습이 장려된다.

② 공감적 인지 요법

상대에게 공감하는 연습을 함으로써 AC를 높일 수 있다. 이는 감수성을 높인다는 점에서 NP를 높이는 방법으로도 사용된다.

③ 타협 요법

AC가 낮은 경우, 대립하는 의견을 중재하거나 중간 입장을 취하도록 노력함으로써 AC를 높일 수 있다.

④ 죄의식 요법

타인의 기분을 해치거나 해악을 조금이라도 끼쳤다면 이에 대해 죄의식을 느끼도록 한다. 이는 타인의 입장에 서 보는 것으로 가능하다. 타인에게 죄의식을 품을 때 타인에 대하는 감수성이 높아지고 AC가 증가할 수 있다.

⑤ 애정 수용 요법

AC가 지나치게 낮아 독단적 · 독립적이 되면 타인으로부터 오는 칭찬의 스트로크나 애정을 수용하는 데 곤란을 느낀다. 따라서 스트로크나 애정을 수용해도 좋다는 허가(Permission)를 주어 스트로크나 애정을 수용할 수 있도록 하여 AC를 높인다.

⑥ 상대 기분 파악 요법

TV에 나오는 드라마의 주인공에 맞춰서 기뻐하고 슬퍼하며 성내는 등과 같은 것을 표현해 봄으로써 상대의 기분을 파악할 수 있는 능력의 개발이 가능하다.

실습

1. 당신의 이고그램을 분석해 볼 때 자신의 A 자아 양과 수준은 어떠한가?

2. 당신이 활용하는 P 자아와 C 자아가 일상에서 드러내는 긍정적인 측면과 부정적인 측면은 어떤 양상으로 나타나는가?

3. 당신의 A 자아를 활성화하기 위한 방법 세 가지를 나열해 본다면?

4. 최근 당신이 경험한 스트레스를 하나 떠올려 보고 이 스트레스와 연관된 자신의 자아 상태를 연결 지어 제시해 본다면?

제3장 교류패턴

1 교류란

TA에서는 대인 간 커뮤니케이션 과정을 설명하기 위해 P, A, C의 자아상태 모델을 사용한다(Berne, 1961). 번(1972)은 교류(transaction)란 언어든 비언어든 하나의 자극과 반응으로 구성되며 사회적 행동의 한 단위라고 정의한 바 있다. 이 책에서는 '교류분석'과 '교류(transaction)'를 구분하고자 '교류'를 교류패턴으로 표기한다.

교류의 분석(analysis of transaction)이란, 사람과 사람 사이에 P, A, C를 사용하여 주고받는 언어적 · 비언어적 의사소통(말, 태도, 행동)을 분석하는 것이다. 만일 개인이 자신의 교류패턴에 어떠한 자아가 사용되고 있는지를 이해한다면, 각기 다른 상황에서 어떻게 대처하는 것이 좋은지 등을 의식적으로 선택하고 조절하는 데 도움을 받을 수 있을 것이다.

실제로 두 명이 모여 의사소통을 이어 갈 때 여섯 가지로 조직된 자아상태(나와 상대 각각의 세 가지 자아상태)가 나타나고, 각 자아상태는 다른 하나의 자아상태와 교류하면서 의사소통을 이어 가게 된다.

교류는 사회적 수준의 교류와 심리적 수준의 교류 두 가지로 구분해 볼 수 있으며, 사회적 수준이라고 하는 표면적이고도 명백한 교류는 실선의 화살표로 표시하고, 심리적 수준이라고 하는 물밑으로 은밀히 감춰진 교류는 점선 화살표로 표시한다.

교류의 분석은 추후 논의할 게임(이면 교류)과 각본분석을 이해하는 단서를 제공해 준다. 또한 교류의 분석은 개인이 교류의 패턴을 자각하여 긍정적으로 선택할 수 있는 단서를 제공한다는 점에서 유익하다.

TA는 기본적인 교류패턴을 상보 교류, 교차 교류, 이면 교류의 세 가지 유형으로 분류한다(Berne, 1964).

2 상보 교류

상보 교류(complementary transaction)란 교류의 벡터(화살표로 표시되며, 심적 에너지의 흐름을 나타낸다.)가 평행을 이루고 자극을 보낼 때 기대했던 자아상태에서 반응이 오는 경우로, 두 개의 자아상태가 상호 보완적으로 관여하는 교류이다. 상보 교류를 할 경우, 상대와의 마찰 없이 교류를 지속할 수 있다는 장점이 있다(의사소통의 제1규칙).

또한 추후 논의할 이면 교류에 비해 언어적인 메시지와 표정, 태도 등 비언어적인 메시지가 일치하는 교류이다.

상보 교류의 예는 다음과 같다.

① P 대 P의 교류

제3자에 대한 동정, 위안, 비난, 비판 등의 대화에 주로 활용되는 교류이다.

오 과장: 요즘 젊은이들은 너무 개인적이야 …… 예의도 없고…….

최 과장: 글쎄 말입니다 …… 자신의 일이 아니면 좀처럼 나서지를 않아요 …… 삭막해요 …… 인간미가 없어요 …… 큰일이에요…….

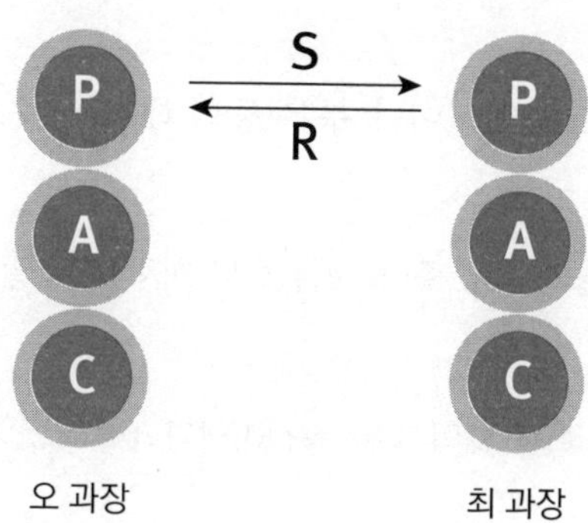

[그림 3-1] P 대 P 교류

② A 대 A의 교류

의례적인 인사, 정보 교환, 원인분석, 질의응답, 자료 확인 등의 대화에 주로 활용되는 교류다. 최대한 지금-여기에서의 판단이 반영되는 교류이다.

환　자: 의사 선생님은 언제쯤 회진하시나요?

간호사: 오전에는 외래 환자 진료가 있기 때문에 오후 2시쯤 오십니다.

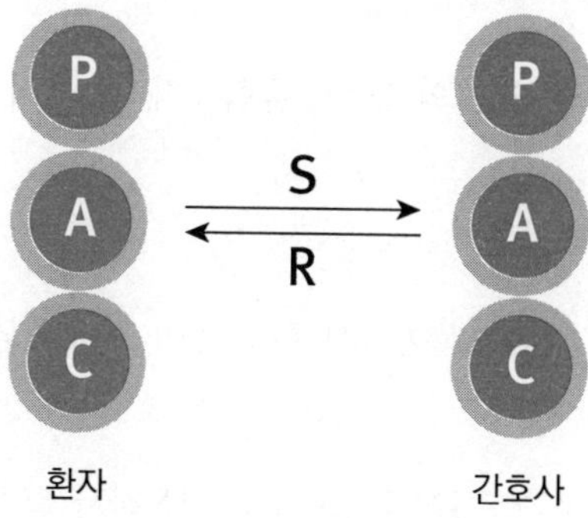

[그림 3-2] A 대 A 교류

③ C 대 C의 교류

자주 어울리는 직장 동료, 연인이나 부부 등의 대화에 주로 활용되는 교류이다.

남편: 야, 오늘 날씨 너무 좋다. 오늘 하루 회사 가지 말고 당신과 놀러 갈까!

아내: 좋지! 회사 하루 빼먹지 뭐. 송정바닷가나 놀러 갈까!

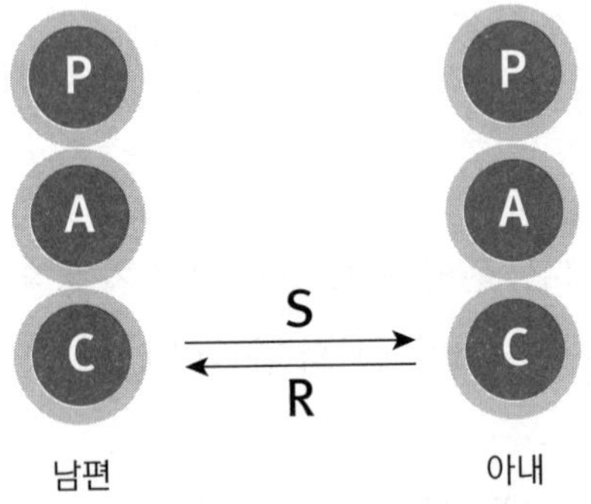

[그림 3-3] C 대 C 교류

④ FC 대 NP 교류

선후배, 동료, 부부, 의료 장면의 조력, 돌봄, 지지, 격려 등의 대화에 주로 활용되는 교류이다.

후배: 분합니다! 나보다 늦게 입사한 사람이 먼저 주임으로 승진되다니요.

선배: 자네의 분한 기분 알겠다. 오늘 술 한잔하자. 그때 네 얘기 좀 더 자세히 들어 보자.

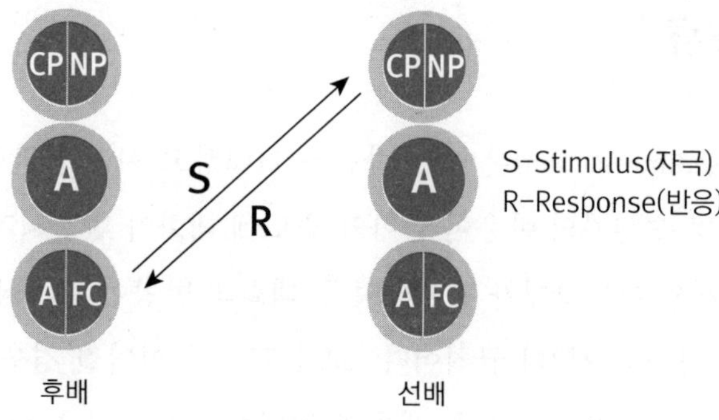

[그림 3-4] FC 대 NP 교류

⑤ A 대 NP 교류

상담이나 충고, 요청하기 등의 대화에 주로 활용되는 교류이다.

내담자: 성격이 다소 괴팍한 노인 환자를 맡고 있는데 어떻게 간호를 해야 할지 잘 모르겠어요. 어떻게 대응을 해야 할지 도움말을 좀 주세요.

상담사: 수고가 많군요. 어떤 점이 힘든지 말씀해 주시겠어요?

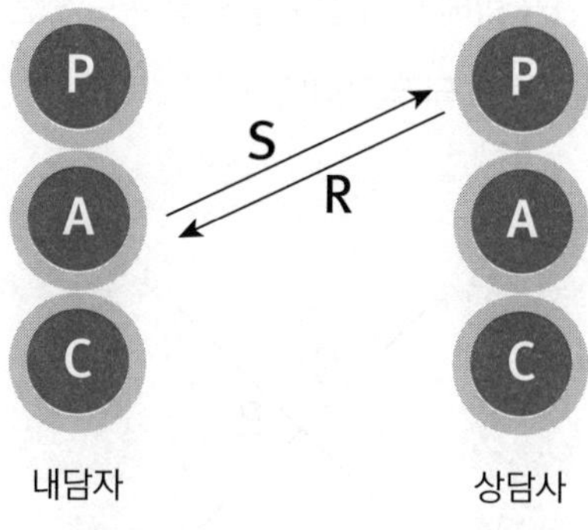

[그림 3-5] A 대 NP 교류

3 교차 교류

교차 교류(crossed transaction)란 어떤 반응을 기대하고 시작한 발신자의 교류가 저지되고 예상외의 수신자의 반응이 돌아와 중도에 대화가 단절되거나 갈등이 되는 교류로서, 네 개의 자아상태가 관여하며 두 대화의 방향이 교차되는 교류이다.

교차 교류는 의사소통 제2의 규칙이다. 교차 교류가 이어질 경우, 갈등이 고조될 가능성이 커진다. 따라서 대화를 새롭게 진행하기 위해서 누군가는 자아상태를 바꿔야 한다. 교차 교류의 예는 다음과 같다.

① P→C 대 P→C의 교류

이 교류는 발신자의 CP가 수신자의 C를 날카롭게 일방적으로 밀어붙이는 일이 생기므로 양자 간의 자극과 반응은 교차된다. 의견 대립, 격한 어조, 시비조, 인격 무시, 비난이나 질책 등의 대화에 주로 활용되는 교류이다.

남편: 이렇게 바쁜 시간에 어디에 가 있었던 거야! 아! 정말 미치겠네…….

아내: 아니, 나도 가끔 밖에 나가 친구를 만날 수도 있는 거잖아요! 오래 걸리지도 않았는데 되게 그러네…….

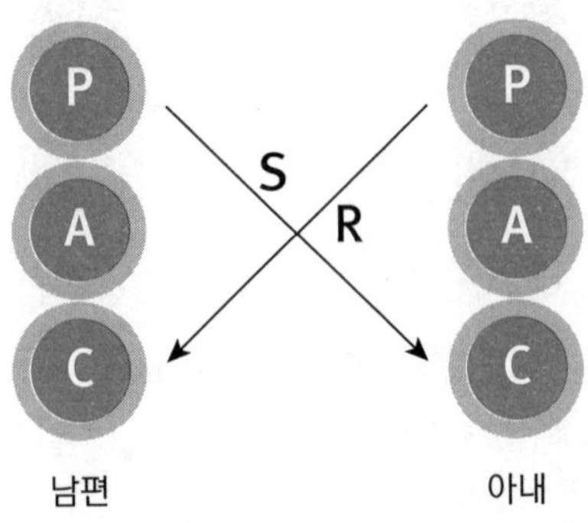

[그림 3-6] P→C 대 P→C 교차 교류

② A→A 대 P→C의 교류

발신자는 냉정한 입장의 A에서 수신자의 A에게 판단을 구하지만, 수신자는 비판받은 것으로 인식하여 일방적 꾸중을 하는 CP에서 발신자의 AC를 향해 반응을 보인다. 상대방 질문에 설교 방식으로 대응한다든지 상대방 의견 무시 등의 대화에 주로 활용되는 교류이다.

K 대리: 시장 조사를 해 보았는데 이번 상품 출시 건은 보류하는 것이 어떨까요?

S 부장: 이미 결정한 것이니 다른 설명은 필요가 없고 그대로 처리하도록 하게.

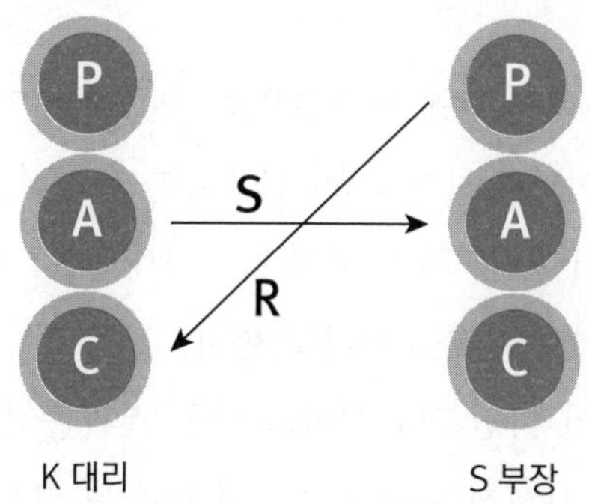

[그림 3-7] A→A 대 P→C 교차 교류

③ A→A 대 P→A의 교류

발신자의 A에서의 사실적 정보 제공에 대해서 수신자는 비판적 P에서 판단을 해 주는 식으로 발신자의 A를 향해 반응을 한다. 상대방의 정보 제공에 대해 비판적 판단을 하는 등의 대화에 주로 활용되는 교류이다.

부장: 아직 여유가 있으니 좀 더 검토한 후 진행하면 어떨까요?

사장: 지금 한시가 바쁘니 바로 추진하도록 하게나.

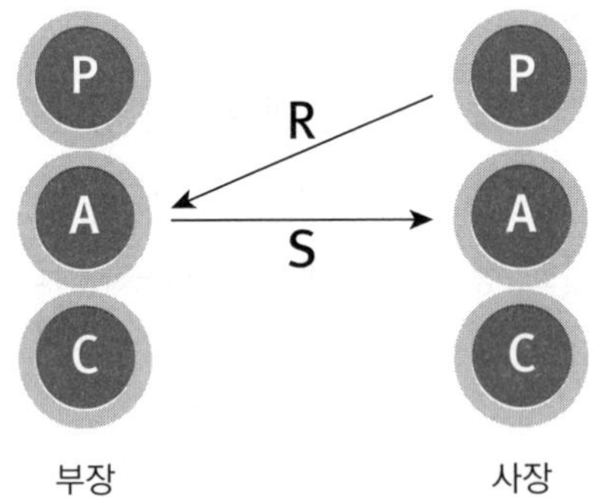

[그림 3-8] A→A 대 P→A 교차 교류

4 이면 교류

이면 교류(ulterior transaction)란 사회적으로 주고받는 메시지의 내용에는 언뜻 보기에 문제가 없어 보이나(상보적 교류) 실제로는 숨겨진 심리적 의도를 지닌 메시지를 담고 있는 교류이다. 두 개 이상의 자아상태를 동시에 포함하고 있고 숨겨진 의미가 있다는 의미에서 이면 교류라고 한다.

의사소통 제3의 규칙인 이면 교류에서의 행동 결과는 심리적 수준에서 결정되며, 이면 교류의 도해는 사회적 수준의 자극과 반응을 직선의 화살표로 나타내고, 그것을 Ss와 Rs라고 이름 붙인다. 점선 화살표는 심리학적 수준의 자극과 반응, 즉 Sp와 Rp를 나타낸다. 이면 교류의 예는 다음과 같다.

남편: 내 셔츠가 어디에 있나요?

아내: 당신 서랍에 넣어 놓았어요.

이 대화에서 액면 그대로 사용된 말만 보게 되면 사회적 수준에서 A→A의 상보 교류로 비친다. 그러나 다시 이 대화에 음성과 시선, 표정이라는 비언어적 메시지

를 포함시켜 보면 이면에 심리적 의미가 담겨 있음을 보게 된다.

이러한 심리적 의미는 추후 논의할 게임으로 들어가는 요건이 된다는 점에서 주목해야 한다. 다시 말해, 이면 교류는 지금-여기에서의 자율성에 기초하는 어른 자아의 상태에서 이루어지는 교류가 아니라, 이면 교류를 통해 상대를 게임으로 초대하는 의미를 담고 있기 때문에 주목해야 하는 교류의 패턴이다.

남편: (거칠게, 문장 끝에 목소리의 어조를 떨어뜨리며, 긴장한 얼굴의 근육과 함께 이마를 찡그리면서) 내 셔츠를 어떻게 했어?

아내: (목소리를 떨며, 낮아지는 어조로 어깨를 구부리며, 머리를 앞으로 숙이며, 시선을 아래로 떨구고서) 옷장에 다려서 걸어 놓았어요.

이 대화는 심리학적 수준에서는 상보적인 P→C, C→P의 교환이다. 이 심리학적 수준에서 전달된 메시지를 도해하면 다음과 같다.

남편: 당신은 항상 내 것을 제대로 챙겨 놓지 않는군!

아내: 당신은 항상 부당하게 나를 비난하는군요.

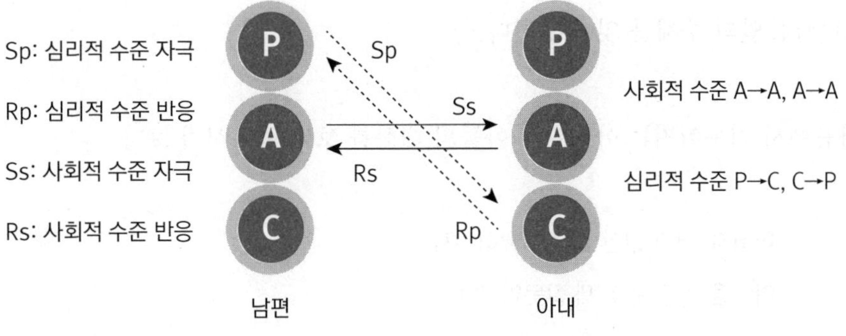

[그림 3-9] 이면 교류

5 교류의 선택

커뮤니케이션을 원만하게 하기 위해서는 평행 교류를 유지해야 한다. 커뮤니케이션이 원만하지 않을 때는 교차가 이루어지는 경우가 허다하다. 이럴 경우, 교차 교류를 피하도록 하는 데 주안점을 두어야 한다.

카프만(Karpman, 1971)은 「선택권(option)」이라는 논문에서 우리가 원하는 방법의 교류를 선택할 수 있다는 사실을 제시했다. 특히 타인과의 관계에서 갈등이 있거나 교류가 어려운 경우, 자신의 교류패턴을 점검해 볼 필요가 있다.

이에 대해 카프만은 다음과 같이 주장하였다. "현재 진행되고 있는 교류를 변화시키고 어떤 방법으로든 여기서 벗어나는 것이 목적이다." 이렇게 하려면 상대방이나 자신이 혹은 둘 다 자아상태를 바꾸어야 한다. 이러한 전략을 실행하기 위한 다음과 같은 네 가지 조건이 있다. 아래의 네 가지 조건 중 첫째와 둘째 조건은 필수적이고, 나머지 두 조건은 선택에 속한다. 물론 많은 연습이 필요하다.

① 첫째, 한 사람 또는 두 사람 모두 자아상태를 바꾸어야 한다.
② 둘째, 교차 교류를 해야 한다.
③ 셋째, 주제를 바꾸어야 한다.
④ 넷째, 앞의 주제를 잊어야 한다.

다음에서 이루어지는 아버지와 아들의 대화를 보고 변화시켜 보자.

아버지: 내가 말한 걸 가져왔어야지!

아　들: 죄송해요, 제 잘못입니다.

아버지: 도대체 정신을 어디다 두고 사니.

아　들: 너무 죄송합니다.

아들은 다음과 같이 대화를 선택할 수 있다.

> **아버지**: 내가 말한 걸 가져왔어야지!
>
> **아　들**: 아이구 아버지, 제가 집중을 하지 않았군요, 더 집중할게요.

이 경우에 아들은 아버지의 의도에 초점을 맞추고 대화를 이어 가기 때문에 아버지와 갈등을 감소시킬 가능성이 커진다.

교류를 변화시키는 일이 그리 쉬운 일은 아닐 것이지만, 집중과 선택의 기술을 사용한다면 변화할 수 있는 여지가 크다. 자극은 반응을 부르고 반응은 자극이 되어 또 다른 반응을 부른다는 점을 자각할 필요가 있다. 즉, 좋은 자극을 먼저 보내야 좋은 자극이 돌아온다는 것이다. 이는 교류의 가장 기본 상식이다. 또한 나부터 변하고 변화된 나의 반응에 대해 상대가 반응을 한다는 것을 기억하자.

이와 관련하여 다음의 세 가지를 제안하고자 한다.

첫째, CP 대 AC 교류를 개선하자.

부정성이 높은 CP적 발신은 상대를 순응하는 AC로 반응하게 하거나 갈등을 야기한다. 따라서 평소 부정성이 높은 CP를 사용하여 소통하는 사람이라면 말투를 조금 부드럽게 하고 말끝에 "어떻게 생각하지?"라는 말투를 첨가하기를 권한다. 또한 가능하면 상대의 어른자아를 유도하는 대화를 하도록 노력해야 한다.

둘째, NP 대 FC 관계를 개선하자.

NP적인 발신은 수신자를 어리광 부리는 FC로 반응하게 하는 등 과잉보호를 초래할 수 있다. 게다가 부정성이 높은 NP적 발신은 수신자의 독립성과 자율성을 억제한다.

부정성이 높은 NP적 발신은 자신의 존재가 중요함을 상대에게 강조하는 경향이 있다. 이는 상대를 불필요하게 의존 상태로 몰고 갈 수도 있다.

만일 상대가 불필요하게 FC적인 태도로 발신해 올 경우에는 교차 교류를 이용하여 이러한 관계 방식을 멈추도록 할 필요가 있다. 이러한 제안은 무조건 그렇게 하라는 게 아니다. 상황에 맞게 활용할 경우 요긴할 것이다.

셋째, 대화는 가능하면 상보 교류로 시작하자.

상보 교류는 상대에서 발신된 방향의 자아상태로 벡터를 송신하기 때문에 상대와 소통하는 데 용이하다. 게다가 상보 교류는 상대방의 입장에 공감을 전달하는 측면도 있기에 마찰을 줄일 수 있다는 장점이 있다.

넷째, 가능하면 A 자아를 많이 사용하자.

교류에는 A 자아가 사용될 때 긍정적인 결과를 얻는 경우가 많다. 이를 위해서는 가벼운 긴장이 필수적이다. 내면에서 올라오는 분노, 열등감, 불안 등이 P 자아나 C 자아를 통해 상대에게 발신되므로 A 자아를 통해 이를 유심히 바라보고 상대의 발신(자극)에 대해 어느 자아상태로 반응하는 것이 가장 좋을 것인지를 고민해야 한다. 이를 위해서는 많은 자각이 동원되어야 하며, 자각을 통해 A 자아로 반응할 경우 대화에서 긍정성을 획득하기가 용이하다. 이를 통해 필요하다면 교차 교류, 상보 교류를 적절히 활용할 수 있을 것이다.

실습

1. 당신의 일상에서 빈번하게 행하는 교류패턴은 무엇이며, 이러한 패턴의 교류 방식이 초래하는 마찰과 어려움은 무엇인가?

2. 당신이 자주 사용하는 교류 방식에 가장 많이 동원하는 자아상태는 무엇인가?

3. 최근에 경험한 이면 교류는 무엇이며, 그 이면 교류의 목적과 이에 따른 상대의 반응은 어떠했는가?

4. 당신의 교류 형태를 보다 나은 방향으로 개선하고자 한다면 어떤 노력이 필요할 것이라 생각하는가?

제4장 인생태도

개인은 어린 시절 각본을 형성해 가는 과정에서 자신에 대한 확신이 형성되는데, 번(1964)은 이를 인생태도(life position)라 불렀다. 인생태도란 TA의 주요 이론에 해당하는 각본(scripts)을 구성하는 하나의 개념이다(Harris, 1967). 이러한 인생태도라는 용어는 '인생자세' '생활자세' 등의 용어로도 불리고 있다.

번에 따르면 출생하면서 인간은 누구나 양육자와 주고받는 스트로크의 질과 양에 따라 인생태도를 형성하는데, 인생태도란 자기, 타인 또는 세계에 대해 어떠한 가치를 부여하는 기본적인 태도를 의미한다.

번은 대상관계 이론을 창시한 클라인(Klein)의 주장[1]을 받아들여 유아가 인생 초기에 타인(주로 양육자)과 맺는 관계에서 받아들이는 상호작용에 따른 방향성(orientation)을 '태도'로 말하고자 하였다. 번이 '단계'라는 개념보다는 '자리' '태도'의 용어를 선호한 것은 자아상태의 사용에 따라 인생태도를 달리하여 외부와 교류할 수 있음을 강조하고자 했음에 주목해야 한다. 또한 일상 용어인 'OK'와 'Not-OK'는 유아가 지각하는 가치로움과 무가치함에 대한 단축어구로 사용하였다. 더 나아가 번은 '건강한 태도'로 불렀던 네 번째 태도(I'm OK, you're OK)를 추가하였고, 이 네 가지의 서로 다른 '태도'에서 교류가 이루어진다고 보았다(Berne, 1972).

---

1) 클라인은 발달 과정을 '단계(phase)' 등으로 보기보다는 '위치(자리: position)'라는 용어로 볼 것을 제안하였다.

1 인생태도의 특징

갓 태어난 유아는 자력으로 생존이 불가능하다. 혼자서 살아가지 못하는 무력한 존재이기에 대개 어머니인 양육자로부터의 다양한 자극과 지원을 필요로 한다. TA에서는 이를 스트로크(stroke)라고 한다.

양육자가 일관되게 유아에게 스트로크를 제공하면 유아의 마음속에는 "나는 사랑받는 소중한 존재임에 틀림이 없으며, 나는 OK이다."라는 믿음이 형성된다. 만일 스트로크가 부적절하다거나 결핍되었다면 "나는 별 볼 일 없고 귀한 존재가 아니다."의 Not-OK가 형성되기 쉽다. 다시 말해, 양육자로부터 몸과 마음이 건강하게 양육된 유아의 경우 "나는 할 수 있고, 나에게는 건설적인 힘이 있으며, 나는 중요한 존재다."라는 믿음이 형성된다.

이러한 신념은 자신에 대한 태도(OK, Not-OK)를 형성하고, 이러한 태도는 점차 타인과 세상에 대한 태도로 확장된다. 이를 통해 나와 나를 둘러싸고 있는 세계도 OK로 인식하고, OK를 정당화하는 자료를 수집하고, 이를 통해 OK 태도는 더 강화된다.

번에 따르면, OK 인생태도가 형성되기 위해 유아는 양육자와의 상보 교류를 통해 긍정적 스트로크를 충분히 받을 필요가 있다. 이를 통해 유아는 자신과 타인을 신뢰할 수 있으며 자신과 타자, 세상에 대해 안정감을 발달시킬 수 있다고 하였다.

하지만 유아가 건강한 유전적 소인을 지녔을지라도 양육자가 자녀의 욕구에 부응하지 못하고 유아를 방치, 유기하거나 거부적인 태도를 취하게 되면 "나는 사랑받지 못하고 안심할 수 없다. 나는 소중한 존재가 아니기에 나는 OK가 아니다."라는 인생태도를 형성하고, 이를 정당화하는 근거를 확보하려 할 것이다.

이처럼 유아기에 양육자로부터 어떠한 스트로크를 받았는지가 유아의 인생태도를 결정하는 데 영향을 미친다. 이러한 인생태도는 각본의 중요한 토대로서 추후 논의할 금지명령, 부모명령과 각본시스템, 게임 등을 포함하는 각본의 중요한 구성 요소로 기능한다.

2 인생태도의 형성

번이 제시한 네 가지 인생태도는 클라인의 주장에 영향을 받았다. 번은 클라인의 임상적 명칭에서 따온 세 가지 태도, 즉 편집(I'm OK, You're not OK), 우울(I'm not OK, You're OK), 분열(I'm not OK, You're not OK)이라는 태도에 '건강한 태도'라고 불렀던 네 번째 태도(I'm OK, You're OK)를 추가하였다(Stewart, L., 2009). 이러한 주장을 통해 번(1964)은 인생태도가 초기 아동기인 3세에서 7세 사이에 결정된다고 보았다.

번에 따르면 인생태도는 아동기에 경험을 토대로 자신과 세상에 관한 관점을 합리화하기 위해 채택된다고 보았다. 즉, 유아기의 경험을 하고 난 후 이러한 결정에 부합되게 인생태도를 설정한다는 것이다. 예를 들어, 유아가 어릴 때 부모로부터 방치되어 자랐다면 "사람들은 나를 좋아하지 않아."라는 결정을 하게 되고, 이를 일반화시켜 "나는 별 볼 일 없는 사람이다."와 'I am not OK'라는 인생태도를 가지게 된다는 것이다.

스타이너(Steiner, 1964)에 따르면, 모든 유아는 'I'm OK−You're OK'의 인생태도로부터 출발하고 점차 부모와의 상호작용을 통해 인생태도가 변화한다. 유아가 부모로부터 적절한 의존과 스트로크(제5장 참조)를 제공받았다고 인식했다면 'I am OK−You're OK'의 인생태도를 견지할 것이나, 양육자로부터 부정적 스트로크를 자주 받거나 의존성이 충족되지 못할 경우 'I am not OK−You re OK'의 인생태도 또는 'I am not OK−You re not OK'의 인생태도를 취할 수 있다. 스타이너(1964)는 이렇게 형성된 인생태도에 따라 각본이 설정된다고 보았다.

한편, 해리스(Harris, 1969)는 삶에 대한 네 가지 태도 중 하나에 머무르면서 자신과 타인의 관계를 결정한다고 하며, 아주 어린 시절부터 아이들은 "난 괜찮지 않아(I'm Not OK)."라고 결론짓는 반면 부모에 대해서는 "당신들은 괜찮아(You're OK)."라고 결론짓는다고 하였다. 이것이 바로 아이가 자신과 주위 세상을 이해하려 하면서 내리는 첫 번째 결론이라고 하였고, 이러한 'I'm not OK, You're OK' 태도는 아기가 처음으로 시험 삼아 내리는 결정으로, 생후 1년 동안 겪은 경험을 바탕으로 하며 평생 동안 아이를 따라다니는 가장 결정론적인 결론이라고 단정하였다. 만 2세가 되면 아이는 처음 태도를 강화하면서 여기에 머물기도 하고, 아니면 자기부정-타인부정의 태도를 그리고 자기긍정-타인부정의 태도로 결정을 바꾸기도 한다. 아이는 나중에 선택한 결정에 계속 머물러 있게 되는데, 이때 선택한 태도가 아이가 하는 모든 말과 행동에 영향을 미친다. 아이가 의도적으로 노력하여 마지막 네 번째 태도(I'm OK, You're OK)로 바꾸지 않는 이상, 아이는 첫째, 둘째, 셋째 태도를 평생 동안 유지한다고 하였다. 해리스는 네 번째 태도인 자기긍정-타인긍정이야말로 희망이라 하였고, 앞의 세 가지 태도와 이 네 번째 태도 사이에는 아주 큰 차이가 있다고 하였다. 앞의 세 가지는 무의식적으로 만들어진 태도들이며, 많은 사람이 삶의 아주 초기에 자기부정-타인긍정의 태도를 결정한 뒤 평생 이 태도에서 벗어나지 못하는 경우가 많다고 하였다. 그중 대단히 불행한 환경에서 자란 아이들은 처음 태도를 벗어나 두 번째나 세 번째 태도로 바뀌고, 생후 3년째가 되면 모든 사람이 이 세 가지 중 하나를 자신의 태도로 확정한다고 하였다. 이러한 과정에서 아이의 A 자아가 세상을 이해하려고 하는 주된 이유 중 하나는 자신의 태도를 결정하기 위해서이다.

아이는 이 태도 결정을 통해 세상의 혼란스러운 자극과 감정을 예측할 방도를 어느 정도 마련한다. 앞서 세 가지 태도는 P 자아 데이터와 C 자아 데이터를 토대로 하여 만들어지는데, 순수하게 감정과 느낌으로만 결정되며 이를 수정해 주는 외부 데이터는 전혀 개입하지 않는다. 반면에 자기긍정-타인긍정 태도는 의식적이고 언어적인 결정이다. 따라서 이 태도는 끊임없이 쏟아져 들어오는 자신과 타인 관련 정보뿐만 아니라 철학이나 종교 같은 추상적인 정보도 포함하고 있으며, 앞의 세 가지 태도가 정해지는 토대는 감정이지만 네 번째 태도는 사고와 믿음 그리고 행동 결과가 그 바탕이라고 하였다.

한편, 어언스트(Ernst, 1972)는 아동기에 발생한 생활자세가 성인기의 사회적 상호작용에 반영된다고 보았다. 이렇게 반영된 것을 작용(operation)이라 불렀는데,

이 네 개 작용의 명칭은 I'm not OK-You're OK(자기부정-타인긍정), I'm OK-You're not OK(자기긍정-타인부정), I'm not OK-You're not OK(자기부정-타인부정), I'm OK-You're not OK(자기긍정-타인긍정)이다.

3 OK와 Not OK 인생태도

모든 인간은 변화가 가능하다는 번의 주장대로 할 경우, 인생태도 역시 본인의 결단이나 선택과 같은 의지와 추후의 경험을 통해 누구나 Not-OK에서 OK로 이동할 수 있다. TA는 Not-OKness를 OKness로 변화시키는 작업이라고 해도 과언이 아니다. 인생태도를 OK와 Not-OK로 구분하여 살펴보면 다음과 같다(<표 4-1> 참조).

<표 4-1> OK와 Not-OK 인생태도

OK	안심할 수 있다, 사랑받을 가치가 있다, 훌륭한 사람이다, 마음이 아름답다, 누군가에게 도움이 된다, 삶이 즐겁다, 살 만한 가치가 있다, 예의 바르다, 자질이 훌륭하다, 할 수 있다, 실천한다, 자아실현을 한다 등
Not-OK	안심할 수 없다, 사랑받을 가치가 없다, 보기가 싫다, 마음이 약하다, 어린아이같이 유치하다, 무지하다, 짓궂다, 바보다, 뒤떨어진다, 느리고 머리가 둔하다, 실패한다, 무엇을 해도 안 된다, 자아실현을 못 한다 등

4 인생태도의 유형

TA에서는 인생태도를 네 가지로 분류한다. 네 가지 인생태도별 특색을 살펴보

면 다음과 같다(Ernst, 1972).

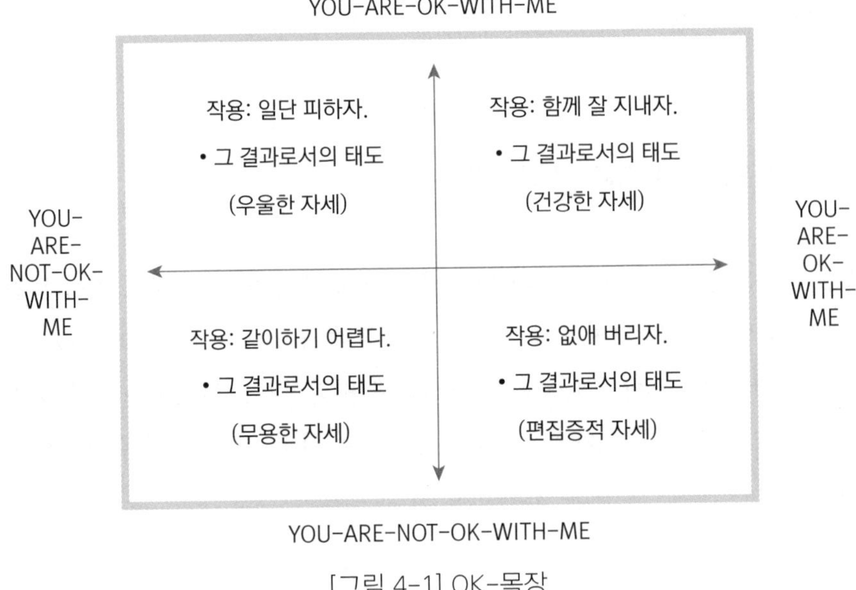

[그림 4-1] OK-목장

1) 자기긍정-타인긍정(I'm OK-You're OK): 함께 잘 지내자

이 유형은 자신과 타인을 모두 긍정하는 인생태도로서 TA가 권장하는 가장 바람직한 인생태도이다. 나도 이만하면 괜찮고 타인도 그만하면 괜찮다고 보기 때문에 상대와의 친밀감을 유지하는 데 유용하다.

> 예) 아, 오늘 아들이 별로 잘못한 것도 아니었는데 질책을 했구나. 참 많이 속상해했겠다. 더 상처받기 전에 만나면 위로해 주어야겠다. 인간은 약점과 장점을 동시에 가진 존재니까…….

나와 타인의 가치를 모두 인정하고 존중하는 인생태도이므로 공동체 유지와 조

직 생활에서 매우 이로운 결과를 낳는다. 상호 간 순수한 배려를 기반으로 친밀한 관계를 유지하는 인생태도라고 할 수 있다. 이 유형은 어른자아(A)에 의해 지배되는 경우가 강하기 때문에 현실감이 높다는 특징이 있다.

2) 자기부정-타인긍정(I'm Not OK-You're OK): 일단 벗어나자

자신을 부정하고 타인을 긍정하는 인생태도이다. 즉, 자신을 믿지 못하며, 타인의 인정을 구하면서 상대방만 믿고 의지하려는 인생태도이다.

> 예) 나는 어떤 일도 할 수 없는 사람이야. 철수는 항상 당당하고 활기에 넘치는데 난 늘 왜 이렇게 소심하고 내성적인지 모르겠어…… 휴…….

이러한 인생태도를 취할 경우, 낙심과 무력감에 빠져 우울증에 걸리기 쉽다. 자기비하나 열등감이 만연하고 운명 탓이라 하며 어쩔 수 없다는 생각에 사로잡혀 있다. 스스로에게 자신감이 부족하고 타인의 인정을 강하게 갈망하지만 이를 잘 표현하지는 않는다. 심한 경우, 우울증에 빠져 대인 기피와 자살을 시도하는 경우도 있다.

상대의 능력에 대해 갈망하므로 의존적 관계를 형성할 가능성이 많으며, 이로 인해 P 자아 주도형의 성격을 선호하고 그로부터 보호받기를 기대하는 경향이 있다.

이 인생태도의 근원에는 자기 스스로 세상을 살아가기에는 아직 무력한 존재이기에 양육자에게 자신의 의견을 충분히 표현하거나 논박할 수 없다는 결정이 작용한다. 유아는 내부에 부정적인 감정이 많이 쌓이면 그동안 수집한 증거를 토대로 자신에 대해 다음과 같은 부정적인 결론을 내린다.

주로 사용하는 자아상태는 AC 자아와 NP 자아이다. 그러므로 눈치를 많이 보고, 상대의 기분을 살피며, 상대방 위주로 결정을 하고, 상대에게 무조건 잘해 주어 인정을 받으려는 경향이 강하고, 상처를 많이 받는 유형이다.

예) 나는 부족하기 때문에 나의 생각은 자제하고 상대에게 맞추며 살아가야 한다. 상대가 나를 인정해 준다면 나는 괜찮은 사람이고, 그래서 그의 비위에 맞추어 살아야 한다.

3) 자기긍정 – 타인부정(I'm OK – You're Not OK): 없애 버려라

이 유형은 자신을 긍정하고 타인을 부정하는 유형이다. 이 유형을 취할 경우, 세상이 부당하고 합리적이지 못하다고 인식하므로 화를 잘 낼 수 있다. 이러한 화는 부당하다고 인식한 타인이나 세상을 수정하려는 심리적 의도를 지닌다. 즉, 자신을 과신하지만 타인의 존재나 능력을 인정하지 못하는 인생태도이다.

예) 너는 왜 언제나 그 모양이니? 아빠는 학교 다닐 때 우등생이었는데 누굴 닮았는지 모르겠다.

이 유형은 지배적이며 의심이 많은 사람에게서 흔하다. 이 유형은 자기의 성향에 맞지 않으면 배제하는 경향이 있으며, 오랜 친구나 자기에게 헌신을 다한 사람일지라도 이익이나 도움이 안 되는 경우 냉정한 태도를 유지한다. 때로는 상대방이 OK가 아니라고 판단하기 때문에 상대에게 도움을 주려고 하는 경향도 있는데, 이는 상대의 능력을 불신하기 때문이다.

이런 유형은 대개 무례하고 거만한 모습이 많아 상대가 이 유형의 개인을 힘들어할 가능성이 많다. 게다가 자기성찰이 부족하여 변화하기가 쉽지 않다는 것이 특징이다. 문제가 발생한 경우, 스스로를 희생자 또는 피해자로 간주하고 상대방을 탓하기 때문에 상대가 곤혹스러워질 때가 많다. 흔한 임상 양상으로는 편집증적 사고(paranoid thoughts)를 들 수 있다.

여기서 가장 많이 사용하는 자아상태는 CP 자아와 FC 자아이다. 따라서 훈계와 통제, 공격, 무책임한 행동이 자주 나타난다. 발달상으로 볼 때 초기 유아 시절 양

육자와의 관계에서 충분한 스트로크를 받지 못함에 기인하여, 자기 스스로는 괜찮은데 타인과 외부 현실이 잘못되었다는 자기애적 방어 경향으로 나타난 것으로 볼 수 있다. 또 다른 경우는 지나친 허용과 과잉 욕구 충족의 결과로 자신만이 최고라는 자기애적 경향으로 나타날 수도 있다.

4) 자기부정–타인부정(I'm Not OK– You're Not OK): 같이하기 어렵다

이 유형은 자신과 타인 모두를 부정하는 인생태도이다. 따라서 염세적이어서 인생을 살 만한 가치가 없다고 절망한다. 자기 자신에게도 긍정적 스트로크를 제공하지 못하기 때문에 삶에서 즐거움과 희망을 느끼지 못하고 고립감과 절망감에 휩싸이기 쉬운 유형이다.

예) 학교에 가면 어리석고 한심한 놈들뿐, 답답한 것들…… 다들 타성에 젖어서 말야. 이런 학교에 근무하는 나 또한 한심하긴 마찬가지지, 이 짓도 싫다 싫어. 확 그만두어야지 말야…….

이 유형은 또한 대인 관계를 기피하며, 자기만의 세계에 갇혀 지내는 경우가 많다. 아울러 상황을 극단적으로 해석하고 쉽게 불안과 허무, 무용함에 지배당하는 경우가 허다하다. 이 유형은 조현병이나 우울증, 알코올중독에서 자주 발견되는 특징이 있다. 심한 경우, 조현병, 자살이나 타살이 유발될 수 있다.

발달적으로 초기 어린 시절 양육자로부터 심한 거절, 방임, 학대 등의 트라우마를 경험했을 가능성이 있다. 따라서 부정적 스트로크에 더 민감하게 반응한다. 타인으로부터 제공되는 긍정적 스트로크마저도 부정적으로 인식하는 경우가 잦고, 성장 후 타인 불신과 폐쇄 상태에 빠지는 등 삶이 순탄치 못한 경우가 많다.

이 인생태도 역시도 타인으로부터 관심과 사랑을 갈구하지만, 타인이 자신을 진정으로 사랑해 줄지에 대해 민감하게 반응하고 이를 지속적으로 확인하기 때문에 상대와 마찰이 발생할 가능성이 크다. 이는 성장 과정에서 무조건적 긍정적 스트로크의 경험의 결핍에 기인한다. 따라서 상대방의 호의에 대해 거절로 반응하는 경향이 높다. 이 유형에서는 A 자아가 이중으로 오염되어 있어 외부 상황을 제대로 판단하는 데 어려움을 겪을 가능성이 있다.

인생태도의 또 하나의 중요 관점은 누구나 "항상 그 인생태도에만 머무는 것은 아니다."라고 주장한 학자는 어언스트(1971)이다. 어언스트는 이러한 변화를 분석하는 방법을 개발하여 'OK 목장(OK Corral)'이라고 불렀다. 그는 'OK' 대신에 'OK-with-me'라는 용어를 사용하였는데, 그 이유는 OK란 '나'에 대한 '나의' 확신, 그리고 '너'에 대한 '나의' 확신에서 나온 것임을 강조하기 위함이다.

어언스트가 제시한 네 가지 인생태도는 OK를 '+'로, Not-OK를 '-'로, 자신을 'I', 상대를 'U'로 표시하여 네 개의 칸은 각각 I+U+, I-U+, I+U-, I-U-로 표시한다. 그는 "아동기에 채택한 각 인생태도가 성인기의 사회적 상호작용에서도 반영된다."라고 하였다. 또한 그는 우리가 C 자아에서 자신도 모르게 이러한 작용 중 어느 하나를 택하면, 결국에는 이 인생태도에 걸맞은 각본행동을 하게 된다고 하였다. 그러나 사람들은 A 자아에서 의도적으로 네 작용 중 어느 하나를 선택할 수 있다고도 하였다. 그러므로 자신의 인생태도를 변화하기를 원한다면 어린 시절에 형성된 각본에 의한 반응을 버리고 '지금-여기'에서 A 자아 작용(Adult operation)을 사용할 방법을 찾아야 함을 강조하였다.

5 인생태도의 변화 노력

스튜어트와 조인스(Stewart & Joins, 1987)에 따르면, 개인은 네 가지 인생태도 중 하나에 종일 머무는 것이 아니라 순간순간 태도의 위치를 바꾸게 된다. 어언스트(1971)는 이러한 측면을 부각시켜 'OK 목장'이라 불렀다. 'OK 목장'의 개념은 인생태도는 '빠르게 순간순간 바뀌는 것'이므로 개인이 바람직한 인생태도를 취할 수

있게 지원할 수 있는 여지를 확장시키는 것으로, 다시 말해 인생태도도 얼마든지 변화될 수 있다는 것이다.

전술한 바대로 TA에서는 변화 가능성을 중시한다. 자각과 자발성을 동원한다면 모두가 변화할 수 있다는 관점을 강조한다. TA에서는 자신의 각본을 성찰하거나 심리상담 등을 통한 유익한 자극을 통해 모두가 자기긍정–타인긍정으로 변화할 수 있다고 본다.

이를 위해서는 자신의 각본을 통찰하거나 심리상담을 받거나 외부로부터의 인상 깊은 경험이 필요하다(Stewart, 1987). I am not OK, You are not OK에서 바로 I am OK, You are OK로 이동하기란 쉽지 않다. 대개 한 칸 한 칸씩 OK로 이동한다. 예를 들어 I–U–에서 다른 칸으로 넘어가자면 보통 I+U–칸으로 넘어간다. 그다음으로 I–U+로 넘어간다. 마지막 목표는 I+U+가 가장 선호하는 자세로 자리를 잡을 때까지 이 칸에서 유익한 경험을 하면서 보내는 시간을 증가시켜 나가는 것이 필요하다. 자신과 타인에 대한 긍정적인 경험이 늘어나면 차츰 I am OK, You are OK의 인생태도 가능성이 증가한다. 흥미롭게도 I+U–가 I–U+에 대한 방어일 때가 많다는 사실이 발견되었다. I–U+로 결정한 유아는 스스로 무력하다는 현실에 맞서기 위해 이러한 방어적 자세를 취한다는 것을 참조할 필요가 있다(Stewart, 1987).

인생태도와 그에 따른 대인 간 교류 방식의 관계를 살펴보면 다음과 같다([그림 4–2] 참조).

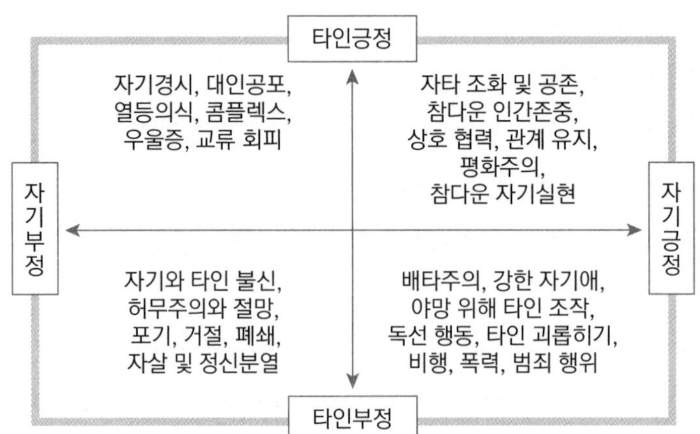

[그림 4-2] 인생태도와 대인 간 교류 방식

실습

1. 당신의 인생에서 가장 많이 나타나는 인생태도 유형은 무엇인가?

2. 당신의 인생태도에 주로 반영되는 자아상태는 무엇이라고 생각하는가?

3. 주변에 당신이 닮고 싶은 사람의 인생태도와 당신의 인생태도를 비교해 본다면 어떤 차이가 있는가?

4. 당신의 인생태도를 보다 더 나은 방향으로 개선하고자 할 때 당신이 적용해 볼 수 있는 세 가지 정도의 노력 방안은 무엇인가?

제2부

제5장 스트로크

Harlow(1958)의 원숭이 실험은 피부 접촉의 중요성을 알리는 대표적인 사례이다. 새끼 원숭이는 배가 고플 때는 젖병이 연결된 철사 어미 원숭이에게 가지만, 일단 배고픔이 해결되면 젖병은 없지만 부드러운 헝겊으로 싸여 있는 어미 원숭이에게 가서 대부분의 시간을 보냈다. 먹이보다 사랑과 위안이 훨씬 더 중요함을 나타내는 결과이다. 캥거루처럼 엄마 또는 아빠의 가슴에 아기의 가슴을 대고 등을 쓰다듬는 캥거루 케어(kangaroo care)는 피부 접촉을 통해 유대감을 높이는 데 효과적이다.

피부 접촉뿐만 아니라 일상적인 인사를 나누고 대화하는 다양한 방법을 통해 사람들은 다른 사람들과 교류한다. 인간은 누구나 접촉하고 인정받고 싶은 본능적인 욕구, 즉 스트로크에 대한 욕구가 있기 때문이다. 누구와 어떤 스트로크를 어떻게 나누는지에 따라 한 사람의 인생태도가 달라지고, 삶의 적응 양상이 영향을 받게 된다.

1 스트로크의 이해

스트로크(stroke)의 사전적 의미는 '쓰다듬다, 달래다, 어루만지다, 붓질하다, 치다, 노를 젓다' 등으로 매우 다양하다. 같은 스트로크라도 쓰다듬어 줄 때와 딱밤치기를 당했을 때의 느낌은 다르다. 내가 색칠한 수채화는 몇 년이 지나도 그대로

이다. 수영할 때 팔을 몇 번 움직이면 어느 사이엔가 몸이 움직여 다른 위치에 다다른다.

교류분석에서 스트로크는 '언어적 · 비언어적 방법으로 타인의 존재를 인정하는 단위(unit)'를 의미한다. 사람 사이에 어떤 말과 행동을 나누었느냐에 따라 인정의 의미가 다르게 전해진다. 그리고 그 인정의 의미에 따라 자신과 상대방에 대한 관점 및 관계가 달라진다. 번(1968)은 "의식주와 같은 기본적인 생물학적 욕구처럼 스트로크는 인간에게 반드시 필요한 것이다. 이 욕구가 충족되지 않으면 죽음에 이를 수 있다."라고 했다. 신체적 수준뿐만 아니라 심리적 수준에서 건강한 생활을 영위하기 위해서는 반드시 스트로크가 있어야 한다. 지나칠 정도로 스트로크가 부족한 경우 신체적인 의미를 넘어서서 심리적인 죽음이라고 할 정도로 심각한 어려움, 즉 스트로크 결핍(stroke deficient)을 겪게 된다.

"어떻게 하면 스트로크를 주고받을 수 있을까?" 이는 행동의 근본 동기로 작용한다. 모든 인간은 아기였을 때부터 C 자아에서 자신에게 필요한 스트로크를 유발할 수 있는 행동을 탐색한다. 울기, 웃기, 소리 내기, 팔 벌리기, 쳐다보기 등의 다양한 행동을 해 보고, 어떤 특정 행동이 스트로크를 일으키면 그 행동을 반복한다. 성장한 성인도 스트로크가 필요하기 때문에 스트로크를 유발할 수 있는 가장 효과적인 방법으로 자신의 행동을 맞추게 된다. 이렇게 스트로크를 주고받으면서 스트로크를 유발한 행동은 강화되고, 스트로크를 유발하지 않는 행동은 점점 하지 않게 된다. '미운 짓만 골라 한다'는 말이 있다. 마치 일부러 그러는 것처럼 상대의 마음을 불편하게 하는 행동을 하면서 기어이 자신에게도 전혀 좋을 게 없는 상황을 초래할 때 떠오르는 말이다. 왜 그럴까? 안타깝게도 어렸을 때부터 미운 짓을 했을 때 주변으로부터 자신을 알아봐 주고 인정해 주는 스트로크를 받을 수 있었기 때문이다. 따뜻한 스트로크를 원하는 마음으로 아무리 예쁜 짓을 해도 받기 어려웠다면 비록 그 스트로크가 혼나거나 싸늘한 눈빛이어도 아무런 관심도 못 받는 것, 즉 스트로크를 받지 못하는 것보다는 좋기 때문이다. 이처럼 어렸을 때 경험한 스트로크에 따라 스트로크를 추구하는 일정한 패턴이 형성된다. 예쁜

짓을 해도 못 본 척하거나 당연시하는 사람들로부터 따뜻한 스트로크를 받을 수 없는 상황이 반복되면, 어린아이 입장에서는 미운 짓을 하는 것이 유일한 방법이 될 수 있다. 긍정적인 자아상태보다는 부정적인 자아상태가 기능하게 되고, 자신과 타인에 대한 인생태도도 부정적인 확신으로 형성될 가능성이 높아진다. 미운 짓을 하다 보니 일상의 교류도 피상적인 상보 교류, 긁어 부스럼을 만드는 것 같은 교차 교류, 무조건 상대에게 맞추기에 급급한 이면 교류 등의 패턴으로 나타난다. 미운 짓은 성인이 되어도 약속이나 규칙 어기기(지각, 무단결석 등), 폭력 등의 다양한 양상으로 바뀌어 그대로 이어진다. 인생 전반에 걸쳐 갈등의 원인으로 작용하게 되는 셈이다. 어렸을 때 '긍정적'이고 '사고 능력이 있는 존재'로서 있는 그대로 스트로크를 주고받을 수 있었던 사람의 인생과 다른 인생을 살게 된다. 스트로크 경험에 따라 꼬리에 꼬리를 무는 것처럼 선순환이 이어질 수도 있고, 악순환이 이어질 수도 있다.

2 스트로크의 유형

1) 언어적 · 비언어적 스트로크

언어적 스트로크는 단어 또는 문장을 통해 음성언어로 표현된다. 비언어적 스트로크는 자세, 손짓, 몸짓, 얼굴 표정 등의 다양한 행위를 통해 몸으로 표현된다. 언어를 사용하지 않는 비언어적 스트로크는 가장 기본적이고 원시적인 형태이지만, 이를 통해 보다 풍부한 표현을 하면서 시각적 효과를 기대할 수 있다.

생애 초기에는 다양한 접촉을 통한 비언어적 스트로크를 주로 나누다가 곧 언어적 스트로크를 주고받게 된다. 대부분의 교류에는 언어적 스트로크와 비언어적 스트로크가 함께 교환된다. 같은 언어적 스트로크더라도 비언어적 스트로크로 전해지는 심리적인 메시지에 따라 그 의미가 달라질 수 있다. 언어적 스트로크와 비언어적 스트로크가 일치될 때 명확하게 교류할 수 있고, 스트로크의 강도도 높아진다.

2) 긍정적 · 부정적 스트로크

긍정적 스트로크와 부정적 스트로크는 스트로크의 질과 관련되며 스트로크를 받는 사람의 기분에 따라 구분할 수 있다. 긍정적 스트로크는 받았을 때 기분이 좋아지고 즐겁다. 환하게 웃는 얼굴, "보고 싶었어."라는 말 한마디, 토닥토닥해 주는 손길이다. 반면에 부정적 스트로크는 고통스러운 방식으로 여겨지는 인정이다. 못마땅한 눈빛과 혀를 차는 소리, "꼴도 보기 싫어."라는 가시 돋친 말, 거칠게 밀치는 몸짓 등이다.

긍정적인 스트로크는 얻고 싶지만 부정적인 스트로크는 피하고 싶다. 긍정적인 스트로크를 통해 자기긍정 · 타인긍정의 인생태도를 형성하고 긍정적 스트로크를 나눌 수 있다. 긍정적 스트로크를 획득하지 못한 경우, 부정적 스트로크라도 획득하고자 한다. 스트로크가 없으면 살 수 없기 때문이다. 진공 상태에 있는 것처럼 주변에서 그 어떤 자극도 받을 수 없고, 투명인간처럼 인정을 받을 수 없을 때는 살아 있어도 사는 것이 아니다. 인간관계의 갈등을 유발하는 이면 교류를 사용하면서 피상적이고 형식적인 언행으로 거짓말을 하거나 무례하게 행동하고 약속을 어기는 것과 같은 부적응적인 행동을 하게 된다. 폭력, 절도와 같은 사회적 범법 행위도 자신의 존재를 부정적인 방식을 통해서라도 인정받고 싶은 욕구에서 비롯되는 경우가 많다.

긍정적이거나 부정적 스트로크를 주고받을 때 '가짜 스트로크'와 '플라스틱 스트로크'가 나타날 수 있다. '가짜 스트로크(counterfeit stroke)'는 처음에는 긍정적 스트로크로 시작하지만 끝에는 부정적 스트로크를 주는 것으로, 긍정적 스트로크를 주었다가 도로 뺏는 셈이다. '플라스틱 스트로크(plastic stroke)'는 마치 마시멜로를 주는 것처럼 진정성 없이 긍정적 스트로크를 주는 경우이다. 긍정적 스트로크를 줘야 한다고 느끼지만 실제로 줄 수 있는 스트로크가 없을 때 플라스틱 스트로크를 주기 쉽다. 또한 스트로크가 많을수록 긍정적인 변화가 있을 것으로 기대하거나 스트로크의 양적인 측면에 집중하면서 가능한 한 상대에게 많은 스트로크를 주려고 할 때 나타날 수 있다.

3) 조건적 · 무조건적 스트로크

조건적 스트로크는 상대방이 한 특정한 행동에 대한 반응으로 이루어진다. 어떤 행동을 했을 때 받게 되는 조건적 스트로크는 그 행동을 계속할 것인지의 여부를 알려 주는 신호가 된다. 긍정적인 조건적 스트로크를 받으면 동일한 행동을 반복할 가능성이 많지만, 부정적인 조건적 스트로크를 받게 된 행동은 중지하고 다른 행동을 찾으려는 노력으로 이어지게 된다.

무조건적 스트로크는 아무 조건 없이 그 사람의 존재 자체와 관련된다. 조건적 스트로크보다 무조건적 스트로크의 가치가 더 높기 때문에 대부분 무조건적 스트로크에 대한 욕구가 더 강하게 작용한다. 그러나 아무 조건 없이 이루어지는 스트로크이므로 긍정적인 무조건적 스트로크는 가장 원하는 스트로크가 되는 반면, 부정적인 무조건적 스트로크는 매우 고통스러울 수 있다. 만약 행위가 아니라 사람 자체에 대한 인신공격과 부정적 판단 같은 부정적인 무조건적 스트로크를 접한다면 어떻게 하는 것이 적절할까? 상대의 마음에 들거나 관계를 개선하기 위해 자신을 억지로 맞추려는 노력이 효과가 있을까? 상대방의 입장을 분명히 확인했으므로 이전과 다른 선택을 해 볼 수도 있다. 부정적인 무조건적 스트로크를 거절할 수 있다.

스트로크의 유형

유형 \ 특징	신체적	언어적	조건적	무조건적
긍정적	안아 주기 엄지 척 미소 어깨 쓰다듬기	인정 칭찬 격려	시간 지켜 줘 고마워 내 말 들어줘 기뻐 잘 먹어서 이쁘다 합격 축하해	사랑해 멋지네 참 좋다
부정적	때리기 꼬집기 고개 돌리기 못마땅한 표정	비난 위협 훈계 명령 무시	내가 보기에는 아니야 여기 아직 지저분하네 목표 달성할 때까지 쉬지 마	그냥 관두자 몰라 보기 싫어 짜증 나 하라면 해

3 스트로크 주고받기

스트로크의 특성은 유형에 따라 다르게 작용한다. 그럼에도 불구하고 실제로는 부적절한 스트로크를 편향되게 사용하는 경우가 많다. 이렇게 주고받은 스트로크를 통해 인정 허기를 충족시키기에는 한계가 있을 수밖에 없다.

스트로크를 주고받는 방법은 바꿀 수 있다. 의존적일 수밖에 없는 어린 시기에 생존을 위해 형성된 스트로크 패턴을 성인으로서 점검해 보고, 변화가 필요하다면 새롭고 긍정적인 방식으로 스트로크 균형을 회복할 수 있다. 필요한 인정을 긍정적이고 건강한 방법으로 얻는 방법을 배울 수 있고, 다른 사람들도 같은 방법으로 행동하도록 초대할 수 있다(Napper & Newton, 2000).

1) 스트로크 지수와 스트로크 필터

사람들마다 선호하는 스트로크가 있다. 이는 어렸을 때의 경험에 기초해서 형성되며, 스트로크를 주고받는 데 의식적으로 또는 무의식적으로 작용한다. 긍정적 스트로크를 받을 기회가 부족했거나 믿을 수 없는 긍정적 스트로크를 받았던 사람은 긍정적 스트로크 대신 부정적 스트로크를 주고받는 것이 더 안전하게 여겨질 수 있다. 사람들마다 긍정적 스트로크와 부정적 스트로크를 주고받는 비율이 다른데, 이를 '스트로크 지수(Stroke Quotient)'라고 한다(Clarke, 1981). 스트로크 지수의 차이는 스트로크 필터(Stroke Filter: Stewart & Joines, 1987)의 작용에 의해 나타난다. 각자의 스트로크 필터를 통해 선택적으로 스트로크 지수에 맞는 것은 받아들이고, 맞지 않는 것은 걸러 낸다. 스트로크 필터에 의해 스트로크를 걸러 낼 때는 무표정한 얼굴로 "고마워요."라고 말하는 식의 말과 행동의 부조화가 나타난다.

어렸을 때 형성된 스트로크 필터를 성인이 되어서도 계속 사용하는 경우가 많다. C 자아의 안정성을 유지하면서 기존의 자아상태와 인생태도를 그대로 유지할 수 있기 때문이다(Stewart & Joines, 1987). 긍정적 스트로크는 걸러 내고 부정적 스트로크는 그대로 받아들이는 필터를 가진 사람은 "나는 부족한 사람이야."라는 자기부정의 인생태도에서 벗어나기 어렵다. 무조건적 스트로크는 걸러 내고, 조건적 스트로크만 받아들이는 필터를 가진 사람은 조건적인 상황에만 반응하면서 얼마든지 안전하게 얻을 수 있는 스트로크를 스스로 놓쳐 버릴 수 있다. 자유롭게 스트로크를 주고받기 위해서는 스트로크 필터를 없애야 한다.

스트로크 지수의 형성은 어렸을 때의 스트로크 경험과 함께 스트로크에 대한 신념의 영향도 받는다. 상대가 내가 기대한 대로 행동하는 것을 당연시하면서 긍정적 스트로크를 자제하는 경우가 이에 해당한다. 반면에 기대에 어긋나는 행동을 했을 때는 그 행동에 대한 부정적 스트로크를 줘야만 행동의 변화가 가능하다고 보고 부정적 스트로크를 더 많이 주고받기도 한다. 긍정적인 스트로크는 '좋은' 스트로크, 부정적인 스트로크는 '나쁜' 스트로크로 생각하는 것도 편향된 스트로크 지수와 관련된다. 긍정적인 스트로크만 추구하면서 부정적인 스트로크는 지나치게 경계하는 경우가 이에 해당한다. 그러나 인정 그 자체가 스트로크가 된다는 점에서 부정적인 행동에 대한 부정적인 스트로크는 하지 않고 긍정적인 행동에 대한 긍정적인 스트로크만 추구하게 되면 부분적인 인정만 하게 되는 문제를 초래할 수 있다.

2) 스트로크 경제

스트로크는 사용하면 없어지는 재화(property)가 아니다. 그런데 화폐처럼 간주하면서 가급적 아끼고, 최대한 이윤을 낼 수 있는 방식으로 스트로크를 나누는 경우가 많다. 마치 화폐 경제 이론처럼 스크로크 주고받기에 대한 잘못된 신념이 암묵적인 규칙으로 작용하고 있다. 스트로크는 효과적인 사회적 통제의 수단이기 때문이다. '스트로크 교환에 대한 제한적인 규칙'을 스타이너(1971)는 '스트로크 경제(stroke economy)'라고 하였다.

스트로크를 주고받는 방법은 영유아기 때 부모를 통해 배우게 된다. 자녀를 사랑하면서도 대부분의 부모는 얼마든지 자유롭게, 무제한적으로 주고받을 수 있는 스트로크를 자녀에게 제한적으로 사용한다. 자녀에게 스트로크를 줄 수 있는 유일한 사람으로서의 통제권을 갖기 위해서 부모는 CP 자아를 쓰는 '스트로크 독점가'가 된다. 그리고 일부러 스트로크의 공급을 낮춰서 스트로크의 가치를 높인다. 생존하기 위해 부모의 스트로크가 필요한 어린 자녀의 입장에서는 스트로크를 얻기 위해 부모의 가르침을 따를 수밖에 없다. 스트로크 경제에 따르지 않으면 죄책감, 수치감, 무가치함을 느끼게 되고, 사회적 반감을 초래하게 되기 때문이다. 그 결과, 자녀는 부모의 스트로크를 받을 수 있는 행동은 계속하지만 스트로크를 받을 수 없는 행동은 하지 않게 된다. 이와 같은 과정을 거치면서 스트로크 경제는 사회적 관습으로 굳어져 다음 세대에 전달된다.

스트로크 경제의 다섯 가지 제한적인 규칙의 영향을 많이 받을수록 스트로크에 대한 왜곡이 심해지면서 자유롭게 스트로크를 나누기 어려워진다. 이는 스트로크 결핍 상태로 이어져 일상생활에서 만성적인 우울의 문제로 이어질 수 있다. 스트로크 결핍 상태에서는 마치 목이 너무 마르면 깨끗하지 않은 물이라도 생존을 위해 마실 수밖에 없는 것처럼 부정적인 스트로크라도 받기 위해 자기 자신에게 해가 되는 일을 하게 된다. 다섯 가지 규칙은 다음과 같다.

① 주어야 할 스트로크를 주지 마라(Don't give strokes when you have them to give)

'스트로크를 함부로 쓰면 안 된다'는 P 자아의 작용으로 인해 그 사람 혹은 그 사람의 행동을 긍정적으로 생각할 때조차 그들에게 줄 수 있는 스트로크를 표현하지 않고 유보하는 경우이다. 스트로크를 아껴야 가치가 높아져 다른 사람을 통제하거나 자신의 영향력을 유지할 수 있다고 믿으면서 일부러 스트로크를 자제한다. 또한 스트로크를 주고 싶은 대로 주게 되면 자신이 가벼운 사람으로 보이거나 상대가 스트로크를 너무 당연시하면서 버릇이 나빠질까 봐 우려할 때도 스트로크를 주지 않게 된다.

예) 이심전심(以心傳心)을 믿으며 사랑 표현에 인색할 때

② 원하는 스트로크를 청하지 마라(Don't ask for strokes when you need them)

부모가 자녀를 양육하고 교육하는 과정을 통해 가장 강력하게 가르치는 규칙이다. 다른 사람들에게 자신이 원하는 스트로크를 요청하는 것은 부끄러운 행동이고, 그렇게 받는 스트로크는 무가치한 것이라고 가르친다. 또한 스트로크를 주고받길 원한다는 사실 자체도 인정하지 않고, 스트로크를 얻을 수 없을 때 아쉬워하는 것조차 감추게 한다. 이 규칙에 영향을 받을수록 받을 수 있는 스트로크는 점점 더 적어진다.

예) 생색내는 것 같아 가만히 있다가 몰라주는 것 같아 혼자 섭섭할 때

③ 원하는 스트로크라도 받아들이지 마라(Don't accept strokes if you want them)

상대가 주는 스트로크를 별 가치가 없는 것이라고 생각하거나 순수하지 않게 계산적으로 한 스트로크라고 불신하면서 스트로크를 받아들이지 못하는 경우이다. 간절히 원했던 스트로크더라도 받아들이는 모습이 가볍게 보일까 봐 꺼리기도 한다. 스트로크 거부는 특정한 몸짓, 잠깐의 멈춤, 부정적인 표정, 한숨, 기계적인 화답과 같은 C 자아의 반응으로 나타난다.

예) 듣고 싶은 칭찬을 듣고 예의상 "과찬의 말씀입니다."라고 말할 때

④ 원하지 않는 스트로크라도 거절하지 마라(Don't reject strokes when you don't want them)

원하지 않거나 기분 좋지 않은 스트로크라도 묵묵히 수용하는 경우가 빈번하다. 부정적 스트로크를 거절하지 않는 이유는 부정적 스트로크일지라도 이를 통해 스트로크 결핍 상태에서 벗어날 수 있기 때문이다. 아울러 자신의 호불호를 분명하게 밝히는 것이 겸손하지 않게 보이거나 상대의 호의를 무시하는 태도라고 보는 유교적 문화의 영향이기도 하다.

예) 배가 부른데도 권하는 음식을 거절하지 못하고 억지로 먹을 때

⑤ 자기 자신에게 스트로크를 주지 마라(Don't give yourself strokes)

"겸손이 최고의 미덕이다." "벼는 익을수록 고개를 숙인다."라는 관습의 영향에 의해 자신에 대한 긍정을 자랑, 뽐내기, 허풍 떠는 것으로 금기시하는 경우이다. 이러한 행동은 수치스러우며 나쁜 것이라고 간주하면서 끊임없이 자기를 돌아보고 반성하라는 '일일삼성(一日三省)'의 유교적 문화의 영향으로 볼 수 있다.

예) 남에게는 후하면서 자신에게는 인색할 때

스트로크 경제에서 벗어날 수 있는 방법은 스트로크는 얼마든지 주고받을 수 있는 무한한 것임을 알고, 스트로크를 자유롭게 교환하는 것이다(Widdowson, 2010). 스트로크 경제의 다섯 가지 규칙과 관련된 불합리한 신념은 허가를 통해 새로운 신념으로 바뀔 수 있다.

→ 주어야 할 스트로크, 주고 싶은 스트로크는 주어도 된다.
→ 원하는 스트로크를 청해도 된다.
→ 원하는 스트로크는 받아들여도 된다.
→ 원하지 않는 스트로크는 (공개적으로) 거절해도 된다.
→ 자기 자신에게 스트로크를 주어도 된다.

3) 스트로크 은행

스트로크를 주고받는 것, 즉 스트로킹은 일시적인 현상이다. 스트로크를 주고받는 시간은 몇 분 내외의 짧은 시간이다. 그러나 잠깐 나눈 따뜻한 말 한마디가 온종일 기운 나게 하는 힘이 되기도 하고, 어렸을 때 느꼈던 싸늘한 눈빛이 몇 년이 지나도 여전히 어두운 그늘이 되기도 한다. 스트로크에 대한 기억이 작용하기 때문이다.

스트로크는 스트로크 은행(stroke bank)에 기억으로 저장된다(Kupfer, 1962). 은행 계좌를 통해 입출금 내역과 잔고를 알 수 있는 것처럼 누구와 어떻게, 어떤 스트로크를 얼마만큼 주고받았는지에 대한 내용이 기록되고, 현재의 스트로크 특성에 대해 알 수 있다. 그리고 돈이 필요할 때 자신의 은행 계좌에서 현금을 인출해 이용하는 것처럼 스트로크 은행에 저장된 스트로크를 자기(self) 스트로크로 꺼내 쓴다. 스트로크 은행에 긍정적 스트로크가 많을수록 긍정적인 방식으로 자기에게 스트로크를 줄 수 있지만 부정적 스트로크가 더 많으면 꺼내 쓸 수 있는 자기 스트로크 또한 부정적인 것일 수밖에 없다. 스트로크 결핍 상태는 스트로크 은행에 긍정적 스트로크 잔고가 20% 정도의 수준일 때 나타난다.

스트로크 은행에서 스트로크를 꺼내 쓸 수 있는 것은 긍정적 스트로크 잔고가 있을 때에만 가능하다. 다른 사람들과의 교류를 통해 계속해서 새로운 긍정적 스트로크를 받고 스트로크 은행에 채워 넣어야 하는 이유이다. 스타이너(1974)는 긍정적 스트로크는 NP 자아에 저장되므로, 긍정성(OK-ness)을 유지하기 위해서는 NP 자아의 활성화를 통한 자기 스트로크가 중요하다고 했다. 무엇보다 모든 사람은 스트로크를 원하는 본성이 있음을 인식하고 수용하는 것, 즉 인간 본성에 대한 신뢰가 필요하다.

실습 나의 스트로킹 프로파일

스트로킹(stroking)은 스트로크를 주고받는 것이다.

현재 나의 스트로킹 특성은 어떨까?

긍정적 · 부정적 스트로크를 주고, 받고, 청하고, 주기를 거부하는 양상은 어떨까?

맥케나(McKenna, 1974)가 제시한 직관적인 방법을 통해 살펴보자.

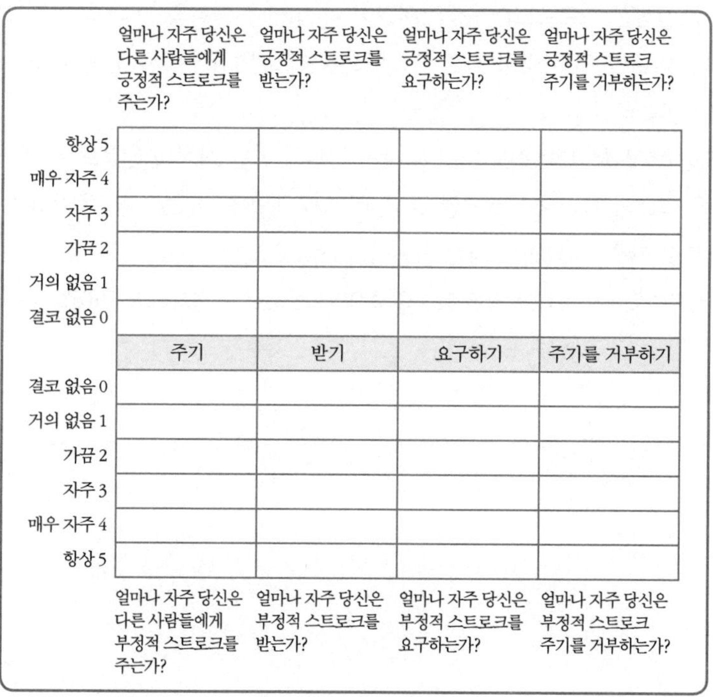

	얼마나 자주 당신은 다른 사람들에게 긍정적 스트로크를 주는가?	얼마나 자주 당신은 긍정적 스트로크를 받는가?	얼마나 자주 당신은 긍정적 스트로크를 요구하는가?	얼마나 자주 당신은 긍정적 스트로크 주기를 거부하는가?
항상 5				
매우 자주 4				
자주 3				
가끔 2				
거의 없음 1				
결코 없음 0				
	주기	받기	요구하기	주기를 거부하기
결코 없음 0				
거의 없음 1				
가끔 2				
자주 3				
매우 자주 4				
항상 5				
	얼마나 자주 당신은 다른 사람들에게 부정적 스트로크를 주는가?	얼마나 자주 당신은 부정적 스트로크를 받는가?	얼마나 자주 당신은 부정적 스트로크를 요구하는가?	얼마나 자주 당신은 부정적 스트로크 주기를 거부하는가?

스트로킹 프로파일

긍정적 스트로크와 부정적 스트로크는 반비례의 관계를 나타내는 경우가 많다.

스트로킹 패턴을 개선하고자 할 때는 증가시키고 싶은 스트로크부터 접근하는 것이 바람직하다. 증가시키고 싶은 스트로크를 실천할 수 있는 구체적인 방법 다섯 가지 정도를 찾아 적어 보자. 적용해 보는 과정을 거치면서 자연스럽게 줄이고 싶은 스트로크 유형의 변화도 나타난다.

실습 ⊘ 스트로크 회전목마

참여자들이 두 개의 원을 만든다. 한 집단은 바깥쪽의 원, 다른 집단은 안쪽의 원을 만들어 서로 마주 본다. 진행자의 안내에 따라 3분 동안 각각 자기 스트로크(self strokes)를 주고받은 후 회전목마처럼 옆으로 이동해 다른 짝과 자기 스트로크를 주고받는 활동이다.

먼저, 안쪽 원에 있는 사람이 3분 동안 자기 스트로크를 하면 마주 한 바깥 원의 사람은 이를 듣고 긍정적인 스트로크를 준다. 시간이 다 되면 진행자의 '교대'라는 안내에 따라 역할을 바꾼다. 바깥 원의 사람이 자기 스트로크를 하고 안쪽 원의 사람은 이에 대해 긍정적 스트로크를 준다.

3분이 지난 후 진행자가 '이동'이라고 하면 안쪽에 있는 사람이 왼쪽으로 한 자리씩 이동해서 새로운 짝에게 자기 스트로크를 하고, 이어서 역할을 교대해 3분 동안 바깥 원의 사람이 자기 스트로크를 한 후 이에 대한 긍정적인 스트로크를 나눈다.

자기 스트로크와 주어야 할 스트로크를 주면서 스트로크 경제에서 벗어날 수 있다.

제6장 시간 구조화

모든 사람이 동일하게 하루 24시간을 산다. 그렇지만 그 시간의 양상은 동일하지 않다. 그 이유가 무엇일까? 하루를 사는 방식은 또 어떤 인생으로 이어질까? 번(1972)은 이를 인간의 기본적인 욕구의 관점에서 시간 구조화로 설명하였다. 즉, 인간은 생존을 위해 각자의 욕구를 충족시키기에 가장 적절하다고 여겨지는 방식으로 하루의 시간을 일정한 틀로 짠다는 것이다. 사람과 사람이 함께하는 사회적 관계를 중심으로 구체적인 내용을 살펴보자.

1 시간 구조화의 이해

시간 구조화(time structuring)는 다른 사람과 교류할 때 여섯 가지 유형으로 시간을 사용하는 것이다. 여섯 가지 유형은 폐쇄, 의식, 잡담, 활동, 심리게임, 친밀이다.

사람은 다른 사람과 함께하고 싶어 한다. 지루함과 혼자 고립된 상태를 견디기 어려워한다. 사람들은 태생적으로 자극을 추구하고, 수많은 자극 중 가장 의미 있는 자극은 사람이기 때문이다. 그리고 자극 욕구는 인정 욕구로 이어져 사람들과 인정을 주고받을 수 있는 방법을 찾으면서 관계를 형성한다. "함께하는 시간을 어떻게 보내는 것이 좋을까?"라는 고민은 위험한 상황은 회피하면서 스트로크를 안전하게 주고받을 수 있느냐의 문제가 된다. 이에 대한 반응이 여섯 가지의 시간 구조화 유형이다. 이렇게 일정한 구조가 형성되면 낯선 관계에서 C 자아가 경험하게 되는 긴장을 완화할 뿐만 아니라 앞으로 어떤 일이 일어날지 알 수 있는 예측 가능성을 확보할 수 있다. 그리고 일단 구조화되면 기존의 상태를 회복하고 유지하면서 평형 상태를 이어 가고자 한다. 사람들이 만나 시간을 나누는 방법이 다르게 나타나는 이유이다.

2 시간 구조화의 특징

시간 구조화는 스트로크와 밀접하게 관련된다. 시간 구조화에 작용하는 스트로크의 특성에 대해 번(1964)은 "우리는 우리가 필요한 종류의 스트로크를 받을 수 있는 방법으로 시간을 구조화한다."라고 하였다.

여섯 가지 시간 구조화의 유형에서 폐쇄에서 친밀로 갈수록 스트로크의 강도가 증가한다. 그럼에도 불구하고 사람들의 시간 구조화는 폐쇄, 의식, 잡담, 활동, 심리게임, 친밀의 여섯 가지 유형으로 다양하게 나타난다. 스트로크를 원하면서 가장 강한 스트로크를 경험할 수 있는 친밀로 시간을 구조화하지 못하는 이유는 무엇일까? 스트로크를 원하면서 스트로크의 강도가 낮은 폐쇄로 시간을 구조화하는 이유는 무엇일까? 폐쇄에서 친밀로 갈수록 스트로크의 강도뿐만 아니라 심리적 위험의 수준 역시 증가하기 때문이다. "상대에게 내가 받아들여질 수 있을까?"라는 C 자아의 질문은 어렸을 때부터 생존과 직결되는 중요한 의미가 있다. 스트로크의 강도가 강하더라도 자칫 상대로부터 거부당할 위험이 있다면 더 강한 스트로크를 추구하기보다는 심리적인 안전함을 더 중시하게 된다. 자신의 스트로크 지수에 일치하는 익숙한 스트로크가 안전한 스트로크로 여겨지는 것이다. 어렸을 때의 스트로크 경험을 통해 긍정적인 스트로크를 선호한다면 긍정적 스트로크를 구할 수 있는 시간 구조화를 하지만, 부정적인 스트로크에 대한 선호가 있다면 전혀 다른 유형의 시간 구조화를 하게 되는 것이다. 조건적이거나 무조건적인 스트로크에 대한 선호도 동일하게 작용한다.

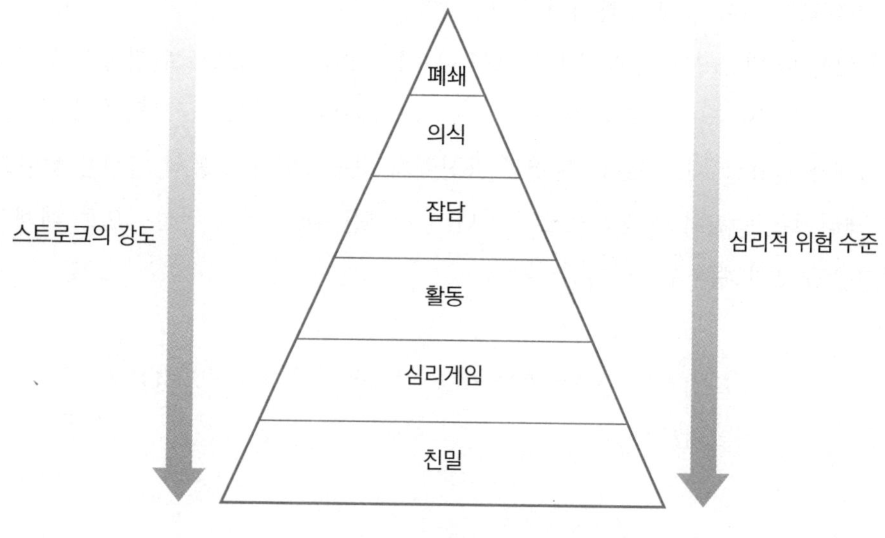

[그림 6-1] 시간 구조화와 스트로크 피라미드

3 시간 구조화의 유형

1) 폐쇄(withdrawls)

'각 개인이 자신만의 생각에 휩싸여' 다른 사람과 관계를 맺지 않는 방식의 시간 구조화이다. 혼자 있으면서 신체적인 수준에서 폐쇄할 수도 있고, 함께 있지만 다른 사람들과 교류하지 않고 회피하는 심리적 수준으로 나타날 수도 있다.

혼자 있는 상태이므로 다른 사람들로부터 거부당할 위험은 없다. C 자아에서 지각할 수 있는 심리적 위험 수준이 낮은 점에서 가장 안전한 시간 구조화 방법이라고 볼 수 있다. 반면에 스트로크의 강도는 제일 낮다. 폐쇄 상태일 때는 자기 스트로크만 주거나 받을 수 있기 때문이다. 다른 사람들과 주고받는 스트로크가 없더라도 한동안은 자신의 스트로크 은행에서 스트로크를 꺼내 사용할 수 있지만, 결국 스트로크 기아 상태에 빠지기 쉽다.

어렸을 때 다른 사람들과 스트로크를 나누는 것이 심리적으로 위험하다고 결정한 경우, 성인이 되어서도 사람들과의 관계를 폐쇄의 시간으로 구조화하기 쉽다.

폐쇄가 필요할 때도 있다. 온전히 자신에게 집중하면서 조용히 자신을 돌아보고 에너지를 충전하는 방식으로 혼자만의 시간을 갖는 것은 건설적으로 폐쇄의 시간을 구조화하는 모습이다.

예) 수업시간에 딴 생각을 하는 학생, 직장 회의에 참여했지만 집중하지 않는 직원

2) 의식(rituals)

대부분의 사람은 만났을 때 "안녕하세요?" 하고 인사를 나눈다. 상대방도 "안녕하세요?"라는 인사를 전한다. 이와 같이 전통과 사회적 관습에 의해 외부로부터 미리 정해진 일정한 방식을 따라 하는 익숙한 사회적 상호작용이 의식이다. 의식에서 나누는 교류는 상호 인정의 표현이며, 단순하게 인사를 나누는 비공식적인 것부터 정해진 순서와 방식에 따라 엄격하게 이루어지는 공식적인 종교 의식까지 다양한 수준으로 나타난다.

의식으로 시간 구조화할 때 두 사람은 P 자아의 지시를 따르는 C 자아에 있게 된다. "사람을 만나면 인사해야 한다."라는 사회적 규범에 대해 순응하는 방식이기 때문이다. 어렸을 때부터 배워 온 자신이 속한 문화에서 기대되는 방식으로 사회적 교류를 나누는 것은 동전의 양면처럼 작용한다. 내가 인사하면 상대방도 인사할 것이라는 예측을 하게 되고, 그 예측이 그대로 이어지는 점은 심리적 위험도가 낮은 특성으로 긍정적으로 작용한다. 반면에 의미 없이 건네는 "안녕하세요?"라는 정형화된 인사는 스트로크의 강도가 낮게 지각되기 때문이다. 그러나 일정하게 정해진 스트로크의 교환을 통해 스트로크의 수준을 유지할 수 있으므로 스

트로크 은행을 충전하는 중요한 방법이 될 수 있다.

예) 제사, 생일 축하 모임, 예배, 개회식 등

3) 잡담(pastimes)

잡담 역시 익숙한 방식으로 진행되는 시간 구조화이지만 의식만큼 형식을 갖추거나 예측 가능하지는 않다. 날씨, 자녀 학업, 인기 드라마, 요즘의 유행 등 무난한 주제에 대해 수용될 수 있는 방식으로 가볍게 나누는 상보 교류가 잡담이다. 그렇기 때문에 우연히 만나거나 만난 지 얼마 되지 않은 사람들과도 부담 없이 교류를 나누며 시간을 보낼 수 있다. P 자아가 작용하는 잡담은 "요즘 세상은~"과 같은 선입견, C 자아가 작용하는 잡담은 "난 이런 식의 분위기는 정말 싫더라."처럼 자신이 어렸을 때의 생각과 감정의 재연으로 표현된다. 지금-여기에서 교류를 나누는 두 사람에 대한 대화가 아니라 다른 사람 또는 과거에 대한 이야기를 나누다 보니 피상적인 교류가 되기 쉽다.

잡담의 스트로크 강도는 의식보다 더 높다. 잡담할 때는 부정적인 스트로크보다 긍정적 스트로크를 더 많이 나누게 되고, 차례를 주고받으면서 더 많이 교류할 수 있기 때문이다. 심리적 위험의 수준도 의식보다 높은데, 이는 교류의 내용이 의식처럼 엄격하게 미리 정해져 있지 않은 점과 관련된다.

잡담을 하면서 C 자아에서는 상대와 심리게임 또는 친밀의 방식으로 더 강한 스트로크를 나눌 수 있는지에 대해 의식적인 탐색이 일어난다.

예) 부모의 자녀 걱정, 친목 모임에서 나누는 요즘 얘기(정치, 경제 문제 등), 가십(gossip) 등

4) 활동(activity)

'지금-여기'의 외부 현실과 관련되는 일을 처리하기 위해 주로 A 자아를 쓰는 시간 구조화이다. 활동할 때 적절한 규칙을 따라야 하는 경우에는 긍정적인 AC 자아 또는 긍정적인 P 자아로 바뀐다. 목적 지향적으로 에너지를 쓰고 분명한 결과를 산출한다는 점에서 실용성이 높다. 실제 사회적 관계에서 가장 많이 이루어지는 시간 구조화의 방법이다.

활동의 스트로크는 능력 수준과 관련되므로 조건적으로 작용하고, 목적 달성 여부에 따라 긍정적일 수도 있고 부정적일 수도 있다. 활동의 심리적 위험의 수준은 활동의 특성에 따라 잡담과 비슷하거나 조금 낮을 수 있다.

예) 가사, 직장 생활, 공부, 약속 지키기 등

5) 심리게임(games)

심리게임은 CP 자아, AC 자아에서 다른 사람과 이면 교류를 나누며 시간을 구조화하는 것이다. 어렸을 때 주양육자로부터 긍정적 스트로크를 충분히 경험하지 못했거나 인간관계에 대한 신뢰가 높지 않을 때 인정 욕구를 있는 그대로 표현하기가 위험하고 어렵게 여겨져 심리게임을 하게 된다. 고의적으로 하는 것이 아니라 무의식적으로 심리게임을 하면서 스트로크를 추구하지만, 부정적인 자아상태에서 더 이상 적절하지 않은 어렸을 때의 방법을 재연하다 보니 그 욕구는 긍정적인 스트로크로 충족되기 어려운 악순환이 이어질 수 있다. 심리게임의 초기 단계에서는 심리게임하는 두 사람 모두 사회적 수준에서 긍정적 또는 부정적 스트로크를 교환하지만, 심리게임이 끝날 때는 둘 다 강력한 부정적인 스트로크를 경험하게 된다. 그럼에도 불구하고 무(無, No) 스트로크보다는 부정적인 스트로크라도 받을 수 있기 때문에 심리게임을 반복하게 된다. 부정적 스트로크이지만 스트로

크의 강도가 친밀과 유사하고 친밀에 비해 심리적 위험의 수준이 낮기 때문에 친밀을 대체하는 시간 구조화 수단으로 심리게임을 하는 경우가 많다.

예) 반복되는 패턴의 갈등(부모-자녀, 부부, 직장 동료, 친구 등), 반복되는 패턴의 자기연민과 비난 등

6) 친밀(intimacy)

사전적 의미의 친밀은 성(性)적 또는 개인적 차원에서 서로의 감정과 욕구를 개방적으로 공유하는 관계이다. 번은 심리게임하지 않고 서로의 진정한 감정과 욕구를 나누는 순수한 C 자아의 교류를 친밀이라고 하였다. 교류하는 두 사람 모두 각자의 책임과 계약을 이해할 수 있는 A 자아와 배려하고 보호하는 P 자아의 기능도 활성화해야 한다. 어머니가 아기를 보살피는 시간은 가장 이상적인 양방 친밀(bilateral intimacy)의 구조화이다. 한쪽은 친밀하게 하지만 다른 쪽은 심리게임을 하는 경우처럼 친밀은 일방적일 수도 있다.

친밀은 미리 프로그램화되어 있지 않으므로 시간 구조화 중 심리적 위험도가 가장 높다. 그러나 왜곡하지 않고 심리적 메시지와 사회적 메시지를 일치시켜서 스트로크를 나눌 수 있으므로 스트로크의 강도 또한 가장 높다. 긍정적 · 부정적 스트로크 모두 교환될 수 있지만 진정성을 담은 교류이므로 건설적인 결과로 이어진다. 친밀은 자극, 인정, 구조에 대한 욕구를 충족할 수 있는 유일한 시간 구조화이다(Berne, 1968).

예) 젖먹이 아기에게 수유하는 엄마, 자원봉사 등

여섯 가지 유형 중 가급적 활동과 친밀을 중심으로 시간을 구조화하는 것이 바람직하다. 이를 모형으로 제시하면 [그림 6-2]와 같다.

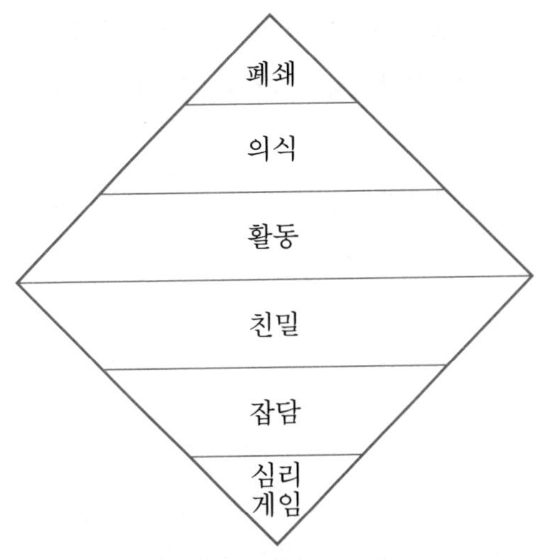

[그림 6-2] 시간 구조화 유형

실습 같은 행동, 다른 시간 구조화

같은 행동을 하더라도 활성화되는 자아상태에 따라 시간 구조화의 양상은 다를 수 있다. 매일 하는 '식사'를 여섯 가지 시간 구조화의 유형으로 구분해 보자.

- 생일날 아침에 밀키트로 챙겨 먹는 미역국 ······ (　　　)
- 적당하게 장단 맞추며 먹는 직장 동료들과의 점심식사 ······ (　　　)
- 배가 고파서 속을 채우려 하는 식사 ······ (　　　)
- 한 숟가락 먹는 것만으로도 마음이 채워지는 것 같은 엄마의 김치찌개 ······ (　　　)
- 어려운 부탁을 하기 위해 대접하는 한정식 ······ (　　　)
- 혼자가 편해서 일부러 핸드폰 영상을 보면서 하는 식사 ······ (　　　)

실습 시간 구조화 원 그래프

자신이 스스로의 시간을 어떻게 사용하는지에 대해 관심을 갖고 의식화하는 것은 보다 바람직한 유형으로 시간을 재구조화하는 데 도움이 된다.
최근 1주일 동안 자신의 시간 구조화 양상을 원 그래프로 그려 보자.

- 한 주 동안 가장 많이 사용한 시간 구조화 유형은 무엇인가?
- 한 주 동안 가장 적게 사용한 시간 구조화 유형은 무엇인가?
- 가장 바꾸고 싶은 시간 구조화 유형은 무엇인가?

예)

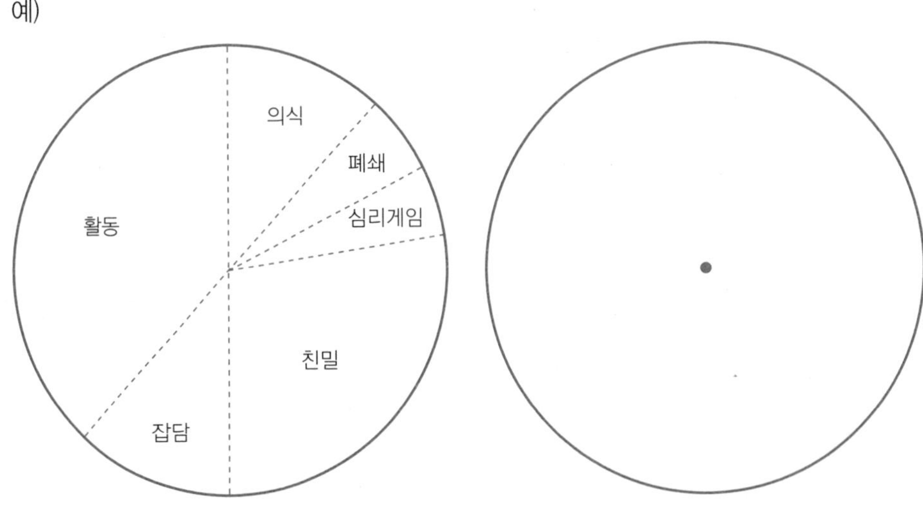

제7장 심리게임

사람들은 사회생활 중 대부분의 시간을 심리게임으로 구조화한다(Berne, 1964). 왜냐하면 스트로크를 주고받고 싶기 때문이다. 그러나 심리게임을 하면서 긍정적 스트로크를 나누는 것은 불가능하다. 심리게임을 할 때마다 매번 불편한 감정만 겪게 될 뿐이다. 일부러 한 것이 아니다 보니 '어쩌다 또 이렇게 됐지?'라는 당혹감이 들기도 하지만 다른 교류 방법을 알 수가 없어 답답함만 더 커지기도 한다.

심리게임을 하는 것은 자율성을 쓰지 못한다는 의미이다. 심리게임의 의미와 특성을 살펴보면서 자각성, 자발성, 친밀성을 높여 자율성을 활성화시켜 보자.

1 심리게임의 의미

게임의 사전적 의미는 '기분 전환이나 유흥을 위해 일정한 규칙에 따라 승부를 겨루면서 즐기는 놀이'이다. 교류분석에서 의미하는 심리게임(Hay, 1992)은 일반적인 게임에서 경험할 수 있는 즐거움과는 거리가 멀다.

번(1964)이 제시한 최초의 심리게임 정의는 '나쁜 감정으로 끝나는 일련의 이면 교류'이다. 겉으로 표현하는 사회적 메시지와 다른 심리적 메시지를 자신도 모르게 숨긴 채 교류하는 과정을 거쳐 구체적이고 예측 가능한 결말에 이르게 된다. 사람들마다 심리게임의 결말에서 경험하는 감정이 다르지만 각자 그 감정이 예측 가능할 정도로 일정하다. 1972년에 번은 『What do you say after you say hello?』

에서 기존의 심리게임에 대한 정의에 전환(Switch)과 혼란(Cross-up)을 추가하였고, 이를 심리게임의 본질적 특성으로 강조하였다. 이면 교류인 심리게임의 시작 단계에서 주고받는 스트로크는 긍정적일 수도 있고 부정적일 수도 있다. 그러나 그 스트로크는 심리적 메시지를 그대로 나누지 못하는 한계가 작용하기 때문에 스트로크로서의 효용성 또한 약해질 수밖에 없다. 이때 C 자아에서 스트로크를 받지 못하는 것에 대한 두려움이 커지면서 전환이 일어난다. 더 강한 스트로크를 원하는 표현이 전환으로 나타나지만 부정적인 스트로크만 경험하고 혼란에 빠지게 된다. 스트로크를 얻으려고 했지만 왜곡하거나 과장하는 조작으로 인해 원하는 스트로크를 받을 수 없어서 계속하게 되고, 반복을 거치면서 결국은 같은 결론으로 정당화하는 과정이 심리게임이다.

심리게임은 자신의 욕구를 충족시키기 위해 교묘하게 조작하고 그럴듯하게 속이는 교류이므로 '도움이 되지 않는 관계 패턴'(Widdowson, 2010)이 될 수밖에 없다. 사람들이 가장 원하는 것은 친밀이다. 심리게임을 하지 않고 서로의 진정한 감정과 욕구를 나누는 순수한 C 자아의 교류를 바란다. 그럼에도 불구하고 친밀 대신 심리게임을 할 때가 많다. 최선을 원하지만 최선을 기대하기 어려울 때 어쩔 수 없이 하는 차선의 선택으로서 심리게임은 '불가피한 인간의 상호작용 양상'(Widdowson, 2010)일지도 모른다. 번(1964)에 따르면 부모의 영향에 지나치게 민감한 고지식한 사람이 심리게임을 많이 한다. 결정적인 순간에 A 자아의 정보처리, C 자아의 자발성 발휘를 어렵게 하고 부적절하거나 어설픈 행동을 하게 된다. 정도의 차이는 있지만 누구에게나 부모의 영향력은 작용한다. 심리게임에 대해 이해하고 이를 기초로 자신과 타인이 하는 심리게임을 분석하면서 각자에게 작용하는 고지식한 부분을 자각하고 친밀을 회복할 수 있다.

1) 심리게임 공식

심리게임을 하는 이유는 심리게임을 하면서 얻을 수 있는 이득이 있기 때문이

다. 놀이와 유사한 일반적인 의미의 게임과 교류분석의 심리게임의 유일한 공통점은 '일정한 규칙'이 작용한다는 점이다. 그 규칙에 따라 순서대로 진행되고 예상 가능한 결과로 이어지는 심리게임은 심리적인 안정감을 주고, 심리게임의 결과는 이미 나에게 익숙한 것들을 다시 한번 확인시켜 주는 효과가 있다.

1972년에 번은 심리게임이 이루어지는 일정한 절차를 '심리게임 공식(Formula G)'으로 설명하면서 '이 공식에 들어맞는 교류만 심리게임에 해당한다'고 했다. 공식이 성립할 수 있을 만큼 심리게임이 '어느 정도 예측 가능한 연속적인 사건들'이므로 심리게임은 의식적으로 알아차릴 수 있는 것이 된다. 심리게임을 자각할 수 있다면 심리게임에서 벗어나 자율성을 회복할 수 있다.

<표 7-1> 심리게임 공식

숨겨진 동기에 의해 심리게임 걸기 (심리게임 초대자)	+	약점에 의해 심리게임에 걸려들기 (심리게임 수락자)	=	반응	→	전환	→	혼란	→	결말
Con (속임수)		Gimmick (약점)		Response		Switch		Crossed-up		Pay-off

심리게임은 두 사람의 게이머(gamer), 즉 심리게임 초대자와 심리게임 수락자의 교류로 이루어진다. 심리게임 초대자는 속임수로 심리게임을 거는 사람이다. 속임수는 심리게임이 이면 교류임을 나타내는 특징이 된다. 심리게임 초대자가 이면에 다른 동기를 숨긴 심리적 메시지와 겉으로 보기에는 아무 문제없는 그럴듯한 사회적 메시지를 상대에게 동시에 보내는 것으로 심리게임은 시작된다. 심리적 메시지와 사회적 메시지가 다르다는 점에서 심리게임은 정직하지 않고 기만적이지만, 심리게임 초대자가 다른 사람을 조종하거나 일부러 혼란스럽게 만들기 위해 의식적으로 하는 것은 아니다. 심리게임 초대자뿐 아니라 심리게임을 수락

하는 사람 또한 자신이 하는 이면 교류를 인식하지 못하고 무의식적으로 심리게임에 참여한다.

심리게임 수락자는 자신의 약점으로 인해 심리게임에 걸려든다. 약점은 역설적으로 심리게임할 때 경험할 수 있는 이득으로 작용하며, 개인의 각본과 관련된다. 심리게임의 이득은 간과하거나 숨겨진 경우가 많아 심리게임 수락자 자신도 인식하지 못한 상태에서 심리게임에 참여하게 된다.

반응은 심리게임 초대자와 심리게임 수락자가 사회적인 수준의 메시지를 나누는 일련의 상보 교류이다. 이때의 시간 구조화는 심리게임이 아니라 잡담 또는 활동에 해당된다. 교류자극과 교류반응을 몇 차례 주고받다가 전환이 일어난다. 전환은 심리게임 초대자가 하는 각본역할의 전환을 의미하며, 역할이 전환될 때 자아상태의 전환도 동시에 일어나면서 숨겨져 있던 심리적 메시지가 드러난다. 이로 인해 심리게임 수락자의 각본역할과 자아상태, 공생 위치도 전환된다. 두 사람은 혼란에 빠져 '이건 뭐지?' '도대체 어떻게 된 일이야?' 같은 충격을 받으면서 예상하지 못한 놀라움을 겪게 된다.

이어서 심리게임은 마지막 단계인 결말로 향해 간다. 심리게임의 결말에서는 각본적 감정[1]을 경험하게 되는데, 이는 진정한 감정(authentic feeling: 기쁨, 두려움, 슬픔, 분노) 대신 느끼는 감정으로 어렸을 때부터 학습되고 친숙해진 감정들이다. 결말에서 경험하는 자신의 감정 그리고 상대방이 느꼈으리라고 생각되는 감정들 모두 각본적 감정이다. 각본적 감정을 통해 오래된 각본신념을 다시 한번 강화시키게 된다. 결말은 심리게임에서 얻는 보상(pay-off)이 되는 동시에 계속해서 심리게임을 하는 이유로 작용한다.

---

1) 각본적 감정(racket feeling)이란 양육 환경의 영향으로 인위적으로 형성되거나 진정한 감정 위에 덧입혀진 감정이다.

2) 심리게임의 특성

심리게임의 공식으로 설명할 수 있을 정도로 일정한 방식으로 이루어지는 심리게임의 특성은 다음과 같다(Stewart & Joines, 1987).

- 반복적이다.
- A 자아의 자각 없이 이루어진다.
- 이면 교류의 교환으로 일어난다.
- 놀라움 또는 혼란의 순간이 포함된다.
- 각본적 감정을 경험하는 것으로 끝난다.

3) 심리게임의 수준

같은 유형의 심리게임이더라도 강도에 따라 세 가지 수준(degree)에서 다르게 진행된다. 심리게임의 수준은 각본의 수준과 동일하다.

1수준 심리게임은 시간 구조화의 방법으로 사회적 관계 안에서 자주 나타난다. 심리게임으로 인해 다소 마음의 동요가 있지만 사람들 앞에서 공개적으로 표현해도 문제가 되지 않을 만한 가벼운 수준으로 진행된다. 2수준 심리게임은 심리게임의 결과가 심각하게 나타나지는 않지만 일상생활을 영위하기 어렵거나 관계 차원에서 역기능적인 모습이 나타난다. 부정적인 감정을 경험하고, 그 감정이 일정한 패턴으로 꽤 장기간 이어지기도 한다. 또한 심리게임의 결과에 대해서 가급적 다른 사람들에게 알리고 싶지 않을 만큼 마음에 걸리는 부분이 크다. 3수준 심리게임은 심리게임의 결과가 회복 불가능한 치명적인 양상으로 이어지는 경우이다. 심리게임에 관여한 한 사람 또는 두 사람 모두 신체적인 상해를 입거나 사망할 수도 있고, 법적인 분쟁을 겪게 된다. 가장 심각한 3수준 심리게임은 전쟁이다.

어렸을 때의 친구들과 모임을 하고 왔다. 그런데 마음이 좋지 않다. 오늘 있었던 일을 생각해 보니 '이게 뭔가?'라는 질문만 반복하게 된다. 친구 중 한 명과의 일 때문이다. 약속 시간보다 늦게 온 친구는 들어올 때부터 낯빛이 어두웠고, 자리에 털썩 주저앉자마자 깊은 한숨을 내쉬었다. 걱정되는 마음에 마실 물부터 갖다 주면서 "무슨 일이 있는지?" "괜찮은지?" 물어봤다. 친구는 사춘기 딸 때문에 속이 너무 상한다면서 죽고 싶은 심정이라고 했다. 옆에 있던 다른 친구들도 모두 "그 나이에는 다 그렇다." "지나가면 괜찮다."라고 위로의 말을 건넸지만 친구는 감정이 더 북받쳐 급기야 울음까지 보였다. 얼마나 힘들면 그럴까 싶기도 하고 남의 일 같지 않은 안타까운 마음이 들었다. 그래서 내 아이가 사춘기 때 있었던 일을 이야기하면서 친구가 좋아하는 아귀찜을 먹으면서 풀자고 말했다. 그랬더니 친구는 "내가 지금 밥이 넘어가겠니? 내가 우는 거 안 보여?"라면서 벌컥 화를 내고 자리를 박차고 일어나 가 버렸다. 놀란 다른 친구들이 그 친구를 달래러 따라 나섰다.

그러려고 한 게 아닌데 내가 또 선을 넘었나 보다. 도와주려는 좋은 마음으로 했는데 친구 입장에서는 그게 아니었나 보다. 친구가 좋아하는 음식을 먹자고 하다니…… 내가 생각해도 내가 정신이 없었던 것 같다. 괜히 그 친구가 겪는 어려움을 가볍게 대한 것 같아 미안하다. 좀 더 생각을 했더라면 좋았을 텐데…… 이런 생각을 하면서 자책만 하게 된다.

친구들과의 모임에서 마음이 상한 나는 '단지 도와주려고 했을 뿐'이다. NP 자아에서 사춘기 딸로 인해 힘들어하는 친구를 위로했는데, 도움이 되지 못하고 오히려 친구를 더 힘들게 한 것 같아 속이 상한다. AC 자아가 되었다. 도움을 주려다가 오히려 상대를 더 힘들게 해 버린 것 같다. 그 상황에서 당황스러운 나머지 친구에게 "그런 말이 아닌데……."라고 말하고, '이게 뭐지? 어쩌다 이렇게 됐지? 하여튼 다음부터는 더 조심해야겠다. 괜히 도와주려고 한 내가 잘못했지.'라는 생각을 한다면 1수준에서 심리게임을 한 것이다. 2수준에서 심리게임을 하는 경우에는 좀 더 강도가 높아진다. 친구에게 도움이 되려는 나의 말과 행동이 더 직접적으로 표현되고, 이에 친구의 반응도 더 강해지면서 격한 교류가 이어진다. 그 결과, 서로 심정이 상해서 친구 관계가 끊어지거나 부끄럽고 미안한 마음이 커서 차

마 주변 사람들에게 말하지도 못하고 혼자 마음 고생만 할 수도 있다. 급기야 그 일로 인한 답답함으로 병원 진료를 받거나 소화가 되지 않고 불면증으로 고생하게 된다면 3수준으로 심리게임이 전개된 것이다. 시시비비를 따지기 위해 법적인 자문을 구하고, 죽음까지 생각할 정도로 심각해질 수도 있다. 같은 유형의 심리게임이라도 어떤 수준으로 반복하느냐에 따라 다른 관계를 맺게 되고, 삶의 양상과 인생의 결말도 달라진다.

2 심리게임의 유형

번(1964)은 『Games People Play』에서 재미있는 이름을 붙인 수십 개의 심리게임을 소개했다. 심리게임의 이름은 심리게임 초대자의 입장과 관련되므로 심리게임의 흐름을 파악하고 심리게임의 결말을 이해하는 데 도움이 된다(Lister-Ford, 2002).

대표적인 심리게임 네 가지를 심리게임 초대자의 입장에서 심리게임 공식에 따라 살펴보자.

1) '예, 그러나(Yes, but)' 심리게임

나는 5살 아이를 유아교육기관에 보내는 엄마이다. 평상시에도 잘 먹어야 튼튼하고 몸이 튼튼해야 마음도 편하다고 생각해서 식생활에 관심이 많은 편이다. 그런데 요즘 아이가 편식을 해 걱정이 많다. 식사 때마다 부딪히다 보니 아이는 점점 더 식사 자체를 기피하고 사이까지 안 좋아졌다. 그래서 며칠 전에 담임선생님에게 상담을 신청했다. 편식 문제로 이렇게까지 고민하고 도움을 청한다는 사실 자체도 속이 상하고 창피하다. 하지만 편식이 습관으로 굳어지면 안 된다고 생각되어서 큰마음 먹고 오늘 담임선생님을 찾아뵈러 갔다.

나: 안녕하세요? 선생님, 말씀드린 것처럼 아이가 편식을 해서 도움을 청하게 되었어요. 김치를 입에도 안 대려고 하는데 이제 초등학교도 가야 하고 그래서인지 김치 안 먹는 문제가 단순히 영양 문제에서 끝나지 않고 놀림받는 일이 될까 봐 너무 걱정이 되요. 좀 도와주세요. 좋은 방법 없을까요?

교사: 걱정이 많으시겠어요. 사실 기관에서도 김치를 먹지 않아서 저도 관심을 갖고 있었는데 이렇게 먼저 말씀해 주셔서 감사해요. 김치를 먹지 않는 원인을 알면 좀 더 적절한 방법을 찾을 수 있을 것 같습니다. 보통 김치가 매워서 잘 안 먹을 때가 많으니까 덜 맵게 해 주면 어떨까요?

나: 매운지 안 매운지 먹어 보지도 않고 아예 김치는 안 먹으려고 해요. 다른 방법은 없을까요? 그 방법은 이미 써 봤지만 소용이 없더라고요.

교사: 아, 그렇군요. 그럼 김치 종류가 다양하니까 백김치나 물김치처럼 고춧가루가 들어가지 않은 김치를 먹게 해 봐도 될 것 같은데, 어떻게 생각하세요?

나: 그 방법이 있긴 한데, 사실 김치는 배추김치를 제일 많이 먹게 되잖아요. 그래서 그건 좀…….

교사: 김치를 이용한 볶음밥이나 김치 주먹밥처럼 직접 만들어 보는 경험을 해 보는 것도 도움이 될 때가 많습니다. 자기가 한 음식이라는 애착이 생겨 먹어 보는 경우가 많거든요.

나: 글쎄요. 아이랑 음식을 만드는 건 솔직히 꿈도 못 꾸겠어요. 일만 만들 게 뻔하고, 위험하기도 하구요. 아이고…….

교사: 물론 그 부분이 걱정되실 수 있는데 기관에서도 요리 활동을 자주 하고, 아이들도 꽤 안전하게 잘 하니까 시도해 보셔도 좋을 것 같아요.

나: 음…… 좀 더 생각해 봐야겠네요. 어쨌든 이렇게 시간 내주셔서 감사합니다.

일어나서 나오는데 정말 기분이 안 좋다. '이건 도대체 뭐야? 선생님이면서 이 문제 하나 시원한 해결책을 몰라? 누워서 침 뱉는 것 같고, 나랑 애를 이상한 사람으로 볼까 봐 걱정이 되는 것도 무릅쓰고 얘기했더니 완전 헛수고잖아. 그럼 그렇지, 내 인생에 뭘 바라겠어. 바란 내가 잘못이지.' 하는 생각도 든다. 어차피 인생은 철저히 혼자 사는 것임을 알면서도 혹시나 하는 마음으로 도움을 청한 자신이 바보같이 생각되고 후회스럽다. 앞으로는 문제를 해결하거나 도움을 바라지도 말고 그냥 운명을 받아들이고 살 수밖에 없다는 생각만 다지게 된다.

이 심리게임의 초대자는 5살 아이의 편식 문제로 고민하는 엄마인 '나'이다. 의식하지 못하면서 심리게임을 걸게 되는 자신의 속임수는 '어느 누구의 말도 안 들을 거야.'이다. 이 속임수에 교사의 약점이 걸려들어 교사 자신도 모르는 사이에 심리게임을 수락했다. 교사의 약점은 NP 자아에서 어려움을 겪는 다른 사람에게 도움을 주고 싶은 마음이다. 편식 문제를 해결하기 위해 도움을 요청하고, 이에 교사가 부응하여 한두 번 의견을 나눌 때까지는 사회적 수준에서 상보 교류가 이루어지는 반응이 이어진다. 그러다가 교사의 제안이 엄마의 입장에서 이런저런 이유로 도움이 되지 않아 수용할 수 없어지면서 엄마의 자아상태 전환이 일어난다. 문제를 해결하려는 A 자아에서 적절한 도움을 주지 못하는 교사에 대한 FC 자아로 바뀌게 된다. 이면에 있던 심리적 수준의 메시지가 교류자극으로 전해지고, 교사가 이에 대해 교류반응을 하면서 두 사람은 동시에 혼란에 빠진다. 마침내 각자의 각본적 감정을 다시 한번 확인하는 것으로 심리게임은 마무리된다.

'예, 그러나' 심리게임은 어렸을 때 간섭을 많이 하거나 과잉보호했던 부모의 영향으로 인해 자신의 의견을 자유롭게 표현하고 독립적으로 행동하기 어려워하는 사람이 자주 한다. 어려움을 겪을 때마다 주변 사람들에게 도움을 요청하는 것으로 심리게임을 시작하지만 "예, 그러나"라는 말과 함께 그럴듯한 이유를 대면서 모든 해결책을 무시한다. 부모로부터 과도하게 영향을 받은 것에 대한 오래된 분노가 작용하면서 "어느 누구도 나에게 이래라 저래라 할 수 없어."라는 신념을 유지하기 위해 상대의 제안을 거절하는 것이 목적이기 때문이다.

사회적 수준에서는 문제해결을 위해 도움을 요청하고 상대는 도움을 주고자 반응하는 A 자아-A 자아의 교류가 이루어지지만, 심리적 수준에서는 퇴짜를 놓으려는 C 자아와 도움을 주고 가르치려는 P 자아의 교류이다.

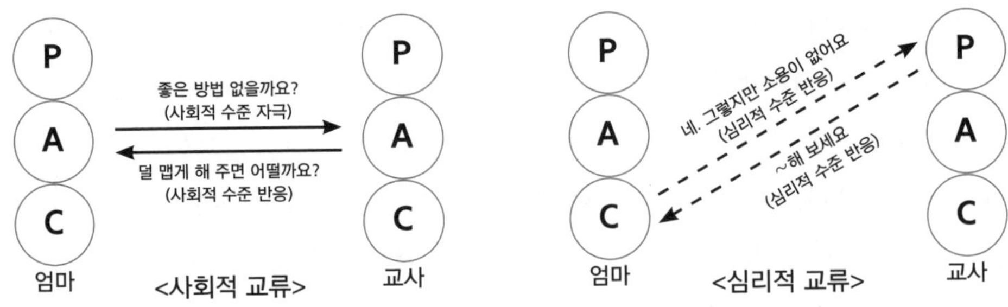

[그림 7-1] '예, 그러나' 심리게임의 사회적 · 심리적 수준 교류

2) '나를 차 주세요(Kick me)' 심리게임

나는 초등학교 3학년이다. 오늘 학교에서 친구들에게 놀림을 받아서 기분이 안 좋다.

아들: 아빠, 학교에서 친구들이 나더러 바보래요.
아빠: 누가 너더러 바보래? 말도 안 되는 소리 하지도 말라고 해.
아들: 친구들이 그랬단 말이에요. 내가 생각해도 난 정말 바보 같아요.
아빠: 아니야. 그런 말 신경 쓰지 마. 너 스스로 너를 믿어야지.
아들: 어떻게 신경을 안 써요. 내일 학교에 어떻게 가요. 아…… 정말…….
아빠: 괜찮을 거야. 너무 걱정하지 마. 뭐 맛있는 거 먹을까?
아들: 싫어요. 아무것도 안 먹고 싶어요. 나도 내가 바보 같단 말이에요.
아빠: 아, 정말! 그만 안 할래? 왜 이렇게 말귀를 못 알아들어, 바보같이!

불로 뛰어드는 불나방처럼 자신에게 손해가 되는 언행을 반복하는 사람들의 심리게임이다. 자기부정 · 타인긍정의 인생태도에서 자신에 대한 부정적 태도를 확인하기 위해 무의식적으로 이면 교류를 반복하는 것이다. '당신보다 내가 더 불행하다'는 역(逆) 자부심이 원인이 되는 경우가 많다. 자신을 멸시하고 조롱하도록 다른 사람을 유인하기 위해 부모나 교사, 상사 등의 가르침을 따르지 않고 조직의 규칙을 어기고, 독단적이거나 신뢰하기 어려운 행동을 한다. P 자아를 주도적으로 쓰면서 타인에게 관심이 많고 도움을 주고자 하는 사람이 하는 '나는 단지 도움을 주려고 할 뿐이에요' 심리게임과 보완적으로 이루어지는 경우가 많다. 사회적 수준에서는 A 자아와 A 자아의 교류이지만 심리적 수준에서는 C 자아와 P 자아의 교류이다. 상대가 심리게임 행동을 하지 않고 관대한 태도를 취하더라도, 결국은 상대의 감정을 자극해서 분노를 사거나 거부당하는 상황을 자초한다. 심리게임 초대자는 자신의 문제를 인식하기보다는 부당하게 자신이 당했다고 느끼며 다시 한번 자기부정의 인생태도를 강화한다.

3) '당신만 아니었다면(If it weren't for you)' 심리게임

문제 상황에서 자신보다 상대를 탓하면서 책임을 전가하는 경우이다. 결혼 후 가정생활에만 충실할 것을 요구하는 남편으로 인해 사회생활을 비롯해 많은 것을 희생할 수밖에 없었다고 속상해하며 갈등을 겪는 부부 사이에서 흔하게 벌어지는 심리게임이다. 이 심리게임을 통해 아내는 "여성은 남편의 권위에 복종하는 것이 적절하다."라는 사회적으로 수용되는 방법을 이용해서 자신도 모르게 회피하고 싶었던 상황으로부터 벗어날 수 있다. 또한 "내가 두렵거나 노력을 안 해서가 아니라 남편이 못 하게 하기 때문이다."라고 믿으면서 현재의 문제는 자신의 탓이 아니라는 안도감을 느낄 수도 있다. 남편의 요구에 순종하는 대가로 남편을 비난하고 부부 갈등을 겪으면서 부정적이지만 스트로크를 나눌 수 있는 확실한 기회를 확보하는 이득도 있다. 부부 사이가 친밀하지 않거나 자녀가 태어나기 전 또는 자녀가 성장해서 독립한 후 부부가 함께 보내는 시간이 많아졌을 때 '당신만 아니었다면' 심리게임을 하면서 시간을 구조화하는 경우가 많다.

사회적 수준의 교류는 명령하고 지시하는 지배적인 남편의 P 자아와 불만스럽지만 위축된 자세로 순종하는 아내의 C 자아 간에 이루어진다. 그러나 심리적 수준에서는 C 자아와 C 자아에서 교류하면서 자신들의 내밀한 욕구를 상호 보완적으로 충족시키는 경우가 많다. 남편은 아내가 두려워하는 무엇인가를 못 하게 막는 것 같지만, 실제로는 보호하면서 그 대가로 아내의 순종과 자신에게 의존하면서 아내가 늘 함께할 것임을 확인하는 것일 수 있다. 아내는 '두려운 상황만 피할 수 있게 해 준다면 하라는 대로 할 테니 나를 보호해 주세요.'라는 심리적 메시지를 이면에 두고 교류하는 것일 수 있다.

4) '딱 걸렸어, 이 나쁜 놈아(NIGYSOB: Now I've Got You, You Son Of a Bitch)' 심리게임

자신에 대해 상대방이 분명한 실수를 하거나 일을 잘 처리하지 못했을 때 마치 기회를 노린 것처럼 지나치게 화를 내는 경우이다. 사회적 수준에서의 교류는 한 사람은 실제로 일어난 사실 관계에 대해 묻고 상대방은 자신의 실책을 인정하는 A–A 자아에서 이루어진다. 그러나 심리적 수준은 심리게임 초대자가 P 자아에서 공격하고 상대는 속수무책으로 당하는 P–C 자아의 교류이다. '사람은 믿을 것이 못 된다'는 타인부정의 인생태도에서 상대의 실수나 실책이 자신을 쉽게 봤기 때문이라고 오해할 때, 갈등이 된 문제를 미리 예방하지 못한 자신의 결함을 회피하고자 할 때 진행되는 심리게임이다. 화 또는 분노의 감정을 그때그때 솔직하게 표현하는 것이 어려웠던 경험으로 인해 "이번에는 내가 참는다. 한 번만 더 하면 가만히 있지 않는다."라면서 감정을 쌓았다가 터뜨리는 것이다. 상대가 분명히 잘못했으므로 화를 내는 것은 '정당하다'고 생각하기 때문에 더욱 더 그 수위가 높아진다.

3 심리게임의 동기

심리게임을 한다는 것은 무엇인가를 얻기 위해 이미 유효기간이 지난 오래된 전략을 쓰는 것이다. 어렸을 때 쓰던 방법 중 일부를 C 자아의 욕구를 충족시키기 위해 어른이 되어서도 그대로 반복할 때 심리게임을 하게 된다. 그러나 그 방법, 즉 심리게임은 '지금-여기'에서는 더 이상 적절하지 않은 과거의 전략에 불과하다. 심리게임을 반복하면서라도 얻고자 하는 것, 지키고자 하는 것은 무엇일까? 마치 잘 짜인 개별화된 프로그램처럼 작용하는 구체적인 심리게임의 동기는 다음과 같다.

1) 스트로크의 추구

생후 1년이 채 되지 않은 아기들도 심리게임에 참여한다(Allen, 2004). 생존을 위해 스트로크가 필요하고, 심리게임을 통해 스트로크를 주고받을 수 있기 때문이다. 양육과 교육을 통해 부모가 흔하게 하는 말과 행동들은 심리게임의 원형(protocol)이 된다.

발달 특성상 아이는 아직 자신의 상태를 정확하고 효과적으로 부모에게 표현하는 데 한계가 있다. 부모 입장에서도 의사소통이 원활하지 않은 아이를 매일 돌보고 키우기가 어려울 뿐 아니라 부모도 지칠 수밖에 없는 상황이 있다 보니 부모와 자녀가 긍정적인 스트로크를 주고받는 것은 생각보다 쉽지 않다. 자녀에 대한 사랑과 부모로서의 책임감이 있지만 힘든 순간 부모는 자녀와 이면 교류를 하게 된다. 웃으면서 "빨리 먹자."라고 말하지만 그 이면에 '빨리 안 먹으면~ 한다.'와 같은 심리적 메시지를 전하게 되고, 어린아이라도 사회적 메시지보다 심리적 메시지를 더 정확하게 파악할 수 있으므로 그 메시지에 반응하면서 스트로크를 얻는다.

이와 같은 과정을 거치면서 부모의 애정을 얻기 위한 수단으로 일종의 조건반사처럼 형성되는 감정을 갖게 된다(Berne, 1964). 있는 그대로 자신이 느끼는 진실하고 자연스러운 감정이더라도 그 감정을 부모가 허락하지 않으면 감추게 되고, 대신 부모가 인정해 주는 감정을 꾸며서 표현하게 된다. 이 감정은 심리게임의 결말에서 경험하는 것으로, 심리게임을 하는 가장 강력한 동인이다. 인공적이고 불쾌하지만 부모의 인정을 받을 수 있으므로 반복적으로 추구하면서 자신도 모르게 심리게임을 하게 된다. 이와 같은 점에서 '부모가 자녀를 키우는 과정은 무슨 심리게임을 해야 하며, 그것을 어떻게 해야 하는지를 가르치는 교육과정'(Berne, 1964)이라고 할 수 있다. 어린 자녀가 부모를 모방하면서 심리게임은 스트로크를 얻어낼 수 있는 확실한 방법이 되고 오래된 익숙한 습관이 된다.

2) 시간 구조화

심리게임은 두 명 이상의 사람이 함께할 때 시간을 쓰는 효과적인 방법이 될 수 있다. 시간 구조화의 유형 중 잡담은 심리게임보다 심리적으로 안전하지만 반복하다 보면 지루해지고, 친밀을 원하지만 감당해야 할 심리적 위험의 수준이 너무 높기 때문이다. 사회적 관계에서 아무리 진정성이 있더라도 있는 그대로 솔직하게 표현하기에는 부담스러운 경우가 많은 것이 현실이다. 긍정적이고 무조건적인 스트로크를 원하지만 어렸을 때의 경험으로 인해 스트로크를 나누는 것에 대한 심리적 위험도가 높다면 심리게임이 친밀의 대안이 될 수 있다. 심리게임을 하면서 가짜 친밀의 사회적 관계(pseudo-intimate socializing)를 나눌 수 있으므로 심리게임은 시간을 구조화하는 주요 방법으로 작용한다.

예를 들어, '나를 차 주세요' 심리게임을 하는 심리게임 초대자가 심리게임 수락자와 반응을 주고받는 단계에서는 '마음을 터놓고' 긴 시간 동안 자신의 괴로움에 대해 하소연하면서 가짜 친밀함을 느낄 수 있다. 이 심리게임을 수락한 상대의 약점이 작용하기 때문이다. NP 자아를 쓰거나 힘들어하는 사람을 위로해 주는 것이 바람직하다는 사회적 관습이나 조직의 규범이 약점이 될 수 있다. 또는 심리게임 수락자가 자신도 모르는 사이에 '나는 단지 도와주려는 것뿐이에요' 심리게임을 할 수도 있다.

그러나 점점 그 정도가 심해지면 사회적 수준의 메시지 이면에 감추어져 있던 심리게임 초대자의 심리적 메시지가 전면으로 나온다. "긍정적 스트로크를 기대하기 어려우므로 부정적 스트로크라도 받았으면 좋겠다."라는 초기결정이 드러나는 것이다. 심리게임 초대자와 수락자 모두 혼란에 빠지고 각자 자신의 각본적 감정을 확인하는 결말을 맞는다. 결국 심리게임은 친밀함을 추구하는 실패한 시도(Hay, 1992)가 될 수밖에 없지만 심리게임을 통해 구조화 욕구를 충족시킬 수 있다.

3) 각본의 유지 및 강화

각 사람들이 자주 하는 심리게임은 다르다. 자신의 무의식적인 인생 계획, 즉 각본을 실현하는 도구로 심리게임을 이용하면서 각본과 관련되는 유형의 심리게임을 하기 때문이다. 일정한 순서에 따라 진행되는 각본의 시작은 초기결정이다. 생존할 수 있는 유일한 방법이라고 강력하게 믿으면서 결정했지만 어린아이였던 시기에 한 것이므로 비합리적이고 효율적이지 못한 경우가 많다. 그때-거기에서는 적절한 것일 수 있었지만 지금-여기에서는 부적절한 것일 수 있다. 그럼에도 불구하고 성인이 되어서도 스트레스 등으로 인해 각본 상태에 빠지게 되면 초기결정한 각본신념이 진실임을 반복해서 확인하고 싶어진다. 자신과 타인 그리고 세상에 대한 각본신념의 안정성을 유지하기 위한 수단으로 심리게임을 하게 되는 것이다. 예를 들어, '나는 다른 사람들보다 못났어.' '다른 사람들은 모두 운이 좋아.' '산다는 건 힘들어, 내 인생은 불행해.'라는 각본신념을 가진 사람은 스트레스만 받으면 무너져 내리면서 거부당하는 상황을 초래한다. '나 좀 차 주세요' 심리게임을 하면서 '왜 나한테는 항상 이런 일이 생길까?'라고 한탄하지만 동시에 자신과 타인 그리고 세상에 대한 부정적인 각본신념을 다시 한번 확인하면서 그대로 살 수밖에 없다고 정당화하는 이득을 누린다.

심리게임의 결말에서 경험하는 각본적 감정 또한 심리게임의 보상으로 작용하면서 심리게임을 반복하게 한다. 각본적 감정을 느낄 때마다 도장 한 개를 찍는 것처럼 스탬프(stamp)로 저장하고, 일정 횟수가 쌓이면 어렸을 때 결정한 각본결말로 교환해도 된다고 느끼기 때문이다. 스탬프는 C 자아가 수집하는 특별한 감정을 의미한다. 스트로크를 교환하면서 서로 다른 스탬프를 수집하고 해당 스탬프를 찍을 수 있는 심리게임을 선택한다. 스탬프를 많이 저장할수록 바꿀 수 있는 현물이 커지는 것처럼, 오랫동안 모은 각본적 감정은 비극적인 각본결말로 이어지기 쉽다. 예를 들어, '딱 걸렸어, 이 나쁜 놈아.' 심리게임을 하는 사람은 분노 스탬프를 모아 타인을 거부하는 것으로 맞바꾸고, 결국 모든 사람을 거부하다가 외롭게 혼자 사는 삶으로 각본의 결말을 맞이할 가능성이 높다.

4) 인생태도의 유지

사람들이 하는 심리게임은 각자의 기본적인 인생태도와 관련된다. 심리게임을 하면서 자신의 인생태도를 다시 한번 확인하고 공고히 할 수 있기 때문이다. 카프만(1968)에 따르면 사람들은 자신의 인생태도에 따라 박해자, 구원자, 희생자 역할을 주고받으면서 심리게임을 한다. 세 가지 각본역할 중 하나의 역할로 심리게임을 시작하고 '처음의 역할에서 다른 역할로 전환'하는 극적(dramatic)인 과정을 거친다. 심리게임의 초대자와 수락자가 박해자와 희생자, 구원자와 희생자, 박해자와 구원자로서 한 쌍이 되어 심리게임하는 양상을 삼각형의 다이어그램으로 설명한 것이 드라마 삼각형(Drama Triangle)이다.

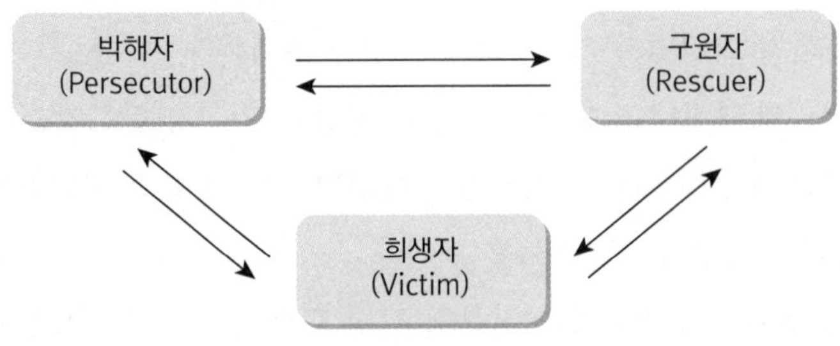

[그림 7-2] 드라마 삼각형

박해자는 자기긍정 · 타인부정의 인생태도를 가진 사람이 하는 역할이다. 부정적인 CP 자아로 다른 사람들을 몰아세우고 얕보면서 억압하고 지시한다. 다른 사람들의 가치 및 자존감, 심한 경우 생존권과 신체적 건강까지 깎아내린다. '당신만 아니었으면' 심리게임은 모든 일을 상대방 탓으로 돌리는 박해자 역할로 시작해서 희생자로 전환하면서 자신의 신세를 한탄하는 양상으로 전개된다. "내가 얼마나 노력하고 있는지 봐라."는 박해자에서 희생자로 전환하는 것이다.

자기긍정 · 타인부정의 인생태도를 가진 사람이 부정적인 NP 자아로 기능할 때 나타나는 역할은 구원자이다. '다른 사람들은 부족함이 많기 때문에 그들보다 더 나은 내가 도와줘야 해.'라고 믿으면서 관대한 태도를 보이지만, 타인에 대해 그리고 타인이 자신에 대해 생각하고 자발적으로 행동할 수 있는 능력을 인식하거나 인정하지 못한다. "도와주려고 한 것뿐이에요." "~하지 그래요?"는 구원자에서 희생자로 전환되는 심리게임이다.

희생자는 자기부정 · 타인긍정의 인생태도에서 부정적인 AC 자아로 심리게임한다. 스스로 자신을 무시하면서 자신을 함부로 대하는 박해자 또는 도움을 줄 구원자를 찾아 "나 혼자서 할 수 있는 일이 없어."라는 부정적인 신념을 확인하고자 한다. '딱 걸렸어, 이 나쁜 놈아' '예, 그러나' '의족' '나를 위해 뭔가 해 주세요'는 희생자 역할로 시작하고 박해자로 전환되는 심리게임이다.

카프만(1968)은 심리게임의 불안정성을 나타내기 위해 드라마 삼각형을 역삼각형으로 그렸다. 그리고 희생자의 위치를 역삼각형의 아래 꼭지점에 넣고 박해자와 구원자가 그 역할을 하기 위해서는 반드시 희생자의 존재가 필요함을 강조하였다. 드라마 삼각형에서 가장 중요한 역할을 하는 희생자가 없으면 드라마 삼각형은 무너질 수 있다는 의미이다.

4 심리게임에서 벗어나기

다른 사람이 심리게임하는 것을 멈추게 할 수는 없다. 나에게 심리게임을 거는 것을 막을 수도 없다. 하지만 자신이 어떤 교류를 할 것인지는 선택할 수 있다(Karpman, 1971). 반복을 통해 이미 익숙해졌지만 불편한 이면 교류인 심리게임 대신 새로운 방식으로 교류할 수 있다. 선택권을 사용하여 심리게임 공식의 어느 단계에서든지 벗어날 수 있다. 심리게임 초대자와 심리게임 수락자가 반응을 나누다가 전환이 일어나고 혼란에 빠져 결말을 맞이하는 단계 하나하나가 선택권을 사용할 수 있는 기회가 된다. 심리게임에 대한 이해를 통해 가능한 한 심리게임을 시작하지 않고, 심리게임이 시작되었더라도 이를 자각하고 벗어나는 선택이 가능하다. 그 선택이 빠를수록 심리게임에서 빨리 벗어날 수 있다. 심리게임에서 벗어나는 나의 선택을 통해 심리게임을 같이하는 상대에게도 다른 선택의 기회를 제공할 수 있다.

1) 심리게임 초대하지 않기

C 자아에서 볼 때 심리게임은 스트로크를 얻을 수 있는 확실한 방법이다. 스트로크가 부족하거나 스트로크를 안전하게 나눌 수 없을 때 심리게임이라는 이면 교류를 통해서라도 스트로크를 추구하게 된다. 그러나 자유롭게 스트로크를 주고받을 수 있다면 심리게임을 자극하는 C 자아와 P 자아의 작용을 줄일 수 있다. 스트로크 경제에서 벗어나 스트로크 주고받기에 대한 자신의 욕구를 무시하거나 왜곡하지 않는 만큼 심리게임을 걸지 않게 된다. 구체적으로는 자신이 원하는 스트로크에 대해 자각하고 이를 요청하기, 다른 사람들에게 있는 그대로 스트로크 주기, 심리게임 대신 새로운 방법으로 자신에게 스트로크 주기(Napper & Newton, 2000)의 방법으로 선택권을 실행할 수 있다. 스크로크 주고받기와 관련된 문제를 해결하기 위해 적극적으로 A 자아를 활성화할 때 가능한 일이다.

2) 심리게임 수락하지 않기

심리게임에 참여하는 것은 자신의 약점이 작용하는 것이므로 자신의 약점에 대한 자각이 필요하다. 심리게임의 동기가 될 수 있는 자아상태와 인생태도에 대한 이해를 통해 자신에 대한 자각 수준이 높아질수록 어떤 특성이 심리게임의 약점으로 작용하는지 파악할 수 있다. 예를 들어, 주도적인 자아상태가 NP 자아인 사람은 그 기능이 부정적으로 나타날 때 "더불어 살아야 해, 나는 도움을 줄 때 보람을 느껴."라는 신념을 가질 수 있다. 그리고 자기긍정 · 타인부정의 인생태도로 주변 사람들을 간섭하거나 과잉보호하면서 과도하게 도와주려고 한다. CP 자아에서 건강하지 못한 관계를 맺다가 결국 나의 도움이 뜻대로 이어지지 못할 때 갈등이 커지는 결말을 겪을 수 있다.

그러나 P 자아나 C 자아로 심리게임하지 않고, 자신에 대해 자각하고 A 자아를 활성화하면 다른 사람이 심리게임에 초대할 때 속임수에 걸려들지 않을 수 있다. 또한 심리게임을 상대방의 탓으로 책임을 돌리는 대신 자신의 책임도 인정하면서 좀 더 건설적인 반응을 찾을 수 있다. 자신에 대한 자각은 다른 사람이 하는 부정적인 인생태도 작용을 알아차릴 수 있게 하고, 자발성을 통해 이전과는 다른 선택적 반응을 가능하게 한다. 심리게임은 거부될 때 좌절된다(James & Jongeward, 1971).

3) 선택적 반응하기

이면 교류로 이루어지는 심리게임의 반응 단계에서는 사회적 메시지에 대한 상보 교류가 이루어진다. 이때 선택할 수 있는 대안적 교류 방법은 두 가지이다. 하나는 피상적인 상보 교류로 잡담이나 활동으로 시간을 구조화하는 대신 비언어적인 심리적 수준의 메시지에 반응하여 친밀을 나누는 것이다. '예, 그러나' 심리게임 초대자에게 형식적인 충고나 제안 대신 "아, 그런 일이 있었군요. 말씀해 주서서 감사합니다. 현재의 문제를 해결하기 위해 제가 어떻게 해 주길 원하시는지요?"라고 말할 수 있다. A 자아에서 심리적 메시지에 대해 직접적인 반응을 보이는 것이다. 또 다른 방법으로는 교차 교류를 통해 상대의 기대를 차단하는 반응을 할 수 있다. '당신만 아니었으면' 심리게임의 초대자가 하는 책임 전가 또는 남탓하기에 대해 방어하거나 대항 또는 동조하지 않는 것이 교차 교류의 예가 될 수 있다. 아버지와 오랫동안 '지독하군(Ain't it awful)?' 심리게임을 하던 딸은 아버지가 점심 식사를 제시간에 준비하지 않았다고 CP 자아에서 화를 낼 때 AC 자아에서 방어하는 부정적인 반응을 했다. 대신에 A 자아에서 "아버지, 지금 점심 식사 준비가 되어 있지 않아서 많이 화나셨나 봐요."라고 했더니 아버지가 놀라면서 "그 말은 네가 평소에 하는 말이 아닌데……."라고 작은 소리로 말하면서 더 이상 소동이 반복되지 않았다. 심리게임은 보상받을 수 없을 때 좌절된다(James & Jongeward, 1971).

4) 긍정적 교류와 자아상태로 전환하기

심리게임의 전환 단계에서는 이면에 숨겨져 있던 심리적 메시지가 드러나면서 자아상태와 심리게임의 역할이 바뀐다. 전환 단계에서 심리게임을 자각하게 되었더라도 선택권의 사용은 유효하다. 부정적인 자아상태 대신 긍정적인 자아상태를 활성화하여 더 이상 심리게임하지 않고 친밀로 시간을 구조화할 수 있다. 심리게임을 시작했다고 해서 반드시 모든 과정을 거치면서 심리게임의 결말에까지 이르러 부정적인 감정에 휩쓸리지 않아도 된다. A 자아의 자각을 통해 상대에게 자신의 진정한 감정과 욕구를 개방하는 선택권을 발휘할 수 있다. '예, 그러나' 심리게임을 할 때 전환 단계에서 상대에게 "내가 지금까지 겉으로는 당신에게 도움을 요청했지만 사실은 그 도움을 받아들이고 싶지 않았던 것 같아. 그렇게 되면 내가 뭔가 간섭받거나 휘둘린다고 생각되어서 그랬나 봐. 미안해."라고 말하는 것이다. 이렇게 진정한 감정과 욕구를 개방하는 것은 쉽지 않은 일이고, 그렇게 하더라도 상대방은 여전히 심리게임으로 교류할 수 있다. 그렇지만 심리게임하는 두 사람 중 한 사람이 전환 단계에서 자신의 진정한 모습을 표현하는 것은 상대에게도 진정한 감정과 욕구로 반응하기를 기대하며 이를 교류자극으로 보내는 효과가 있다. 그 기대가 받아들여진다면 친밀로 관계를 회복할 수 있다. 받아들여지지 않는 경우 관계를 정리할 수밖에 없는 일도 있지만, 이 역시 또 다른 선택권의 작용으로 인정할 수 있다.

5) 혼란 자각하기

심리게임의 혼란은 전환 단계에서 바뀐 각본역할과 자아상태로 인해 당황스러움을 느끼는 것이다. 이면적 교류 중 사회적 메시지에 대해 상보 교류를 하면서 기대한 예상 반응이 이어지지 않기 때문이다. 즉, 교차 교류로 심리적 메시지를 드러내고, 이로 인해 대화가 단절되거나 상대를 탓하면서 싸움이 일어날 수 있다. 그러나 심리게임의 혼란 과정에서도 선택권을 쓸 수 있다. 혼란을 거쳐 심리게임의 결말로 가는 대신 심리적 메시지를 수용하고 이에 반응하는 선택권을 쓸 수 있다.

6) 부정적 결말 버리기와 긍정적 결말로 가기

결말 단계에서의 선택은 심리게임의 부정적인 결말을 버리는 것이다. 심리게임의 결말 단계에서 경험하는 것은 각본적 감정이다. 결말 단계에서의 선택권은 각본적 감정 대신에 진정한 감정으로 각본에서 벗어나 친밀함을 나누는 것이다. 부정적인 결말 대신 긍정적인 결말을 경험할 때마다 부정적인 스탬프를 찍지 않고 긍정적인 기억을 강화하게 된다. 이를 통해 각본적 감정도 약화될 수 있다. 또 다른 방법은 A 자아에서 심리게임을 거치지 않고 긍정적 결말을 누릴 수 있는 방법을 찾는 것이다. 일부 심리게임에는 부정적인 결말과 긍정적인 결말이 있고, 부정적 결말 뒤에 긍정적 결말이 따라온다. 예를 들어, '나를 차 주세요' 심리게임에서의 긍정적인 결말은 혼자 있을 수 있는 시간과 공간을 얻는 것이다. 긍정적 결말은 사람들마다 다르므로 자신이 자주 하는 심리게임에서 기대하는 긍정적인 결말이 무엇인지 살펴볼 필요가 있다. 번(1964)은 심리게임을 했을 때 그 결과가 자신에게 최선의 결과를 가져다주는지 혹은 아닌지를 따져 보아야 한다고 했다.

실습 내가 하는 심리게임의 이름 만들기

나도 모르는 사이에 하고 있는 심리게임은 무엇일까?
심리게임에 대한 자각이라는 첫 단추를 찾아보자.
하나하나 단추를 찾아 풀면서 내가 한 행동의 의미를 이해할 수 있고, 나 스스로 나의 행동을 바꿀 수 있다.
그만큼 자율적인 삶을 회복할 수 있다.

- 사람들과의 관계에서 나에게 반복적으로 일어나는 일은?
- 교류하다가 '어? 이게 뭐지? 어떻게 된 거야?'라는 당혹스러움이 생기는 경우는?
- "예, 그러나……." "항상" "결코"라는 말을 자주 하게 되는 경우는?

에피소드를 생각하면서 심리게임의 공식에 따라 정리해 보자.

- 심리게임 초대자와 심리게임 수락자는 누구인가?
- 반응은 어떻게 이루어지는가?
- 전환은 어떻게 이루어지는가?
- 혼란은 어떻게 나타나는가?
- 결말은 어떻게 되는가?
- 나의 심리게임 이름은 무엇인가? ____________________심리게임

제8장 각본

번(1972)에 따르면 "교류분석의 궁극적 목적은 각본(script)의 분석이다". 개인의 운명과 정체성을 결정하는 각본의 영향으로 자율적인 삶을 살지 못하기 때문이다. 각본에 따라 사는 모습을 다음과 같이 비유하기도 했다.

> "각본은 자동으로 재생되는 피아노 악보(player-piano roll: 두루마리 종이에 뚫린 다양한 크기의 구멍을 통과하는 공기압에 의해 피아노 건반이 자동으로 움직임)처럼 움직인다. 이로 인해 인간은 미리 계획된 일정한 순서에 따라 반응하면서 살아간다. 피아노가 저절로 연주되는 동안 그 피아노 앞에 앉아서 지금 연주되고 있는 발라드나 협주곡을 치는 사람이 자기 자신이라는 환상을 품고 건반 위에서 손가락을 움직이고 있다."

실제 우리의 모습은 어떠한가? 자율적인 인간으로 살기 위해서는 각자 자신의 각본에 대한 이해가 필요하다. 잠시 연주를 멈추고 정말 내가 연주하고 있는 것인지 확인하기 위해 피아노의 뚜껑을 열어 보아야 한다.

1 각본 이해와 각본 법칙

각본은 무의식적인 인생 계획이다(Berne, 1966). 그 계획은 어렸을 때 자신이 하는 결정에 근거하며, 부모의 강화에 의해 더욱 확고해지고, 이후 일어나는 사건들로 정당화된다. 그리고 이와 같은 과정을 거쳐 자신이 선택한 인생의 결말로 이어진다(Berne, 1972).

일란성 쌍생아 중 한 사람은 범죄자가 된 반면 다른 사람은 범죄학자가 된 사례(James & Jongeward, 1971)는 각 사람의 각본에 따라 어떻게 인생이 달라지는지를 극명하게 보여 준다. 유전적 특성, 부모, 외부 환경 등이 같더라도 각자가 어떤 결정을 내리고 어떤 인생 계획을 세우느냐에 따라 다른 인생을 살게 된다.

각본의 반대는 자율이다. 번(1972)은 '각본인 것'과 '각본이 아닌 것', 즉 자율을 구분할 수 있는 각본 법칙을 제안했다. '각본이 아닌 것'은 특정한 시간의 일정표와 관련이 없는 것, 어느 정도 삶을 산 이후에 발달한 것, 원래의 상태로 되돌릴 수 있는 것, 부모의 영향에 의하지 않은 것이다. '각본이 아닌 것'은 일정한 유형으로 공식화할 수 없다. 반면에 '각본인 것'은 명확한 시작과 중간 그리고 끝이 있는 일정한 순서에 따라 반복적인 형태를 나타낸다.

각본 법칙을 통해 각본의 특성을 구체적으로 살펴보자.

<표 8-1> 각본 법칙

Formula S :	EPI	→	Pr	→	C	→	IB	→	Payoff
각본 법칙	초기 부모 영향		프로그램		순응		중요행동		결말
	Early Parental Influence		Program		Compliance		Important Behavior		Payoff

1) 초기 부모 영향: 각본은 부모의 영향으로 부모 메시지를 통해 형성된다

한 사람의 각본 형성에 주된 영향을 미치는 존재는 부모(또는 부모와 같은 사람들)

이다. 모든 인간은 긍정적인 존재로 태어나지만 발달적 의존성으로 인해 어린 자녀는 자신을 돌보아 주는 주변 어른의 영향을 받을 수밖에 없다. 자녀 양육과 교육과정에서 나타나는 부모와의 초기 경험을 통해 자녀는 각본의 내용이 되는 부모 메시지를 접하게 된다. 어떤 자극(예: 큰 소리, 갑작스러운 움직임 등)에 대한 반응으로 울 때, 부모의 못마땅한 눈빛과 "울지 마! 뚝!"이라는 말을 들은 자녀가 자연스러운 자신의 반응을 멈추는 경우처럼 부모의 영향은 특정 순간에 구체적이고 관찰 가능한 방식으로 작용한다. 자녀는 우는 대신 부모가 수용해 줄 수 있는 다른 반응을 찾게 된다. 부모의 영향력은 부모의 C 자아에 따라 긍정적으로 작용할 수도 있고 부정적으로도 작용할 수 있다.

2) 프로그램: 각본은 진행 중인 인생 계획이다

프로그램의 사전적 의미는 '따라야 할 계획' 또는 '일정표'이다. '거스를 수 없는 일방통행로를 따라 지속적으로 움직이는 양상'을 뜻하기도 한다. 각본 법칙에서 프로그램은 '각본의 결말을 이루기에 적절한 방법'으로 각본에 순응하며 살아가는 일정한 패턴의 '인생 스타일'이라고 볼 수 있다. '남자는 남자다워야 한다'는 각본에 맞춰 '남자니까 우는 행동 대신 남자답게 울음을 참거나 격하게 화를 내라' 등의 방식을 부모가 가르치는 것이다. 프로그램의 실행을 통해 각본은 예정된 결말을 향해 전개된다.

3) 순응: 각본은 무의식적인 결정이다

순응은 각본의 주인공, 즉 자신이 각본 프로그램을 따르기로 결정하는 것이다. 태어난 그대로의 자율성을 발달시키기 어려운 현실을 경험하게 되면서 부모의 스트로크를 받으며 생존하기 위해 자신의 기대나 소망을 상황에 맞추기로 결정하는 것이다.

이 결정에는 인생태도, 심리게임, 모방의 대상이 되는 인물, 신체적 특징, 결정 당시의 시간과 같은 요소가 복합적으로 관련된다(Steiner, 1974). 출생 후 시간이 흐르면서 부모–자녀 관계의 상호성이 깨지고 무조건적으로 제공되던 보호, 즉 스트로크가 약해지면서 자기긍정 · 타인긍정의 인생태도는 다른 유형의 인생태도로 바뀌게 된다. 이어서 자신의 인생태도와 관련되는 심리게임을 하면서 자신의 각본을 따른다. 반복되는 심리게임을 통해 자신의 각본결정을 정당화하고 충실하게 각본역할을 이어 간다. 각본에 순응하면서 자기 자신이 아니라 어떤 역할을 맡아 연기하는 '다른 사람'처럼 살 때 역할 모델처럼 모방하는 인물이 있다. 주변의 실제 인물 또는 동화나 신화, 영화 속 등장인물일 수도 있다. 그 인물을 통해 자신이 처한 상황에 대해 이해할 수 있고, 자신의 각본에 순응하기로 한 결정에 대해 스스로 납득할 수 있는 설명력을 얻을 수 있을 때 모방의 대상이 된다. 희로애락의 감정 표현을 자제하는 남자가 남자답고 멋지다는 주변 기대에 맞춰 그렇게 살고자 하는 남자들이 이에 해당한다.

각본에 순응하는 결정은 신체적 특성에도 영향을 미친다. 감정 표현을 금지하는 각본에 대한 순응은 특정 근육의 수축 또는 과한 사용으로 이어져 독특한 자세(예: 가슴 펴기, 굽은 어깨, 다리 꼬기 등)와 체형으로 나타난다. 각본의 모방 대상이 했던 자세와 유사한 경우가 많다.

각본을 결정할 때의 시기적 특성은 각본의 제한적 요소로 작용한다. 각본을 따르기로 하는 결정은 인생의 초기, 즉 아직 P 자아와 A 자아가 발달되지 않은 시기에 C 자아에서 무의식적으로 이루어지기 때문이다. 그 당시에 자신이 접할 수 있는 정보에 근거해 가장 타당하다고 보이는 결정을 하지만, 어린아이일 때 하는 결정이라는 한계가 있을 수밖에 없다. 무엇보다 부모의 애정을 잃지 않기 위해 자신을 억압한다는 점에서 한계를 가지게 된다.

4) 중요 행동: 각본을 정당화하기 위해 현실을 재정의한다

중요 행동은 결혼, 자녀 양육, 이혼, 죽음의 방식과 같은 중요한 상황에서 행동하는 양식을 의미한다. 일상에서의 사소한 결정은 자율적인 결정을 할 수 있지만, 정작 각자의 인생에서 큰 의미가 있는 결정은 각본의 영향을 받기 쉽다. "정해진 운명대로 할 수밖에 없다."라고 정당화하면서 다른 선택을 할 수 있는 현실을 왜곡하고, 자신의 각본을 유지하려고 한다. 누구와 결혼하고, 어떤 방식으로 자녀를 양육하며, 부부 관계와 같은 의미 있는 관계에서 어떤 교류를 나누고, 시간을 구조화하며, 갈등이 생겼을 때 어떻게 문제를 해결하는지가 이어져 자신의 인생을 마무리하는 죽음의 결말 방식까지 각본이 작용한다. 예를 들어, 자기부정 · 타인긍정의 인생태도에서 '나를 차 주세요' 심리게임을 하는 사람은 자기긍정 · 타인부정의 인생태도에서 자신을 '발로 차는 것'처럼 함부로 대하는 사람과 계속 관계를 맺는다. 자신의 인생태도와 보완적 역할을 할 수 있는 사람을 친구 또는 배우자로 선택하고, 각본에 '맞는' 심리게임을 반복하면서 각본을 정당화한다.

5) 결말: 각본은 결말을 향해 전개된다

결말은 각본이 연출되는 마지막 장면이다. 각본은 일상의 시간 구조화에서 이루어지는 심리게임을 통해 진행(Lister-Ford, 2002)되므로 각 심리게임의 결말은 결국 인생각본의 결말로 이어지게 된다. 각본의 결말은 각자가 하는 심리게임과 관련된다. 높은 수준의 AC 자아와 자기부정 · 타인긍정의 인생태도에서 '나를 차 주세요' 심리게임을 하는 사람은 "나는 남자답지 못한 사람이에요. 나를 혼내 주세요." 같은 속임수로 심리게임을 유인한 후 '부적절함'의 스탬프를 모으면서 '자기부정'의 각본에 갇혀 살기 쉽다. 계속해서 악순환의 굴레에서 벗어나지 못하는 경우, 쓸쓸하게 삶을 마무리하는 모습이 각본의 결말로 이어질 수 있다.

2 각본의 유형

인간은 누구나 승리하는 삶을 살 수 있는 능력을 갖고 태어난다. 보고 듣고 느끼고 맛보고 생각하는 방법은 개인마다 다르며 누구나 자신만의 독특한 잠재 능력과 한계를 가지고 있지만, 한 사람 한 사람 생각하고 인식하며 창조적이고 생산적인 존재가 될 수 있다. 누구나 승자가 될 수 있다는 뜻이다. 그런데 인생행로를 거치면서 누구는 승자로 또 다른 누구는 순응자, 패자로 살게 된다. 동일한 각본 법칙이 작용하는 가운데 각본은 다양한 유형으로 나타난다. 태어나 2년 정도의 초기 경험과 이를 근거로 각자가 한 초기결정에 따라 서로 다른 각본의 원형이 만들어지고 부모의 지속적인 강화를 통해 정교해지면서 7세경에는 각본이 완성되기 때문이다.

각본은 실제로 일어난 일에 따라 그대로 형성되는 것이 아니다. 유복한 가정환경에서 태어나 큰 어려움 없이 성장할 때 행복한 인생을 살 가능성이 높지만 모두에게 등식처럼 적용되지는 않는다. 힘겨운 상황이지만 자기긍정 · 타인긍정의 인생태도로 행복한 인생을 즐기는 모습도 많이 볼 수 있다. 어린 시절에 겪은 일에 대해 각자가 어떻게 지각하고, 어떤 초기결정을 하느냐에 따라 같은 일을 겪어도 다른 각본을 갖게 된다. 지각은 자신이 겪은 일, 주변에서 일어나는 일에 대해 어린 자녀가 갖는 느낌과 C 자아에서 자신이 원하는 것을 얻을 수 있는 방법을 찾는 것과 관련된다. 예를 들어, 아이스크림을 더 먹고 싶어서 또 달라고 했지만 자녀가 배탈 나는 것을 걱정한 부모가 그만 먹으라고 말하는 경우 자녀는 어떤 지각을 하게 될까? 부모의 생각을 알기 어려운 어린 자녀는 부모의 말을 거절로 느끼면서 더 먹기 위해 부모에게 화를 내거나 울 수 있다. 또는 부모의 말에 두려움을 느껴 얌전하게 "네, 알았어요."라고 말하고 아무렇지 않은 듯 참는 행동을 할 수도 있다. 안타까워하는 마음으로 부드럽게 말하는 부모의 반응을 통해 자신에 대한 애정을 확인하고, 먹고 싶은 욕구를 조절하는 자신에 대한 긍정적인 경험으로 이어질 수도 있다. 어렸을 때 부모와 교류하면서 한 초기결정은 그 이후 삶에도 각본

으로 영향을 미친다. 승자, 순응자, 패자 중 지금 어떤 유형의 각본으로 살고 있을까? 대부분의 사람은 승자, 순응자, 패자의 세 가지 유형 각본이 독특한 조합으로 섞여 있다.

"100% 승자나 100% 패자인 사람은 없다. 정도의 차이가 있을 뿐이다. 그렇지만 일단 승자의 길에 들어서게 되면 그 사람은 승자로서의 기회를 더 많이 갖게 된다"(James & Jongeward, 1971).

1) 승자(winner)

승자는 세상에 오염되지 않은 상태에서 '자신이 선언한 목적을 성취하는 사람' '세상과의 계약 및 자신과의 계약을 이행하는 사람'이다(Berne, 1972). P 자아의 프로그래밍에 기초하여 인생의 '목적'이 설정되지만, 최종 선택은 자신의 A 자아가 하면서 자기를 실현하는 각본이다. '승리한다'는 것은 선언한 목적이 편안하고 행복하고 부드럽게 이루어지는 것을 의미한다(우재현, 1995). 한 사람이 승리한다는 것은 정상에 서기 위해 다른 사람을 눌러 이겨 패배자로 만든다는 상대적인 의미가 아니다. 한 판 승부를 거쳐 한 사람은 승자가 되고 나머지는 패자가 되는 것도 아니다. 각자 자신의 삶에서 승자가 될 수 있다. 열 명의 사람이 있다면 열 가지 모습의 다양한 승자로서의 삶이 있을 수 있다. 자신이 원하는 바를 이루기 위해 애쓰는 과정에서 시행착오를 겪기도 하고 실패할 수도 있지만, A 자아의 활성화를 통해 현실적인 문제해결 방법을 찾고 실행한다. 부정적인 스탬프를 수집하거나 똑같은 심리게임을 반복하지 않는다. 각본분석에서 승자는 존재 자체로 의미있는 '왕자' 또는 '공주'로 불린다.

- 승자는 자율적이다.
- 스스로 사고하고 자신의 지식을 활용하는 것을 두려워하지 않는 용기를 발휘한다.

- 상황에 따라 적절한 반응을 한다.
- 자신의 과거를 알고 현재를 소중하게 생각하며 미래를 내다본다.
- 자신의 책임자로서 무력한 체하거나 회피하지 않는다.
- 자신이 원하는 것을 두려움 없이 적절한 방법으로 추구한다.
- 세계에 주의를 기울이고, 세상 사람들에게 관심을 가진다.

2) 순응자(non-winner)

순응자는 승리하기 위한 목적이 없는 상태에서 승리도 아니고 패배도 아닌 상태, 즉 남과 비슷한 상태 또는 현상을 유지하면 그것으로 족한 모습을 보이는 평범한 각본이다. "발전 없이 어제와 똑같이 쳇바퀴 돌듯 매일매일 진부하게 살아가는 사람들이다. 또는 진실되게 사는 대신 그냥 존재하기만 하며 식물처럼 사는 사람들이다"(James & Jongeward, 1971). CP 자아의 지시에 AC 자아로 충실하게 따르면서 '현실 세계에서 그 자신이 주축이 되지 못하고, 세상에서 스스로의 가능성을 펴지 못한 채' 자기가 맡은 일에 성실한 모습으로 임하고, 문제를 일으키지 않으면서 안전하게 사회 일원의 역할을 한다. "따지고 보면 아쉬운 것도 있지만, 그래도 나는 최소한 아침에 출근할 직장은 있잖아. 그럼 됐지 뭐. 다 그렇게 사는 거 아냐?" 처럼 "최소한" 또는 "적어도"라는 말을 많이 한다.

- '자족한다'고 자신을 합리화한다.
- 재량껏 하는 일보다는 정해진 역할을 매뉴얼대로 하는 것을 선호한다.
- 개인의 특성을 집단의 특성에 맞추며 성실하게 역할에 임한다.
- 안전지향적인 삶을 추구한다.

3) 패자(loser)

패자는 각본에 매여 살면서 자기가 하고자 하는 일을 성취하지 못한 사람이다. 패자는 향수에 젖어 "만약 ~했더라면……." "~했어야 했는데……."라고 말하면서 자신의 불운을 한탄하고 자신을 불쌍하게 여긴다. "네, 맞아요. 그렇지만……."과 같은 말을 하면서 실제로 적극적인 행동의 변화 대신 핑계를 대면서 수동적으로 회피하는 모습을 보인다. 그 이유는 각본으로 인해 자신의 잠재력과 자율성을 포기하고 진솔하게 반응할 수 있는 능력을 깎아내리기 때문이다. 사회적 성공을 이루었더라도 타율적인 모습으로 인해 불행한 삶을 사는 경우가 많다. 가장 자기 파괴적이고 비극적인 패자 각본은 병리적 각본이다(Steiner, 1974). 애정 결핍으로 인한 우울함, 사고 능력을 발휘하며 적응적인 삶을 살기 어려울 정도로 미친 상태, 다양한 물질에 중독될 만큼 기쁨이 부족한 삶을 사는 경우가 이에 해당한다. 각본 분석에서 패자는 각본이라는 주문에 걸린 것 같은 '개구리(남자)' 또는 '거위(여자)'로 불린다.

- 타인을 책망하면서 모든 책임을 타인에게 돌리고 자신에게는 관대한 심리게임을 한다.
- 과거의 좋았거나 불행했던 기억에 의존해서 산다.
- 현재의 삶을 방관하면서 미래에 초점을 맞추고 마술 같은 구원을 기다린다.
- "~하게 되면 어떻게 하나?" 하면서 일어나지도 않을 일에 대한 걱정으로 미래를 두려워한다.
- 애정을 주고받으면서 타인과 친숙한 관계를 맺지 못한다.
- '~인 체'하고, 조종하면서 어린 시절의 낡은 전략을 고수한다.
- 적절한 방식을 통해 자발적으로 자신을 표현하는 데 어려움을 겪는다.

3 각본의 형성

각본은 자신이 접한 환경과 그 환경 안에서 내가 한 선택이 얽히면서 형성된다. 가장 영향력 있는 환경은 부모이다. 부모가 자주 한 말과 행동뿐만 아니라, 빈도는 낮더라도 자녀에게 의미 있었던 말과 행동도 영향을 미친다. 부모가 했던 말과 행동 그리고 자녀가 부모의 말과 행동을 인식하고 반응하는 과정을 통해 각본이 형성된다.

1) 각본 메시지의 형태

(1) 비언어적 · 언어적 메시지

각본은 처음에 비언어적으로 쓰인다. 말을 배우기 전에는 자신을 대하는 사람들의 표정, 신체의 긴장, 어조, 냄새, 움직임 등에 민감하게 반응하기 때문이다. 자신의 신체적 · 심리적 불편함에 대해 주변에서 얼마나 즉각적으로, 적절한 반응을 일관성 있게 해 주었는지도 중요한 비언어적 메시지로 작용한다. 언어적 의사소통이 가능해진 후에도 비언어적 메시지는 강력한 영향을 끼친다. 같은 말을 하더라도 비언어적 메시지에 따라 그 교류의 특성이 달라지기 때문이다. 어렸을 때 자주 들었거나 기억에 남는 말들은 언어적 메시지의 형태로 각본이 된다. 이때 부모나 주변 사람들이 그 말을 한 의도가, 그 말을 들은 아이가 받아들이는 의미와는 다른 경우도 많다. 대부분의 교류는 비언어적인 메시지와 언어적 메시지의 두 가지 방법이 함께 이루어지며, 이면 교류로 부모가 자녀에게 전하는 부정적인 메시지는 심리적 수준의 교류, 즉 비언어적인 방법을 통해 전해진다.

(2) 모델링

모델링은 타인의 자세, 어조, 말투, 말의 내용, 신념 등을 관찰하고 모방하면서 학습하는 방법이다. 부모와 같은 실제 모델 또는 동화 속 가상 인물과 같은 상징

적 인물이 모델링의 대상이 된다. 모델의 행위를 그대로 따르는 것을 비롯해 모델을 동일시하면서 성향, 가치관과 태도 등을 내면화하기까지 모델링을 통해 많은 것이 각본으로 형성된다. C 자아가 기능하면서 "어떻게 하면 내가 원하는 것을 얻을 수 있을까?"라는 질문에 대한 답을 찾는다. 모델링은 새로운 내용의 학습뿐만 아니라 특정 반응을 유도·촉진하거나 억제(좌절)하는 효과를 가진다.

(3) 명령

명령은 직접적인 언어로 전해지는 지시 또는 금지이다. 일상생활을 통해 부모는 매일 자녀에게 해야 할 일과 하지 말아야 할 일에 대해 수많은 명령을 한다. 반복해서 자주 할수록, 비언어적인 방식과 함께 전달될수록 명령은 강력한 각본 메시지가 된다.

(4) 속성

자녀는 부모가 현실을 결정하는 존재(우재현, 1995)라고 보기 때문에 부모가 자녀에게 부여하는 속성(attribution)은 강력한 각본 메시지가 된다. 속성은 부모의 마음에 들기 위해 '자녀가 어떤 존재가 되어야 하는지'와 관련된다. 그 내용은 긍정적일 수도 있고 부정적일 수도 있다. "너는 새벽에 태어났으니 부지런할 거야." "우리 아기 울음소리가 우렁찬 걸 보니 씩씩하겠다." 등의 말을 통해 인생 초기, 즉 아이가 태어날 때부터 작용하는 경우가 많다. 미신(예: 임신 중에 오리를 먹으면 육손이가 태어난다, 딸이 백말 띠 해에 태어나서 기가 세다 등)과 이름(예: 성실, 지혜, 방글, 한결 등) 또한 속성의 형태로 전달되는 경우가 많다.

부모는 자녀에게 속성을 부여하고 마치 그 속성이 진짜인 것처럼 자녀를 대하거나(Lister-Ford, 2002), 분명한 교류(예: 너도 아빠 닮아서 이런 거 싫지? 넌 어렸을 때부터 무던한 아이였으니까 이 정도는 아무것도 아닐 거야!, 엄마 아들~) 또는 간접적인 암시(난 우리 둘째 안 낳았으면 어쩔 뻔했나 싶어요. 난 저 아이 없으면 못 살아요. 내가 사는 의미예요 등)를 통해 전달한다. 부모가 자녀에게 그의 속성에 대해 표현하고 자녀가 이에 따를 때 지속적으로 강화되면서 인생각본으로 굳어진다. 자녀는 부모가 전달하는 속성을 자신의 성격으로 받아들이고 그 성격에 맞는 행동을 하려고 애쓰면서 순응한다. 다양한 잠재력을 가졌음에도 불구하고 부모가 부여하는 속성에 맞춰 자신을 제한하고, 자기 충족적인 예언의 효과로 이어져 삶에 깊숙이 작용하게 된다. 자신과 닮았거나 어떤 관련성이 있다고 여기는 가족에게 일어난 일(질병, 수명, 사고 등)이 자신에게도 그대로 일어날 것으로 생각하고 반응하는 것도 속성의 작용이다.

(5) 외상적 경험 · 반복적 경험

실제 경험에 대한 반응을 중심으로 각본이 형성될 수 있다. 단 한 번의 경험이더라도 위협을 느낄 정도로 그 강도가 큰 경우, 외상적 경험(trauma)이 되어 한 개인의 삶에 극적인 영향을 끼친다. 어렸을 때 이유도 알 수 없이 갑작스럽게 주양육자와 떨어져 많이 놀라고 무서웠던 경험은 "아무도 믿을 수 없어." "마음을 주면 안 돼." "나를 사랑하는 사람은 없어."와 같은 결정의 근거가 될 수 있다. 그러나 대부분의 각본은 같은 경험을 오랫동안 반복적으로 하면서 형성된다. 자신을 돌봐 주는 이와 가까이 하고 싶은 자연스러운 욕구에 의해 다가갔지만 외면당하거나 거부당하는 일이 반복되면, "저 사람은 나와 가까이하고 싶어 하지 않아." "아무것도 하지 않는 게 더 좋아."라는 의미로 해석하기 쉽다.

번은 각본의 형성을 동전 쌓기로 비유했다. 심하게 삐뚤어지게 놓인 동전 하나가 외상적 경험처럼 동전탑을 무너뜨릴 수도 있고, 중심에서 살짝 벗어났지만 쌓다 보면 어느 순간 무너지는 것처럼 반복적 경험이 각본의 형성에 영향을 줄 수도 있다.

2) 각본 메시지의 유형

"우리 모두는 말 그대로 우리 머릿속의 음성들을 듣는다."라고 번(1972)은 말했

다. '머릿속의 음성'은 무엇일까? 각본의 뿌리가 되는 각본 메시지이다. 긍정적이거나 부정적인 각본 메시지는 각본의 내용이 된다. 각본 내용은 지문처럼 사람마다 다르다. 그 내용이 어떠하든 모든 각본 메시지는 본질적으로 거짓이다. 각 개인의 잠재력과 일치하지 않으며 생존하려는 의지를 저하시키고 병적인 상태로 몰아넣기 때문이다(James & Jongeward, 1971).

P 자아, A 자아, C 자아의 대화인 각본 메시지는 무의식(unconscious) 차원이 아니라 전의식(preconscious)의 차원에서 이루어지는 것이므로 의식 속으로 불러들일 수 있다(Berne, 1972). 자신이 살아 온 과거에 대한 정보를 탐색하면서 미래를 변화시킬 수 있는 방법을 찾을 수 있다.

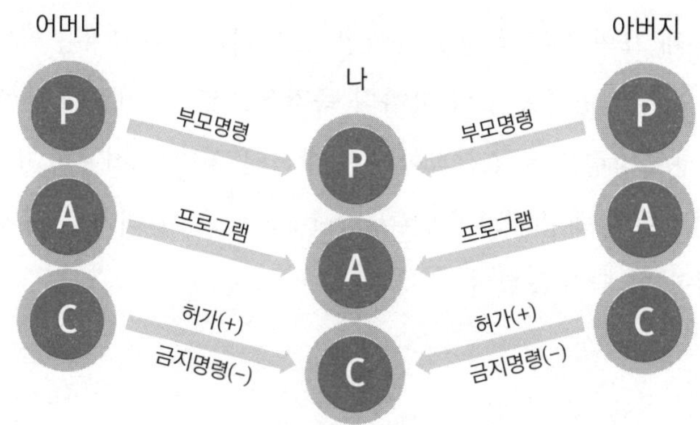

[그림 8-1] 각본 메시지와 각본 모형

(1) 부모명령

부모명령은 부모(혹은 중요한 타인)의 P 자아에서 자녀의 P 자아로 전달되는 각본 메시지이다. 3~12세의 자녀에게 부모가 '무엇을 해야 하는지' 그리고 '무엇을 하지 말아야 하는지'에 대해 언어적으로 하는 '명령'의 형태로 표현된다. 사람들과 세상에 대해 부모가 내린 정의도 부모명령으로 전달된다. 가족이 사는 사회적·문화적 맥락에 적합하다고 간주되는 좌우명 또는 생활신조의 형태로 사회화 과정을 거쳐 전달된다.

부모명령은 내용에 따라 긍정적으로 또는 부정적으로 작용할 수 있다. 부모명령을 따르면서 자신을 돌보는 기본적인 생활습관을 익힐 수 있고, 사회에 적응할 수 있다. 반면에 어떤 부모명령은 부정적인 내용으로 인해 삶에 제한적인 요소로 작용하게 된다. 다양한 부모명령 중 드라이버라고 불리는 다섯 가지 부모명령은 스트레스 상황에서 영향을 받게 되는 강력한 부정적 부모 메시지이다. 모든 사람은 정도의 차이는 있지만 '완전하게 하라' '기쁘게 하라' '열심히 하라' '강해져라' '서둘러라'의 드라이버 영향을 받는다. '드라이버(driver)'라고 할 만큼 '드라이버에 순응하기만 하면 괜찮다(OK)'고 믿고, 그 부모명령을 따라야 한다는 강박감을 경험하게 된다. 드라이버 메시지를 따를 때 일련의 외현적인 행동(말, 어조, 손짓, 자세, 얼굴 표정 등)이 전형적으로 나타난다. 사람들마다 일관성 있게 나타나는 드라이버 행동을 통해 그의 각본 특성을 파악할 수 있다(자세한 내용은 4부 참조).

자녀는 부모의 부모명령을 접할 때마다 즉각적으로 그 명령에 복종하면서 각본 상태가 된다. 부모명령은 무조건적이며 절대적인 의미로 작용하기 때문이다. 부모명령은 금지명령에 대항하는 수단(counter injuction)이 되기도 하지만 금지명령을 강화하는 수단이 되기도 한다.

(2) 프로그램

각본 메시지 중 프로그램은 '부모가 자녀에게 각본을 따르고 완성하기 위해 무엇을, 어떻게 할 것인가에 대해 가르치는 것'이다. 즉, 부모의 A 자아에서 자녀의 A 자아로 구체적인 정보를 전달하는 각본 메시지이다. 부모는 어린 자녀에게 '사는 방법(Here's how to)'을 가르치는 것이 정상적이고 바람직한 부모 역할이라고 생각하면서 양육하고 보호한다. 인생의 목표를 부여하는 동시에 그 목표를 달성할 수 있는 검증된 방법, 즉 부모가 검증한 방법을 알려 주면서 각본이 세대를 거쳐 전달된다.

그러나 부모의 A 자아가 P 자아에 의해 오염된 상태이므로 부모의 프로그램에 따를수록 자녀의 A 자아도 오염된다. 예를 들어, 어머니로부터 "착하게 살아라."

라는 부모명령을 받은 자녀가 '착하게 살기' 위한 방법으로 '양보하고 참기'를 보고 배웠다면 '양보하고 참기'가 프로그램이 된다. 착하게 사는 방법이 양보와 참기만 있는 것이 아님에도 불구하고 이를 알기 어려운 어린 시절에 부모로부터 오염된 프로그램 메시지를 받고 실행하게 된다. 무조건 양보하고 참으려고 하는 모습이 또 다른 갈등을 초래하면서 사회적 부적응 문제로 이어져 인생각본의 결말로 나아갈 수 있다. 부모가 승자이면 자신들의 승자 프로그램을, 패자라면 패자 프로그램을 자녀에게 전달하게 된다.

프로그램은 비언어적인 모델링과 스트로크를 통해서도 전달된다. 이렇게 언어적·비언어적인 부모의 프로그래밍을 통해 각본은 평생 유지된다.

(3) 금지명령과 허가

"부모의 C 자아는 자녀의 P 자아를 만든다." 또는 "자녀의 P 자아는 부모의 C 자아이다."(Berne, 1972)라고 할 정도로 부모의 C 자아는 자녀의 각본 형성에 강력한 영향을 끼친다. 부모의 C 자아에서 자녀의 C 자아로 전달되는 각본 메시지는 금지명령(injunction)과 허가(permission)이다.

두 가지 부모 메시지 모두 주로 자녀가 말을 배우기 이전부터 시작되어 6~8세가 될 때까지 비언어적이고 신체적인 메시지로 전달된다. 실제적인 교류뿐만 아니라 양육자의 행동과 표정을 관찰하고, 이에 근거해서 아이가 추론한 내용이 심리적 메시지로 작용한다. 금지명령, 허가와 관련되는 특정의 감정이나 신체적 감각은 행동에 반영되어 나타난다.

① 금지명령

금지명령은 부모(양육자)가 자녀에게 전달하는 불합리하고 부정적인 명령이다. 자녀의 자율성을 제한하는 강력한 메시지로 작용하면서 자기긍정·타인긍정의 인생태도로 태어난 자녀의 긍정성을 그대로 유지하기 어렵게 하는 요인이 된다. 인생각본 중 가장 중요한 부분으로(Berne, 1972), 인생 전반에 걸쳐 강박적으로 영향을 미치면서 다양한 부적응 문제로 이어지는 경우가 많다.

부모가 자녀에게 금지명령을 주는 이유는 부모 자신에게 해결되지 않은 갈등이 있기 때문이다. 그 갈등으로 인해 겪게 되는 다양한 정서(두려움, 분노 등)와 욕구를 분출하거나 자녀를 충분히 보살피지 못하는 그럴듯한 핑계를 자신도 모르는 사이에 이면 교류를 통해 자녀에게 전하게 된다. 부모의 스트로크를 원하는 어린 자녀는 실제로 부모가 하는 언어적 교류보다 비언어적 교류에 더 민감하게 반응하면서 자신의 자율성을 포기하고 제한적인 금지명령을 받아들이게 된다. 부모의 기대에 순응하면서 그들을 만족시키거나 위로하는 동시에 자신은 생존할 수 있기 때문이다.

<표 8-2> 금지명령의 내용

	금지명령	내용
Berne (1964)	혼자가 되어라	대인 관계의 어려움을 많이 겪으면서 이로 인해 관계를 단절하고 혼자 고립된 생활을 하다가 고독하게 인생을 마무리하는 경우
	빈둥거리는 사람이 되어라	실직과 이직을 반복하면서 성인이 되어서도 경제적으로 독립하지 못하고 실업자, 노숙자처럼 불안정한 인생을 사는 경우
	미쳐라	정신적인 어려움으로 다양한 부적응(우울증, 상해 등)을 겪는 경우
	죽어 버려라	갑작스러운 사고사, 자살
Goulding & Goulding (1976)	존재하지 마라	원하지 않는 임신과 출산, 자녀의 존재에 대해 부모가 박탈감이나 과도한 부담감을 가져 유기, 방임, 학대하거나 감정의 교류 없이 기계적으로 자녀를 양육하는 경우
	너 자신 (자신의 성)이 되지 마라	부모가 기대했던 성과 다른 성으로 자녀가 태어나거나 부모가 이상적으로 생각하는 자녀 이미지에 맞추기 위해 타고난 성에 부적절한 이름을 짓고 옷을 입히면서 부모의 조건에 따르기를 요구하는 경우, 비교 또는 편애를 받는 경우

아이처럼 굴지 마라	자녀 돌보기에 부모가 부담을 갖거나 부모의 C 자아에서 자녀보다 관심받고 싶은 부모의 욕구가 더 클 때, 지나치게 엄격한 가족 분위기에서 아이다운 행동을 금지당하거나 즐기는 것을 죄악시하는 경우, 맏이나 외동아이가 '의젓한 아이'처럼 스스로에게 적용하는 경우
성장하지 마라	좋은 부모가 되는 것을 중시하면서 열심히 역할하는 부모가 자녀에게 영원한 아이(예: 피터팬 증후군)가 되기를 바라거나 자녀의 자연스러운 신체적 성숙(예: 2차 성징)을 무시하는 경우, 부모가 성인이 된 자녀에게 지나치게 밀착된 관계를 요구하며 보살핌을 기대하는 경우
성공하지 마라	자수성가하거나 완벽주의 성향이 있는 부모로부터 끊임없이 비판받으면서 인정받지 못하는 경우
하지 마라	부모의 보호에서 벗어났을 때 자녀가 해를 입을까 봐 두려워하는 부모의 C 자아의 작용으로 인해 '아무것도 하지 않는 것이 안전해.'라는 영향을 받고 무기력하고 수동적인 태도를 보이는 경우
중요한 사람이 되지 마라	자녀의 욕구를 인정하지 않으면서 거부했던 부모의 영향으로 인해 공개적인 자리에 서거나 책임자 역할하기를 어려워하며 실수가 잦은 경우
소속하지 마라	우월의식 또는 열등의식으로 인해 비사교적이거나 고립된 생활을 하는 부모의 영향을 받거나 자신의 속성에 대해 소심하거나 까다롭다는 등의 말을 자주 들어서 관계 형성이 잘 되지 않고 공동체 생활이 어려운 경우
친해지지 마라	신체적 접근을 허락하지 않거나 자녀를 속이고 학대하는 부모의 영향을 받은 경우, 갑작스럽거나 자녀 입장에서 알 수 없는 이별(죽음, 이혼, 분가 등)의 영향으로 신체적인 관계뿐만 아니라 정서적 교류에 대한 금지로 이어져 '믿지 마라' '사랑하지 마라'의 의미로 작용하는 경우

	건강하지 마라 (제정신이어서는 안 된다)	평상시에는 받지 못했던 부모의 관심을 몸이 아플 때만 받을 수 있었거나 "몸이 약하다."라는 말을 자주 들으면서 성인이 되어서도 일이 잘 안 풀리거나 대인 관계에 어려움이 생길 때마다 실제로 몸이 아프고 이를 회피 수단으로 이용하는 경우
	생각하지 마라	자연스러운 호기심을 보이거나 자기 생각을 표현할 때마다 부정적으로 평가하거나 경시하는 경우, 부모의 뜻에 따라 부모가 정한 특정 주제(예: 성, 돈 등)에 대해 생각하는 것을 금기시하거나 부모의 생각을 강요하는 경우
	느끼지 마라	쾌락, 기쁨 등을 부정적으로 보거나 감정 표현을 나약한 것으로 평가하면서 감정 표현을 자제하는 경우, 가족문화 또는 성에 따라 특정한 감정의 표현을 금지하는 경우

금지명령의 강도는 1~3급으로 구분할 수 있다(Berne, 1972). 1급 금지명령은 있는 그대로의 존재를 수용하지 않고 억제하지만 그 내용이 사회적으로 수용할 만한 수준의 메시지이다. "얌전하게 행동해야지."처럼 직접적인 명령의 형태지만 속임 없이 액면 그대로 부드럽게 표현된다. 1급 금지명령에 영향을 받아도 승자 각본을 가질 수 있다. 2급 금지명령은 뭔가를 속이는 기만적인 내용의 부정적인 명령을 좀 더 엄격하게 전하는 경우이다. 윽박지르는 표정으로 밥을 떠먹여 주거나 살살 구슬리는 가장된 미소를 띠면서 얌전하게 있기를 요구하는 경우이다. 순응자 각본은 2급 금지명령에 영향을 받을 때 형성될 수 있다. 가장 비극적인 금지명령은 3급이다. 무서운 표정을 지으며 큰 소리로 고함을 지르거나 화를 내고, 신체적인 처벌도 가하면서 잔인하고 난폭하게 전달되는 금지명령이다. 어린아이 입장에서는 순응 이외의 다른 방법을 생각할 수 없을 정도로 자율성을 제지(stopper)한다. 비이성적이고 불합리한 3급 금지명령에 순응하는 경우 패자 각본을 형성하게 된다.

그러나 금지명령의 영향력은 금지명령에 대한 초기결정에 따라 달라진다. 그대

로 받아들이기, 복합결정(~하는 한 ~해도 괜찮아), 거부하기 중 하나의 방법으로 초기결정이 이루어진다. 그대로 받아들이거나 복합결정의 방식으로 '금지명령에 순응하기'로 초기결정할 때 금지명령은 제한적인 각본이 된다. 부모로부터 전달받은 허가와 금지명령 그리고 이에 대한 자신의 결정이 모여 각 사람의 고유한 각본(script proper)이 된다.

② 허가

허가(permission)는 부모의 C 자아에서 자녀의 C 자아로 전달되는 긍정적인 각본 메시지로서 허용적 양육과는 무관하다. 존재 자체와 친밀에 대한 인정자극으로서 자율적 행동을 허가하는 부모의 면허이다(Berne, 1972). 허가는 고착화된 패턴으로 반응하면서 각본에 반드시 따르지 않아도 되고, 자유로운 선택을 통해 유연하게 대응할 수 있다는 의미이다. 허가는 각본으로부터 자유로워지는 데 가장 핵심적인 역할을 한다. 허가를 많이 가질수록 각본의 구속을 덜 받게 되고 융통성을 가질 수 있기 때문이다(Berne, 1972).

초기결정은 금지명령 대신 허가를 선택하는 재결정을 통해 변화될 수 있다. 허가는 단순히 '~하지 마라(Don't~)'로 표현되는 금지명령의 반대말이 아니다. 허가는 '~을 할 것인지 또는 하지 않을 것인지의 문제는 나 자신이 선택해도 된다'는 보다 적극적인 의미를 갖는다. 상담사가 가장 효과적으로 할 수 있는 치료개입은 내담자에게 내담자가 부모로부터 받아 보지 못한 허가를 주는 것이다. 내담자는 자신의 C 자아에서 "그것을 해도 괜찮아." 또는 "그렇게 하지 않아도 괜찮아."라고 허가를 받아들일 때 있는 그대로의 자신으로 존재할 수 있다.

번(1966)은 사랑할 수 있는 허가, 변화할 수 있는 허가, 일을 잘할 수 있는 허가가 가장 중요하다고 보았다. 굴딩 부부가 제시한 열두 가지 금지명령은 열두 가지의 허가(It's OK to~)가 될 수 있다.

<표 8-3> 금지명령과 허가

금지명령	허가
존재해서는 안 된다.	존재해도 된다.
너 자신(자신의 성)이 되지 마라.	너 자신(자신의 성)이 되어도 된다.
아이처럼 굴지 마라.	아이처럼 굴어도 된다.
성장하지 마라.	성장해도 된다.
성공하지 마라.	성공해도 된다.
하지 마라.	해도 된다.
중요한 사람이 되지 마라.	중요한 사람이 되어도 된다.
소속하지 마라.	소속해도 된다.
친해지지 마라.	친해져도 된다.
건강하지 마라(제정신이어서는 안 된다).	건강해도 된다(제정신이어도 된다).
생각하지 마라.	생각해도 된다.
느끼지 마라.	느껴도 된다.

3) 각본 모형 작성의 실제

각본 모형(script matrix)은 부모의 명령을 기초로 각본이 형성되는 과정을 시각적으로 살펴볼 수 있는 도식(다이어그램)이다. 스타이너(1966)가 고안하였고, 이에 기초해 여러 연구가 이루어졌다(Berne, 1966; Woollams & Brown, 1978; Mihailovic & Mihailovic, 2004). 가능한 한 순수한 형태의 각본 메시지를 탐색하고 도식화해 보는 각본 모형은 자기이해와 치료 계획(Allen & Allen, 1995)을 수립할 수 있는 유용한 도구이다.

교류분석상담사와 내담자가 함께 각본 모형을 작성하는 방법은 빈 각본 모형을 그리는 것으로 시작된다. 가운데에 내담자의 자아상태 구조, 좌우에 각각 내담자의 부모 또는 부모와 같은 권위를 가진 대상(조부모, 친인척, 지인 등)의 자아상태 구조를 그린다. 각 자아상태 구조 안에 P 자아, A 자아, C 자아를 알파벳 대문자

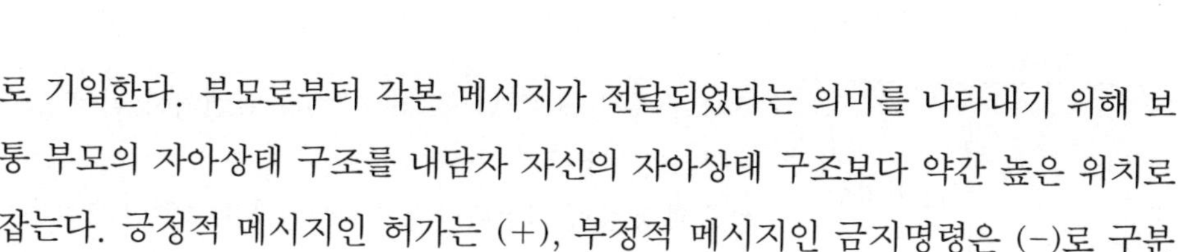

로 기입한다. 부모로부터 각본 메시지가 전달되었다는 의미를 나타내기 위해 보통 부모의 자아상태 구조를 내담자 자신의 자아상태 구조보다 약간 높은 위치로 잡는다. 긍정적 메시지인 허가는 (+), 부정적 메시지인 금지명령은 (−)로 구분한다.

- 부모의 자아상태에서 내담자 자신의 자아상태로 전달된 각본 메시지를 찾는다. P 자아, A 자아, C 자아의 순서대로 찾은 메시지를 각각 각본 모형의 부모명령, 프로그램, 허가와 금지명령으로 기입한다. 각본 메시지를 탐색할 수 있는 질문의 예는 <표 8−4>와 같다.

<표 8-4> 각본 메시지 탐색 질문

자아상태 구조	각본 메시지	탐색 질문
P 자아	부모명령	• 부모가 자주 강조했던 말(생활신조, 가훈, 좌우명)은? • 내가 어떻게 했을 때 부모가 기뻐했나? • 내가 어떻게 했을 때 부모가 화냈었나? • 부모를 기쁘게 하는 일로 부모가 알려 준 것은? • 부모를 화나게 하는 일로 부모가 알려 준 것은? • 가족을 위해서 해야 할 일로 부모가 알려 준 것은? • 성공할 수 있는 방법으로 부모가 알려 준 것은? • 부모 외에 친인척, 손위형제, 교사가 제공한 것은?
A 자아	프로그램	• 각본 결말을 가져올 수 있는 방법으로 부모가 모델로서 보여 준 내용은? • 부모명령을 실천할 수 있는 구체적인 방법으로 부모가 알려 준 것은?
C 자아	허가	• 태몽은 어떤 내용이었나? • 태명은 무엇이고, 그 의미는? • 백일잔치 또는 돌잔치는 어떠했나? • 자신의 출생과 관련해서 들었던 긍정적인 내용은? • 어렸을 때 좋았던 기억은?

	금지명령	• 자신의 출생(낙태, 난산, 조산 등)과 관련해서 기억나는 부정적인 내용은? • 성장 과정 중에 경험했던 부정적이거나 힘들었던 경험은? • 열두 가지 금지명령 중 여전히 작용하는 문제는?

• 직관에 따라 가급적 빠른 속도로 작성하고 구체적인 내용이나 변형된 부분은 괄호 안에 넣을 수 있다. 찾기 어려운 내용은 빈칸으로 둔다. 부정적인 메시지는 강제성을 띠면서 뚜렷하게 전해지는 반면, 허가는 소리 없이 내리는 빗방울같이 잔잔하게 전해지므로(Berne, 1966) 탐색이 좀 더 어려울 수 있다. 한 번에 또는 처음부터 정확하게 하지 않아도 된다. 과거에 대한 정보가 늘어나면서 각본 모형은 여러 번의 수정을 거치며 완성된다.

각본 사례

나는 4남매 중 맏딸이다. 동생들은 모두 남자이다. 사람들은 유일한 딸이고 첫째여서 어렸을 때부터 집안일을 많이 했겠다고 말하지만, 사실 나는 별다른 고생 없이 컸다. 아버지가 나에게 자주 하셨던 말씀은 "네가 잘되어야 동생들이 잘된다."이다. 아버지 자신이 첫째여서인지 첫째 자녀에 대해 특별한 의미를 부여하셨던 것 같다. 일상생활 중의 기본 생활습관, 예를 들면 일찍 자고 일찍 일어나기, 자기 물건 스스로 정리하기와 같은 것부터 공부, 친척 모임에서 예의 바르게 행동하기 등을 강조하셨다. 그리고 실제로 내가 그렇게 잘될 수 있도록 아버지는 최선을 다해 내 뒷바라지를 하셨다. 학교에 들어가면서부터는 학급 임원을 연이어 하면서 매사에 적극적인 자세로 임하고, 다양한 활동에 참여하도록 권하셨다. 어렸을 때부터 아빠를 많이 닮았다는 말을 들어서인지 나는 아버지의 말을 그대로 따랐다. 열심히 했다. 열심히 하는 내 모습을 흡족하게 바라보시던 아버지의 모습이 좋았다. 그렇지만 열심히 해도 뜻대로 되지 않는 경우도 있었다. 그때마다 아버지는 "더 열심히 하면 잘될 거야."라고 말씀하셨는데 그 말씀이 힘이 되기도 했지만 '항상 잘되어야 한다. 예외는 없다. 잘 안 되는 것은 내가 더 노력하지 않아서이다.'라는 생각으로 이어져 지치고 답답하기도 했다.

어머니는 "첫째인 네가 본이 되어야 한다."라고 자주 말씀하셨다. 그리고 여자라서 원하는 만큼 공부하지 못한 아쉬움 때문인지 "여자라고 주눅 들 것 없어. 하고 싶은 거 다 하고 살아."라는 말씀도 강조하셨다. 본이 되는 것은 어머니의 말씀을 잘 듣는 것을 통해 가능했다. 무엇을 하기 전에 먼저 어머니에게 여쭤 보고, 어머니가 하는 말과 행동을 잘 보고 따라 했다. 어머니는 저녁 반찬이나 주말 나들이 계획을 짤 때도 동생 3명의 의견보다 항상 내 의견을 먼저 물어보셨고, 더 많이 신경을 써주셨다. 남동생들에게 항상 "누나 좀 보고 배워라."라고 말씀하시는 일도 잦았는데, 동생들은 편애한다고 불평하면서 나를 질투하기도 했다. 어머니 앞에서는 늘 조심스럽게 행동했던 것 같고, 지금도 사람들의 시선이 신경 쓰인다. 유일한 딸이었지만 어머니는 내가 애교를 부리거나 나약한 모습을 보이거나 여자아이 같은 옷차림하는 것을 못마땅해하신다. 선머슴 같은 내 모습은 남동생들과 같이 성장해서라기보다는 어머니의 영향이 더 크게 작용한 결과라고 생각된다.

이제 나는 30대 중반의 나이가 되었다. 한창 나이인 것 같은데 이러지도 못하고 저러지도 못하는 틈에 끼어 있는 것 같은 답답함이 크다. 본이 되고 잘되기 위해서 매사에 최선을 다해 살아왔던 것 같은데 '이게 과연 내가 바라던 모습인가?'라는 생각이 든다. 열심히 하는 게 마땅하기는 하지만 나 스스로도 힘겹고 부담스럽다. 주변에 가까운 사람들도 나에게 힘 좀 빼고 살라고 한다. 나만큼 열심히 하지 않는 사람들에 대한 못마땅함도 커지고, 참으려고 해도 결국에는 실망하고 부딪히는 일이 잦다. 나만 바라보고 사는 것 같은 부모님을 만나는 것도 꺼리게 되고, 동생들과의 관계는 이미 많이 소원해졌다. 이전에는 끼리끼리 모여서 별 의미도 없는 수다로 시간을 때우고, 유행을 좇고, 연애하고 결혼하고 이런 것들이 다 시큰둥했는데, 지금은 나만 뚝 떨어져 일만 하고 사는 것 같다. 이렇게 살아도 될까 하는 두려움이 점점 커진다.

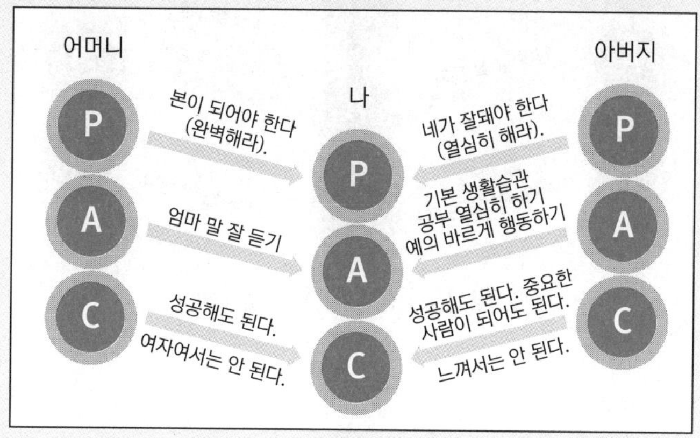

- 작성한 각본 모형을 살펴보면서 교류분석 전문가와 함께 공개적 의사소통의 방법으로 그 의미를 나눈다. 자기분석도 가능하다. 중요한 것은 부모로부터 다양한 방식으로 전달된 각본 메시지 중 "내가 선택한 메시지가 무엇이냐?"이다. 그 내용을 각본 모형 중 자신의 자아상태 구조에 정리해 볼 수 있다. 각본은 과거의 로드맵이다. 비극적이거나 파괴적인 각본이더라도 자살, 물러나기, 탓하기, 성장하기(get better)의 네 가지 중 선택을 할 수 있다. 번은 성장의 욕구(physis)를 각본 모형([그림 8-2] 참조)에 제시하였다. 과거에 부모로부터 전달받고 내가 선택해서 현재까지 영향을 받으며 살아왔던 각본을 점검하고 필요하다면 재결정을 통해 새로운 선택을 할 수 있는 힘이 바로 성장의 욕구이다.
- 각본은 부모뿐만 아니라 성장하면서 맺는 다양한 관계를 통해 진행되는 연속적인 과정이다(Newton, 2006). 직장동료나 친구 등과 현재 맺는 관계도 자신의 각본에 영향을 미친다. 필요한 경우 이에 대한 각본 모형 작성을 통해 자신의 각본을 자각하고 자발성을 실천하면서 자율성을 회복할 수 있다. 이 과정을 통해 성인이 되어서도 승자 각본으로 변화될 수 있다.

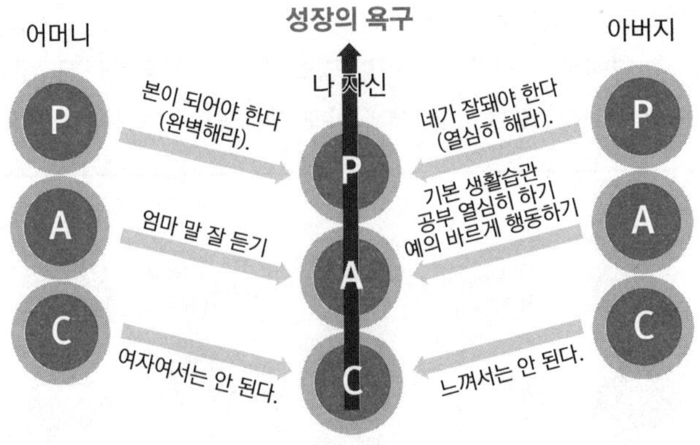

[그림 8-2] 성장의 욕구(physis)

실습 영화 〈국제시장〉 덕수의 삶: 각본 법칙의 적용

'그때 그 시절, 굳세게 살았던 우리들의 이야기'라는 부제의 영화, 1950년대 육이오 전쟁의 흥남 철수 작전부터 파독광부, 베트남 전쟁, 이산가족찾기 등 한국전쟁 이후 대한민국 역사의 격변기를 겪으며 현대까지 살아온 산업화 세대인 주인공 덕수(황정민 분)의 인생을 각본 법칙을 통해 살펴보자.

- 초기 부모의 영향은 무엇인가?
- 프로그램은 무엇인가?
- 순응은 무엇인가?
- 중요 행동은 어떻게 나타났나?
- 결말은 어떠했나?

실습 내 이름의 의미

한 사람의 이름에는 많은 의미가 담겨 있다.

- 나의 이름을 써 보자. ________________
  한글 이름, 또는 한문에 어떤 의미가 담겨 있는가?
  내 이름과 관련해 들었던 에피소드 속에 담겨진 의미는 무엇인가?

- 이름의 의미를 들었을 때 그 의미가 자신의 각본에 '속성'으로 작용했는가?
  어떻게 작용했는가?

- 성인이 된 지금, 선택권이 있음을 알게 된 지금,
  이름 속에 담긴 속성을 그대로 유지할 것인가?

제3부

제9장 수동성

1 수동성의 이해

수동성은 사전적인 의미로 '스스로 움직이지 않고 다른 것의 작용을 받아 움직이는 성질' 또는 '주체가 남 또는 다른 것의 힘에 의하여 움직이는 동사의 성질'로 설명된다. 따라서 수동성은 스스로의 합리적인 판단과 선택 능력은 제한되고 의존 상태에 빠져드는 것으로서, '자신의 생각이나 뜻에 따라 행동함'을 뜻하는 능동성과 극명하게 대비되는 개념이다.

심리적 차원에서, 과거 불쾌한 감정을 경험했던 사건과 유사한 상황에 처했을 때 자신도 모르게 동일한 반응을 반복하게 되는 것은 수동성으로 설명될 수 있다. 예를 들어, 화가 나거나 억울하거나 당황스러운 상황에 놓이면 당신은 어떤 생각을 하는가? 그리고 어떻게 반응하는가? TA에서 볼 때, A 자아에서 생각하고 반응하지 못하는 모든 행동은 수동성에 해당한다. 즉, 수동적인 반응이다. 상황과 맥락에 합당한 합리적인 판단과 대응을 한다면 이는 A 자아에서 비롯된 자율적인 반응이다.

다시 말해, 생산적인 결과를 만들어 내지 못함에도 같은 행동을 반복하고, 필요한 것을 얻을 수 없는 행동이라는 것을 잘 알면서도 그것에 끊임없이 에너지를 쏟는 만성적 행동과 그러한 인지 과정을 촉발하는 현상을 TA에서는 '수동성(passivity)'이라 한다.

TA는 선택과 책임, 자율성을 강조한다. 개인은 생각할 능력이 있고, 새로운 결

정을 내릴 수 있다. TA가 지향하는 목표인 자율성은 자각과 자발, 친밀성을 토대로 한다. 수동성은 이러한 TA의 철학과 목표에 정면으로 도전한다. 자율성을 향해 나아가지 못하도록 하는 족쇄이자 훼방꾼이다. 따라서 수동성은 반드시 변화해야 할 성질이며 극복해야 할 대상이다.

그렇다면 이처럼 수동성에 빠지게 되는 이유는 무엇인가? 심지어 자신의 행동이 수동적임을 알아차리지 못하는 이유는 무엇인가? 이는 과거 어린 시절부터 오랫동안 반복되어 습관처럼 형성된 자동적 반응 양식이기 때문이다. 한마디로 각본에 빠져들어서 나타나는 현상이기 때문이다. 초기결정에 따라 각자가 결정한 각본을 따를 때, 수동성은 자연발생적으로 나타난다. 이런 점에서 수동성은 각본과 불가분의 관계에 있다 할 것이다. 수동적 상태에서는 기능적이고 합리적인 반응을 선택할 수 있는 A 자아에 대한 디스카운트가 발생하고, 준거 틀을 토대로 자신에게 맞지 않는 형식이나 내용에 대한 재정의가 발생한다.

디스카운트의 결과는 특정 현실이나 상황을 과장하거나 왜곡하는 것으로 나타나는데, 이는 공생 관계의 기저를 이루고 있는 신념 체계를 유지하는 것으로 이어진다. 이러한 과정은 '재정의'로 요약될 수 있다. 재정의는 기존에 형성된 준거 틀에 반하는 정보는 모두 무시하거나 왜곡함으로써 자신의 내적 준거 틀을 유지하는 기제이다. 이와 동시에 대인 관계에서는 공생에 대한 욕구와 현재 유지되고 있는 특정한 공생 관계를 지속하고자 한다.

이러한 이유로 수동성과 관련된 핵심 기제로 '준거 틀과 재정의' '디스카운트' '공생' 등이 꼽힌다(Schiff, 1975). 따라서 수동성을 보다 구체적으로 이해하기 위해서는 이들의 개념과 내용을 살펴볼 필요가 있다. 이를 통해, 일을 하지 않거나, 한다고 해도 비효율적으로 하게 되는 수동성에 대해 이해하고 자율성을 향해 나아갈 방안을 모색하게 될 것이다. 이에 이 장에서는 준거 틀과 재정의, 디스카운트와 디스카운트 매트릭스 등에 대해서 살펴본다.

2 준거 틀과 재정의

1) 준거 틀

준거 틀(frame of reference)은 세상을 바라보는 개인의 독특한 방식을 의미한다. 관련하여 쉬프스(Schiffs, 1975)는 준거 틀을 일종의 '현실 여과기(filter on reality)'로 보았다. 실제로, 사람들은 같은 사물을 바라보아도 각자가 지각한 내용이 다른 경우가 허다하다.

예를 들어, 두 사람이 각각 앞에서 걸어오는 남자를 바라보고 있다고 하자. 칠구는 남자를 키가 보통인 남자로, 구희는 키가 큰 남자로 지각할 수 있다. 키에 대한 준거 틀이 다르기 때문이다. 또한 칠구는 남자를 온화하고 착한 사람으로, 구희는 남자를 엄격하고 무서운 사람으로 지각할 수 있다. 각자의 준거 틀에 따라 남자의 인상이 다르게 보이기 때문이다. 즉, 사람은 외부 자극에 대해 자아상태를 통해 반응하는 것이다. 따라서 준거 틀은 특정한 자극에 대해 반응하는 자아상태를 통합한 일종의 구조(Schiff & Schiff, 1971)로 정의된다. 이로 볼 때, 준거 틀은 세상을 바라보는 '사고체계' '도식' 등과 유사한 개념이라 할 수 있다.

자아상태는 통합된 형태로서 개인의 성격으로 나타난다. 외부 환경과의 상호작용에서 반복적으로 고정되어 나타남으로써 특정한 성격으로 표현되는 것이다. 이 과정에서 준거 틀은 다양한 형태로 관찰될 수 있다. 예를 들어, 부정적인 준거 틀을 가진 사람은 매사를 부정적으로 지각할 것이다. 반면, 긍정적인 준거 틀을 가진 사람은 다양한 상황에서 긍정성과 낙관성을 발휘할 것이다. 이러한 준거 틀의 작동 기제를 좀 더 구체적으로 살펴보면 다음과 같다.

(1) 준거 틀과 자아상태

사람은 각자의 준거 틀에 따라 세상을 바라보고 지각한다. 지각한 세상에 대해 자신의 자아상태에서 반응한다. 앞의 예에서, 앞에서 걸어오는 남자를 바라볼 때 칠구는 지금-여기의 A 자아에서 그 남자의 크기와 인상을 지각하였다. 반면, 구희는 C 자아에 놓여, 어린 시절 경험한 엄격하고 무서웠던 아버지의 기억을 떠올렸다. 칠구와 구희는 내면적으로 서로 다른 자아상태에서 남자를 바라보고, 자신이 선택한 자아상태에서 교류한 것이다. 다시 말해, 개인이 경험에 내용이 어떠한가에 따라 사태를 조망하는 방식이 달라지는 것이다. 따라서 준거 틀을 이해하기 위해서는 어린 시절 C 자아에서 경험한 내용을 살펴볼 것이 제안된다.

(2) P 자아의 역할

준거 틀은 자신과 타인 및 환경에 대한 정의들로 구성된다. 이러한 정의는 일련의 정보와 메시지에 기반한 것으로서 부모자아에 저장된 것이다. 구체적으로는 부모나 부모와 같은 주요 인물들에게서 듣고, 보고, 배우거나 내사(introjectoin)한 내용이 부모자아의 토대, 즉 P_2 혹은 C_2 속의 P1에 저장된다. 이러한 과정에서 옳고 그름, 선과 악, 공정과 불공정 등에 대한 개인의 관점이 형성된다. 따라서 부모자아는 자신과 타인과 세상에 대한 준거 틀의 토대가 됨으로써, 일상에서 접하는 윤리적 딜레마 상황과 같은 특정 상황에서 어떻게 반응할지를 선택할 출처로 작용한다. 이렇듯 P의 영향을 받는 준거 틀의 이해를 돕기 위해 『달과 공주』(박성희, 2005) 이야기를 소개한다.

옛날 어느 나라에 어린 공주님이 살고 있었다. 어느 날 공주는 하늘 높이 금빛을 내며 떠 있는 달을 보고 불현듯이 그 달을 가지고 싶은 마음이 들었다. 그리하여 공주는 부모님께 달을 따다 달라고 보채기 시작했다. 왕과 왕비는 공주에게 달은 따 올 수 없는 것이라고 열심히 타일렀다. 그러나 공주는 들은 체 만 체, 달을 따다 달라고 졸랐다. 공주가 쉽게 물러서지 않자 왕은 유명하다는 학자들을 불러들이고 의원도 불러들이는 등 온갖 노력을 다하였다. 그들은 한결같이 공주에게 달은 따 올 수 없는 것이라고 말하였다.

"공주님, 달은 너무 멀리 있어서 가까이 다가갈 수도 없습니다. 달을 따 온다는 것은 불가능합니다."

“공주님, 달은 너무 커서 가까이 갔다 하더라도 따 올 수는 없습니다.”

“공주님, 달에 대해 너무 많이 생각하셔서 병이 든 것 같습니다. 제발 더 이상 달 생각을 하지 마십시오.”

그러나 공주는 자기의 뜻을 굽히지 않았다. 달을 따라 달라는 요구를 들어주지 않자 드디어 공주는 굶기 시작했다. 왕과 왕비는 하릴없이 타이르고 으르곤 했지만 공주는 서서히 말라 가기 시작했다. 이때 공주와 친하게 지내던 광대가 나타났다. 앞뒤 전후 사정을 잘 알고 있는 광대는 공주를 만나자 몇 가지 질문을 했다.

광대: 공주님, 달은 어떻게 생겼나요.
공주: 달은 둥그렇게 생겼지 뭐.
광대: 그러면 달은 얼마나 큰가요.
공주: 바보, 그것도 몰라? 달은 내 손톱만 하지. 손톱으로 가려지잖아.
광대: 그럼 달은 어떤 색인가요
공주: 달이야 황금빛이 나지.
광대: 알겠어요, 공주님. 제가 가서 달을 따 올 테니 조금만 기다리세요.

공주의 방을 나온 광대는 왕에게 아뢰고 손톱 크기만 한 동그란 황금 구슬을 만들어 공주에게 가져다주었다. 공주는 뛸 듯이 기뻐하였다. 굶으면서까지 그렇게 원하던 ‘달’을 드디어 손에 넣은 것이다. 기뻐하는 공주를 바라보며 광대는 슬그머니 걱정되었다. 달을 따 왔는데 마침 보름인 오늘 밤 달이 뜨면 공주가 뭐라고 할까. 염려가 된 광대가 공주에게 말을 건넸다.

광대: 공주님, 달을 따 왔는데 오늘 밤 달이 뜨면 어떻게 하지요
공주: 이런 바보, 그것을 왜 걱정해. 이를 빼면 새 이가 또 나오지? 그것과 같은 거야. 달은 하나를 빼 오면 또 나오게 되어 있어. 그리고 달이 하나만 있니? 달은 호수에도 떠 있고 물컵에도 떠 있고 세상천지에 가득 차 있어. 하나쯤 떼어 온다고 문제 될 게 없지.

이 예화에서 왕과 왕비는 물론 초청받은 학자나 의원들은 한결같이 공주가 말하는 ‘달’을 으레 자신이 생각하는 ‘달’과 같을 것으로 판단하였다. 아니 공주의 ‘달’이

자기네가 생각하는 '달'과 다를 수 있다는 의심조차 해 보지 않았다(박성희, 2005). 그 이유는 각자의 준거 틀이 다르기 때문이다. 한번 형성된 준거 틀은 견고하여 잘 바뀌지 않는다. 이러한 이유로 우리는 상대방을 공감하는 일이 쉽지 않은 것이다.

2) 준거 틀과 각본

준거 틀은 수없이 많은 정의로 형성된다. 이들 정의 중에는 디스카운트를 수반하는 것도 있고, 그렇지 않은 것도 있다. 각본에 빠지면 디스카운트가 발생한다. 지금-여기에서 문제를 해결할 자신과 타인과 상황을 무시하게 되는 것이다. 즉, 자기 자신과 타인 및 세상에 대한 진부한 정의들을 재연하는 것이다.

예를 들어, 칠구는 어린 시절 부모로부터 "어른들 말하는 데 끼어들지 마."라는 금지명령을 자주 들었다. 대학 졸업 후, 취업 원서를 제출한 회사의 면접시험을 앞두고 있다고 하자. 칠구가 각본을 따른다면 내적으로 "어른들 앞에서 말해서는 안 된다."라는 정의를 재연하기 시작한다. 칠구는 C 자아에서 이 정의에 동의하면서, 자신의 말할 수 있는 능력을 디스카운트한다. 동시에 면접시험에 대한 불안감과 자신에 대한 부적절감으로 정서적 혼란을 경험한다. 따라서 각본이 준거 틀의 일부를 형성하는 것으로 볼 수 있다.

3) 재정의의 특성과 기능

칠구는 실제로 어른들 앞에서 말할 수 있는 능력을 갖추고 있다. 하지만 어른들 앞에서는 말할 수 없다는 과거의 정의를 받아들임으로써, 자신의 각본에 맞도록 현실에 대한 지각을 왜곡한다. 이러한 과정을 '재정의(redefinition)'라고 한다. 자신의 각본, 즉 준거 틀이 위협을 받으면 재정의를 통해 위협에 대응한다. 다시 말해, 현실이 자신의 각본결정과 맞지 않으면 기존의 결정을 지키려고 한다.

칠구는 어린 시절, "어른들 말하는 데 끼어들지 마."라는 부모의 명령을 받아들였다. 부모명령을 어기고 어른들 앞에서 말하다가 몇 차례 혼이 나는 경험을 하면서, 말하지 않는 것이 안전하고 편안한 것임을 확신하게 되었다. 즉, 생존과 욕구충족을 위한 방안으로 "말하지 않겠다."라는 각본결정을 내린 것이다.

칠구가 성장한 뒤에도 각본을 따를 때, 이러한 과거의 생존 전략을 재연하는 것이다. 칠구는 말할 수 있는 자신의 능력을 디스카운트함으로써 현실을 재정의하게 된다. 재정의는 면접시험에 합격해야 하는 현재의 문제해결에 아무런 도움이 되지 않는다. 하지만 자신도 모르게 C 자아에서 면접시험보다 중요한 무의식적 동기를 따르게 된다. 부모에게서 받은 정의에 도전할 때 겪게 될 불안과 두려움을 방어해야만 하기 때문이다. 즉, 어른들 앞에서 말해야 하는 상황이 되면 머리가 하얘지고 무슨 말을 해야 할지 몰라 당황해하면서 심한 불안과 두려움을 경험하였기 때문이다.

4) 교류의 재정의

재정의는 개인의 내면에서 이루어진다. 따라서 외현 행동을 통해 재정의를 알아차리기는 쉽지 않다. 유일한 단서는 디스카운트 현상을 알아차리는 것이다. 디스카운트는 내면에서 발생하는 재정의의 외적 표현이기 때문이다. 모든 형태의 디스카운트는 현실을 왜곡한다. 앞서 살펴본 디스카운트의 언어적 단서와 비언어적 단서는 모두 현실에 대한 지각을 왜곡하는 재정의를 말해 준다. 재정의를 보여 주는 분명한 언어적 증거로 '동문서답 교류(tangential transaction)'와 '차단 교류(blocking transaction)'를 들 수 있다.

(1) 동문서답 교류

동문서답 교류란 자극과 반응이 서로 다른 주제를 다루거나, 같은 주제를 다른 관점에서 설명하는 것을 말한다. 이런 점에서 '무관한 교류'로 번역되기도 한다.

예를 들면 다음과 같다.

치료자: 지금 기분이 어떠세요?

내담자: 지난주 상담에서 제 가족 이야기를 하는 것이 불편했어요.

내담자는 지금 기분이 어떤지를 말하지 않고 지난주의 관점에서 대답하고 있다. 이렇게 동문서답 교류를 하면 대화가 막히고 겉돌게 된다. 또 다른 예를 보자.

치료자: 오늘 상담에서 원하는 것이 무엇인가요?

내담자: 음, 부모님은 제가 부지런한 사람이 되길 원하세요.

이 대화에서 내담자는 자신이 원하는 것이 아니라, 부모님이 원하는 것을 이야기하고 있다. 이러한 동문서답 교류를 시작하는 사람은 자신도 모르게 이러한 교류를 하고 있지만, 실상은 상대방에게 불편감을 유발하고 문제의 본질에 접근하지 못하게 한다. 따라서 심리적 수준에서는 의도적인 것으로 볼 수 있다.

일상적인 대화에서 이러한 동문서답 교류는 비일비재하다. 스트레스 상황에 놓이면 준거 틀이 위협받는 것으로 지각하면서 재정의하려는 경향이 높아진다. 자신에게 위협이 되는 주제에서 벗어나기 위해 상대방의 주의를 다른 곳으로 돌리려는 것이다. 결과적으로 상대방도 본래의 주제에 머물지 못하고 벗어나기 쉽다.

(2) 차단 교류

차단 교류는 문제의 정의에 대해 동의하지 않음으로써 문제 제기의 목적을 회피하는 교류이다. 봉쇄적 교류라고도 한다. 예를 들면 다음과 같다.

상담사: 지금 기분이 어떠세요?

내담자: 기분이라 하시면 저의 감정?, 아니면 몸 상태를 말씀하시는 건

가요?

상담사: 오늘 상담에서 원하는 것이 무엇인가요?

내담자: 제가 단순히 원하는 것인지, 아니면 정말로 얻을 수 있다고 믿는 것을 말씀하는 것인가요?

차단 교류는 오래 지속되지는 않는다. 처음 차단한 뒤에는 문제의 정의에 대해 세세하게 논쟁하기 시작한다. 또는 한 사람이 차단을 시작하면, 상대방은 말문이 막혀 대화가 중단되거나 침묵으로 이어질 것이다. 심리적 수준에서 차단 교류의 목적은 준거 틀에 위협이 되는 문제를 회피하기 위한 것으로 동문서답 교류와 동일하다.

3 디스카운트

디스카운트는 사전적으로 '할인' '배제' '무시'를 의미한다. 교류분석에서는 문제를 해결하는 방법과 능력을 무의식적으로 무시하는 것을 말한다. 문제 상황에서 이를 해결할 수 있는 자신의 능력을 무시하고 다른 선택을 하는 것이다. 결과적으로, 문제 상황에 관련된 가장 적절한 정보나 지식을 거부한다. 여기서 자신의 능력이란 A 자아에서 자율적 · 합리적으로 해결할 수 있는 능력이다. 반면, 다른 선택이란 A 자아가 배제되거나 오염된 채 각본에 따르는 행동을 말한다. 즉, 다른 사람의 실체적인 말과 행동, 감정 등은 무시한 채 자신의 내적 준거 틀에 따라 생각하고, 믿고, 상상한다.

부당하다고 생각되는 대우를 받았을 때, 엉뚱한 대상에게 화를 내거나 자신을 비난하는 행동을 했다면 이성적으로 정당하게 의사 표현할 수 있는 자신의 능력을 디스카운트한 것이다. 디스카운트는 자신의 각본을 따르는 상황, 즉 각본에 빠지는 맥락에서 어김없이 발생하는 현상이다.

강의실에서 TA상담사 2단계 과정을 수강하고 있는 자신의 모습을 떠올려 보자. 친구의 소개로 등록하고 강의를 듣고 있는데, 2단계에 접어들면서 내용을 이해하는 것이 점점 힘들게 느껴진다. 지금은 인생각본에 관해 듣고 있는데, 내용도 생소할뿐더러 이해가 잘 가지 않는다. 그런데 교수님이 자신의 인생각본을 찾아보라고 하면서 순서대로 발표를 시키겠다고 한다. 그 말을 듣는 순간, 나는 각본에 빠져든다. 숨이 턱 막히고 머리가 하얘진다. 나도 모르게 유아기적 행동을 재연한다.

어린 시절에 어떤 말을 하려고 했지만, 어른들이 말하는 데 끼어들지 말라던 어머니의 차가운 얼굴과 그 순간 아무 말도 못 하고 움츠러들었던 감각이 느껴진다. '나에게 발표를 시키면 어떡하지? 각본이 뭔지도 모르는데 우물쭈물하는 내 모습을 다른 사람들이 보면 나를 어떻게 생각할까?' 교수님을 바라보면서 '발표는 도저히 못하겠어요.' 하는 마음으로 가여운 표정을 지은 채 고개를 살며시 좌우로 흔들어 보였다. 하지만 교수님은 이를 외면하는 것 같다. 순간 자신의 각본을 찾는 일은 사라지고 발표에 대한 걱정만 가득한 채 안절부절못하다가 갑자기 밖으로 나가 버렸다.

이 장면에서 나는 지금-여기에서의 현실에 대한 특정 정보를 무시했다. 즉, 할 수 있는 여러 가지 선택을 디스카운트한 것이다. 잘 모르겠으니 발표에서 제외해 달라고 요청하거나, 아무리 생각해도 잘 생각나지 않는다고 가볍게 넘길 수도 있었다. 이렇게 했더라면 능동적으로 문제를 해결할 수 있었을 것이다.

1) 과장

디스카운트는 특정한 현실을 '무시'하기 때문에 필연적으로 상대적인 현실이나 대상을 '과장'하는 현상이 동반된다. 앞의 예에서, 머리가 하얘져서 안절부절못하다가 밖으로 휙 나가 버린 것은, 나에게 있는 이성적인 해결 능력만 디스카운트한 것이 아니다. 교수는 나를 꼼짝 못 하게 할 능력을 소유하고 있는 사람이라고 인

정함으로써 상대방의 능력을 과장한 것이다.

2) 자아상태 오염

디스카운트는 자아상태의 오염 혹은 배제와 밀접한 관련이 있다. 즉, 디스카운트할 때는 A에서 사고한 것으로 생각하지만 실상은 P의 메시지나 C의 각본신념에 따르게 되므로 현실을 잘못 지각한다. P나 C를 A로 오인하는 것, 즉 P나 C 혹은 P와 C 모두가 A를 침범한 상태를 A의 오염이라고 하는데, 이때 디스카운트가 발생한다.

세 가지 자아상태 중 하나 혹은 그 이상을 배제하는 경우에도 디스카운트가 발생한다. 예를 들어, P 자아를 배제하면 중요한 타자(significant others)들로부터 배워 온 규칙, 규범, 관습, 가치 등을 무시하게 된다. C 자아를 배제하면 문제해결에 도움이 될 수 있는 생애 초기부터 습득한 소망, 감정, 통찰력, 창의력을 무시하게 된다. A 자아를 배제하면 지금-여기에서 사고하고 평가하며 느끼고 행동할 능력을 무시하게 된다. 따라서 A 자아의 배제가 가장 심한 디스카운트를 유발한다.

3) 네 가지 수동 행동

디스카운트는 각본에 빠진 채 무의식적으로 수행한다는 점에서 파악하기가 어렵다. 하지만, 상황 맥락 속에서 디스카운트로 추정할 수 있는 대표적인 네 가지 행동이 있다.

(1) 아무것도 하지 않음(doing nothing)

문제를 해결하기 위한 어떠한 행동도 하지 않는 것을 말한다. 문제에 처했을 때, 해결을 시도하지 않고 가만히 있거나 폐쇄의 시간 구조화를 한다. 예를 들어, 윤서는 졸업을 목전에 두고 있지만 앞으로 무엇을 할지 아무런 계획이 없다. 취업을 위한 어떤 노력도 하지 않고 있다. 지도교수가 진로상담을 권해도 관심을 보이지 않는다. 이 학생은 자신이 처한 상황에서 어떤 조처를 할 수 있는 자신의 능력을 디스카운트하였다. 취업과 관련한 적성이나 흥미, 직업 세계에 대해 알아볼 수 있는 자신의 탐색 능력을 디스카운트한 것이다.

(2) 과잉 적응(over adaptation)

자신이 원하는 것을 선택하고 실천할 능력을 디스카운트하는 대신, 타인이 원하는 것을 따르는 행동을 말한다. C 자아에서 상대방이 원하는 것을 먼저 생각하고 실천한다. 그러나 생각을 하지만 C에 의해 오염된 A의 사고이다. 따라서 자신과 상대방이 무엇을 원하는지 제대로 검토하지 않는다.

팀장이 출근하는 모습을 보고 피곤한 상태라고 판단한 신입사원 윤자 씨는 처리해야 할 업무가 많았지만, 팀장에게 커피를 타 드렸다. 하지만 팀장은 사실 윤자 씨에게 어떤 요구도 하지 않았다. 윤자 씨는 매우 바쁜 상황이었지만 상대방이 원한다고 자의적으로 판단한 것을 행동으로 옮긴 것이다. 과잉 적응한 것이다.

과잉 적응은 긍정적 스트로크를 받을 가능성이 크고 좋은 사람으로 비친다. 어떤 행동의 결과로 긍정적 스트로크를 받게 되면 그 행동은 정당화되고 강화된다. 인정의 욕구가 채워지면서 지속해서 과잉 적응을 추구하게 된다. 이런 이유로 네 가지 수동 행동 중에서 가장 탐지하기 어렵다. 과잉 적응하는 사람은 자신이 처한 상황과 능력, 상대방의 구체적인 욕구와 의사를 고려할 수 있는 자신의 능력을 디스카운트하는 것이다.

(3) 심리적 동요 혹은 짜증(agitation)

심리적인 동요 혹은 짜증은 문제해결에 도움이 되지 않는 정서 반응이다. 심리적인 동요는 불안을 바탕으로 흥분, 짜증이나 역정 등으로 나타난다. 이때는 이성적인 사고가 작동하기 어렵다. 이러한 정서 상태에 있는 사람은 다리 떨기 같은 불수의적인 행동, 한숨 쉬기, 얼굴 찡그리기, 물건 두드리기 등과 같은 행동을 보인다. 자신이 처한 불편하거나 불쾌한 상황을 이런 방식을 통해 벗어나고자 하는 것이다.

도서관에서 공부하던 대학생 장수 씨는 맞은편 책상에 앉은 학생 커플의 소곤거리는 소리 때문에 집중할 수 없었다. 짜증이 난 장수 씨는 한숨을 쉬거나 커플 쪽을 노려보는 행동을 반복하였다. 이때, 장수 씨는 문제의 원인 제공자인 커플에게 조용히 해 달라고 정당하게 요구할 수 있다. 아니면 도서관 직원을 통해 간접적인 방식으로 도움을 요청할 수도 있다. 하지만 장수 씨는 이런 방식보다는 짜증을 내는 데 에너지를 쏟음으로써 자신의 문제해결 능력을 디스카운트한 것이다.

(4) 무력화 혹은 폭력(incapacitation or violence)

무력화란 문제를 해결할 수 있는 자신의 능력을 디스카운트하면서, C 자아에서 다른 사람이 문제를 해결해 주기를 바라는 의존적 행동을 말한다.

부모가 싸우는 모습을 본 주은 양은 갑자기 심한 복통 증상을 호소하였다. 주은 양의 건강이 걱정된 부부는 싸움을 멈추고 주은 양을 병원에 데리고 갔지만, 의사는 아무런 이상이 없다고 하였다. 하지만 부부는 주은 양의 복통이 자신들의 갈등 때문이라 생각하고 자책하였다. 주은 양은 부모의 싸움에 대해 자신이 할 수 있는 것이 아무것도 없다는 심한 무력감을 느꼈고, 이어서 복통을 경험하였다. 이러한 신체화 증상은 무력화의 결과로 나타나는 경우가 많다. 주은 양은 무력화를 통해 타인을 조종함으로써 문제를 해결하고자 한 것이다.

반면, 폭력은 주먹이나 물건을 사용하는 물리적 행동을 포함하여 욕설과 같은 언어적 폭력을 통해 문제를 해결하고자 하는 행동이다. 무력화가 자신의 내부를 향하는 것이라면 폭력은 외부를 향한 것이다. 사귀는 여자 친구로부터 이별 통보를 받고 화가 나서 물건을 부수거나 신체적 위해를 가한다면, 이는 폭력 행동이다.

승용차를 운전하던 칠구 씨는 갑자기 끼어든 앞차 때문에 급제동을 하였다. 화가 난 칠구 씨는 앞차를 향해 경적을 울리며 욕설을 퍼부었다. 이때 칠구 씨의 '욕설'은 폭력, 즉 언어폭력에 해당한다. 문제해결에 도움이 되지 않는다. 폭력은 이성적으로 문제를 해결할 수 있는 자신의 능력을 디스카운트하는 것으로서 무력화와 동일한 수동적 행동이다. 무력화와 폭력은 모두 문제를 해결할 수 있는 자신의 능력을 디스카운트하는 것이다.

4) 언어적·비언어적 단서

앞에서 디스카운트로 추정되는 네 가지 수동 행동에 대해 살펴보았다. 디스카운트는 각본에 따른 무의식적이고 습관적 행동이란 점에서 알아차리기가 매우 어렵다. 하지만 언어적이거나 비언어적인 특정한 행동들은 디스카운트를 암시하는 단서들이라는 점에서 주목할 필요가 있다.

(1) 언어적 단서

- 생략: 중요한 단어(주어, 동사, 명사, 형용사 등)나 문장을 생략한 표현

"나는 문제가 있어요."

"(나는) 잘하지 못하겠어요."

"힘들어요."

- 극단적인 표현: "반드시 ~해야 한다." "절대 ~할 수 없다." 등의 비합리적인 표현

"사람들을 믿으면 안 돼요."

"저는 절대 행복하게 살지 못할 거예요."

"아빠를 도저히 이해할 수가 없어요."

• 왜곡(명사화): **통제 가능한 것을 통제 불가능한 것으로 인식하여 왜곡하는 표현**

"사람들은 날 싫어한다."

"나는 사랑받지 못하는 사람이다."

• 일반화(명사, 형용사, 동사): **대상이 불분명하거나 지나치게 포괄적인 표현**

"다들 이런 문제는 가지고 있잖아요."

"언니가 나를 괴롭혀요."

"아이들 때문에 미치겠어요."

"늘 우울해요."

• 과잉 일반화: **경험의 본질과는 다른 비틀어진 인식이 담긴 표현**

"내게 관심 있는 사람이 아무도 없는 것 같아요."

"아무도 믿을 수가 없어요."

이상의 단서를 포함하여 지나치게 상세하거나 장황한 말, 막연하거나 추상적인 말 등은 디스카운트를 내포하고 있는 것으로 본다(Schiff & Schiff, 1971).

(2) 비언어적 단서

언어적 표현과 신체적 표현이 일치하지 않을 때 디스카운트를 의심할 수 있다. 사건이나 사실 혹은 감정이나 생각 등을 감추려고 할 때 관찰될 수 있다. 스튜어트와 조인스(Stewart & Joins, 1987)는 비언어적 단서와 별도로 '실소(失笑)'를 디스카운트의 표시로 제시하였는데, 사실상 실소는 비언어적 표현에 해당하는 것으로 볼 수 있다.

실소는 사전적으로는 헛웃음이나 어처구니없는 웃음이며 '교수대 웃음'으로도 지칭된다. 실소는 불행한 일을 말하면서 웃는 것이다. 따라서 실제 경험과 웃음 간의 불일치가 관찰된다. 예를 들면, "나 정말 한심하지, 하하." "오늘 직장에서 해고되었어요, 흐흐흐."와 같은 표현이다. 실소하거나 교수대 웃음을 지을 때, 그는 자신의 각본신념을 강화하려고 상대방을 비언어적으로 끌어들이고 있는 것이다. 따라서 실소가 관찰되면 "그게 정말 웃겨요?" "웃을 일은 아닌 것 같은데요."라고 반응하는 것이 좋다. 이러한 비언어적 단서의 예를 표로 제시하면 다음과 같다.

언어 표현	신체 표현
"저는 행복해요."	굳은 얼굴로 행복하다고 말함.
"저는 아무 문제없어요."	표정은 어두운데 문제가 없다고 함.
"슬퍼요"	웃거나 미소 짓는 모습으로 슬프다고 말함.

5) 디스카운트 매트릭스

디스카운트 매트릭스는 어떤 사람이 가진 디스카운트의 특성과 강도를 정확하게 지시하게 해 주는 모델로서(Mellor & Sigmund, 1975) 디스카운트의 유형과 수준을 조합해 놓은 것이다. 디스카운트 매트릭스의 구성 요소로 디스카운트의 영역, 유형, 수준의 세 가지가 제시되며, 이들은 각각 세 가지 영역, 세 가지 유형, 네 가지 수준으로 구분된다(Stewart & Joins, 1987). 각각을 구체적으로 살펴보면 다음과 같다.

(1) 디스카운트 영역

디스카운트의 영역에는 다음 세 가지가 있다.

- 자신(self)
- 타인(other)

• 상황(situation)

어떤 문제에 봉착했을 때, 정당한 요구를 하지 못하는 것은 '자신'을 디스카운트하는 것이다. 자신을 부당하게 대우하는 상대방을 비판하고 있다면 '타인'을 디스카운트하는 것이다. 자신을 부당하게 대하는 현장이나 실태를 비판하고 있다면 '상황'을 디스카운트하는 것이다.

(2) 디스카운트 유형

디스카운트의 유형에는 다음 세 가지가 있다.

• 자극(stimulus)
• 문제(problem)
• 선택(option)

'자극'을 디스카운트한다는 것은 어떤 일이 일어나고 있다는 사실 자체를 알아차리지 못하는 것을 의미한다. '문제'를 디스카운트하는 사람은 어떤 일이 일어나고 있는지는 알아차리지만, 그 일이 어떤 문제를 유발할 것인지는 인식하지 못하는 것이다. '선택'을 디스카운트하는 것은 현재 일어나고 있는 일과 이 일이 어떤 문제를 유발할지는 알지만, 그 문제에 대해 취할 수 있는 조치, 즉 선택(권)을 디스카운트하는 것이다.

장수의 친구 영수는 앞에서는 친구라고 하지만, 뒤에서는 장수를 험담하곤 한다. 하지만 장수는 친구 영수가 자신을 험담하고 다닌다는 사실을 알지 못한다. 즉, 험담하는 사실을 알아차리지 못하기에 아무런 불편감을 느끼지 못한다. 이때 장수는 '자극'을 디스카운트한 것으로 볼 수 있다. 그러던 중 장수는 친구가 자신을 험담하고 다닌다는 사실을 알게 되었지만, 자신과는 별 상관없는 일이라고 넘기고 말았다. 이때 장수는 '문제'를 디스카운트한 것이다. 장수는 친구가 자신을 험담하고 다니고 있고, 이로 인해 주위 사람들로부터 부정적인 시선을 받고 있음을 알아차리게 되었다. 하지만 이 문제를 해결할 마땅할 방법이 없다고 생각하고 시간이 지나가기만을 기다리고 있다. 이때 장수는 문제에 대처할 자신의 '선택(권)'을 디스카운트하는 것으로 간주된다.

(3) 디스카운트 수준

디스카운트의 수준에는 다음 네 가지가 있다.

- 존재(existence)
- 중요성(significance)
- 변화 가능성(change possibility)
- 개인적 능력(personal ability)

앞의 예에서 장수는 자신을 험담하는 문제를 해결하기 위해 취할 수 있는 선택(권)의 '존재'를 디스카운트하였다. 친구에게 험담하지 말 것을 요구할 수 있는 가능성과 필요성을 고려하지 않은 것이다.

장수가 '중요성'을 디스카운트했다면, 친구에게 험담하지 말 것을 요구하는 행동을 취할 수는 있지만, 이런 행동이 효과가 있을 것이라는 가능성을 무시한 것이다. '변화가능성'을 디스카운트했다면, 장수는 자신이 취할 수 있는 선택(권)이 있고, 그것이 효과도 있겠지만 그러한 선택(권)을 실행에 옮길 수 있다는 가능성을 무시한 것이다.

'개인적 능력'의 수준에서 디스카운트했다면, 장수는 자신이 취할 수 있는 선택과 그 선택(권)이 가져올 효과를 알고 있다. 그리고 다른 사람들도 이러한 선택(권)을 사용한다는 사실도 알고 있다. 하지만 정작 장수는 자신에게 그럴 능력이 없다고 보는 것이다.

(4) 디스카운트 매트릭스

이상에서 설명한 디스카운트의 유형과 수준을 조합해 놓은 것을 디스카운트 매

트릭스라고 한다. 디스카운트 매트릭스는 가로로 세 가지 유형, 세로로 네 가지 수준을 두어 총 12칸으로 이루어져 있다. 각 칸의 용어는 유형과 수준의 조합을 가리킨다. 그림으로 나타내면 다음과 같다.

유형 / 수준	자극	문제	선택
존재	T1 자극의 존재	T2 문제의 존재	T3 선택의 존재
중요성	T2 자극의 중요성	T3 문제의 중요성	T4 선택의 중요성
변화 가능성	T3 자극의 변화 가능성	T4 문제의 해결 가능성	T5 선택의 실행 가능성
개인의 능력	T4 다르게 행동할 수 있는 개인의 능력	T5 문제를 해결할 수 있는 개인의 능력	T6 선택을 실천할 수 있는 개인의 능력

[그림 9-1] 디스카운트 매트릭스

디스카운트 매트릭스가 의미하는 바를 사례를 들어 살펴보자. 영수는 대화 중에 욕설이 담긴 표현을 많이 한다. 친구인 장수는 영수가 회사 업무 이야기를 하면서 상사를 특정 동물 이름으로 호칭하거나 상스러운 표현을 하는 것을 반복해서 듣고는 마음이 불편해졌다. 이에 장수는 "이보게, 듣기 불편하니 욕은 하지 않았으면 좋겠어." 하고 말했다. 이때 영수가 '자극의 존재'를 디스카운트한다면, "욕은 무슨 욕? 내가 언제 욕을 했다고 그래?"하고 말할 것이다. 이때 욕을 했다는 사실을 부정한다.

'문제의 존재'를 디스카운트한다면, "뭐, 괜찮아, 난 말할 때 그냥 편하게 하는 말이야. 난 욕이라고 생각지 않아." 하고 말할 것이다. 이때 욕을 하고 있다는 것은 인정하지만, 그것이 문제가 될 수 있다는 사실을 부인하고 있다. 이렇게 함으로써 욕을 자주 하는 영수는 '자극의 중요성'까지 디스카운트하고 있는 것이다. 욕을 하는 것이 문제가 될 가능성을 디스카운트하면서, 동시에 욕설이 자신에게 중요성을 띠고 있다는 사실을 디스카운트하고 있는 것이다.

디스카운트 매트릭스를 보면 '문제의 존재'와 '자극의 중요성'이 대각선의 화살표로 연결되어 있다. 화살표의 의미는 하나의 디스카운트가 또 하나의 디스카운트를 수반하고 있음을 나타낸다. 매트릭스의 모든 대각선 화살표가 이런 의미를 담고 있다. 각 칸의 왼쪽 위에 있는 'T' 옆의 숫자는 다른 대각선에 대한 라벨이다. 예를 들어, '문제의 존재'에 대한 디스카운트와 '자극의 중요성'에 대한 디스카운트는 다같이 T2로 서로 연결되어 있음을 나타낸다.

다음으로 T3를 보자. 오른쪽 맨 위의 칸에서 욕을 하는 영수는 '선택의 존재'를 디스카운트한다. 그는 "그래, 맞아 욕을 하면 자네처럼 다른 사람이 듣기에 불편할 수도 있지. 하지만 욕을 해야 시원하고 말이 되는 느낌이어서 어쩔 수 없어." 하고 말할 것이다. 영수는 자신이 욕을 하고 있다는 사실, 욕을 하면 문제가 된다는 사실, 즉 타인이 불편해할 수 있음을 인정한다. 하지만 욕을 중단하기 위해 어떠한 조처를 할 수 있을 가능성을 무시하고 있다. 영수는 이렇게 하는 동시에 욕을 해서 자신이 상스럽고 무서운 사람으로 비칠 수 있음을 염려하고 있음을 알아차리지 못하고 있다. 이와 같이 영수는 '문제의 중요성'을 디스카운트한다. 그리고 욕설을 하지 않기 위한 어떤 조치가 가능하다는 사실을 부정함으로써, '자극의 변화 가능성'까지 디스카운트하고 있다.

디스카운트 매트릭스의 또 다른 특징은 어떤 칸의 디스카운트든 그 아래 칸에서의 디스카운트를 수반하고 있음을 보여 준다. 어떤 사람이 '문제의 존재'를 디스카운트하고 있다고 하자. 그는 문제가 있다는 사실을 알지 못하기 때문에, 문제가 중요하다는 지각까지 할 수 없는 것이다. 그뿐만 아니라, 자신을 포함해 누구도 문제를 해결할 수 있을지 생각하지 못하는 것이다. 이렇게 해서 그는 '문제'와 관련된 세로 칸 전체를 디스카운트하게 된다.

그가 '문제의 존재'를 무시하고 있으므로 문제를 해결하기 위해 취할 수 있는 선택(권)에 대해서도 생각하기가 어렵다. '선택(권)의 존재'를 알아차리지 못하면, 그 아래의 세로 칸 전체를 디스카운트하게 되는 것이다. 더불어 '문제의 존재'에 대한 디스카운트는 대각선 화살표가 가리키는 '자극의 중요성'까지 디스카운트하는 것으로 이어진다. 따라서 '자극' 칸 아래에 있는 '자극의 중요성' 밑의 두 칸도 디스카운트하게 된다.

고등학교 교사인 미자 씨는 수업을 마무리하면서 학생들이 수업 내용을 얼마나 이해했는지 확인하기 위해 질문을 했다. 하지만 질문에 제대로 답변하는 학생이 없었다. 수업을 마친 교사는 "학생들이 학습 동기가 낮은 건가? 아니면 학생들이 수업 시간에 다른 공부를 하고 있는 건가?" 하는 생각으로 고민에 빠져들었다. 이때 교사는 학생들의 낮은 학습 동기와 다른 과목 공부를 원인으로 지목함으로써, 디스카운트 모델의 T5 또는 T6의 대각선에서 '타인'의 영역을 디스카운트한 것이다.

하지만 실상은 교사의 말이 너무 느리고 설명 위주의 수업이 이루어지면서 학생들이 수업에 흥미를 잃고 졸거나 딴짓을 한 것이라면 디스카운트는 대각선 T2에 있었던 것으로 볼 수 있다. 따라서 문제를 해결하기 위해서는 학생들의 관심과 참여를 유도하도록 교사의 언어 구사력과 효과적인 수업 기술을 개발하는 노력이 필요하다.

디스카운트가 발생하면 문제를 해결하기가 어렵다. 하지만 디스카운트는 우리의 삶 속에서 부지불식간에 일상적으로 발생한다. 디스카운트가 발생하는 근본적인 원인은 각본에 있다. 초기결정을 통해 형성된 인생각본을 유지하는 과정에서 디스카운트가 발생한다. 하지만 때로는 잘못된 정보를 받아들여 디스카운트할 수도 있다는 사실을 기억하고 이를 알아차리는 노력을 해야 한다. 모든 문제가 반드시 각본의 형성과 유지 욕구와 같은 개인의 심리적 역동에 의해서만 발생하지는 않기 때문이다. 우리가 받아들이는 정보의 내용이 어떤 것인가에 따라서 디스카운트는 언제든 발생할 수 있다.

실습

1. 네 가지 수동 행동 중에서 나에게서 관찰되는 행동이 있다면 무엇인가?

2. 상대방의 표정, 행동, 대화를 관찰하거나 회상해 보자. 상대방에게서 탐지되는 디스카운트의 언어적 단서와 비언어적 단서는 무엇인가?

3. 내가 해결하지 못했던 문제 상황을 떠올려 보고 디스카운트의 유형과 수준에 대해 생각해 보자. 나의 디스카운트는 어떤 유형과 수준에 있는가?

4. 나는 현실의 어떤 부분을 디스카운트해 왔는가?

5. 나의 디스카운트 상황을 떠올려 보고 디스카운트가 시작된 지점에서 디스카운트를 포기하고 현실을 충분히 지각해 보자. 어떤 생각, 감정, 행동이 떠오르는가? 결과는 어떻게 달라질 것 같은가?

6. 세 사람이 한 조가 되어 각각 내담자, 상담사, 관찰자 역할을 맡는다. 내담자는 자신이 원하는 주제를 정하여 상담사와 약 5분간 대화한다. 관찰자는 시간을 재며 관찰한다. 여기서 내담자는 상담사의 말에 동문서답 교류로 응답한다. 상담사가 새로운 주제로 질문해도 내담자는 동문서답 교류를 지속한다. 5분간의 상담이 종료되면 각자 소감을 나누어 본다.

7. 상담사와 내담자의 역할을 바꾼다. 이번에는 내담자가 동문서답 교류를 해도 상담사는 내담자를 따라가지 않고 원래의 주제에 초점을 맞춘다. 5분 상담을 종료할 때까지 이러한 역할을 지속한다.

8. 이번에는 동문서답 교류 대신 차단 교류를 연습한다. 앞의 방식과 동일하게 진행한다. 이후, 차단 교류와 동문서답 교류의 차이에 관하여 토론한다.

제10장 공생

1 공생의 이해

공생(symbiosis)의 사전적 의미는 서로 도우며 함께 사는 것이다. 예를 들면, 악어와 악어새, 충매화와 곤충, 콩과 식물과 뿌리혹박테리아 등은 종류가 다른 생물이지만 같은 곳에서 살며 서로에게 이익을 주면서 함께 산다. 이러한 공생 관계는 사람 간의 관계에서도 다양한 형태로 발생하고 관찰된다.

교류분석에서는 공생을 '둘 또는 그 이상의 개인이 마치 한 사람인 것처럼 행동할 때 발생하는 것'(Schiffs, 1975)으로 정의한다. 각 개인이 독립적이고 자율적인 기능을 하지 못하는 상태라는 점에서, 공생 관계에 놓인 사람은 자신의 세 가지 자아상태를 모두 활용하지 못하는 것으로 본다. 공생 관계에 놓이는 순간, 특정 자아상태가 의식적 혹은 무의식적으로 배제되기 때문이다.

예를 들어, 어떤 사람이 P 자아와 A 자아를 사용하고 C 자아를 배제한 상태에서 상호 관계 속에 있는 다른 사람이 C 자아를 사용하되 나머지 두 자아상태는 배제하고 교류하게 된다면, 두 사람은 세 자아상태만 사용하게 되는 공생 관계에 놓이게 되는 것이다.

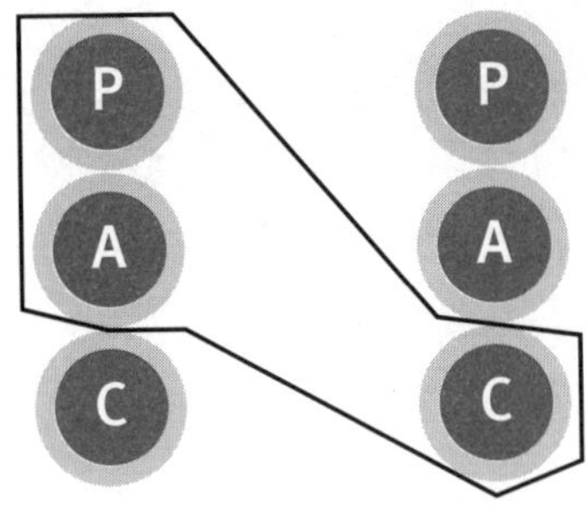

[그림 10-1] 공생

아내가 부동산 매매에 관한 중요 결정을 행사하고 남편은 아내의 결정에 동의하고 따르는 것에 익숙한 부부가 있다고 하자. 이때 아내가 P와 A 자아를 사용하는 주도적이고 분석적인 성격을 보이고 남편은 C 자아를 주로 사용하며 의존적인 특징을 보인다면, 이 부부는 공생 관계에 있는 것이다. 이들 부부 사이에는 세 개의 자아상태가 작동되고 있다.

대학원에서 교수가 학생의 논문 지도를 시작하면서 주제를 정하기 위해 학생의 관심사와 원하는 주제에 관해 질문했지만, 학생은 난감한 표정으로 어떤 주제로 논문을 써야 할지 도저히 모르겠다며 머리를 긁적이고 있다. 마음이 답답해진 지도교수가 학생의 논문 주제를 대신 정해 주고, 학생이 이를 받아들이면서 교수와 학생의 공생은 시작된다. 학생은 자신의 관심 주제를 생각할 능력을 부정하고 교수가 제안하는 주제를 받아들임으로써 자신의 A 자아와 P 자아를 디스카운트한 것이다.

교수는 학생이 고민하면서 결정해야 할 논문 주제를 대신 정해줌으로써, A와 P 자아의 상호보완적인 역할을 맡은 동시에 자신의 C 자아를 디스카운트하였다. 교수가 자신의 C 자아에 놓여 있었다면, 학생과의 교류에서 불편함을 느꼈을 것이다. 하지만, 교수는 불편한 감정을 느끼는 C 자아를 배제하고 자신에게 친숙한 A 자아와 P 자아의 공생적 역할을 맡음으로써 부정적인 감정을 해결하였다. 동시에 학생도 자신에게 익숙한 C 자아 역할에 머무름으로써 편안함을 누릴 수 있게

되었다.

공생 관계가 형성되면 편안하지만 특정한 자아상태를 배제 시켜야 하는 대가를 치러야 한다. 공생 관계에서는 서로를 필요로 하지만 안정성을 얻는 대신 각자의 특정 자아상태를 디스카운트한다. 그렇게 시간이 지나가면서 디스카운트한 것에 대해 분노가 쌓이게 되고, 이는 친밀한 관계를 어렵게 하는 원인으로 작용한다.

이상에서 살펴본 것처럼, 특정한 역기능적인 공생 관계에는 이를 견고하게 유지하는 신념 체계가 작동한다. 그리고 이 과정에서 디스카운트의 결과물인 과장과 왜곡이 발생한다. 좀 더 구체적으로는 역기능적 공생 관계를 지탱하는 내적 과정과 외적 현상이 동반된다.

이와 관련하여 쿠벤호벤(Kouwenhoven, 1983)은 내적 과정으로 디스카운팅과 정당화 및 사고 혼란을 언급하였다. 디스카운팅은 문제 자체를 무시하거나 선택권이 있음을 부정하는 것이다. 정당화는 과장(exaggeration) 혹은 미화(grandiosity)를, 사고 혼란(thought disturbance)은 과잉 일반화 혹은 과잉 세부화(over-detailing)로 인한 사고 장애를 의미한다.

동시에 쿠벤호벤(Kouwenhoven, 1983)이 제시한 역기능적 공생 관계를 유지하는 외적 현상은 두 종류의 관계, 두 종류의 교류, 네 가지 수동적 행동 및 세 가지 역할이다. 두 종류의 관계로는 보충적(complementary) 관계와 경쟁적(competitive) 관계를, 두 종류의 교류로는 무관한(tangential) 교류와 차단(blocking) 교류를 제시하였다. 또한 네 가지 수동 행동으로는 아무것도 하지 않음(doing nothing), 과잉 적응(over adaptation), 동요(agitation), 폭력(violence) 혹은 무력화(incapacitation)를, 세 가지 역할로는 구원자(rescuer)와 박해자(persecutor) 및 희생자(victim)를 제시하였다. 이러한 분류는 공생 관계가 디스카운트를 포함한 정당화와 사고 혼란 같은 내적 과정과 밀접한 관련이 있음을 통합적으로 보여 준다.

나아가 보충적이고 경쟁적인 역기능적인 대인 관계, 무관한 교류와 차단 교류로 설명되는 역기능적인 교류, 아무것도 하지 않거나 과잉 적응, 초조해하고 폭력적인 행동을 하는 네 종류의 수동적 행동, 구원자와 박해자 및 희생자라는 세 가지 역할 등의 외적 현상을 제시함으로써 개별적인 개념이나 현상들이 공생 관계의 틀에서 유기적으로 연결되어 있음을 확인해 주고 있다. 이러한 쿠벤호벤(Kouwenhoven, 1983)의 주장을 표로 제시하면 다음과 같다.

<표 10-1> 역기능적 공생 관계를 유지하는 내적 과정과 외적 현상

<table>
<tr><td>내적 과정</td><td colspan="2">• 디스카운팅: 자극이나 문제 혹은 선택권을 무시함.
• 정당화: 과장 혹은 미화
• 사고 혼란: 과잉 일반화 혹은 과잉 세부화</td></tr>
<tr><td rowspan="4">외적 현상</td><td>두 종류의 관계</td><td>보충적 관계
경쟁적 관계</td></tr>
<tr><td>두 종류의 교류</td><td>무관한 교류
차단 교류</td></tr>
<tr><td>네 가지 수동 행동</td><td>아무것도 하지 않음
과잉 적응
동요(초조)
폭력</td></tr>
<tr><td>세 가지 역할</td><td>구원자
박해자
희생자</td></tr>
</table>

이상에서 살펴본 것처럼 공생은 심리적으로 부정적으로 인식되기 쉽지만 모든 공생 관계가 부정적인 것은 아니다. 공생 관계가 긍정적인 경우도 있다.

갓 태어난 신생아에게는 절대적인 공생 관계가 요구된다. 양육자의 일방적인 돌봄과 양육이 없이는 생존이 힘들기 때문이다. 질병으로 수술을 받고 치료를 받는 환자에게도 공생 관계가 필요하다. 간호사, 보호자, 간병인 등의 돌봄이 필요하다. 몸이 아픈 환자에게 A와 P 자아는 별로 도움이 되지 않는다. 지금 환자가 할 수 있는 일은 C 자아로 돌아가 고통을 느끼며 돌봄을 받는 것이다. 간호사나 간병인은 보호와 돌봄을 통해 환자의 현재 문제에 대처한다. 즉, 건강한 공생

(healthy symbosis) 관계(Schiffs, 1977)가 이루어지는 것이다. 달리 표현하면 '정상적 의존'(Woollams & Brown, 1978)인 것이다. 하지만 이러한 건강한 공생 관계는 일부 특수한 경우로 제한된다.

건강한 공생과 건강하지 않은 공생을 구별하는 방법은 디스카운트의 수반 여부이다. 즉, 디스카운트를 수반하는 관계는 건강하지 않은 공생으로 판단할 수 있다. 앞서 예로 제시한 부부와 교수-학생 관계는 두 사람 간에 마치 세 자아상태만 있는 것처럼 행동함으로써 각자 현실을 디스카운트하였다는 점에서 건강하지 않은 공생이다.

반면, 신생아나 환자를 돌보는 사람들은 A와 P 자아를 제공하면서도 자신의 C 자아를 디스카운트하지 않고 있다는 점에서 건강한 공생이다. 따라서 건강하지 못한 공생을 피하기 위해서는 아이를 양육하는 부모나 환자를 돌보는 간호사와 간병인 등은 자신의 C 자아에서의 욕구를 의식하고 그것을 충족시킬 방법을 찾아야 한다.

2 공생과 각본

공생 관계에 있는 사람은 자신의 욕구를 충족시키기 위해 과거의 전략을 사용하게 되는데, 어린 시절에는 최상의 전략이었겠지만 어른이 된 지금-여기에서는 적절하지 않은 것이다. 공생 관계가 이루어지면 욕구를 충족하지 못했던 어린 시절의 상황을 부지불식간에 재연하게 된다. 즉, 과거의 부모나 부모와 같은 권위적 인물과 형성했던 관계를 다시 형성하여, 충족시키지 못했던 욕구를 충족하기 위해 타인을 조종하려고 했던 시도를 지금-여기에서 재연한다.

이는 각본행동과 동일하다. 각본을 따를 때 무의식적으로 재연하게 되는 동일한 심리적 기제가 공생 관계에서도 작동되는 것이다. 따라서 어떤 공생이든 어린 시절에 충족하지 못한 발달적 욕구를 충족시키려는 시도라고 볼 수 있다. 성인이

된 후에도 이러한 공생 관계가 나타나는 이유는 자신의 욕구를 온전히 충족하지 못한 채 발달 과정을 거쳤기 때문이다. 결과적으로, 대인 관계에서 상대방을 자신과의 공생으로 초대하는 무의적적 역동이 지속해서 발생하게 되는 것이다.

다시 말해, 공생으로의 초대(symbiotic invitation)가 대인 관계에서 수시로 발생한다. 관계가 이루어지는 상황에서 각자 자신이 원하는 역할이 무엇인지 상대에게 신호를 보낸다. 이는 보통 비언어적으로 전달되며 네 가지의 수동 행동 중에서 하나 혹은 그 이상의 행동으로 나타난다.

앞서 든 지도교수와 학생의 사례에서 학생은 난감한 표정으로 머리를 긁적임으로써 공생으로 초대하고 있다. '교수님께서 제가 쓸 수 있는 논문 주제를 가르쳐 주세요.'라는 숨은 메시지를 전달하고 있다. 학생은 C 자아의 역할을 맡고, 지도교수는 P와 A 자아의 역할을 맡는 공생으로 초대된 것이다. 지도교수는 '맞아, 네가 혼자 힘으로 주제를 정하는 것은 어렵지, 내가 너를 위해 생각해 주기를 원하니, 내가 어떤 주제로 논문을 써야 할지 알려 주겠어.'라고 심리적 수준에서 동의한다. 이렇게 함으로써 교수는 학생의 초대를 받아들인 것이다.

때로는 직접 말을 함으로써 공생으로 초대하는 때도 있다. 이 경우, 자신이 원하는 것을 해 주도록 타인을 조종하는 방식으로 진행된다. 따라서 알아차리기 어렵다. 예를 들어, 집단상담에 참여하던 한 구성원이 우울한 표정으로 허공을 응시하며 "누군가가 저를 안아 주었으면 좋겠어요." 하고 말한다. 이때 참여자들은 그에게 다가가 위로의 마음을 담아 안아 주고 싶은 마음이 들 것이다. 만일 누군가가 그렇게 한다면 공생으로의 초대를 받아들이게 되는 것이다. 여기에서 공생하지 않는 방식의 표현은 특정 집단원에게 다가가 "저를 잠깐만 따뜻하게 안아 줄 수 있겠어요?"라고 직접 요청하는 것이다.

이와 같은 공생 관계는 부모로부터 적절한 분리를 거쳐 심리적 독립을 이루는 건강한 양육을 경험하는 사람의 대인 관계에서는 찾아보기 어려운 현상이다. 즉, 이들은 건강하지 않은 공생 관계에 쉽게 빠져들지 않는다. 자녀의 생존에 필연적으로 요구되었던 생애 초기의 강렬한 부모-자녀 간의 공생 관계는 이상적인 양육

과정을 거치면서 해소되기 때문이다. 결과적으로, 성인이 되면서 부모와 자녀는 각자의 의지에 따라 독립적이면서도 건강한 관계를 유지하게 된다.

3 공생 위치의 선택

공생이 어린 시절의 상황을 재연하는 것이라면 공생 관계에서 C 자아의 역할을 맡게 되는 이유는 자연스럽게 이해된다. 그렇다면 사람들이 P 자아의 역할을 선택하는 이유는 무엇인가?

공생 관계에서 P 자아의 역할을 맡게 되는 이유는 부모가 제대로 된 양육을 제공하지 않는 환경에서 자녀가 스스로 부모 역할을 맡는 결정을 했기 때문이다. 이른바, 초기결정이 이루어지는 것이다.

예를 들어, 부부 관계에서 갈등을 겪고 있는 어머니는 자기 아들에게 불쌍한 엄마를 지켜 달라는 신호를 보낸다. "네가 있어야 엄마는 살 수 있어." "힘든 엄마를 지켜줘." "네가 아니면 엄마는 벌써 이혼했을 거야."라는 식의 표현을 함으로써 엄마의 감정에 대한 책임을 부여한다.

이런 상황에서 아들은 엄마를 지키고 돌보는 것이 자신의 사명이라고 결정했을 수 있다. 즉, 아들은 어릴 때부터 부모 역할을 맡으면서 부모화(parentifcation)되는 것이다. 결과적으로, 어머니가 C 자아에서 아들과의 사이에 분명한 경계를 설정하지 못함으로써 아들은 성인이 된 후에도 공생 관계에서 부모 역할을 재연하게 된다.

한편, 부모로부터 폭력이나 학대를 당하는 것으로 인식하는 아동이 'I'm OK, You're not OK' 인생 태도를 형성하기도 한다. 이때 아동은 부모가 부모 자리에서 내려오길 바라면서 그러한 상상을 한다. 부모를 끌어내리고 자신이 그 자리에 올라감으로써 부모의 역할을 조기에 떠맡는 것이다. 성인이 된 아동은 공생 관계에서 이를 재연한다.

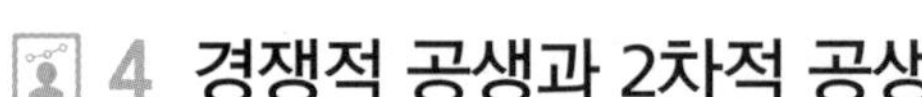

4 경쟁적 공생과 2차적 공생

1) 경쟁적 공생

두 사람 혹은 그 이상의 여러 사람이 만날 때, 서로가 동일한 공생적 역할을 하려고 한다면 어떤 일이 벌어질까? 흔한 예로, 식당에서 서로 음식값을 내려고 씨름하는 경우를 보자. 서로 자기의 카드를 내밀며 이걸로 결재해 달라고 내세운다. 각자 P 자아의 역할을 하려는 것이다. 이들은 '경쟁적 공생(competitive symbiosis)' 관계에 놓여 있다. 서로 P의 위치를 차지하려고 하기 때문이다.

경쟁적 공생 방식의 교류는 보통 짧은 시간 안에 끝난다. 두 사람 중 한 사람이 양보하거나 마지못해 포기하는 척함으로써 상대가 원하는 공생에서의 위치를 양보하는 것이다. 이때 뒤로 물러서는 사람은 공생 관계에서 보완적 자세를 취하게 된다.

예를 들어, 서로 음식값을 내려고 씨름하다가 한 사람이 "좋아, 이번에는 내가 져 준다." 하고 마지못해 뒤로 물러선다. 그러면 C 자아의 위치에 놓여서 상대방이 '돌보도록' 허용하는 것이다.

2) 2차적 공생

공생 관계가 2차 구조 모형 속에서 이루어지는 경우가 있다. 이런 현상을 고려하여 앞서 살펴본 일반적인 공생 관계를 1차적 공생으로, C 자아 속의 2차 구조 모형에서 발생하는 공생을 2차적 공생(second-order symbiosis)으로 지칭한다.

이런 부부가 있다. 남편은 강인하고 결단력 있는 성격의 소유자로, 중요한 결정을 내리면 아내는 따르기만 하면 된다. 사업을 하면서 아내에게 매월 생활비를 지급한다. 아내는 남편의 행복을 인생 과업으로 여긴다. 남편의 결정대로 사는 것이 만족스럽다. 어려운 일을 당하면 눈물을 자주 보이고 안절부절못하면서 남편이

해결해 주기를 기다린다. 부부는 30년째 결혼을 유지하며 잘 살고 있다. 이들 부부가 안정적인 관계를 유지하는 것은 공생 관계에 있기 때문이다.

부부 관계에서 남편은 C 자아만 사용하는 아내에게 P와 A 자아를 사용하고 있다. 즉, 아내가 C 자아 역할을 맡고 남편은 P와 A 자아 역할을 맡고 있다. 남편은 집안 문제를 혼자서 결정하고 해결하고, 아내는 남편의 결정을 따른다. 여기까지는 1차적 공생에서 일어나는 일이다. 남편은 "내가 제대로 살려면 모든 책임을 지고 다른 사람을 통제해야 한다."라는 초기결정을 재연하고 있다. 아내는 "다른 사람을 기쁘게 하고, 생각하지 말라."라는 초기결정을 재연하고 있다. 따라서 1차적 공생은 이러한 각본결정을 따르기 위한 전략적 동반자 관계라 할 수 있다.

하지만 남편은 이면에 다른 욕구를 지니고 있다. 책임과 통제의 욕구보다 더 깊이 내재한 욕구로서 발달적으로 앞서 있는 신체적 스트로크와 위로의 욕구이다. 남편의 C 속의 C, 즉 C1에 내재한 내용이다.

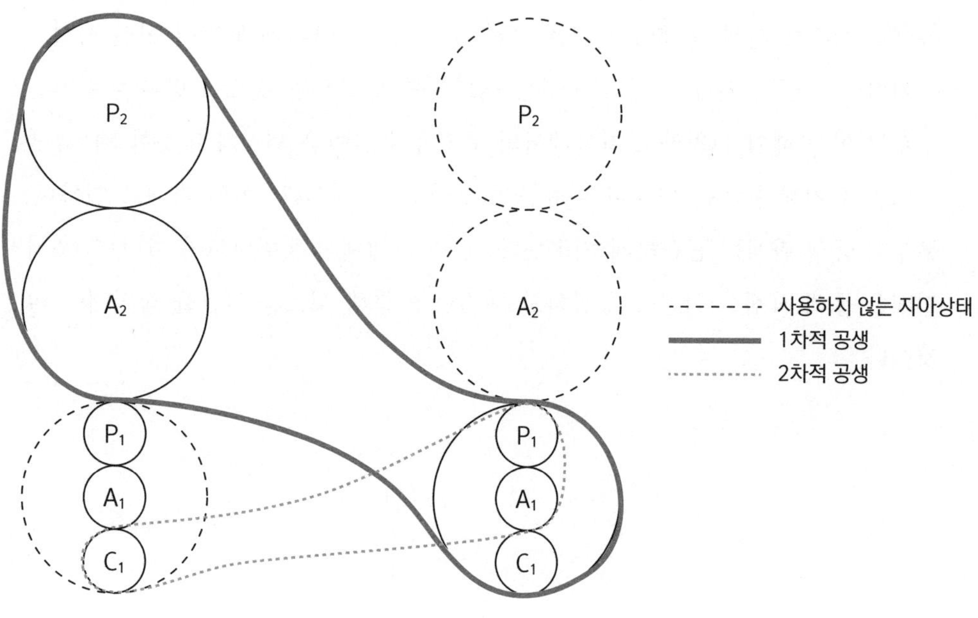

[그림 10-2] 2차적 공생

남편은 각본을 결정할 때, 초기의 C 자아의 욕구를 폐쇄하였기 때문에, 어린 시절의 욕구를 충족시키기 위해서 2차 공생 관계에서 보완적 역할을 할 수 있는 여성을 동반자로 선택한 것이다.

한편, 아내의 어머니도 스트로크를 잘 주지 않는 강하고 말수가 적은 남편과 결혼했다. 아내의 어린 시절, 그녀의 아버지는 늘 많은 일로 바빴고 잦은 외박과 음주를 일삼았다. 이런 상황에서 어머니의 스트로크와 돌봄의 욕구를 충족해 줄 사람이 없었다. 이에 아내는 어린 시절 이러한 어머니의 욕구를 예리하게 알아차리고, 자신이 어머니를 돌보기로 결정하였다. 아내는 제대로 발달하지 못한 P와 A, 즉 P1과 A1을 사용함으로써 어머니를 돌보는 보호자가 되었다. 성인이 되어 결혼한 후, 남편과의 공생 관계에서 이러한 역할을 재연하고 있다.

이 같은 공생 관계는 잘 깨지지 않는다. 아내가 공생에서 벗어나려고 하면 남편의 신체적 어린이는 치명적인 공포를 경험할 수 있다. 남편에게 자신의 C 자아에서 스트로크를 줄 자원을 잃는 것은 죽음과도 같다. 스트로크는 어린 시절의 C 자아에서 생존에 관한 문제이기 때문이다. 마찬가지로 아내에게 있어 어린 시절의 C 자아에서 공생 관계가 깨지는 것은 어머니를 상실하는 것으로 받아들여진다. 부부는 어릴 때의 이러한 C 자아에서의 두려움과 불안을 의식하지 못한 채, 공생 관계를 유지해야 하는 타당한 이유를 찾으려고 할 것이다. 이런 기제로 인하여, 부부의 공생 관계는 끈끈하게 지속된다. 공생 관계에서 벗어나고자 한다면, 초기 결정을 통해 작성한 각본을 통찰하고 재결단을 통해 새로운 각본을 작성해야 할 것이다.

실습

1. 공생 관계에서 예로 들은 부부의 1차 및 2차 공생 관계를 그림으로 그려 보자.

2. 남편의 주요 금지명령과 부모명령이 어떤 것일지 말해 보자.

3. 아내의 주요 금지명령과 부모명령은 어떤 것일지 말해 보자.

제11장 TA 성격 프로파일 분석 워크숍

TA 성격 프로파일(자아상태 · 인생태도 검사 프로파일) 분석 워크숍(workshop)의 목적은, 첫째, TA 성격 프로파일 분석사가 '자아상태'와 '인생태도' 검사의 올바른 실시와 분석을 할 수 있도록 돕는 데 있다. 둘째, 향후 교류분석상담사가 되어 초기상담 시 두 심리검사 결과를 올바로 분석하여 성공적인 상담 과정에 활용할 수 있는 기초역량을 배양하는 데 있다.

우리가 만나는 대부분의 내담자는 어린 시절 자기도 모르게 결정해 버린 '인생태도'로 인해 '행복한 삶'을 영위하고 있지 못한다. 또한 그들은 어린 시절 주양육자와의 경험을 통해 부모로부터 빌려 왔거나 가르침을 받은 자아상태(Ego state)로 살면서, 동시에 어린 시절 반응했던 양식과 감정으로 대응하여 지금-여기(Here & Now)의 삶을 살지 못하고 있다. 교류분석상담사가 TA 이론과 더불어 '자아상태'와 '인생태도' 검사의 정확하고 풍부한 해석과 이를 제대로 활용할 수 있는 역량(potency)을 배양한다면 전문적 상담에 매우 도움이 될 것이다.

1 TA 성격 프로파일의 개념과 역사

TA 성격 프로파일은 한국교류분석상담학회가 2013년 7월 1일부터 2014년 10월 30일까지 4차에 걸쳐 KTACA형 자아상태 및 인생태도 평정척도 개발 및 타당성 검증을 거쳐 나온 자아상태(Ego State)와 인생태도(life Position) 검사지(Checklist)

각각의 점수를 점선 그래프화해 놓은 것을 말한다(윤영진 외). 먼저, 이고그램과 오케이그램의 개념과 역사를 살펴보고자 한다.

1) 이고그램의 개념과 역사

(1) 한국 이고그램의 진화 과정

① 이고그램의 정의

이고그램(egogram)이란 "각자의 퍼스널리티 각 부분끼리의 관계와 외부에 방출하고 있는 심적 에너지(psychological energy)의 양(量)을 막대그래프 혹은 꺾은선 그래프로 나타낸 것이다"(우재현, 2006). 사람마다 각기 독특한 프로파일이 있는 것을 이해할 수 있다. 이고그램은 막대그래프의 경우는 자아상태 학습을 통하여 직관에 입각하여 그리며(John, M. Dusay, 1977), 꺾은선 그래프로 나타낼 경우는 주로 객관적 문항 검사를 통하여 그리게 된다.

② 이고그램의 발달

이고그램은 TA 이론 중에서 구조 · 기능 분석에 속하며 번의 수제자인 두제이(J, Dusay)가 고안한 것이다. 즉, 자아상태를 기능적으로 파악하고 다섯 가지 자아상태 사이에 흐르고 있는 심적 에너지 상황을 그래프화하여 시각적으로 파악한 것으로, 이것을 이고그램이라고 명명하였다. 두제이는 번의 세미나에 초기부터 참가하여 여러 개념들 중에서 이고그램을 발전시켰고, 1973년에 그 공적이 인정되어 에릭번추모과학상(Eric Berne Memorial Scientific Award)을 수상했다. 두제이가 창안한 이고그램은 직관적인 판단을 토대로 이를 막대그래프로 그려서 자아상태의 에너지 배분을 알고 자신의 성격 기능에 대한 깨달음이나 진단에 도움을 주고자 하였다. 그리고 성격 중에서 변화시키고 싶은 것, 새롭게 개발하고 싶은 부분을 검토하고 파악하여 자기개발에 활용하였으나, 이 방법은 너무 직관적이기 때문에 객관성을 담보하는 데는 한계가 있었다. 그 후 미국에서는 보다 객관적인

이고그램 작성법이 시도되었다. 특히 헤이어(Robert Heyer, 1977)는 질문지법 이고그램 개발에 정열을 기울여 1979년에 완성시켰고, 이후 20여 년간 추적 조사를 시행하였다(우재현, 2006, 재인용).

동양권에서는 직관적인 방법보다는 체크리스트를 활용하여 자아상태나 인생태도를 측정하고자 하였다. 우리나라에서는 일본의 스기다(杉田, 1964), 이시이(石井, 1977) 그리고 뒤에 도쿄대학의 TEG 등 논리적으로 객관성이 높은 질문지법을 개발한 것이 일본교류분석협회를 통해 유입되어 사용되어 오다가, 이후 1990년 들어 우재현 등이 중심이 되어 사단법인 한국교류분석협회가 한국인의 실정에 맞는 이고그램 검사지를 개발하여 국내에 소개하였고 산업계에서는 많은 강사가 이 질문지법을 사용하였다(우재현, 2006). 이 검사지는 3등간 척도(높음, 보통, 낮음)로 구분하여 개발, 소개되었고 산업현장과 기업 근로자를 대상으로 활발히 사용되었으나, 하위 요인들 간의 안정적인 구성적 개념을 확보하고 있지 못하다는 지적(박원모, 2008)과 함께 신뢰도 타당도를 제시하지 못하였다. 이후 청소년을 대상으로 하여 박원모(2008)가 「중 · 고등학생 이고그램 검사 개발 및 타당화」 연구를 하였고, 성인용 척도 개발 타당화 연구는 김종호(2009)의 「교류분석 이론에 근거한 이고그램 척도 개발 연구」를 통해서 나온 이고그램 검사지가 있다.

2) 오케이그램의 개념과 역사

(1) 오케이그램(OK Gram)의 이해

기본적 인생태도(basic life position)는 개인이 기본적으로 자신이나 타인을 어떻게 보고 있는가, 어떻게 느끼고 있는가 등 개인의 자타(自他)에 대한 입장이나 태도를 의미한다. 나도 OK이고 너도 OK이다(I'm OK, You're OK), 나는 OK이고 너도 OK가 아니다(I'm OK, You're not OK), 나는 OK가 아니고 너는 OK이다(I'm not OK, You're OK), 나도 OK가 아니고 너도 OK가 아니다(I'm not OK, You're not OK)라는 네 가지의 기본적 인생태도 검사지를 실시하여 이것을 그래프로 나타낸 것이 OK

그램(OK gram)이다(우재현, 2006).

우재현(2006)은 교류분석에 기초를 두고 기본적인 인생태도를 중시하여 마음의 작용을 이해하기 위한 방법을 소개하며 이를 타오크(TAOK)로 불렀는데, 이는 TA(Transactional Analysis: 교류분석)와 OK 태도(OK position)를 합친 약자이다. 타오크에서 TA는 이고그램(Egogram) 부분을 의미하며, 마음의 작용을 CP(통제적 부모), NP(양육적 부모), A(어른), FC(자유로운 어린이), AC(순응하는 어린이)의 다섯 가지로 나누어 각각을 수치로 산출한 후 그래프로 나타내도록 연구된 것이다. 즉, 이 이고그램과 OK그램을 합친 전체를 '이고OK그램'이라 하였고, 이를 줄여 타오크로 명명하였다.

한편, 우재현 교수가 언급한 타오크에서 인생태도 점검표(KTAA식) 검사지(5등간, 40문항)는 신뢰도와 타당도를 제시하지 못하고 있고, 1989년에 소개된 것으로 시대적 변화를 담보하지 못하고 있는 점을 감안하여 한국교류분석상담학회에서 2014년에 전국 성인 남녀 4,604명을 대상으로 신뢰도와 타당도를 구하여 제작한 인생태도 체크리스트를 사용하고 있다. 그리하여 자아상태 검사지와 인생태도 검사지 점수를 하나의 그래프에 그려넣어 그 특성을 설명하고 있고, 이를 KTACA 자아상태+인생태도 검사 프로파일로 명명하고 있다(운영진 외, 2014).

2 TA 성격 프로파일 검사 실시

1) 프로파일 검사 실시 오리엔테이션

검사를 실시하기 전에 오리엔테이션 과정을 통하여 검사자와 피검자 간의 라포를 형성하고 검사의 목적과 방법을 잘 설명하여 검사의 정확도를 높일 수 있도록 한다. 또한 검사의 정확도를 높이기 위하여 검사지나 온라인 코드를 피검자에게 보내기보다는 피검자가 직접 준비된 공간, 즉 상담실(검사실)에 나와서 실시하도

록 하는 것이 바람직하다.

☑ **검사를 미리 준비한다.** 지면 검사를 실시할 경우, 프로파일지에서 답안지를 분리하여 각 검사지 안에 끼워서 테이블 위에 볼펜과 함께 준비해 둔다. 이때 프로파일지를 내담자에게 노출할 경우 검사에 대해 오염이 될 우려가 있으니 내담자에게 노출되지 않도록 미리 다른 곳에 보관한다.

☑ **검사에 임한 동기와 자세를 스트로크한다.** 성격이나 태도를 분석받고자 하는 개인(피검사 대상자)의 경우, 심리 내적으로 자신의 좋은 점을 인정 또는 확인받고자 하는 기대와 좋지 않은 결과가 나오는 것에 대한 불안이 내재해 있는 경우가 많다. 이에 검사 실시 전 따뜻한 음성과 존중의 자세로 검사 대상자의 불안을 완화시킬 수 있는 무조건적, 긍정적, 언어적이든 비언어적이든 스트로크를 제공할 필요가 있다.

☑ **프로파일 검사 실시의 목적에 대하여 설명한다.**

☑ **검사지에 제시되어 있는 검사 실시 요령에 대해 잘 설명해 준다.** 자세한 내용은 부록에 있는 〈자아상태-인생태도 검사 실시 방법 안내〉를 참고하기 바란다.

2) 검사 결과 채점과 그래프 작성 방법

(1) 오프라인 검사지 사용 시 채점 방법

① 응답지 작성법

자아상태와 인생태도 검사지를 실시한 다음 응답지에 응답한 것을 채점하는 방법은 부록에 있는 〈자아상태-인생태도 검사 실시 방법 안내〉를 참고하기 바란다.

② 자아상태와 인생태도 프로파일 작성법

먼저, 자아상태 프로파일은 응답지의 첫째 세로 줄 합산 점수는 CP를, 둘째 줄 합산 점수는 NP를, 셋째 줄 합산 점수는 A를, 넷째 줄 합산 점수는 FC를 의미하며,

다섯째 줄 합산 점수는 AC를 의미한다. 다섯 가지 자아상태 기능별 점수는 세로 선상에 왼쪽에서 오른쪽으로 CP → NP → A- → FC → AC 순으로 기재한다.

다음으로, 인생태도 프로파일은 응답지의 첫 번째 세로줄 합산 점수는 You're Not OK(U-)를, 두 번째 세로줄 합산 점수는 You're OK(U+)를, 세 번째 세로줄 합산 점수는 I'm OK(I+)이며, 네 번째 세로줄 합산 점수는 I'm Not OK(I-)이다. 응답지 점수 각각을 차례로 프로파일지에 붉은 점으로 표시한다. 여기서 주의할 점은 점을 연결할 때이다. 인생태도는 기본적으로 자기부정 타인긍정(I-U+), 자기부정 타인부정(I-U-), 자기긍정 타인부정(I+U-), 자기긍정 타인긍정(I+U+)의 네 가지 요인들의 점수로 구성되어 있다. 반면에, 자아상태는 기능적 관점에서 CP, NP, A, FC, AC의 다섯 가지 요인들의 점수로 구성되어 있다. 이 두 가지 성격 검사의 점수들에 대한 세부적인 프로파일 작성법은 다음과 같다.

첫 번째 세로 점선 위에는 CP와 You're Not OK(U-) 점수를 같은 선상에 점으로 표시하고 두 번째 세로 점선 위에는 NP와 You're OK(U+) 점수를 같은 선상에 점으로 각각 표시한다. 세 번째 세로 점선 위에는 A 점수만을 점으로 표시하며, 인생태도 그래프를 연결할 때는 이 A점을 꼭 연결해서 그리도록 한다. 네 번째 세로 점선 위에는 FC와 I'm OK(I+) 점수를 같은 선상에 점으로 각각 표시한다. 다섯 번째 세로 점선 위에는 AC와 I'm Not OK(I-) 점수를 같은 선상에 점으로 각각 표시한다. 마지막으로, 자아상태 프로파일의 경우는 검은색 펜을 사용하여 다섯 가지 자아상태 기능별 점수를 표시한 점들을 CP → NP → A → FC → AC 순으로 연결하여 완성한다. 인생태도 프로파일의 경우는 붉은색 펜을 사용하여 U- → U+ → A → I+ → I- 순으로 연결하여 완성한다. 실제 방법과 예시는 부록에 있는 〈자아상태-인생태도 검사 실시 방법 안내〉를 참고하기 바란다.

(2) 온라인 자아상태와 인생태도 검사 진행 방법

한국교류분석상담학회 홈페이지에 탑재된 자아상태와 인생태도 검사를 온라인 상에서 실시하는 방법은 부록에 있는 〈자아상태-인생태도 검사 실시 방법 안내〉

를 참고하기 바란다.

3 KTACA형 TA 성격 프로파일 분석 실제

1) KTACA형 TA 성격 프로파일 분석 기준

(1) 자아상태 프로파일의 5등급 점수 기준으로 분석

한국교류분석상담학회에서 개발된 자아상태 프로파일 해석 방법에 대한 예를 제시하면 다음과 같다.

먼저, 자신의 자아상태 검사 실시 결과 나타난 다섯 가지 자아상태의 기능별 점수를 확인한다. 다음으로, '자아상태 기능별 성격 특성표'를 살펴보면서 다섯 가지 자아상태 점수가 해당되는 수준(5등급 중 해당되는 등급)의 칸에 동그라미를 그린다. 예를 들면, 성인 여성이 NP 점수가 38점이면 '보통(C: 39−29)' 칸에 동그라미 표시를 한다. 그리고 해당되는 자아상태 기능별 점수가 양옆 칸 중 어디에 더 가까운지를 파악하고 1점이라도 더 가까운 수준의 등급 칸에 세모 표시를 한다. 앞서 성인 여성이 NP 점수가 38이면 이는 '높음' 수준의 범위에 근접한다. 이 경우 '높음(B: 45−40)' 칸에 세모 표시를 한다. 이러한 표시 방법은 검사 결과를 5등급(매우 높음, 높음, 보통, 낮음, 매우 낮음)으로 분류하여도 자아상태 기능별 점수 간의 간격이 있기 때문에 보다 세밀하게 살펴보기 위함이다. 즉, 자신의 점수가 해당되는 칸에 속한 내용의 특성도 가지고 있지만 바로 옆의 세모 칸에 있는 내용도 자신에게 해당될 수도 있기 때문이다.

김○○ 씨(48세)의 자아상태 기능별 검사 실시 결과를 예로 들어 보고자 한다. 김 씨는 다섯 가지 자아상태 검사 실시 결과 각 기능별 CP(42), NP(31), A(32), FC(24), AC(20)로 점수가 나왔다. 이는 CP 점수(42)는 '지나치게 높음(A)'에 해당한다. 동시에 근접한 자아상태 검사 점수의 등급은 '높음(B)'이다. NP 점수(31)는

'보통(C)'에 해당한다. 동시에 근접한 자아상태 검사 점수의 등급은 '낮음(D)'이다. A 점수(32)는'보통(C)'에 해당한다. 동시에 근접한 자아상태 검사 점수의 등급은 '낮음(D)'이다. FC 점수(24)는 '낮음(D)'에 해당한다. 동시에 근접한 자아상태 검사 점수의 등급은 '보통(C)'이다. AC 점수(20)는 '낮음(D)'에 해당한다. 동시에 근접한 자아상태 검사 점수의 등급은 '보통(C)'이다. 이 사례의 자아상태 다섯 가지 기능별 점수들을 '자아상태 기능별 성격 특성: 성인용'에 표시한 결과는 〈표 2-1〉과 같다.

<표 11-1> 김OO 씨의 자아상태 프로파일의 5등급 점수 기준 해당 내용 표시 예

수준 / 특성 / 자아상태	자아상태 기능별 성격 특성: 성인용				
	지나치게 높음(A)	높음(B)	보통(C)	낮음(D)	지나치게 낮음(E)
CP 통제적 부모	공격적 (남 39 이상 / 여 38 이상)	통제적 (남 38~33 / 여 37~32)	주도적 (남 32~21 / 여 31~20)	무절제한 (남 20~14 / 여 19~14)	느슨한 (남 13~10 / 여 13~10)
	폭력적인 명령하는 공격하는 지나치게 비난하는 엄격한 신경질을 잘 내는 버럭 대는	지배적인 책임감이 강한 원칙을 중시하는 타인 배려가 약한 불평이 많은 자기중심적인 단정적인 권위적인	예절이 바른 도덕을 중시하는 책임감이 있는 자기주장이 분명한 이상 추구적인 양심을 잘 지키는 규범적인 신념이 강한	책임감이 부족한 규칙을 중시하지 않는 예의가 부족한 자기주장이 약한 주의력이 부족한 무심한 철저하지 못한 양심에 위배되는	느긋한 고삐 풀린 태연한 척하는 느려 터진 나약한 얽매이지 않는 태평스러운 구분이 없는
NP 양육적 부모	과보호적 (남 46 이상 / 여 46 이상)	헌신적 (남 45~40 / 여 45~40)	보호적 (남 39~29 / 여 39~29)	방임적 (남 28~23 / 여 28~24)	냉담한 (남 22~10 / 여 23~10)
	지나치게 간섭하는 지나치게 보호적인 지나치게 보살피는 잔소리가 심한 자주성을 해치는 자기 안에 가두려는 구원자를 자처하는	사랑이 넘치는 희생적인 상냥한 베푸는 돌보는 배려하는 이타적인 거절하지 않는	따뜻한 온화한 모성적인 수용하는 공감적인 격려하는 지지하는 양육적인	인정미가 부족한 배려심이 부족한 공감 능력이 약한 타인 관심이 부족한 관여하지 않으려는 타인과 거리를 두는 포용력이 부족한 다가가기 힘든	차가운 쌀쌀맞은 거절하는 무시하는 나 몰라라 하는 냉정한 쓸쓸해하는 애정이 결핍된

자아상태	구분			구분			구분			구분			구분		
A 어른	기계적	남	46 이상	경직된	남	45~40	현실적	남	39~27	즉흥적	남	26~21	비현실적	남	20~10
		여	45 이상		여	44~39		여	38~27		여	26~21		여	20~10
	컴퓨터 같은 몰두하는 냉정한 맹목적으로 행동하는 인간미가 없는 이해 타산적인 물질만능주의적인 무미건조한			무표정한 무감정적인 차가운 수동적인 냉담한 사람보다 일 중심인 흐트러지지 않는			논리적인 계획적인 분석적인 객관적인 합리적인 이해력이 있는 이성적으로 판단하는 감정에 치우치지 않는			무계획적인 일관성이 부족한 생각나는 대로 하는 사고력이 부족한 차분하지 못한 우왕좌왕하는 순서가 없는 앞뒤 분간을 못하는			판단이 부정확한 불분명한 현실을 무시하는 흐리멍텅한 정리정돈이 안 되는 일 처리가 안 되는 어찌할 줄 모르는 이성적 사고가 안되는		
FC 자유스런 어린이	기계적	남	44 이상	자유 분방한	남	43~38	개방적	남	37~26	폐쇄적	남	25~20	틀어 박히는	남	19~10
		여	44 이상		여	43~37		여	36~26		여	25~20		여	19~10
	제멋대로인 자기도취적인 열광적인 버릇이 없는 성미가 급한(욱하는) 자기애적인 감정 조절이 안 되는 기분에 따라 행동하는			개구쟁이 같은 무책임한 자기중심적인 스스럼없는 산만한 현실감이 떨어지는 걱정이 되는 무질서한			감성적인 솔직한 명랑한, 쾌활한 적극적인 자발적인 창의적인 직감적인 활기찬, 즐거운			소극적인 회피하는 감정 표현이 부족한 즐기려 하지 않는 가사에만 전념하는 감정을 억제하는 개성이 없는 침묵하는(말이 없는)			어둡고 침울한 사람을 기피하는 외출을 싫어하는 의욕을 잃은 감정 없는(무감정적인) 행동하지 않는 표정이 없는(무표정한) 의기소침한		
AC 순응하는 어린이	우울한	남	42 이상	의존적	남	41~35	순응적	남	34~23	독단적	남	22~16	고집스런	남	15~10
		여	43 이상		여	42~36		여	35~23		여	22~17		여	16~10
	열등적인 자기를 깎아내리는 지나치게 눈치를 보는 자학적인 자기를 비하하는 자기를 속박하는 걱정을 많이 하는 의기소침한			감정을 누르는 타인을 더 중시하는 내세우지 않는 지나치게 겸손한 망설이고 조심하는 자주성이 없는 우유부단한 저만치 떨어져 있는			타협적인 협조적인 양보하는 희생도 감수하는 상대에 맞추려는 타인을 의식하는 신중한, 차분한 인내하는			이기적인 자기주장이 강한 반항적인 순순히 따르지 않는 자기중심적인 비협조적인 남을 의식하지 않는 혼자서 판단하는			고집불통인 심술궂은 자신을 굽히지 않는 제멋대로 하는 가까이하기 어려운 독선적인 적대적인 자만심에 빠져 있는		

해석 시 유의할 점은, 먼저 자아상태 기능별 성격 특성에 나타난 결과를 상담자가 직접 분석해 주기보다는 검사 대상자가 평소 자신의 성격과 일치한다고 생각되는 내용에 밑줄을 긋게 한다면 분석의 오류를 줄일 수 있다. 먼저, 동그라미가 표시된 칸의 내용을 보면서 자신의 성격과 일치하는 내용에 밑줄을 긋도록 안내한다. 동시에 세모 칸이 표시된 내용을 보면서 자신의 성격에 해당 되는 것이 있으면 보충적으로 밑줄을 긋도록 안내한다.

다음으로, 전체 프로파일을 보면서 자신의 주도적인 자아상태와 활성화가 필요한 낮은 자아상태 기능을 선택하도록 한다. 또한 이러한 자아상태 기능별 성격 특성들이 자신의 일상생활에서 어떻게 드러나고 있는지 이야기하도록 돕는다. 이러한 과정을 통하여 검사 대상자는 자신의 성격에 대한 이해가 깊어진다. 결국 지나치게 높거나 결핍된 에너지가 균형을 이루도록 스스로 자신의 행동을 변화시키고자 노력할 것이다. 이때는 높은 에너지를 낮추기보다는 활성화가 필요한 낮은 자아상태 에너지를 활성화시키므로 효과적인 변화를 만들어 낼 수 있다. 검사 대상자를 보다 효과적으로 조력하기 위해서는 부록에 있는 〈자아상태-인생태도 검사 실시 방법 안내〉에 제시된 '자아상태 활성화 표'를 활용하기 바란다. 자신의 '자아상태 활성화 표'에 나타난 가장 낮은 자아상태 활성화 방안 중 실제 행동으로 실천할 수 있는 방안을 선택하여 일상생활에 적용하도록 안내한다.

다음은 검사 대상자의 인생태도 검사실시 결과에 따른 다양한 해석 방법의 실제들이다. 부록에 있는 〈자아상태-인생태도 검사 실시 방법 안내〉에 제시된 '인생태도 OK목장 및 행동유형 자기분석 표'를 활용하기 바란다.

4 자아상태와 인생태도 프로파일 통합 분석

자아상태와 인생태도를 각각 개별적으로 분석하는 것도 중요하지만 두 개의 프로파일을 함께 분석하여 사회적 맥락에서 개인의 행동과 마음이 어떻게 기능하는지를 통합적 관점으로 이해하는 것도 필요하다. 이때 자아상태를 '겉마음'이라 칭하기도 하며, 교류분석 이론을 공부한 사람은 누구나 한 개인의 자아상태는 행동적 진단에 의해 관찰 가능하다고 본다. 반면에, 인생태도는 '속마음'이라 칭하기도 하며 이는 다른 사람에 의해 쉽게 관찰되기가 어렵다고 본다. 따라서 한국교류분석상담학회에서는 자아상태와 인생태도 프로파일을 한 장의 지면에 통합적으로 제시하여 이고그램과 오케이그램에 나타난 한 개인의 겉으로 드러난 겉마음과 심리 내면에 내재된 속마음의 역동을 예측해 볼 수 있다.

① CP가 U-보다 높을 때(CP>U-): 이 사람은 역할상 타인에게 더 엄격하게 대하는 경우로, 실제로 관찰되는 것보다 속마음이 더 따뜻한 사람이라 볼 수 있다.

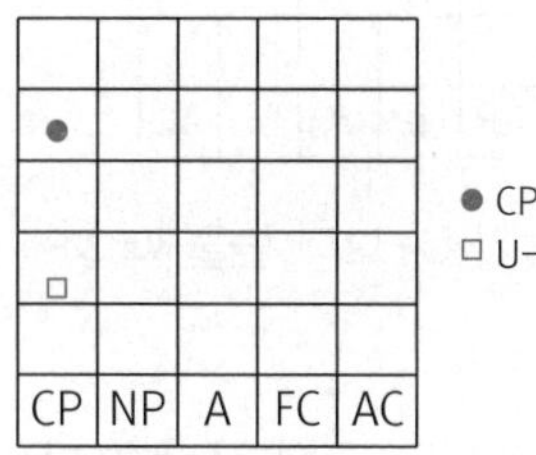

[그림 11-1] CP가 U-보다 높을 때(CP > U-)의 그래프

② CP가 U-보다 낮을 때(CP<U-): 이 사람은 실제로 보이는 것보다 타인에 대한 화나 불만을 마음속으로 억제하고 있는 경우로, 평소에 자신의 의사 표현이나 자기주장을 하는 데 어려움을 겪고 있을 수 있다.

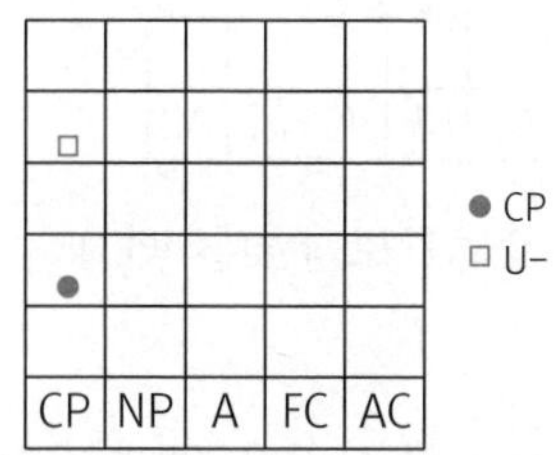

[그림 11-2] CP가 U-보다 낮을 때(CP > U-)의 그래프

③ NP가 U+보다 더 높을 때(NP>U+): 이 사람은 평소에 역할상 타인에게 더 친절하고 따뜻하게 대하는 경우로, 감정 노동자에게 많이 나타나는 현상이다. 이러한 상태가 오랫동안 지속되면서 그에 합당한 스트로크를 받지 못할 경우는 스트레스가 점점 증가하여 두통이나 소화기 계통의 신체화 증상을 유발할 가능성이 높다.

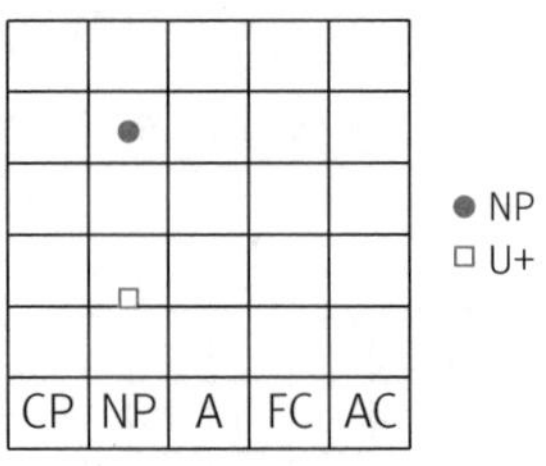

[그림 11-3] NP가 U+보다 높을 때(NP > U+)의 그래프

④ NP가 U+보다 더 낮을 때(NP<U+): 이 사람은 타인에게 좋은 감정을 가지고 있지만 평소에 겉으로 충분히 표현하지 않거나 억제하는 경우로, 실제로는 겉으로 보이는 것보다 마음이 더 따뜻한 사람일 수 있다.

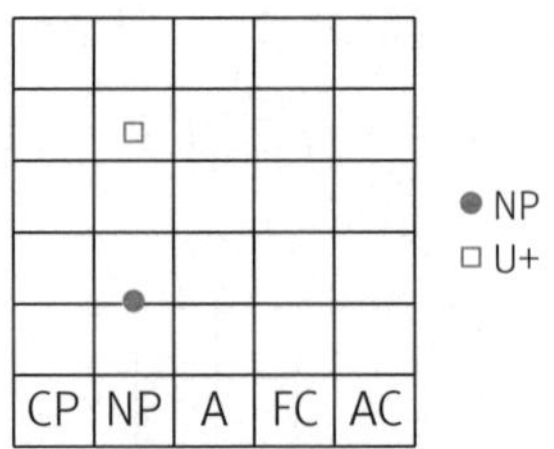

[그림 11-4] NP가 U+보다 낮을 때(NP < U+)의 그래프

⑤ FC가 I+보다 높을 때(FC>I+): 이 사람은 원래 타고나기를 다른 사람 앞에서 자기표현을 잘하는 사람이거나, 또는 자격지심이나 열등감이 있는 사람이 자기 자신을 다른 사람 앞에서 더 나은 사람으로 보이고 싶어서 허세를 부리는 경우라 볼 수 있다.

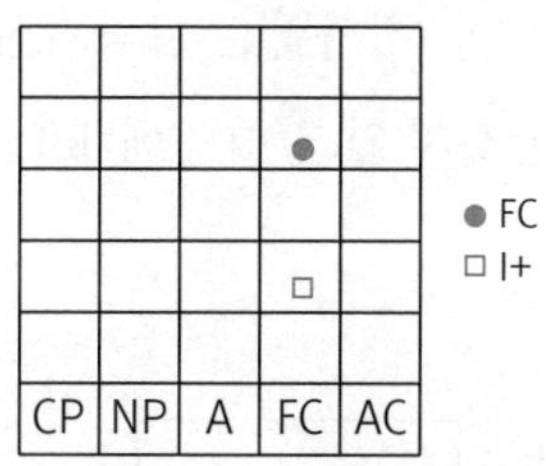

[그림 11-5] FC가 I+보다 높을 때(FC > I+)의 그래프

⑥ FC가 I+보다 낮을 때(FC<I+): 이 사람은 자신의 욕구나 감정을 잘 표현하지 않거나 억제하는 경우로, 주로 개인의 감정과 욕구를 사람들 앞에서 표출하는 것을 지양하는 관습적인 부모자아의 메시지를 따르고 있는 경우가 많다.

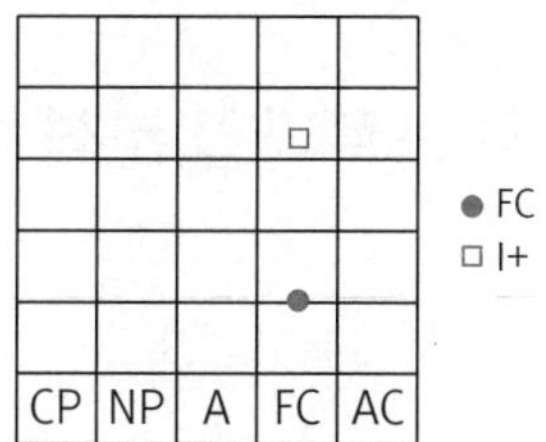

[그림 11-6] AC가 I-보다 높을 때(AC > I-)의 그래프

⑦ AC가 I-보다 높을 때(AC>I-): 이 사람은 평소에 다른 사람들과 조화와 평화를 이루는 삶을 지향하므로, 자신의 욕구를 우선시하기보다는 다른 사람을 더 배려하고 자신을 양보하는 경우가 많다.

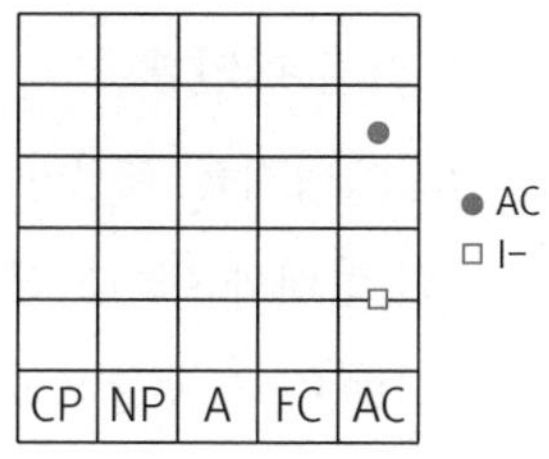

[그림 11-7] AC가 I-보다 높을 때(AC > I-)의 그래프

⑧ AC가 I-보다 낮을 때(AC<I-): 이 사람은 자격지심과 열등감이 잠재해 있는 사람으로, 자신의 의견을 굽히지 않고 타인에게 더 고집을 피우고 아집이 센 경우로 볼 수 있다.

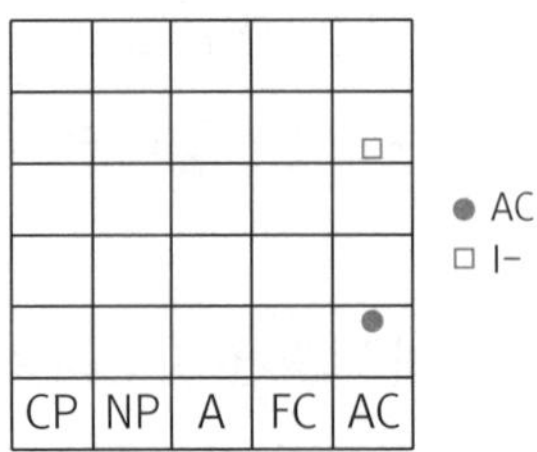

[그림 11-8] AC가 I-보다 낮을 때(AC < I-)의 그래프

5 KTACA형 TA 성격 프로파일 분석 방법 및 실습

1) TA 성격 프로파일 분석 및 기록 방법

TA 성격 프로파일은 개인의 행동적 진단, 사회적 진단, 그리고 실존적(태도적) 진단을 위한 유용한 도구로 사용된다. TA 성격 프로파일을 보는 항목과 순서는 다음과 같다. 프로파일 분석사의 직관력을 더하여 순서는 유연하게 하더라도 다음의 각 항목을 모두 체크할 수 있어야 한다.

① 기본적인 인생태도를 먼저 확인한다.
② 다섯 가지 자아상태의 점수를 각각 확인한다.
③ 자아상태의 주도에너지와 결핍에너지를 결정한다.
④ 자아상태의 전체적인 프로파일 형태와 에너지의 수준을 확인한다.
⑤ 자아상태와 인생태도의 높낮이에 따른 통합적인 해석을 덧붙인다.
⑥ 발전적 제언을 기록한다.

TA 성격 프로파일 분석을 기록하거나 해석 상담을 할 때는 다음의 사항을 유의한다.

첫째, 검사 대상자의 검사 실시 목적과 발달단계에 부합하도록 내용을 작성한다.

둘째, 반드시 긍정적인 부분을 먼저 언급하고 보완하여야 할 특성을 뒷부분에 언급한다.

셋째, 제언에서는 부정적인 부분을 지적하거나 암시하기보다는 '긍정적 용어'를 사용하여 앞으로의 발전적 방향을 제시하는 방식으로 기술한다.

TA 성격 프로파일 분석가 및 상담사가 되기 위하여 다른 사람들의 프로파일을 분석하기에 앞서 자신의 프로파일을 분석해 보는 것이 선행되어야 할 것이다. 지금부터 실습을 시작한다. TA 상담사 자격 과정에 들어와 있는 경우, 함께 학습하는 동료들과 짝을 정하여 상호 간의 프로파일을 바꾸어서 분석해 보도록 한다. 혼자서 공부하는 경우라면 자신의 것을 객관화시켜서 분석해 보기 바란다. 프로파일 분석 기록을 할 때 다음의 양식을 참고한다.

[표 11-2] TA 성격 프로파일 분석 기록 양식

검사 실시일: 년 월 일 검사자:

<table>
<tr><td rowspan="4">기본정보</td><td>이 름</td><td></td><td>성별</td><td></td><td>연령</td><td></td><td>직업</td><td></td></tr>
<tr><td>가족사항</td><td colspan="7"></td></tr>
<tr><td>검사목적</td><td colspan="7"></td></tr>
<tr><td>신체증상</td><td colspan="7"></td></tr>
<tr><td rowspan="2">성격 프로파일</td><td colspan="4">자아상태 인생태도 통합 프로파일</td><td colspan="4">인생태도 그래프</td></tr>
<tr><td colspan="4">CP NP A FC AC
U− U+ I+ I−</td><td colspan="4">타인긍정(U+)
50 40 30 20 10
자기부정(I−) 자기긍정(I+)
50 40 30 20 10 10 20 30 40 50
10 20 30 40 50
타인부정(U−)</td></tr>
<tr><td>프로파일분석</td><td colspan="8"></td></tr>
<tr><td>제언</td><td colspan="8"></td></tr>
</table>

2) TA 성격 프로파일 분석 슈퍼비전

TA 성격 프로파일 분석가로 활동하기 위해서는 반드시 여러 차례의 실습과 함께 슈퍼비전을 받아야 한다. 〈TA 성격 프로파일 분석 기록 양식〉을 작성하고 슈퍼비전받고 싶은 내용을 적어서 슈퍼바이저에게 슈퍼비전을 받기 바란다. 또한 소그룹 슈퍼비전이나 스터디 모임에 참여하므로 다양한 사례 분석을 경험하는 것이 분석가로 성장하는 데에 도움이 될 것이다.

제4부[1]

1) 제4부의 제12, 14, 15장은 이전의 교류분석상담사 4단계 교재인『교류분석상담의 인생각본 치료』(문영주, 2015, 아카데미아)에서 관련된 부분의 내용을 수정・보완한 것임.

제12장 자아상태의 발달과 구조분석

TA의 기본적인 관심 영역은 자아상태(ego states)에 관한 연구다. '자아상태'란 일련의 행동 패턴과 직접적으로 연관된 감정과 사고의 일관된 체계다. 번(1961; 1968)은 프로이트의 초자아, 자아, 이드와 같은 개념적이고 학술적인 용어를 피하고, 현상학적으로 자연스럽게 드러나는 마음의 상태와 그와 관련된 행동 패턴을 표현하고자 P 자아, A 자아 그리고 C 자아라는 용어를 사용하였다.

프로이트(Sigmund Freud, 1920; 1922)는 성인기를 초기 어린 시절의 부정적인 무의식적 갈등을 반복적으로 재연하는 '반복 강박'의 시기로 보았다. 에릭슨(1950)은 전 생애의 발달 단계 이론을 제시한 선구자이지만, 그도 역시 이전의 발달이 다음 발달을 위한 구성 요소가 되는 직선형 모델을 보여 주었다. 그러나 번(1961; 1972)은 아동기의 발달 과정은 전 생애를 통하여 활동적으로 남아 있다고 주장한다. 그는 아동기의 자아상태가 성인기에 지속적으로 활동하는 것을 정상적인 것으로 규정하므로 자아상태의 생동적인 능력을 되찾았다. TA의 발달심리학자인 레빈-랜드히어(Levin-Landheer, 1982)는 자아상태의 발달 사이클의 재순환을 통하여, 우리는 삶의 모든 국면에서 자신의 능력(power)을 지속적으로 발달시킴으로 자기 자신을 완성해 나갈 수 있다고 보았다.

1 자아상태의 발달 과정 이해

우리는 성장하면서 발달 단계를 거치게 된다. 발달 단계란 인간의 성장 과정을 순차적으로 작은 부분들로 나누어 설명하는 것이다. 각각의 단계는 모두 중요하며, 각 단계에서 사람들은 각자의 연령에 맞는 발달 과업을 수행해 나간다. 또한 발달에 대한 이해는 개인의 전 생애적 관점을 좀 더 풍부하게 활용하여 자연스러운 성장이 전개되도록 도울 수 있는 치료적이고 통합적인 환경을 제공한다.

우리의 자아상태는 연령에 따라 총 7단계를 거치면서 발달하며, 각 단계는 개인이 발달시켜야 하는 능력(power)과 상응하여 발달한다. 또한 인간의 성장은 하나의 발달 사이클로서 어린 시절에 시작하여 일생을 통하여 반복한다. 우리는 성장 과정에서 "나는 누구인가?" "다른 사람과의 관계 속에서 나는 어떤 사람인가?" "필요한 기술들을 어떻게 습득할 수 있을까?" 등에 대한 답을 찾는다. 이러한 질문에 대한 답을 찾기 위하여, 아동과 성인 모두는 각 발달 단계마다 그것에 적합한 발달 과업을 수행해 나갈 때 주변으로부터 지지와 격려를 받을 필요가 있다(Clark & Dawson, 1998).

다음에서 각 자아상태의 발달과 그것에 상응하는 과업을 아동의 연령과 함께 제시할 것이다(Levin-Landheer, 1982). 또한 각 발달 시기에 다루어야 하는 중요한 질문을 함께 제시함으로 발달 과제를 더욱 명확하게 이해하도록 도울 것이다(Clark & Dawson, 1998). 주의할 점은, 아이는 자신만의 시간표대로 성장하기 때문에 여기에 제시되는 연령은 대략적인 것임을 염두에 둘 필요가 있다.

1) 1단계: 자연적 어린이자아상태 C_1, 탄생~6개월, '존재하는 능력'

개인의 발달 사이클의 1단계로, 자연적 어린이자아상태(NC)인 C_1이 태어나서 6개월까지 발달한다. 이 시기에 아이는 자신이 세상으로부터 받아들여지고 신체적으로 안전하고 사랑받는다는 느낌을 필요로 하며 '존재하는 능력'을 발달시킨

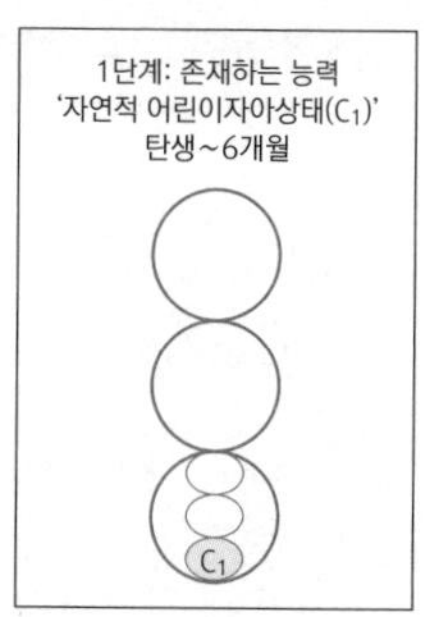

다. 이 시기에 다루어야 할 중요한 질문은 "내가 여기에 존재하는 것은 OK인가?" "내 욕구를 알리고 보살펴 달라고 하는 것은 괜찮은 일인가?"이다.

신생아 시기에는 유아의 모든 정서적 에너지가 몸 안에 머물거나 몸과 연관되어 있으며 어머니와 완전한 융합 상태에 머물러 있다. 이 시기의 애착은 대부분 부모로부터 일방향적으로 아기에게 가는 것이지만, 이러한 연결이 궁극적으로 이후의 관계성을 형성하는 모체가 된다. 즉 부모와의 관계가 유아의 자아기능의 발달을 촉진시킨다. 유아가 알리는 단서를 엄마가 적절히 받아들여 반응하면 유전적으로 입력된 유아의 자아기능이 점차 발달하게 된다(hamilton, 2007).

2) 2단계: 작은 교수 A_1, 6개월~18개월, '실행하는 능력'

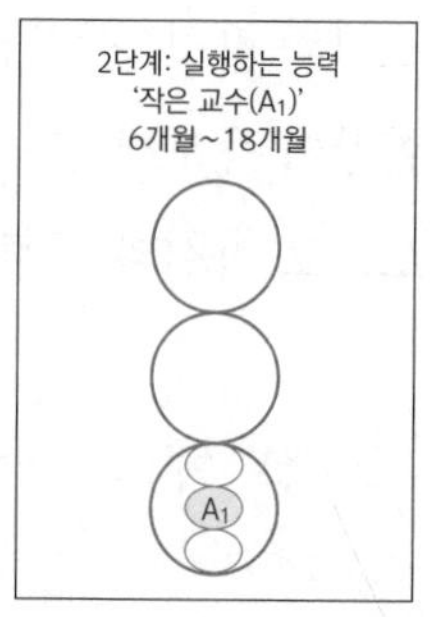

2단계는 작은 교수(LP)인 A_1이 6개월에서 18개월까지 발달한다. 이 시기에 아이는 자신과 세상을 탐색하고자 하며 '실행하는 능력'을 발달시킨다. 이 시기에 다루어야 할 중요한 질문은 '새로운 것을 시도하고 탐색하며 내가 배운 것들을 믿는 일은 안전한 것일까?'이다.

6개월이 될 무렵 유아는 분리-개별화의 첫 단계로 부화(hatching)하기 시작하면서 깨어 있음과 집요함과 목표지향성의 모습을 보인다. 유아는 부모와는 다른 타인의 모습에 점점 더 높은 관심을 보이기 시작한다. 점차 발달하는 운동 기능은 유아가 세상의 모든 측면을 탐색하도록 하는 원동력이 되며, 특히 유아의 보행은 유아 앞에 새로운 전경을 펼쳐 주므로 유아는 자기 세계의 위대성과 자기 능력에 도취하게 된다. 이 시기에 유아는 세상과 사랑에 빠진 상태로 위대성과 전능감을 느끼며 자기애가 최고조에 이른다(hamilton, 2007).

3) 3단계: A 자아 A_2, 18개월~3세, '생각하는 능력'

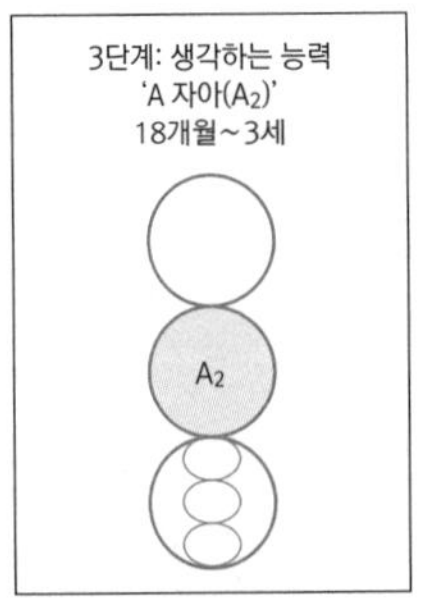

3단계는 A 자아인 A_2가 18개월에서 3세까지 발달한다. 이 시기에 아이는 분리개별화가 되어 더욱 독립적으로 행동하고 독특함과 유일함을 추구하며 '생각하는 능력'을 발달시킨다. 이 시기에 다루어야 할 중요한 질문은 "스스로 생각하는 방법을 배워도 괜찮은 것일까?"이다.

이 시기에는 유아의 운동 기술이 증가함에 따라 인지 능력과 언어적 대응 능력 역시 발달한다. 이것은 유아의 마술적 힘을 상실하게 하고 실패와 한계를 인식하고 기억하게 하므로 전능감의 붕괴를 피할 수 없게 한다. 이 시기에는 자신이 받아들여지는 여부가 어느 정도는 엄마의 기분에 달려 있음을 인식하기도 한다. 그러나 점차 언어 기술이 급격하게 발달하면서 유아의 전능감과 통제감이 다시 한번 증가한다. 언어 행동은 유아가 세상과의 관계에서 고유한 존재로서의 자기-감각을 확인시켜 준다. 또한 인형 놀이나 다른 놀이에서 유아는 내적 환상이 풍부해진다. 이러한 자기감의 발달은 또한 유아의 성정체감의 발달을 가져오므로 자신과 다른 사람을 남자와 여자로 범주화하기 시작한다(hamilton, 2007).

4) 4단계: P 자아 P_1, 3~6세, '정체성과 파워를 형성하는 능력'

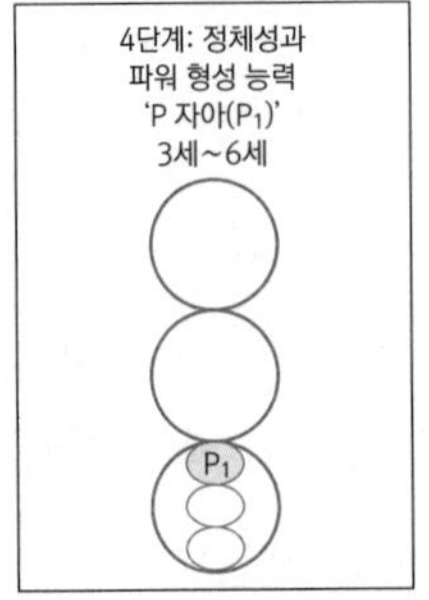

4단계는 마술적 P 자아인 P_1이 3세에서 6세까지 발달하면서 C 자아인 C_2가 완성된다. 이 시기에 아이는 현실로부터 환상을 서서히 분리시키기 시작하면서 '정체성과 파워를 형성하는 능력'을 발달시킨다. 이 시기에 다루어야 할 중요한 질문은 "나만의 힘을 가진 진정한 나 자신이 되어 가도 괜찮을까?" "다른 사람들이 어떤 사람들인지, 그리고 내 행동의 결과가 어떤지 배워도 괜찮은 걸까?"이다.

이 시기에는 다양한 상황 속에서 자신이 어떤 사람인지에 대한 더욱더 안정된 감각을 수반하는 개별성의 능력이 발달하게 된다. 그리고 엄마가 곁에 있거나 없거나 간에 또는 자신의 욕구를 충족시키거나 좌절시키거나 간에 엄마에 대한 일관된 상을 유지할 수 있는 대상항상성의 능력이 발달하게 된다. 또한 시간에 대한 감각과 만족을 지연시키는 능력은 좌절 속에서도 좋은 것을 기억해 낼 수 있는 능력과 함께 성숙해져 간다. 이처럼 자신이 시간과 공간과 대인관계적 맥락에 걸쳐 계속성을 갖는 한 응집된 개인이라는 인식을 갖게 된다. 이를 통해 자신의 개별성에 대해 더욱 안정되고 복잡한 감각을 발달시켜 나간다(hamilton, 2007).

5) 5단계: P 자아 P_2, 6～12세, '구조를 만들고 기량을 익히는 능력'

5단계는 P 자아인 P_2가 6세에서 12세까지 발달한다. 이 시기에 아이는 기술을 배우고 모방하며, 도구의 사용을 발달시키고, 가치를 결정하므로 '구조를 만들고 기량을 익히는 능력'을 발달시킨다. 이 시기에 다루어야 할 중요한 질문은 "나 자신과 다른 사람들을 지탱해 주는 내적인 구조를 어떻게 만들 수 있을까?" "이 사회 안에서 살아갈 때 필요한 여러 가지 기술을 익히기 위한 능력을 어떻게 계발할 수 있을까?"이다.

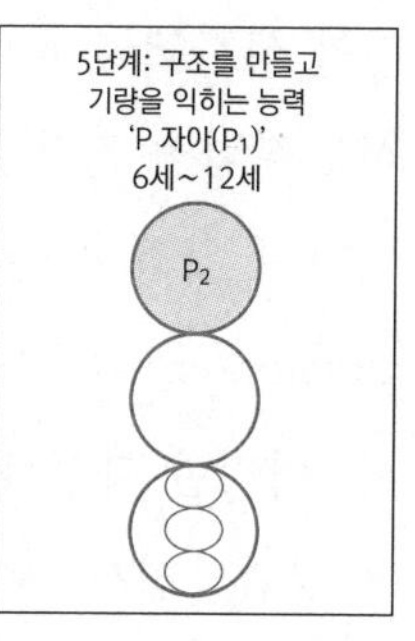

유아가 자라면 엄마의 팔에 안기는 것보다는 엄마의 관심 속에 안기는 것이 필요하다. 아이의 학령기에 적합한 엄마는 아이에게 무관심하지도 않고 아이의 세계를 침범하거나 지나치게 통제하지도 않는다. 아이를 관심 있게 지켜보고 대화를 나누면서 아이에게 필요한 기회를 적절히 제공한다. 이 시기에는 교사와 또래의 승인과 찬사가 필요하다(임은미 외, 2015).

6) 6단계: 자아상태 통합, 13~18세, '정체성, 성정체성, 갱신하는 능력'

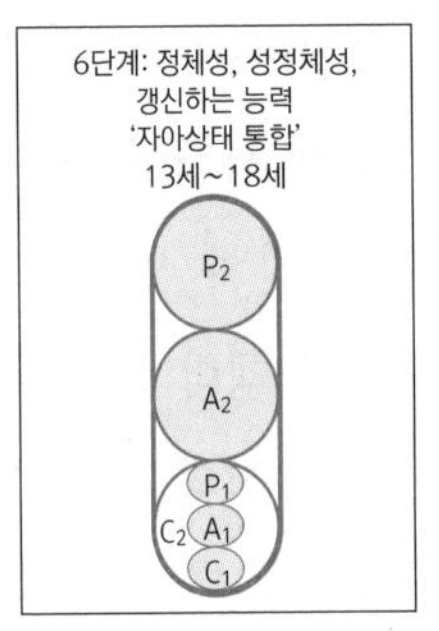

6단계는 지금까지 발달된 자아상태를 통합하는 것으로, 13세에서 18세까지의 청소년기에 발달한다. 이 시기에는 부모로부터 정서적으로 독립하게 되고 신체적으로 성숙하게 되면서 자신의 철학적 관점을 발전시키고, 몸의 급격한 변화에 따른 성적 존재로서 새로운 방식을 탐색하며 '정체성, 성정체성, 갱신하는 능력'을 발달시킨다. 이 시기에 다루어야 할 중요한 질문은 "나만의 가치를 지닌 독립적인 인간이 되어 가는 동시에 사회에 속할 수 있는 방법은 무엇일까?" "독립적이면서, 나의 성정체성을 존중하고, 책임감을 갖는 것은 괜찮은 일일까?"이다.

이 시기에는 교사와 운동선수, 연예인을 이상화하고 동일시하게 되며, 특히 성적 · 직업적 정체감에 대한 의혹과 위압감을 갖게 된다. 이러한 위압감에서 벗어나기 위하여 선택에 대한 결심을 연기하는 기간인 '심리적 유예(psychological moratorium)'가 허락되며, 이때 사회적 · 직업적 역할을 탐색하는 기회를 갖게 된다. 이러한 다양한 상황 속에서 자신의 역할을 통합하고 자신의 지각에서 계속성을 경험하면서 자아정체감을 발달시킨다(임은미 외, 2015).

7) 7단계: 인생 계획을 수행, 19세 이후, '재순환하는 능력'

마지막 7단계는 발달 사이클이 완성되고 성격이 형성되는 19세 이후의 성인기다. 이 시기에 개인은 관계를 유지하고 발전시키며, 인생 계획을 수행해 나간다. 그리고 앞의 1단계부터 6단계까지를 '재순환하는 능력'을 발달시킨다. 이 전의 발달 과업을 다시 밟고 연습함으로써 이 시기에 해야 할 과업을 이루어 나갈 수 있다. 이 시기에 다루어야 할 중요한 질문은 "다른 사람을 보살핌과 동시에 능력, 친밀감, 유대감, 독립에 대한 나의 필요를 어떻게 균형을 맞출 수 있을까?" "독립성에

서 상호 의존의 방향으로 어떻게 옮겨 갈 수 있을까?"이다. 그리고 어떠한 이유에서든 삶을 정리해야 하는 상황에 있는 사람이라면 "어떻게 내 삶의 의미를 완수하고 떠날 준비를 할 수 있을까?"의 질문을 통하여 과거와 현재를 통합하고 앞날을 준비하는 것이다. [그림 12-1]은 자아상태의 발달 과정을 다이어그램으로 나타낸다.

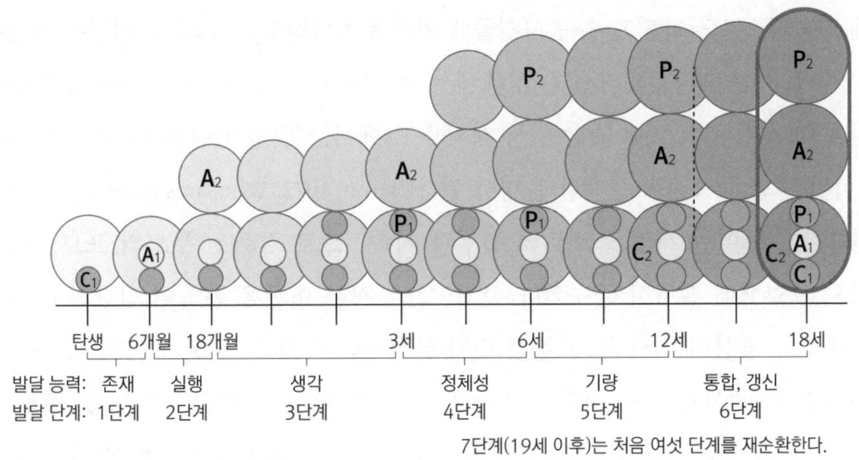

[그림 12-1] 자아상태의 발달 과정

* 출처: Maxwell, J. & Updike, N. (1980)의 *Primary Process의 Poster.* 에서 그림 형식을 빌려와 Levin-Landheer(1982, 2017)의 내용으로 수정함.

어린 시절에 각각의 발달 단계에 적합한 과업 수행 능력이 잘 성취되어진다면 성장하여 승자로서의 삶을 살아가겠지만, 반대로 그 능력들이 주변으로부터 디스카운트되어 발달에 실패하게 된다면 비승자 또는 패자로서의 삶을 살 수 있다. 따라서 우리가 지금 자아상태의 발달 단계와 각 단계에서 성취되어야 하는 능력에 대하여 이해하는 것은 게임이 아닌 건강한 방식으로 자기 자신을 재-양육하여 더욱 온전하게 다시 성장하는 데 도움을 줄 것이다.

2 자아상태의 발달과 인생각본의 발달

사람은 출생 후 발달 초기 단계에서 환경과 상호작용하면서 여러 가지 경험을 하게 된다. 이때 자신의 경험에 대한 해석과 반응으로 인생을 계획하고 결정하며 성격을 형성해 나간다. 유아기에 형성된 인생 계획은 유아가 성장해 가는 과정에서 부모에 의해 지속적으로 강화되고 후속 사건들에 의해서 정당화된다. 그리고 이것은 성인이 된 이후에 자신이 의식하지 못한 상태에서 재연되며, 결국 자신의 초기에 선택했던 결말에 이르게 된다. 이와 같은 인생 계획을 TA에서는 '인생각본(life script)'이라 부르며, 이것은 결국 자신이 선택한 운명이 된다(Berne, 1972; Woollams & Brown, 1978).

인생각본은 어린 시절 스스로의 결정과 지속적으로 강화된 부모의 프로그램을 바탕으로 일생에 걸쳐서 완수된다. 번(1972)은 각본 이론을 통하여 인간의 운명이 인생태도가 형성되는 세 살, 보통은 C_2가 완성되는 여섯 살 이전의 어린 시절에 결정된다고 주장한다. 그는 사람들이 '~을 하지 마라(금지명령)' 혹은 '~을 해라(부모명령)'의 지시를 목소리 형태로, 그리고 자신의 소망을 어린이자아의 이미지 형태로 머릿속에 지니고 다니면서 일생을 살아가는 동안 이들 세 가지 중에서 선택하여 쇼를 연출한다고 한다. 다음에서 인생각본의 형성 과정을 유아의 자아상태의 발달 과정과 연관하여 살펴보자.

최초의 각본 프로그래밍은 간단한 원형의 형태로 생후 2년 동안의 수유기에 형성되며, 이것은 이후에 초기, 중기, 후기(결말)의 형태를 갖는 복잡한 드라마로 만들어진다. 즉, 아이는 초기의 경험을 근거로 하여 확신을 얻어 정의를 내리고, OK 감정이나 Not-OK 감정에 의한 인생태도를 결정한다. 그 후에 그가 듣고 읽고 경험한 것을 토대로 하여, 어떻게 하여 승자 또는 패자가 될 것인가, 무엇을 근거로 할 것인가, 그리고 결말은 어떤 것으로 할 것인가 등에 관하여 예측하고 선택하며 계획한다. 이것이 그의 전체 인생에 대한 각본이다(Berne, 1972).

아이가 인생각본을 성취하기 위해서는 일곱 가지의 각본 장치-각본결말, 각본 금지명령, 각본도발, 부모명령 각본슬로건, 프로그램, 각본충동, 반각본 등-가 필

요하다. 이 일곱 가지 각본 장치 중 각본결말, 금지명령, 각본도발, 그리고 반각본은 C_2가 완성되는 여섯 살 이전에 프로그램화된다. 그리고 각본충동은 처음부터 C_1에 존재한다. 부모명령 각본과 부모의 행동 패턴(프로그램)은 P_2가 시작되는 여섯 살 이후에 뿌리를 내리기 시작한다(Berne, 1972).

- 각본결말(각본저주): 부모가 아이에게 부여하는 인생을 마치는 방식에 대한 명령
- 각본금지명령: 아이가 각본결말에서 벗어나지 못하도록 부모가 주는 부정적 명령
- 각본도발: 아이가 각본결말에 이르도록 중요한 순간에 행동을 부추기는 부모의 속삭임
- 부모명령 각본슬로건: 아이가 각본 행동을 기다리는 동안 시간을 채우기 위한 처방으로 부모가 아이에게 전달하는 도덕적 교훈 형식의 명령
- 프로그램(행동 패턴): 부모가 아이에게 실제 생활에서 각본을 실행하기 위한 방법을 본보기로 알려 주는 것
- 각본충동: 아이가 부모에 의해 부여된 전체 각본 장치와 싸우려는 충동과 자극
- 반각본: 부모가 부여한 각본저주를 제거하는 주술 파괴자

* 이 일곱 가지 각본 장치의 메시지는 아이가 스스로 받아들일 때만 각본으로 작동된다. 현대 TA에서는 각본 매트릭스를 통하여 금지명령(또는 허가), 부모명령, 프로그램 등만 사용하고 있다. 일곱 가지 각본 장치에 대한 각본 이야기가 궁금하다면 Berne의 마지막 저서인 『What Do You Say After You Say Hello?』(1972)를 읽어 보라.

아이는 여섯 살에서 열두 살 사이에 각본 장치 중 부모명령 각본과 부모의 행동 패턴을 뿌리내리면서 자신의 이야기를 구성하고, 영웅을 찾고, 각본 매트릭스를 형성한다. 또한 자신의 일생을 통해 추구할 각본감정(라켓감정)을 최종 결정한다. 그리고 열세 살에서 열여덟 살 사이의 청소년기에는 모든 자아상태를 통합하기 시작하면서 자신의 각본을 현실적으로 다듬고 추가하여 좀 더 구체적이고 특색 있는 일화로 확대 수정한 후 리허설을 한다. 열아홉 살 이후의 성인기에는 자신의 각본대로 세상에서 살아간다. 〈표 12-1〉는 레빈-랜드히어(1981; 1982)의 인간 발달 7단계와 번의 인생각본 발달을 연결하여 간략히 정리한다.

<표 12-1> 자아상태의 발달에 따른 인생각본의 발달 과정

단계	연령	자아	능력	특성	인생각본 발달
1	0~6개월	C_1 (NC)	존재하는 능력	아이는 자신이 세상으로부터 조건없이 받아들여지고 신체적으로 안전하고 사랑받는다는 느낌을 필요로 한다.	각본을 쓰기 시작한다. 태어나서 2년 동안은 각본의 최초 골격을 형성한다. 승자, 순응자, 패자를 결정하며 인생태도를 결정한다.
2	6~18개월	A_1 (LP)	실행하는 능력	자신과 세상을 탐색하고자 한다.	
3	18개월~3세	A_2 시작	생각하는 능력	분리개별화가 되어 더욱 독립적으로 행동하며 독특함과 유일함을 추구한다.	인생각본에 대한 전반적인 그림을 대략 그린다. 각본 장치 중 각본결말, 금지명령, 각본도발, 반각본 등이 프로그램 된다.
4	3세~6세	P_1 (C_2 완성)	정체성을 형성하는 능력	자신의 정체성을 발달시키고 현실로부터 환상을 서서히 분리시키기 시작한다.	
5	6세~12세	P_2 시작	기량을 연마하는 능력	기술을 배우고, 도구의 사용을 발달시키며, 가치를 결정한다.	각본 장치 중 부모명령각본과 부모의 행동 패턴이 뿌리내리면서 자신의 이야기를 구성하고 영웅을 찾고 매트릭스를 형성한다. 또한 자신이 일생을 통하여 추구할 각본감정(라켓감정)을 최종 결정한다.
6	13세~18세	자아상태 통합	통합과 갱신의 능력	자신의 철학적 관점을 발전시키고 몸의 급격한 변화와 함께 성적 존재로서 새로운 방식을 탐색한다.	각본을 현실적으로 다듬고 추가하여 좀 더 구체적이고 특색 있는 일화로 확대 수정하고 리허설을 한다.
7	19세 이후	처음 6단계의 재순환	재순환하는 능력	발달 사이클이 완성되고 성격이 형성된다. 관계를 발전 유지시키며, 인생 계획을 수행해 나간다.	각본대로 살아간다.

아이의 자아상태가 점차 발달함에 따라 인생각본의 내용들도 점차 구체화되고 수정 보완되어 간다. 즉, 인생각본은 자아상태의 발달에 따라 나선형으로 계속 길을 열어 가며 발달하게 된다(Newton, 2006). 그리고 개인이 성장하면서 겪게 되는 새로운 인생 경험은 초기 경험을 바탕으로 이미 형성된 각본의 틀에 짜 맞추어 해석된다. 이와 같이 미리 틀에 짜 맞춰진 인생각본은 성인이 된 이후에 발생하는 대인관계를 비롯한 다양한 문제의 해결에 있어서 개인의 자발성과 유연성을 제한하게 된다(Erskine, 1980). 그러나 우리가 자아상태 발달상의 초기 경험이 각본 형성에 기본적으로 어떠한 영향을 끼칠 수 있다는 것을 인정하고 또한 각본을 진행 중인 발달 과정으로 이해한다면, 우리는 자율적으로 유연하게 자신의 각본을 발달시키고 변화를 만들어 낼 수 있을 것이다(Widdowson, 2010).

지구는 둥글고 사계절은 주기적으로 순환하므로 해를 거듭할수록 만물은 성장하며 더욱 풍성해진다. 이처럼 탄생에서 죽음까지 인간의 발달과 성장이 일직선상에 있다고 보는 것보다 인간의 발달을 순환하는 것으로 보는 것은, 아동기에 우리 자신에게 제한되었던 것 이상의 다른 조건들을 다시 풍성하게 경험하도록 허용하며 우리 자신을 더욱 온전하게 완성시킬 수 있는 기회를 준다(Levin-Landheer, 1982). 그러므로 우리는 성장 과정에서 형성된 각본의 한계를 이해하고, 우리 앞에 당면한 문제에 대하여 자율적으로 OK-OK의 행동을 선택함으로써 자신의 삶을 바꿀 수 있는 것이다.

3 자아상태와 1차, 2차, 3차 구조분석

자아상태 모델은 구조 모델과 기능 모델로 구분된다. 구조 모델은 개인의 정신 내부에서 무엇이 진행되는지를 알아내기 위하여 저장된 기억과 전략들을 분류할 때 사용한다. 기능 모델은 사람들 간의 상호작용에서 관찰된 행동을 분류할 때 사용한다. 우리는 제2장과 제11장에서 기능 모델에 관해서는 충분히 살펴보았다.

여기서는 구조 모델에 관하여 구체적으로 살펴보려 한다.

우리는 [그림 12-2]와 같은 구조분석 다이어그램을 통하여 개인의 신념/경험/감정과 관련된 내면 구조를 들여다봄으로써 개인의 성격을 이해할 수 있다. 구조분석은 우리가 들여다보고자 하는 내면의 깊이에 따라 1차 구조분석, 2차 구조분석 그리고 3차 구조분석 등 세 가지 수준으로 구별하여 설명할 수 있다. 이 세 가지 수준은 발달 시기에 따라 성격의 영역을 임의적으로 구분한 것이다. 3차 구조는 가장 어린 시기인 영아기와 관련되고, 2차 구조는 유아기와 관련되며, 1차 구조는 후기 언어 발달 단계와 관련된다(Widdowson, 2010). 자아상태의 구조분석 진단은 행동적, 사회적, 역사적 그리고 현상학적으로 진단한다(Berne, 1961).

1) 1차 구조분석

1차 구조분석은 P 자아, A 자아, C 자아로만 구성된 가장 단순한 것이다. 각각의 사람들은 [그림 12-2]와 같이 P(Parent), A(Adult), C(Child)의 세 종류의 자아상태를 보여 준다(Berne, 1961, 1968; Trautmann & Erskine, 1981).

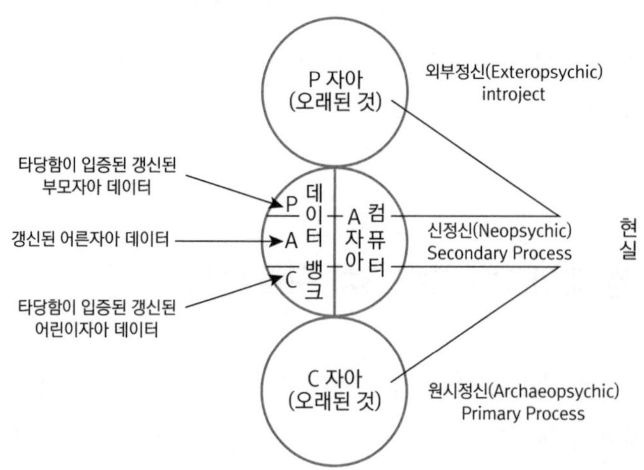

[그림 12-2] 세 가지 자아상태와 일차 구조분석

* 출처: Harris, T. A. (1973). *I'm OK-You're OK*.

P 자아는 과거의 부모 또는 부모와 같은 역할을 한 사람들의 태도, 감정, 행동을 내사한 자아상태이다. 이는 외부정신(Exteropsychic)이라 하며 부모 또는 부모와 같은 역할을 한 사람들을 모방하는 방식으로 판단하려 하는 일련의 빌려온 기준들을 따른다. P 자아를 기능적으로 사용할 때는 비판적 또는 통제적 P 자아(CP)와 양육적 P 자아(NP)로 구분한다.

A 자아는 현실에서 우리의 환경을 객관적으로 평가하고 과거 경험을 바탕으로 가능성과 개연성을 측정하고 실행한다. 이는 신정신(Neopsychic)이라 하며 지금-여기와 관련된 사고, 감정, 행동을 나타낸다. A 자아는 기능적으로 오래된 P 자아 데이터, 오래된 C 자아 데이터, 그리고 사실적인 데이터를 마치 컴퓨터처럼 타당성에 입각하여 정보 처리를 하므로 현실적으로 선택과 결정에 이르게 한다.

C 자아는 과거의 미성숙한 어린 시절에 굳어져 여전히 활성화된 자아상태로서 오래된(낡은) 잔재를 표현하는 사고, 감정, 행동으로 원시정신(Archaeopsyche)이라 한다. 이는 논리적 사고가 발달하기 이전의 사고 혹은 왜곡된 인식으로 인한 정보를 기초로 하여 급작스럽게 반응한다. C 자아는 최초의 자아상태이며 C 자아로부터 P 자아와 A 자아가 발달한다. C 자아상태를 기능적으로 사용할 때는 순응하는 C 자아(AC)와 자유로운 C 자아(FC)로 구분한다.

구조분석에서 중요한 것은 각 자아상태의 '시간적 차원'이다. P 자아와 C 자아의 시간적 차원은 과거이다. A 자아는 지금-여기의 현재의 시간 차원을 나타낸다. P 자아와 C 자아는 과거의 신념/경험/감정 등을 기회만 있으면, 특히 스트레스 상황에서 지금-여기에 재연하려 한다. P 자아와 C 자아에 의해 A 자아의 경계가 침범되어 A 자아가 오염되어 있으면 우리는 지금-여기에서 현실적인 기능이 어려워진다.

2) 2차 구조분석

2차 구조분석은 P 자아와 C 자아의 내용물을 확인하고 분류하는 명확한 체계를

제공한다. [그림 12-3]에서와 같이 P_2, A_2, C_2의 2차 구조분석은 우리 각각의 성격 또는 행동과 관계가 있는 더욱 심층적인 영향을 보여 준다. 그것은 P 자아와 C 자아로부터의 A 자아의 오염을 해제하도록 도와 A 자아의 기능을 회복시킨다.

2차 구조분석을 할 때 1차 구조분석에서의 P 자아를 P_2로 명명한다. 이것은 초기 P 자아와 성인의 P 자아의 차이를 명확하게 기술하기 위해 사용된다. 여기에는 부모 또는 부모와 같은 역할을 한 사람들의 각각의 사고, 감정, 행동의 특징이 투입된 일련의 P_3, A_3, C_3를 포함하고 있다. P_3는 부모 혹은 부모와 같은 역할을 한 사람의 슬로건이나 명령이 우리의 P 자아로 투입된 내용을 담고 있다. A_3는 부모나 부모와 같은 역할을 한 사람의 A 자아의 내용이 우리의 P 자아로 투입된 것을 가리킨다. C_3는 부모나 부모와 같은 역할을 한 사람의 C 자아가 우리의 P 자아로 투입된 내용을 담고 있다.

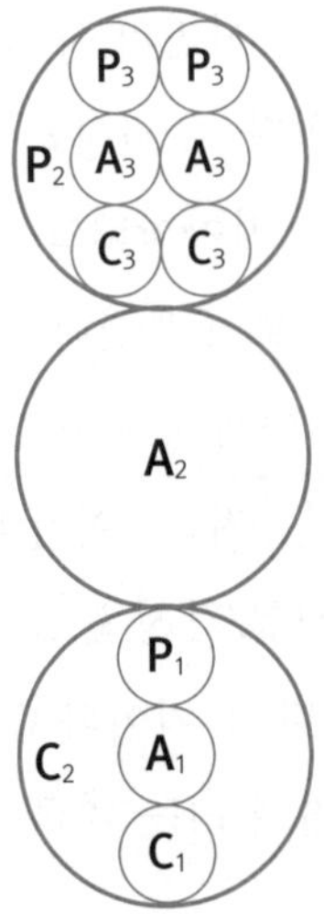

[그림 12-3] 2차 구조분석

2차 구조분석에서는 일차 구조분석의 A 자아를 A_2라고 명명한다. A_2의 내부는 P, A, C로 구분하지 않으며, 지금-여기의 상황에 적합한 자율적 상태로 현실적인 자료를 판단하고, 동시에 계속해서 P와 C의 긍정적인 면을 통합해 나간다.

그리고 1차 구조분석에서의 C 자아상태를 이차 구조분석에서는 C_2라고 명명한다. 이것은 우리의 어린 시절로부터 나온 일련의 사고, 감정, 행동이다. 여기에서는 P_1, A_1, C_1으로 구분하여 보여 주고 있다. P_1은 C 자아 속의 P 자아로 마술적 부모(Magical Parent)라고 한다. 이것은 "나는 (무엇을) 반드시 해야 해(혹은 하지 말아야 해)."와 같은 말을 하며 우리 스스로에게 겁을 준다. 이는 금지명령과 부모 혹은 부모와 같은 역할을 한 사람의 특성을 환상적 또는 마술적으로 각색하기도 한다. A_1은 C 자아 속의 A 자아로서 작은 교수(Little Professor)라 부른다. 이것은 말하기 전 유아 시기에 발달된 첫 사고 영역으로, 즉각적으로 자신과 세상에 대하여 매우 관심이 있는 직관적이고 호기심 많고 창조적인 영역을 발전시킨다. 또한 직감에 의한 비논리적이고 때론 비언어적인 정보를 수집하며 활용한다. C_1은 C 자아 속의 C 자아로 신체적 어린이(Somatic Child)라 부른다. 이것은 우리의 타고난 자연적 어린이(Natural Child)로서 가장 오래되고 원시적인 자아상태이며 신체적 기능이나 욕구와 연결되어 있다. 종종 "나는 (무엇을) 하고 싶어." 혹은 "(무엇을) 하고 싶지 않아."와 같은 말을 한다. 〈표 12-2〉는 지금까지 설명한 2차 구조를 구성하는 자아상태들의 각각의 의미를 정리한 것이다(Berne, 1961; Babcock & Keepers, 1976; Woollams & Brown, 1978; Stewart & Joines, 1987).

<표 12-2> 이차 구조분석의 자아상태의 의미

2차 구조분석의 자아상태 의미			
P_2	P_3	부모자아 속의 부모자아	부모 혹은 부모와 같은 역할을 한 사람의 슬로건이나 명령이 우리의 부모자아로 투입된 내용을 담고 있다.
	A_3	부모자아 속의 어른자아	부모나 부모와 같은 역할을 한 사람의 어른자아의 내용이 우리의 부모자아로 투입된 것을 가리킨다.
	C_3	부모자아 속의 어린이자아	부모나 부모와 같은 역할을 한 사람의 어린이자아가 우리의 부모자아로 투입된 내용을 담고 있다.

<table>
<tr><td>A_2</td><td colspan="3">A_2의 내부는 P, A, C로 구분하지 않으며, 지금 여기의 상황에 적합한 자율적 상태로 현실적인 자료를 판단하고, 동시에 계속해서 P와 C의 긍정적인 면을 통합해 나간다.</td></tr>
<tr><td rowspan="3">C_2</td><td>P_1</td><td>어린이자아 속의
부모자아
또는 마술적 부모
(Magical Parent)</td><td>“나는 (무엇을) 반드시 해야 해(혹은 하지 말아야 해).”와 같은 말을 하며 우리 스스로에게 겁을 준다. 이는 금지명령과 부모 혹은 부모와 같은 역할을 한 사람의 특성을 환상적 또는 마술적으로 각색하기도 한다.</td></tr>
<tr><td>A_1</td><td>어린이자아 속의
어른자아
또는 작은 교수
(Little Professor)</td><td>말하기 전 유아 시기에 발달된 첫 사고 영역으로, 즉각적으로 자신과 세상에 대하여 매우 관심이 있는 직관적이고 호기심 많고 창조적인 영역을 발전시킨다. 직감에 의한 비논리적이고 때론 비언어적인 정보를 수집하며 활용한다.</td></tr>
<tr><td>C_1</td><td>어린이자아 속의
어린이자아
또는 신체적 어린이
(Somatic Child)</td><td>가장 오래되고 원시적인 자아상태로서 신체적 기능이나 욕구와 연결되어 있다. 자연적 어린이(Natural Child)로서 우리의 타고난 자아상태다. 종종 “나는 (무엇을) 하고 싶어.” 혹은 “(무엇을) 하고 싶지 않아.”와 같은 말을 한다.</td></tr>
</table>

3) 3차 구조분석

성인의 정신 내부의 내용을 보여 주는 P_2, A_2, C_2의 기본 틀 중에서 C_2는 P_1, A_1, C_1으로 나뉘고, 더 나아가 C_1은 출생부터 생후 6개월 사이에 자아상태의 발달과 체내화(incorporation: 대상을 자신의 내부로 받아들이는 것)를 보여 주는 P_0, A_0, C_0로 나뉜다. 쉬프 등(Schiff et al., 1975)은 P_0, A_0, C_0를 포함하는 구조를 3차 구조분석이라 하였다. 이 다이어그램은 어떻게 자아가 다양한 발달 상태에서 정해지는가를 보여 준다. 이것은 또한 성인으로서 우리가 가지고 있는 초기 어린이를 증명한다.

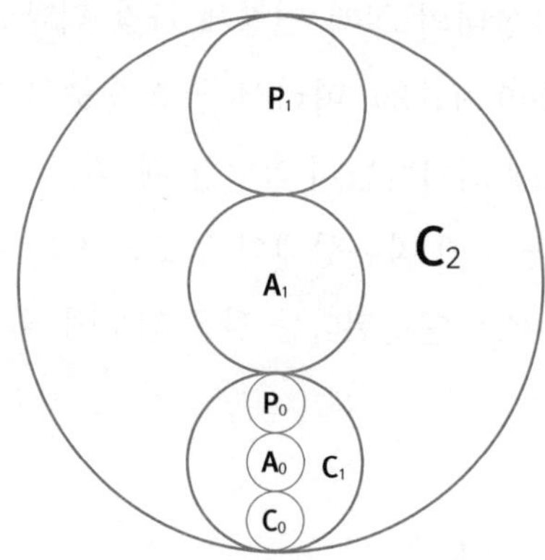

[그림 12-4] 3차 구조분석

* 출처: Schiff et al. (1975). *Cathexis Reader*, p. 25.

4 자아상태 구조의 발달과 통합 A 자아

1) 자아상태 구조의 발달

번(1969)에 의하면, P_0는 출생 시의 P 자아의 모습으로서 아이가 성숙해지면서 P_0에서 P_1으로, 그리고 P_2로 나아간다. A_0는 출생 시 A 자아의 모습으로서, 아이는 성숙해 가면서 A_0에서 A_1으로, 그리고 A_2로 나아간다. C_0는 출생 시 C 자아의 모습으로서, 아이가 자라가면서 C_0에서 C_1, C_2로 나아간다.

다시 말하자면, 초기 자아상태의 구조는 후기 구조의 원형을 형성하며 범주에 따라 연결된다. P_0, P_1, P_2는 모두 연결되며 내면화된 '타인'을 나타낸다. P_0, P_1은 매우 초기에 내사된 것으로 '타인을 통제하는 정서(Schore, 1999)'를 나타내는 것으로 생각될 수 있다. 이는 신경의 발달 과정을 통해 자신의 일부로 내면화되거나 경험된 부모를 감정적으로 가지고 있는 것으로 볼 수 있다. C_0, C_1, C_2는 모두 연결되어 있으며 개인사적으로 경험된 자기 자신이다. A_0, A_1, A_2도 모두 연결되어 있으며 각각은 집중된 자아상태의 실제 연령에 가장 적합한 연령이다(Hargaden & Sills, 2002; Widdowson, 2010 재인용). 따라서 구조 수준의 진단을 위하여 내담자의 경험이 어느 수준의 구조에 위치하는지 확인할 때, 각 구조 수준들은 어느 정도 중복되는 부분이 있다. 또한 초기 자아상태의 구조는 후기 자아상태 구조의 원형을 형성하므로 범주에 따라 서로 연결된다는 것을 염두에 둘 필요가 있다.

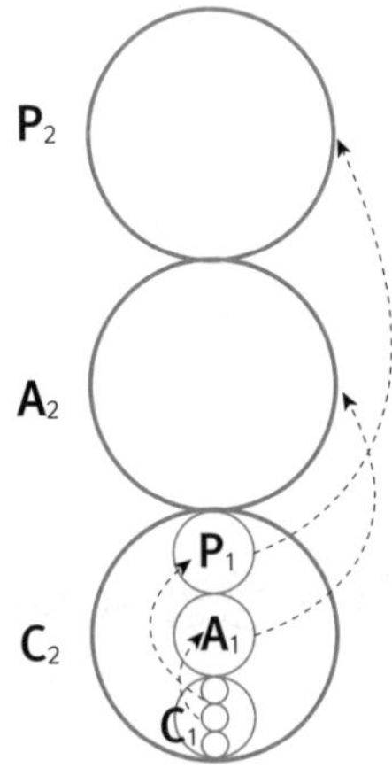

[그림 12-5] 자아 구조의 발달

2) 통합 A 자아

TA의 치료 과정은 C 자아의 혼란을 줄이고, 고착된 방어를 이완시키고, C 자아와 P 자아 사이의 내적 갈등을 해결하기 위하여 P 자아를 수정하고, 해로운 P 자아의 활동을 해제하여, 모든 삶의 경험을 A 자아(neopsychic)로 통합함으로써 전체적이고 응집력 있는 자기로 만드는 것이다(Erskine & Moursund, 1988; Erskine, 1991). 하지만 A 자아의 오염을 해제하고 장애물들을 제거하는 것만으로 개인의 성장과 풍요로운 삶이 주어지는 것은 아니다.

번(1961; 1972)은 2차 구조분석에서, A 자아는 지금-여기에서 단순히 컴퓨터와 같은 객관적 데이터 처리뿐만 아니라, P 자아의 긍정적 특성인 에토스(ethos)와 C 자아의 긍정적 특성인 파토스(pathos)를 통합적으로 보여 줄 수 있어야 한다고 말한다. 에토스는 윤리적인 책임, 도덕성, 용감성, 성실, 충성, 신뢰 등을 포괄한다. 파토스는 개인적인 매력, 민감성, 동심, 솔직함, 연민 등과 관련되어 있다. 이것은 편견과 선입견을 가진 어떤 특정한 대상, 지역, 국가 등에 한정되는 것이 아니라 세계적인 것이고 존재적인 차원인 것이다.

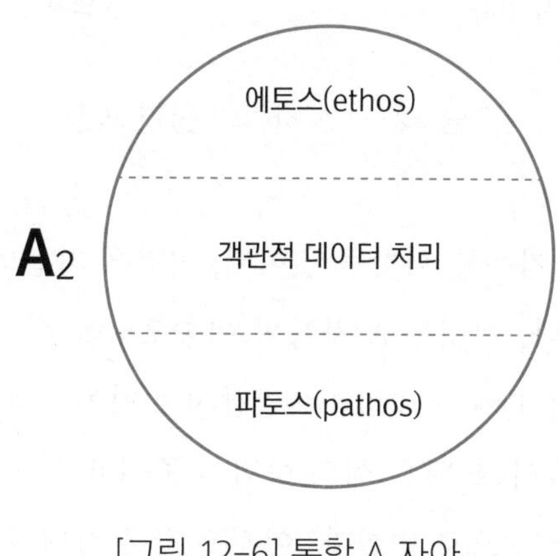

[그림 12-6] 통합 A 자아

통합된 A 자아를 가진 사람도 간혹 P 자아와 C 자아의 오래된 행동들로 되돌아가려 하기 때문에 완전한 통합은 어렵다. 그러나 우리가 통합되어질수록 우리는 더욱더 성숙한 사람이 되어 갈 것이다. 그리고 우리는 자신과 이웃에게 더 많은 책임을 지게 될 것이며, 세상 속에서 타인과 더불어 자기 자신을 실현하는 사람이 될 것이다. [그림 12-7]은 A 자아의 통합과정을 나타낸 것이다(James & Jongeward, 1996).

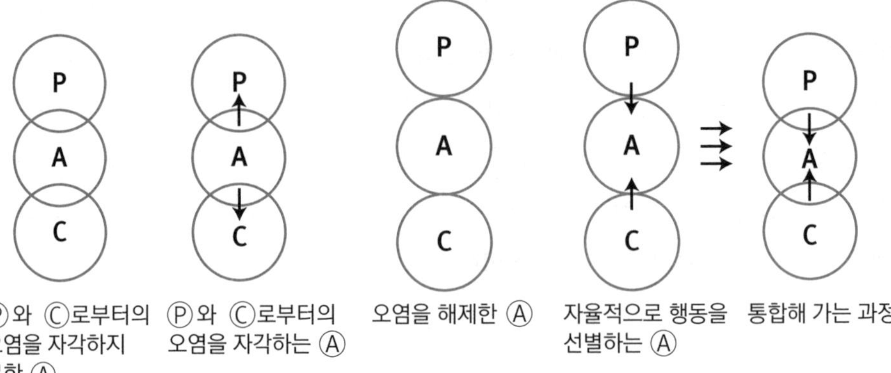

Ⓟ와 Ⓒ로부터의 오염을 자각하지 못한 Ⓐ　Ⓟ와 Ⓒ로부터의 오염을 자각하는 Ⓐ　오염을 해제한 Ⓐ　자율적으로 행동을 선별하는 Ⓐ　통합해 가는 과정

[그림 12-7] A 자아의 통합 과정

TA의 목적은 변화의 자유를 되찾는 것이며, 이것은 자신의 선택권(option)을 자각하는 것에서 시작된다. 이것은 A 자아의 이중오염을 해제하고 새로운 심리 능력(Neopsychic capability, Erskine, 2003)을 발달시켜 자아상태를 건강하게 통합하도록 돕는 것이다. 사람들이 또 다른 삶의 방법이 존재한다는 사실을 이해하면서 자기부정의 태도는 자기긍정으로 변한다. 이것은 각본 상태에서 살아가는 우리들을 순간순간 OK-OK의 새로운 존재 방식으로 여기-지금을 살아가도록 돕는다. 이때 세상은 우리에게 창조적인 놀이터가 될 것이고, 우리는 자기 자신이 되어 인생을 즐길 것이다.

실습

1. 자신의 재순환 발달 사이클에 대하여 생각해 보고 옆 사람과 이야기를 나누어 보자.

2. 자신의 통합 A 자아를 구성해 보자.

제13장 각본시스템

얼스킨(Erskine, 1980)은 각본을 "모든 발달 연령에서 압력하에 만들어진 내사 또는 방어적 반응에 기초한 인생 계획으로, 자발성을 억제하고 문제 해결과 사람들과 관련된 유연성을 제한한다(Script is a life plan based on introjections and/or defensive reactions made under pressure, at any developmental age, which inhibit spontaneity and limit flexibility in problem solving and in relating to people)."라고 정의하였다. 그는 이와 같은 정의를 통해 번의 자아상태와 인생각본에 근거한 심리역동과 심리치료 방법에 대한 논의의 근거를 제공하였다. 그는 각본에 속박된 개인에 의해 유지되는 감정, 사고, 행동의 자기-강화적인 왜곡된 시스템을 '각본시스템(script system)'[1]이라 부른다. 각본시스템은 개인이 일생 동안 어떻게 자신의 각본을 유지하는지를 보여 주는 모델이다(Erskine, 1979). 이 장에서 소개할 각본시스템은 에릭번기념과학상을 수상한 얼스킨과 잘크맨(Erskine & Zalcman, 1979)의 논문 「라켓시스템: 라켓분석을 위한 모델(The Racket System: a model for racket analysis)」로부터 주로 가져온 것으로, 개념을 이해하는 데 도움이 될 만한 내용과 사례를 좀 더 추가하였다.

---

1) 『라켓시스템』의 저자인 얼스킨(1993; 2010)은 이후에 TA 용어의 국제적인 통일을 위하여 미속어인 '라켓'이라는 용어의 사용을 지양하면서 라켓시스템을 '각본시스템(script system)'으로, 라켓분석을 '심리역동분석(intrapsychic analysis)'으로 수정하였다. 이에 이 교재에서도 기존의 '라켓시스템'을 '각본시스템'으로, 라켓분석을 '심리역동분석'으로, '라켓 표현'을 '각본표현'으로, '라켓감정'을 '각본감정'으로 용어를 변경하였다.

라켓분석, 즉 심리역동분석(intrapsychic analysis)은 각본과 관련된 심리 내적 과정 및 행동을 포함하여 사람들이 각본을 유지하고 진행하기 위하여 어떻게 자신의 경험을 왜곡하고 정교화하는지를 설명한다. 심리역동분석은 자아상태의 관점에서 설명될 수 있고, 이것은 교류, 게임, 각본은 아니지만 이들에게 영향을 미치거나 이 현상들의 일부분으로서 작용할 수 있다. 그러므로 인간 행동과 관련된 사회정신의학적 역동에 관한 이론 체계인 구조분석, 고유의 교류분석, 게임분석, 각본분석과 관련될 수 있다. 중요한 것은 심리역동분석은 교류분석의 치료 단계로서 치료 상황에서 치료 계획을 명확히 하는 데 도움을 주며, 자아상태의 탈오염 혹은 탈혼란을 촉진시켜 각본의 변화를 훨씬 더 용이하게 할 수 있다는 점이다. 심리역동분석은 각본분석에 선행되며 다음의 분석을 포함시킨다.

1. 사고, 감정, 그리고 신체적 반응: 이것은 사회적 교류에서 중재변수로 작용되며, 사람들은 이러한 개인의 내적 과정을 통하여 자신의 경험에 대한 지각과 해석을 구조화한다.
2. 행동 현상: 이것은 심리역동적 과정과 직접 관련되는 일련의 교류의 한 부분이거나 혹은 분리된 사건이다.

1 각본시스템의 구성 요소

각본시스템은 인생각본의 심리 내적, 행동적 그리고 생리적 차원들 간의 체계적인 역동을 이해하기 위한 모델이다. 이것은 인생각본의 핵심을 형성하는 심리 내적 반응(방어적 결론과 결정)과 내사(introjections)가 어떻게 각본신념으로 구조화되는지, 이 각본신념이 어떻게 행동, 공상 그리고 생리적 긴장 안에서 드러나는지, 그리고 각본신념을 강화시키기 위해 개인이 어떻게 자신의 경험을 지각하고 해석하는지를 다이어그램으로 보여 준다. 그것은 어떻게 각본이 여기 지금의 현실에서 지속되고 있는지를 생생하게 묘사한다(Erskine, 1993). 각본시스템의 구성 요소로는 각본 신념과 감정(scrip belief and feeling), 각본표현(scripty display), 강화하는 기억(reinforcing memory)이 있으며 이 세 가지는 서로 밀접하게 관련되어 있고 상호 의존적이다.

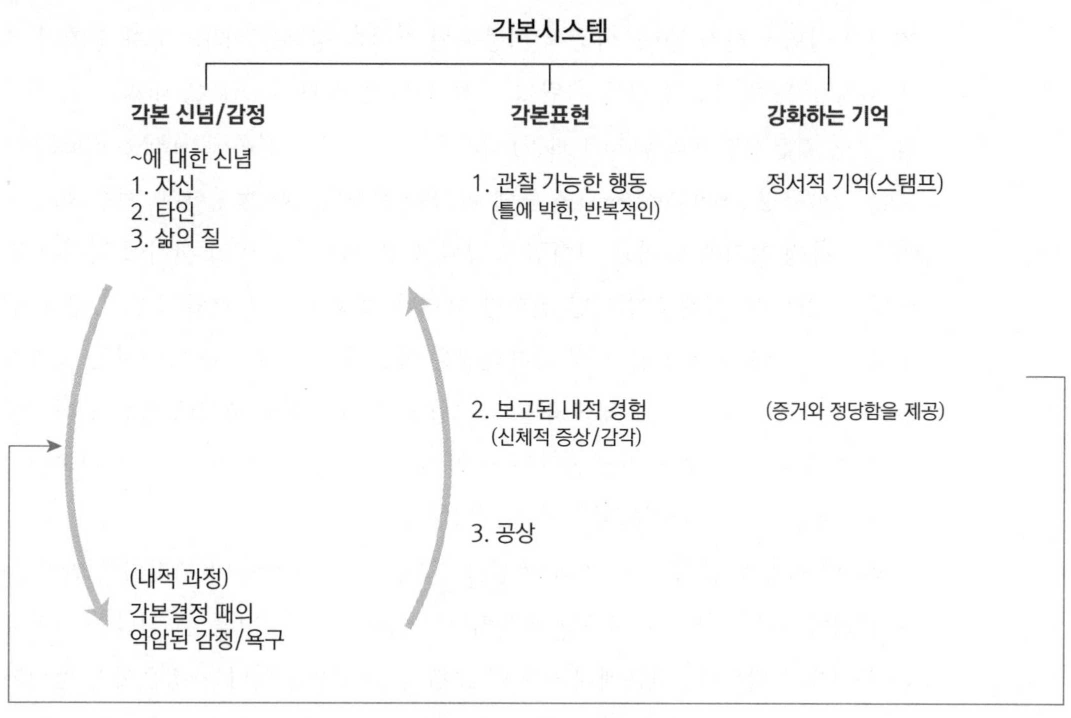

[그림 13-1] 각본시스템

1) 각본신념과 감정

각본신념과 감정은 각본결정을 지탱해 주는 P 자아와 C 자아에 의한 A 자아의 이중오염을 말한다. 각본신념은 자신과 다른 사람 그리고 세상에 대한 모든 생각을 포함한다. 그것은 어린아이가 부모의 프로그래밍(금지명령, 대항금지명령, 속성)이나 정신적 외상에 의한 억압하에 있을 때, 그리고 감정 표현이 욕구 충족을 가져오지 못할 때 만들어지기 시작한다.

(1) 각본신념

아동의 감정이나 욕구가 해소되지 않고 미완결된 채로 남아 있게 되면(게슈탈트가 완결되지 않는다면), 이때 억압된 에너지는 완결되기 위하여 생리적이거나 인지적인 시도를 하게 된다. 아동이 미충족된 자신의 경험을 이해하고자 인지적 조정 과정을 통해 자신과 다른 사람 그리고 삶의 질에 대한 결론을 내리는데, 이것을 '핵심 각본신념(core script beliefs)'이라 한다. 즉, 생존결론(survival conclusions) 또는 각본결정(script decisions)을 통해 확고한 게슈탈트를 형성한다. 보통 이것은 아동의 특정 시기에 일어난 것처럼 설명되고 있지만 사실 여러 시기에 걸쳐서 일어날 수 있으며, 실제로 일어난 일뿐만 아니라 공상에 의한 것일 수도 있음을 염두에 두는 것이 중요하다. 핵심 각본신념은 아동의 사고 수준과 일치하는 실질적인 용어로 표현되며, 일단 채택되면 그 사람의 주된 관심과 해석에 영향을 미치게 된다. 아동은 점차 핵심 각본신념을 재확인하고 정교하게 다듬는 '지지 각본신념(supporting script beliefs)'을 추가하기 시작한다.

정은의 사례를 살펴보자. 30대 여성인 정은은 다른 사람들이 부러워할 만큼 멋진 커리어우먼이지만 늘 외롭고 우울하다. 정은이가 태어났을 때 엄마는 딸이라는 사실에 실망했다. 정은에게는 이미 오빠가 있었지만 엄마는 정은이가 딸이기보다는 아들이기를 원했다. 그녀는 어린 시절의 두 개의 장면을 떠올렸다. 하나는, 그녀가 4세 때 남동생이 태어났고 엄마는 집안일을 도울 도우미를 고용했다. 정은이는 도우미를 많이 의지하였던 것 같다. 어느 날 저녁 무렵 정은이는 갑자기 떠나는 도우미의 뒤를 좇아가며 가지 말라고 매달렸지만, 그녀는 어린 정은이의 손을 뿌리치고 어둠 속으로 사라졌고 정은이는 그 자리에 홀로 남겨졌다. 또 하나의 장면은 6세 즈음 정은은 사과를 먹다가 갑자기 토하면서 놀라 울었는데, 엄마는 "뭘 잘했다고 울어!"라고 소리치며 그녀의 따귀를 때렸다. 그녀는 그 순간에 너무 놀라 아무것도 느낄 수가 없었지만, 이후 생각해 보면 자신이 하찮은 존재로 느껴졌으며 엄마에게 돌봄받고 싶은 욕구는 슬픔과 두려움과 함께 억압되었다고 한다. 성장하면서 그녀는 집안일로 분주한 엄마를 줄곧 도와야 했지만, 엄마는 여전히 오빠와 남동생에게 더 많은 관심을 두었다.

이러한 모든 과정에서 그녀는 "나는 소중한 사람이 아니야(핵심신념)." "딸보다는 아들이 더 중요하니까(지지신념)."의 결론을 내림으로써 자신의 미해결된 욕구를 이해하려 하였다. 그리고 타인에 대해서도 "사람들은 나를 좋아하지 않아(핵심신념)."와 "부모님은 딸인 나보다는 아들인 오빠와 동생을 더 좋아해. 나에게는 관심도 기대도 없어(지지신념)."라는 각본신념을 형성하게 되었다. 또한 "세상살이는 의지할 데가 없어 힘들어(핵심신념)."와 "어차피 사람은 누구나 홀로서기를 해야 해(지지신념)."라는 삶의 질에 대한 각본신념을 형성하게 되었다. 이러한 각본신념을 바탕으로 그녀는 "세상에서 당당하게 인정받으며 살아가려면 남자들처럼 강하고 특별한 사람이 되어야 해. 그리고 의지할 사람이 없는 나는 이것을 혼자 힘으로 해낼 수밖에 없어."라고 자신의 좌절된 욕구를 스스로 충족시키려는 결단에 따른 각본을 쓰게 되었다.

(2) 각본신념과 억압된 감정의 재순환

수년이 지난 뒤 각본결정 때에 느꼈던 것과 유사한 감정을 경험하게 되면 각본신념이 자극될 수 있다. 또한 각본신념이 활성화될 때 그와 연관된 억압된 감정이 자극될 수 있다. 이때 억압된 감정을 진정한 감정이라 한다(이후에 양육환경의 영향으로 인위적으로 형성되거나 덧입혀진 감정을 각본감정이라 한다). 각본신념과 억압된 감정이 심리역동적 과정에서 A 자아를 이중오염시키고 있는 한, 그것은 새로운 정보와 경험으로 갱신될 수가 없다.

예를 들어, 정은이가 직장 상사의 꾸지람을 들을 때 상사가 자신을 하찮게 여기는 것이라 해석한다면, 그녀는 그 순간 마음속으로 '상사는 내가 여자라서 못마땅해하고 무시하는 걸 거야, 어떻게 그럴 수 있지? 그건 부당한 거야.'라는 설명으로 분노할 것이다. 하지만 더 깊은 수준에서는 심리역동적으로 '나는 중요한 사람이 아니야. 그래서 사람들은 나를 좋아하지 않아. 세상살이는 의지할 데가 없어서 힘들어.'라는 각본신념과 억압된 상처와 슬픔이 '재순환'하게 된다. 이 재순환 과정을 각본시스템에서는 점선 화살표로 표시하고 있다. 이것은 심리 내적 수준에서 자신도 모르게 진행된다. 이러한 재순환이 일어날 때마다 "세상에서 당당하게 사랑받으려면 남자들처럼 강하고 특별한 사람이 되어야 해. 기댈 사람이 없는 나는 이것을 나 혼자 힘으로 해낼수 밖에 없어."라는 방어적인 각본결정을 강화하고 유지시킬 것이다.

2) 각본표현

각본신념과 억압된 감정이 재순환할 때 동시에 각본표현(scripty displays)을 드러낼 가능성이 크다. 각본표현은 깊은 차원에서의 각본신념과 표면적 차원에서의 각본적 감정을 표현하는 명시적인 혹은 내적인 행동으로, 관찰 가능한 행동, 보고된 내적 경험, 공상 등으로 구성된다. 어린 시절에 습득한 각본표현들은 반복적으로 사용되며, 특히 각본신념에 대한 도전적 상황에서 더욱 그렇다. 청소년기와 성인기를 거쳐 가족 내에서 그리고 가족 밖 세상과의 접촉 상황에서 이러한 각본표현의 레퍼토리는 증가되거나 감소될 것이다.

(1) 관찰 가능한 행동들

관찰 가능한 행동들은 개인의 심리역동적 과정의 직접적인 결과로 그 사람의 말, 문장 유형, 목소리 억양, 감정 표현, 손짓과 몸의 움직임과 같은 관찰이 가능한 행동들이다. 예를 들어, 어떤 사람이 '나는 어리석다.'라고 믿고 있을 경우 "나는 모른다."라고 말하면서 각본신념에 정의된 방식대로 행동하거나, 혹은 '나는 틀렸다.'라고 믿고 있을 때 차분하고 멋지게 행동하며 각본신념에 맞서서 방어하려는 행동을 보일 수 있다.

아동은 자신이 믿고 있는 것을 확인할 수 있는 반응을 다른 사람으로부터 끌어

내기 위하여 어떠한 행동을 시험한다. 이러한 행동 선택은 부모나 부모와 같은 중요한 인물의 부모명령("남자는 울면 안 된다."), 금지명령("다시는 그렇게 하지 마라!"), 스트로킹("토라진 얼굴을 할 때 너무 귀엽다."), 속성("너는 주위에서 가장 거칠다.") 그리고 모델링("아빠의 불끈하고 화내는 모습은 항상 다른 사람의 주의를 끈다.") 등에 의해 영향을 받는다. 아동은 그러한 행동이 자신의 각본신념을 실행하거나 또는 방어를 할 수 있다는 마법적이고 자기중심적인 생각을 가지고 있다.

정은의 사례를 보면, 그녀는 어린 시절 여자이기 때문에 중요한 존재가 아니라는 것에 상처받았고 슬펐다. 그녀는 이것에 대한 방어로 남자처럼 강하고 중요한 사람이 되기로 결정하였다. 그녀는 자신의 약점이나 힘든 점을 노출하지 않고 다른 사람에게 도움을 요청하지 않았다(금지명령: 느끼지 마라, 가까이 하지 마라, 아이처럼 굴지 마라/부모명령: 강하라), 그녀는 주로 정장 차림으로 자신의 강하고 공식적인 이미지를 표출하였으며(금지명령: 여성이 되지 마라), 또한 부당하다고 생각되는 경우 대항하여 맞서는 전투적인 상황들을 종종 연출하였다(모델링: 아빠의 불의에 굽히지 않는 의분/속성: 너는 똑똑한 아이야. 겁이 없어). 초등학교 시절부터는 줄곧 담임선생님을 돕거나 학급 친구들을 감동시키면서 어떻게든 자신의 존재를 특별하게 드러내는 데 많은 에너지를 사용하였다(스트로킹: 착하다, 특별나다. 귀엽다/부모명령: 기쁘게 하라, 완전하라). 그러나 그녀는 종종 방황하였고 외로워 보였고 슬퍼 보였다(모델링: 엄마의 외롭고 서글픈 모습).

(2) 보고된 내적 경험

아동의 감정이나 욕구가 해소되지 않고 미완결된 채로 남아 있을 때, 억압된 에너지는 완결되기 위하여 인지적인 시도와 또 다른 방법으로 생리적인 시도를 하게 된다. 인지적 조정 과정을 통하여 각본신념을 만들어 낸다면, 생리적인 조정 과정을 통해서는 신체적 긴장감이나 불편감을 만들어 낸다. 개인은 관찰 가능한 행동에 덧붙여 심리 내적 과정에 대한 신체적 반응이 있을 수 있다. 이것은 외부에서 관찰할 수는 없지만 당사자의 직접적인 보고를 통해 알 수 있는 것으로, 뱃

속의 더부룩한 느낌, 감지된 체온 변화, 근육의 긴장 증가, 심장의 두근거림, 두통, 과민성 대장염 등이 있을 수 있다. 이러한 내적 행동은 각본 신념/감정을 명확하게 보여 주며 각본을 유지한다.

정은은 아주 어린 시절 사과를 먹다가 토하는 바람에 엄마에게 따귀를 맞은 적이 있었다. 그것은 그녀에게 정신적 외상이 되었다. 성인이 되어 그녀는 사과를 먹지 않았으며, 부담스러운 사람들과 식사를 하게 될 때는 위장이 긴장되어 더부룩하거나 체하였다. 뿐만 아니라 중요한 사람이 되기 위하여 늘 애쓰며 사는 그녀의 삶의 스타일(강하라, 기쁘게 하라. 완전하라)은 그녀의 감정과 욕구를 억압한 채로 그녀에게 쉼을 주지 못하였으며, 그것은 어깨와 등 근육의 뭉침과 심장의 무리를 가져왔다.

(3) 공상

개인은 명시적인 행동이나 신체적인 활동이 없을 때, 또는 다른 사람과 교류하고 있지 않을 때, 각본신념과 동조적인 자신 혹은 다른 사람의 행동에 대한 어떠한 공상(fantasies)을 하거나 환각에 빠질 수 있다. 때로는 반각본적인, 즉 마법적으로 부모가 변화되거나, 새로운 아동기가 허락되거나 혹은 마술적 전이가 일어나기를 간절히 바랄 수 있다. 이러한 공상화된 활동은 각본 신념/감정을 강화하는 데 효과적으로 작용하며, 어떤 경우에는 심지어 보이는 행동보다 더욱 강하게 영향을 미친다.

정은은 반각본적인 공상을 하곤 한다. 예를 들어, '나의 진짜 엄마가 언젠가는 내 앞에 나타나서 나를 안아 줄 거야.' '다른 부모에게 다시 태어나서 사랑받으며 살고 싶어.' '자고 일어나면 모든 상황이 바뀌는 기적이 일어났으면 좋겠어.' 등이다. 또는 자신이 유명한 사람이 되어 많은 사람들 앞에서 박수갈채를 받는 상상이나, 반대로 자신의 한계에 부딪혀 사람들의 기대를 충족시켜 주지 못할 경우 사람들이 그녀에게 실망하여 떠나는 상상을 하곤 한다.

3) 강화하는 기억

강화하는 기억(reinforcing memory)은 개인의 일생 중에 일어난 사건들에 대한 선택적 회상이다. 이것은 각본신념을 강화하고 종종 각본표현이나 각본감정을 동반한다. 기억에는 실제 또는 가상의 교류에 대한 축적된 정서적 기억, 내적인 신체적 경험에 대한 회상, 공상이나 꿈 혹은 환각의 잔여물 등이 포함된다. A 자아가 오염되었기 때문에 이러한 기억들 중 각본신념을 지지하는 기억만이 쉽사리 받아들여지고 각본신념을 부정하는 기억들은 종종 거부되거나 잊힌다. 또한 개인은 각본 동조적인 기억을 환상을 통해 창조하므로 기억의 왜곡이 일어날 수도 있다.

예를 들어, "아무도 나를 좋아하지 않아."라는 각본신념을 가진 사람에게 치료사가 "나는 당신을 좋아해요."라고 말한다면, 그 사람은 "당신은 감정을 실어서 말하고 있지 않기 때문에 당신의 말은 진심이 아니에요."라고 말하면서 자신의 각본신념과 그것과 연관된 슬픔을 계속 유지할 것이다. 그는 또한 "사람들은 믿을 수가 없어."라는 또 다른 각본신념으로 전환하므로 각본신념에 도전하는 기억들을 거부하고 A 자아의 오염을 지속하면서 각본에 빠져 계속 슬퍼할 것이다. 사람들은 때때로 사건의 구체적인 내용은 잊어버리고 감정적인 요소만을 기억하기도 한다. 그렇다 하더라도 각각의 기억은 자신의 경험과 연관된 감정적 요소를 가지고 있으므로 기억을 회상할 때마다 스탬프가 축적된다.

강화하는 기억은 각본신념에 대한 '피드백' 역할을 한다. 각본신념과 동조적인 기억이 회상될 때마다 그것은 자신의 오래된 신념에 대한 증거와 정당화를 제공함으로써 각본신념을 강화하고, 그다음은 각본결정 당시의 감정을 자극한다. 그 감정은 역으로 각본신념을 강화하고, 이러한 정신 내적 과정은 A 자아의 오염을 지속적으로 강화하고 유지하는 데 기여한다.

정은은 최근에 부모님이 오빠와 남동생의 경제적 문제를 걱정하는 장면을 떠올리면서 부모님이 유산을 아들들에게만 물려줄 것이라 확신하였다. 그러면서 과거에 부모님이 오빠의 성적에만 관심을 가졌고 자신의 성적은 궁금해하지 않았던 장면을 떠올렸다. 그러면서 어릴 적 사과를 먹고 토할 때 놀라 어찌할지를 몰라 울면서 엄마를 쳐다보았지만 도리어 혼이 났던 장면이 떠올랐다. 이것은 정은의 "나는 딸이라서 중요한 사람이 아니야." "부모는 나보다 아들을 더 좋아하기 때문에 무언가를 바라거나 의지할 수 없어" "세상은 나 혼자의 힘으로 살아가야 해"라는 각본신념을 증명하고 정당화하는 동시에 억압되었던 상처와 슬픔의 감정을 자극할 것이다. 이러한 심리 내적 과정은 A 자아의 오염을 유지하고 각본을 강화할 것이다. 다른 사례를 들어 보자. 준석이는 어린 시절 아버지에게 폭력을 당하고 있는 상황에서 어머니가 아무런 도움을 주지 못하는 장면을 기억할 때 "나는 무력해." "다른 사람은 의지할 수 없어." "세상은 무서운 곳이야."라는 각본신념이 자극될 것이고, 이것은 동시에 각본결정 당시 공포의 감정을 자극할 것이다. 이 감정은 다시 역으로 각본신념을 강화하면서 A 자아의 오염은 지속될 것이고, 이 사람은 계속 무력함과 공포의 감정 속에서 살아갈 것이다.

2 각본시스템의 사례

다음은 내담자가 어떻게 각본 신념/감정, 각본표현, 강화하는 기억 등을 통해 각본을 유지했는지를 보여 주는 각본시스템에 대한 사례이다.

루이스는 병약한 동생이 태어나면서 자신의 '밀쳐짐'에 근거하여 "나는 중요한 사람이 아니야."라는 결론에 이르렀다. 그 당시 어머니는 동생을 보살피느라 엄청난 스트레스를 받고 있었고, 아버지는 출장이 잦아서 힘든 어머니를 도와줄 수 없었다. "나는 중요한 사람이 아니다."라는 결정은 이후로도 연이어 동생들이 태어나면서 첫째인 루이스의 욕구가 무시되는 가정환경에서 강화되었고, 이것은 루이스에게 정신적 외상으로 남게 되었다. 루이스는 치료 과정에서 자신이 부모님의 비언어적인 태도를 통해 "중요한 사람이 되지 마라."라는 금지명령을 받은 경험을 이야기하였다. 그녀는 어린 시절 자신이 중요하게 여겨지지 못한 점에 대한 해결책으로 다른 사람 — 동생들과 부모님 — 을 돌보는 것을 선택하였고, 그것이 자신의 욕구를 어느 정도 충족시켜 줄 수 있다는 것을 발견하였다.

이러한 결단은 성인기에 그녀가 남을 돕는 직업을 선택한 것으로 가시화되었고, 그녀는 직장에서 보통 조용하게 뒤로 물러나 있었으며 다른 사람에게 양보를 하고 있었다. 그녀가 주변 사람들에게 받았던 사회적 반응은 무시당하고 자신이 원하는 것을 얻지 못한다는 것이었고, 그것은 결국 그녀가 중요한 사람이 아니고, 필요치 않으며, 다른 사람이 더 중요하다는 그녀의 신념을 강화시켜 주었다. 그녀의 정서적 행동은 슬픔이었고, 그녀는 오랜 기간 동안 우울과 심한 두통을 앓았다. 그녀의 공상은 그녀가 다른 사람들에게 잘 대해 주면 그들이 그녀를 사랑하고 보살펴 줄 것이라는 역각본이었다. 또한 그녀는 자신이 결국 혼자가 되어 가난하게 살면서 사랑받지 못한 상태로 생을 마감하는 자신의 각본결단을 지지하는 공상을 하였다.

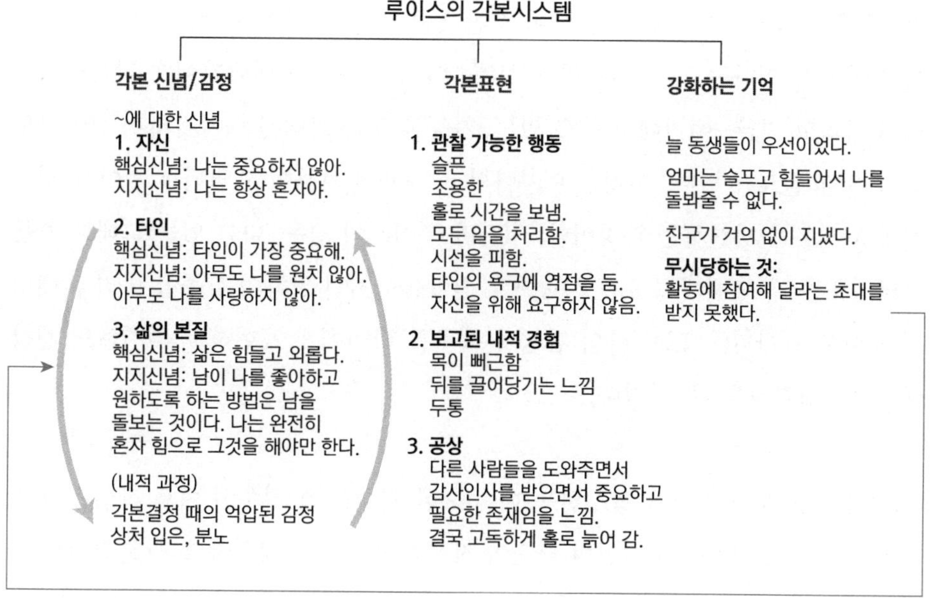

[그림 13-2] 루이스의 각본시스템

* 출처: Erskine, R., & Zalcman, M. (1979).

3 각본시스템으로부터의 자율성 회복

상담사는 내담자와 함께 각본시스템을 작성한다. 그리고 각본시스템의 흐름을 방해하는 인지적 · 행동적 · 감정적인 모든 수준에서의 치료적 개입을 한다. 이러한 치료적 개입은 어린 시절부터 디스카운트된 모든 영역에서의 개인의 자율적인 선택권을 회복시켜 줄 것이다. 즉, 그것은 그 사람의 각본신념과 연결되는 러버밴드(rubber band)를 끊어 내고 각본으로부터 자유로운 인생을 살 수 있도록 도울 수 있다. 각본시스템에서 벗어나기 위한 치료적 개입은 다음과 같다.

(1) '각본신념'은 다양한 정화작용을 통해 직접적으로 도전을 받을 수 있다. 내담자가 자신을 어떻게 묘사하는지에 기반하여 각본신념이 무엇일지 가설을 세우고 기록한 후, 그 가정된 신념이 특히 내담자가 스트레스를 받는 상황에서 활동적인지 여부에 대해 점검한다. 그런 다음 "이 신념이 오늘날 당신의 인생에서 정말인가요?"라는 직접적인 질문을 통하여 자신이 초기 어린 시절의 각본신념에 기초하여 살아가고 있다는 것을 자각하게 한다. 이때 상담사는 내담자에게 각본신념을 떨쳐 버리고 지금-여기에서 쓸모 있는, 가능한 모든 선택권을 자각하며 살아가도록 권유할 필요가 있다. 이것은 P 자아와 C 자아에 의하여 오염된 A 자아를 정화시키고 새롭게 갱신하는 과정이다. 정은과 루이스의 경우 "나는 있는 그대로 충분하다." 또는 "부모에게 중요한 사람으로 받아들여지기 위하여 감동을 주려고 애쓰지 않아도 괜찮다." 또는 "나의 감정과 욕구를 타인에게 표현하고 의지해도 괜찮다."라는 재결정을 할 수 있다.

(2) 정신 외상이 각본을 형성하는 데 중요한 역할을 한 경우의 치료 작업은 초기 결정을 강화시켰던 어린 시절의 일련의 정신적 외상을 재경험하고 '각본결정의 순간에 억압된 감정'에 초점을 맞추어 진행된다. 이때 내담자는 자신의 각본시스템에 중요한 변화를 만들어 낸다. 조기의 억압된 감정을 방출하는 것, 게슈탈트 작

업 그리고 본래의 감정을 표현하는 것은 종종 과거의 미해결된 상황을 종결시킨다. 그러므로 자신과 타인과 그리고 삶의 본질에 대한 새로운 결정을 내리게 하고 러버밴드를 단절하도록 돕는다. 정은의 경우는 부모에게 보살핌을 받지 못하고 하찮게 취급된 것에 대한 상처와 버림받아 세상에서 혼자가 되는 슬픔을 재경험하고, 어린 시절을 다시 되돌릴 수 없다는 것을 인정하고 그 상실을 애도할 필요가 있다. 루이스의 경우에도 보살핌을 받지 못했던 어린 시절의 정신적 외상을 재경험하고 내재된 분노를 표출하도록 한다.

(3) '각본표현'의 '관찰 가능한 행동들'에서는 행동의 변화에 초점을 둔 계약을 한다. 자신과 타인과 삶의 본질에 대한 신념의 새로운 변화를 지지하기 위하여 자신의 억압된 욕구를 파악하고, 그것을 충족하기 위한 새로운 행동 계약을 협상한다. 예를 들어, 사람들로부터 긍정적 반응을 경험하기 위하여 이전보다 더 나은 사회적 태도로 행동할 것을 계약할 수 있다. A는 자신의 감정과 욕구를 솔직히 표현하면서 타인에게 친밀하게 다가가는 행동을 계약할 수 있다. 루이스는 다른 사람에게 도움을 요청하는 것을 계약할 수 있다. 이와 같은 것은 다른 사회적 반응을 불러올 것이고, 따라서 '강화하는 기억'을 변화시킬 것이다.

(4) '각본표현'의 '보고된 내적 경험'은 신체 혹은 생리적 수준의 각본을 변화시키기 위한 기술을 통해 조치를 할 수 있다. 여기에는 근육 마사지, 바이오피드백, 생체에너지요법(bioenergetics), 요가, 명상, 표현적인 춤과 같은 신체적 운동 등이 있다. 정은은 스트레칭과 명상을 통해 몸과 마음의 긴장을 풀어 주고 호흡의 밸런스를 회복할 필요가 있다. 루이스의 경우, 뻐근한 목과 두통은 "인생은 힘들어."라는 각본신념을 강화하는 기억흔적을 만들었다. 이 경우, 자신을 억압시킨 것이 반영된 목 근육 마사지를 하는 것도 좋은 치료적 개입이 될 것이다.

(5) 각본 동조적인 '공상'은 자신의 현실적인 욕구가 충족되는 공상으로 바꾼다.

자신이 되고자 하는 모습을 현실에서 구현하기 위하여 시간 단위로 구체적인 계획을 세운다. 그리고 자신의 꿈이 이루어졌을 때의 모습을 오감을 사용하여 상상을 한다. 정은과 루이스는 둘 다 혼자가 되는 것에서 사랑받는, 인생을 즐기는, 자발적인 그리고 친밀하게 되는 것으로 공상을 바꿀 수 있다.

(6) 지난날들의 각본을 '강화하는 기억'이나 조만간 일어날 일에 대한 각본 동조적인 공상적인 기억은 더 이상 깊이 생각하지 말고 '지금-여기'에서 인생을 살아가도록 한다. 즉, 모든 스탬프를 놓아 버릴 때 각본시스템은 더 이상 효과적인 역할을 하지 못한다. 또 하나는 내담자가 기억하는 것과 실제로 일어났던 것, 그리고 그것의 의미 사이의 불일치를 직면하는 것도 효과적인 방법이다. 각본 동조적인 부정적 회상만을 붙들고 있다면 그 반대의 긍정적 회상을 찾아봄으로써 그 의미를 재해석할 필요도 있다.

실습

다음의 지시 내용에 따라 자기 자신의 각본시스템과 자율시스템을 만들어 보자.[2)]

1. 각본시스템 자기분석

(준비) 종이 위에 각본시스템 모형을 그린다. 각 항목의 아랫부분에 내용을 기록할 여유분을 충분히 남겨 둔다. 그리고 최근에 불만족스러웠거나 불쾌한 감정을 경험했던 상황을 떠올려 본다, 그리고 각본시스템의 세부적인 사항들을 재빨리 직관적으로 기록한다.

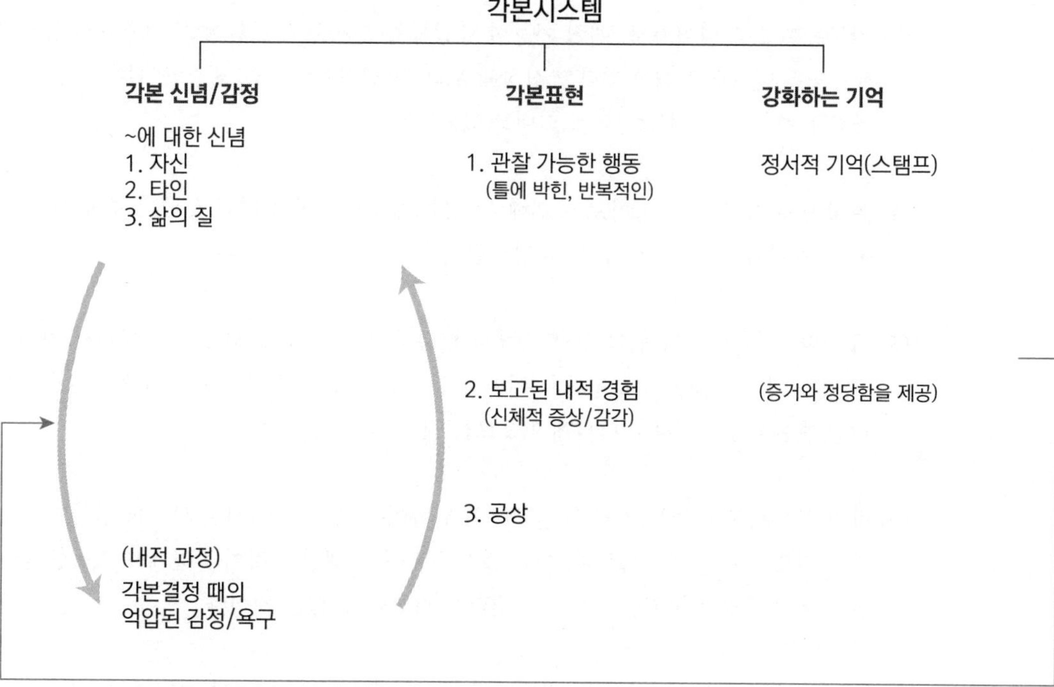

2) Zalcman이 워크숍에서 제시한 것을 Stewart, Lee, Brown 등이 수정, Ian Stewart & Vann Joines, TA Today, 2012에서 재인용함.

(1) '각본신념'을 알아내기 위하여 나 자신에게 질문한다. "그 당시 마음속의 혼잣말은 무엇이었는가? 자기 자신에 대하여, 관련된 주변 사람들에 대하여, 그리고 세상이나 삶에 대하여 마음속으로 어떤 말을 하고 있었나?"

(2) '각본결정 때의 억압된 감정'을 알아내기 위하여, 당신이 각본감정에 빠져들기 직전에 순간적으로 느꼈던 진정한 감정은 무엇이었는지 질문한다. 예를 들어, 화의 각본감정을 느끼기 직전 순간적으로 슬픔을 느꼈을 수 있다. 또는 자신이 지금 유아라고 생각하고 이와 같은 상황에서 주위의 시선을 전혀 의식하지 않고 자유롭게 감정 표현을 한다면 어떤 감정일까? 확신이 가지 않는다면 그 상황에서의 적절한 진정한 감정을 추측해 보라.

(3) '각본표현'으로 넘어가서, '관찰 가능한 행동들'을 알아보기 위하여 그 상황에서 당신의 행동들을 비디오로 찍고 있다고 상상해 보라. 당신의 말, 어조, 제스처, 얼굴 표정에 주목하라. 어떤 각본적 감정을 드러내고 있는가?

(4) '보고된 내적 경험'을 알아보기 위해 그 상황에서 당신의 신체적 불편에 주목하라. 두통, 울렁거림, 빼근한 목, 긴장, 무감각한 부분 등이 있는지 살펴보라.

(5) '공상'을 알아보기 위해 그 장면 속에서 다음과 같은 질문을 해 보라. "여기서 일어날 수 있는 최악의 것은 무엇인가?" "여기서 일어날 수 있는 최상의 것은 무엇인가?" 아무리 비현실적인 것이라도 머리에 떠오르는 것을 적는다.

(6) 마지막으로, '강화하는 기억'을 탐색하기 위하여 그 상황과 유사한 과거의 상황을 자유롭게 떠오르게 하여 기록한다. 최근 것이든 아주 오래전의 것이든 앞에서 기록한 동일한 각본적 감정과 동일한 신체적 불편함을 경험할 수 있을 것이다.

각본시스템 내용은 앞으로 지속적으로 수정 · 보완해 나갈 수 있다. 이것을 앞에서 분석했던 각본 매트릭스와 비교 검토하면 재미있을 것이다. 서로 공통점이 얼마나 있는가?

2. 자율시스템 자기분석

(준비) 종이 위에 자율시스템 모형을 그린다. 각 항목의 아랫부분에 내용을 기록할 여유분을 충분히 남겨 둔다. 이번에는 긍정적인 내용을 적는다.

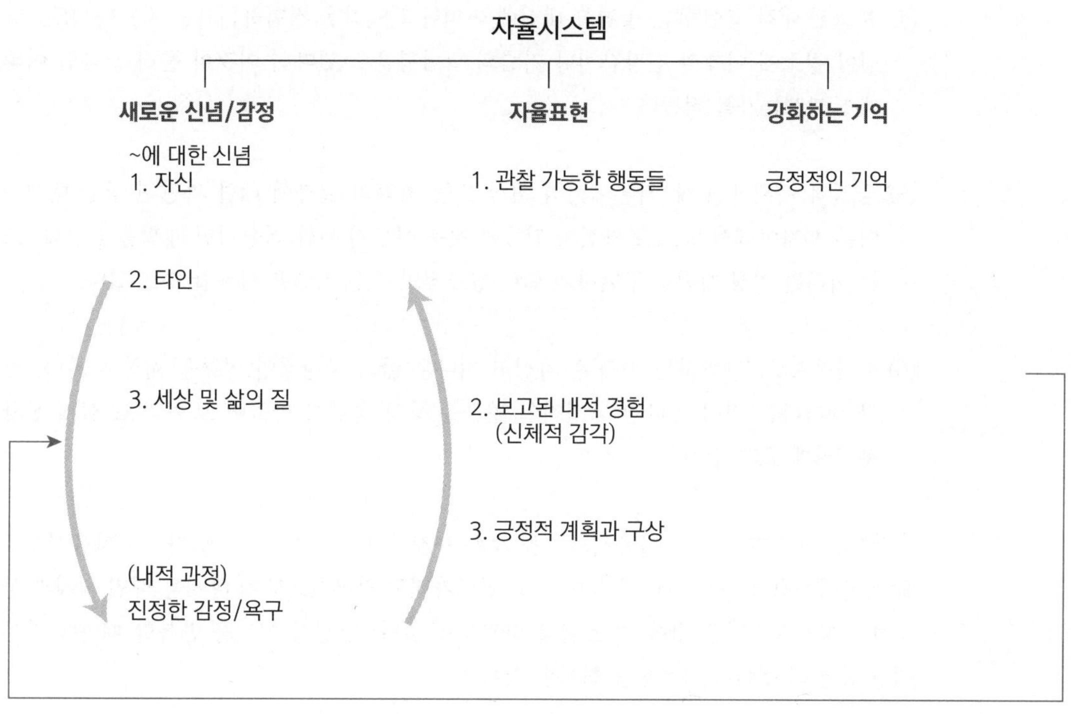

(1) '새로운 신념과 감정'에서 당신은 자신이 원하는 모습이 되기 위하여 기존의 신념을 새롭게 어떤 것으로 바꾸고 싶은가? 여기서 부정적인 말들은 피하고 긍정적인 말들로 적어라. 예를 들어, "나는 사랑스럽지 않아."를 "내 모습 그대로 충분하고 사랑받을 만한 가치가 있다."로 바꿀 수 있다. 타인에 대해서도 "다른 사람들은 믿을 수 없다."를 "다른 사람들은 믿을 만하고 가까이 다가가도 괜찮다."로 바꿀 수 있다.

(2) '진정한 감정/욕구'에는 과거의 각본신념과 연결된 해결되지 않은 상황을 종결짓기 위하여 그 당시의 자신이 원하는 진정한 감정과 욕구를 상상해 보고 기록한다.

(3) '자율표현'에서 '관찰 가능한 행동들'에는 자신이 각본적 감정(라켓) 대신 지금-여기에서의 진정한 감정을 표현한다고 가정했을 때 자신의 긍정적으로 변화된 관찰 가능한 말이나 제스처 등을 적는다.

(4) '보고된 내적 경험'에는 불편함 대신에 어떠한 편안함을 경험하는가를 적는다. 또는 당신이 평소에 어깨의 긴장감이나 가슴의 답답함을 느꼈다면 이것이 풀리고 나면 어떻게 느끼겠는가를 적는다.

(5) '긍정적 계획과 구상' 각본에서의 최상 또는 최악의 결과에 대한 과장된 상상 대신에 어른(A)자아에서 앞으로 자신이 원하는 것을 이루기 위한 건설적인 계획을 적는다. 또는 이러한 인생 계획을 구현하기 위한 창조적인 구상 기법을 사용할 수도 있다.

(6) 마지막으로, '강화하는 기억'은 자신의 지나온 삶의 긍정적인 일들을 회상해 본다. 만약 생각나는 것이 없다면 긍정적인 일들을 상상 속에서 만들어 보는 것도 실제 상황 못지않게 효과적이다.

당신은 지금까지 적은 자율시스템을 계속 수정하고 다듬어 갈 수 있다. 이 자율시스템을 각본시스템과 함께 나란히 붙여 두고 살아가면서 각본시스템에 빠져들 때면 이것과 상응하는 자율시스템을 찾아 그 흐름을 따르도록 한다. 당신이 이것을 반복할 때마다 각본에서 점점 더 벗어나 자율성을 회복할 것이다.

제14장 과정 각본

과정 각본이란 각본을 유지하기 위해 시간과 관련된 방식으로 삶을 구조화하는 하나의 방법이다. 이것은 개인의 실존적 삶을 구성하고 지배하는 것으로서 각본의 과정을 진행하며 대부분 게임의 형태를 띠게 된다. 과정 각본은 본래 번(1970)이 그의 마지막 해에『Sex in Human Loving』에서 처음으로 언급하였다. 번은 인생각본에 대한 연구에서 흥미로운 사실을 밝혀냈다. 그것은 인종, 국가, 나이, 성별, 문화, 그리고 교육 수준을 초월하여 오직 여섯 가지의 중요한 과정 각본의 형태만 보인다는 것이다. 각 개인은 과정 각본의 하나 또는 그 이상과 일치하는 방식으로 자신의 각본을 유지하고 있다.

1 여섯 가지 과정 각본

과정 각본(process script)의 여섯 가지 유형은 다음과 같다. 이 중 '거의'식 각본은 이후에 칼러(T. Kahler, 1975)가 '거의 I '식과 '거의II'식으로 구분하여 다시 제시한 것이다.

'까지(until)'식

'그 후(after)'식

'결코(never)'식

'항상(always)'식

'거의(almost)'식('거의 I'식, '거의 II'식)

'무계획(open-ended)'식

이 각각의 과정 각본은 각 과정에 대한 고유한 주제와 그 주제의 기원이 되는 그리스 신화를 하나씩 가지고 있다. 그리고 〈표 14-1〉과 같은 부모명령 각본이 존재한다. 다음에서 여섯 가지 과정 각본 유형에 대하여 알아본다(Stewart & Joines, 1987).

<표 14-1> 부모명령과 부모명령 각본신념, 그리고 과정각본

부모명령	부모명령 각본신념	과정각본
완전하게 하라	나는 모든 게 옳았을 때만 괜찮다(그러므로 무엇이든 끝내기 전에 아주 꼼꼼하게 체크해야 한다).	'까지'식, '거의 II'식, '무계획'식
기쁘게 하라	나는 다른 사람들에게 기쁨을 줄 때만 괜찮다.	'그 후'식, '거의 I'식, '거의 II'식, '무계획'식
강해져라	나는 오직 내 감정과 욕망에 사로잡히지 않을 때만 괜찮다.	'결코'식
열심히 하라	나는 오직 노력을 계속할 때만 괜찮다(그러므로 나는 내가 하려고 하는 것을 할 수가 없다. 왜냐하면 만약 내가 이 일을 성취하면 나는 더 이상 아무 것도 하지 않을 것이기 때문이다).	'항상'식, '거의 I'식
서둘러라	나는 오직 서두를 때만 괜찮다.	-

* 출처: Stewart (1996)와 Kahler (1974; 1978) 참조.

1) '까지'식 각본

'까지'식 각본('until' script)이란 "나는 내 일을 끝마칠 때까지는 즐길 수가 없어

요."를 진행하며 유지하는 형태를 말한다. 즉, "내가 해야 할 것을 끝마칠 때까지는 하고 싶은 것을 할 수 없다."의 각본신념을 따르고 있는 것이다.

> "설거지를 다 끝낼 때까지는 커피를 마실 수 없어."
> "나는 이 일을 완수할 때까지는 다른 것을 해서는 안 돼."
> "아이들을 결혼시킬 때까지는 여행을 갈 수 없어."
> "죽는 날까지 일을 해야 해. 죽은 후에는 실컷 쉴 수 있으니까."

'까지'식 각본을 가진 사람은 일생 동안 '까지'의 나날을 기다리면서 그 사이에 더 짧은 '까지'식 각본을 진행하고 있다. 이때 그의 AC 자아는 '완전하게 하라'의 부모명령을 듣고 있으므로 말을 할 때 상대방에게 완전하게 의사전달을 하기 위하여 불필요한 삽입구를 종종 사용한다. '까지'식 각본은 헤라클레스 신화와 관련이 있다.

'까지'식 각본의 그리스 신화: 헤라클레스

그리스의 영웅 헤라클레스(Hercules)는 인간 알크메네와 제우스신 사이에서 태어난 혼외 아들이다. 그는 제우스의 아내인 여신 헤라의 미움을 받아 열두 가지 힘든 과업을 수행해야만 하였다. 그는 이 힘든 과업을 모두 완수하고 마지막으로 인간의 모습을 불사를 때까지는 천상으로 올라가 온전한 신이 될 수 없었으며 헤라와 화해를 할 수 없었다.

2) '그 후'식 각본

'그 후'식 각본('after' script)이란 "나는 오늘은 즐겁게 보낼 수 있어요. 하지만 내일(그 후에) 그것에 대한 대가를 지불해야만 할 거예요."를 진행하고 있는 형태를

말한다. '그 후'식 각본 유형은 '까지'식 유형의 반대다.

> "오늘 저녁에 술 마시고 즐긴다면, 내일은 하루 종일 엉망이 될 거야."
> "내가 지금 너의 일을 도와준다면, 나중에 집에 가서 녹초가 되어 아무 것도 못 할 거야."
> "나는 지금 놀고 싶어. 그러나 대입 수능 시험을 망칠 거야."
> "당신이 결혼한다면, 그 후 인생의 무덤이 시작될 거야."

'그 후'식 각본을 가진 사람은 기분 좋은 내용으로 대화를 시작하다가 그 후에는 '그러나' 라는 전환이 오면서 결국 우울한 내용으로 말이 끝난다. '그 후'식 각본이 진행될 때 그의 내면에서는 '타인을 기쁘게 하라'의 부모명령도 함께 진행된다. 그는 처음에는 타인을 기쁘게 하기 위하여 최선을 다하다가 결국 지치거나 실망하는 부정적 경험으로 끝나게 된다. '그 후'식 각본은 다모클레스 신화와 관련되어 있다.

'그 후'식 각본의 그리스 신화: 다모클레스

다모클레스(Damocles)는 그리스 디오니시오스 왕의 신하이다. 그는 줄곧 왕에게 아첨하였고 호화로운 왕의 자리를 질투하며 부러워하였다. 이것을 눈치 챈 왕은 다모클레스를 왕좌에 앉혔고, 다모클레스는 몹시 기뻐하였다. 그때 왕은 그에게 위를 바라보라고 말하였다. 그의 머리 위에는 한 가닥의 말 털에 매달려 번뜩이는 칼이 걸려 있었다. 그가 고개를 들어 그 칼을 본 순간, 그 후로 그는 더 이상 행복할 수가 없었다. 그는 그 칼이 언제 떨어질지 모르는 공포를 느끼며 우울하게 지내야만 했다.

3) '결코'식 각본

'결코'식 각본('never' script)이란 "나는 내가 원하는 것을 결코 가질 수 없어요."의 각본신념을 진행하고 있는 형태를 말한다. 그는 사랑을 하고 싶다고 말하지만, 결코 이성을 만날만한 기회를 찾거나 도전하지 않는다. 또한 여행을 가고 싶다고 말하지만, 결코 여행을 위한 경비를 모으거나 여행 정보를 탐색하지 않는다.

'결코'식의 각본을 가진 사람은 반복적으로 부정적인 이야기를 자주한다. 그러나 그 문제를 해결하기 위하여 어떠한 적극적인 요구나 행동을 하지는 않는다. 그의 AC 자아는 '강해져라'의 부모명령을 듣고 있으므로 그는 주변 사람들에게 스트로크를 원할 때라도 무표정한 얼굴로 전혀 그 단서를 상대방에게 주지 않는다. '결코'식의 각본은 탄타루스 신화와 관련되어 있다.

'결코'식 각본의 그리스 신화: 탄타루스

어느 날 탄타루스(Tantalus)는 먹으면 죽지도 않고 늙지도 않는다는 제우스신의 음식을 훔쳐 먹었다. 그 죄로 그는 평생 목마르고 배고파하는 처벌을 받게 되었다. 그는 물웅덩이의 중앙에 영원히 서 있게 되는데, 한쪽에는 물 항아리가 있고 다른 한쪽에는 나무 열매가 주렁주렁 달려 있었다. 그런데 그가 물을 마시려 하면 물 항아리가 뒤로 물러나고, 나무 열매를 따먹으려 하면 열매가 뒤로 물러나서 매번 실패하게 된다. tantalizing(감질 나는, 애간장을 태우는, 자극하는)이라는 단어는 여기서 유래한 것이라 한다. 눈에 빤히 보이는데도 결코 마시지도 못하고 먹지도 못하는 고통을 의미한다.

4) '항상'식 각본

'항상'식 각본('always' script)이란 "나는 항상 이런 상황을 만들어 왔어요. 그리고 지금 거기에 머물러 있어야 해요."를 진행하며 일이나 관계에서 매번 똑같은 문제 패턴을 반복하며 지속하는 유형이다. 그는 "왜 항상 나에게 이런 일이 발생하지?"라고 묻는다. 그는 직장이나 다른 사람들과의 관계에서 항상 불평을 하면서도 그러한 상황을 떠나는 선택을 하지 못하고 그대로 머물러 있게 된다. 그러면서도 앞으로 잘될 거라는 막연한 희망을 유지하고 있다. 그러나 같은 불만 불평은 계속 반복된다.

'항상'식 각본의 사람의 AC 자아는 '열심히 하라'의 부모명령을 듣고 있다. 그는 항상 '열심히 하는' 상태에 있어야 하므로 그가 해야 할 일을 바로 성취하면 안 되는 것이다. 그래서 그는 대화를 시작하다가 갑자기 주제가 거기에서 빗나간다. 그러다가 또 갑자기 다른 주제로 들어간다. "오늘 회의 주제는……, 아침에 오는 길에 문득……, 아 참 깜빡 잊었는데……, 그리고……" 그는 뭔가를 열심히 노력하지만 정작 해야 할 일을 직접 하지 않고 있거나 중요한 상황에 실수를 하게 된다.

'항상'식 각본의 그리스 신화: 아라크네

아라크네(Arachne)는 미모의 여인으로 베틀로 직물을 짜는 직조 솜씨가 아주 뛰어났다. 사람들은 그 소문을 듣고 멀리에서도 그녀를 보기 위해 구경을 왔다. 그런데 어느 날 그녀는 어리석게도 수공예를 관장하는 미네르바(Minerva) 여신의 솜씨에 도전을 하게 된다. 미네르바 여신은 아라크네에게 잘못을 뉘우칠 기회를 주지만 아라크네는 더욱 교만해져 갔다. 이에 격분한 여신은 아라크네를 거미로 변하게 해서 언제까지나 항상 몸에서 실을 짜야만 하는 운명에 처하도록 만들었다.

5) '거의'식 각본

'거의'식 각본('almost' script)은 본래 번(1970)의 '되풀이하여(Over and Over)'식을 최근 학자들이 수정한 것이다. 모든 각본 유형들이 되풀이하며 유지되기 때문에 이러한 혼란을 피하기 위하여 '거의(almost)'라는 단어를 채택한 것이다. 특히 칼러는 '거의'식 각본을 '거의 I'식 유형과 '거의 II'식 유형으로 구분하여 제시하였다.

'거의 I'식 각본은 "나는 거의 정상에 도달하지만, 그때 항상 다시 밑으로 미끄러져 내려갑니다."를 진행하는 유형이다. 그는 "나는 이번에는 그것을 거의 다 했어."라고 말한다. 그는 모든 것을 끝까지 완수하지 못하고 "책을 거의 다 읽었어." 또는 "성과를 거의 다 채웠어." 또는 "청소를 거의 다 마쳤어." "거의 이길 뻔했어." 등의 말을 한다. 그러나 결과적으로는 일을 완수하거나, 목표를 달성하거나, 승리하지 못하게 된다.

'거의 I'식 각본을 나타내는 사람의 AC 자아는 '열심히 하라' '기쁘게 하라'의 부모명령을 듣고 있는 것이다. 그래서 그는 두 가지의 문장 유형을 사용할 것이다. 그는 하나의 문장을 시작할 것이고, 그 후에는 다른 하나의 빗나가는 삽입구로 빠지면서 마칠 것이다. "오늘 우리의 회의 주제는…… 아, 그런데 어제 이런 일이 있었어요." 또 다른 경우로는 일련의 긍정적인 문장들 뒤에 하나의 부정적인 문장을 덧붙일 것이다. "정말 화창한 날씨야. 그런데, 알다시피 공기는 차갑겠지." "저 사람은 친절한 사람처럼 보이지만, 일할 때는 까다롭게 굴 거야." '거의 I'식 각본은 시지프스 신화와 관련되어 있다.

'거의 I'식 각본의 그리스 신화: 시지프스

시지프스(Sisyphus)는 바람의 신 아이올로스와 그리스의 시조인 헬렌 사이에서 태어났으며 '인간 중에 가장 현명하고 신중한 사람'이라고 전해진다. 어느 날 그는 제우스신이 요정을 납치한 것을 목격하게 되자 그녀의 아버지에게 가서 홍정을 한다. 이것을 알게 된 제우스는 화가 나서 전쟁의 여신 아레스를 보내어 시지프스를 잡아 오도록 한다. 이에 시지프스는 전쟁으로 인한 막대한 피해를 막기 위하여 스스로 지옥으로 들어가게 되고, 그는 그곳에서 산꼭대기까지 큰 바위를 밀어 올리는 가혹한 형벌을 받게 된다. 그러나 바위를 거의 산꼭대기까지 밀어 올리면 그 바위는 바로 밑바닥으로 굴러 떨어지게 되어 있었다. 그래서 그는 영원히 바위를 밀어 올려야 하는 운명에 처하게 된다. 시지프스 신화는 온갖 노력에도 불구하고 결실을 맺지 못한다는 것을 의미한다.

한편, '거의 II'식 각본은 "나는 정상에 도달하지만, 바로 더 높은 고지를 향해 출발하지요."를 진행하는 유형이다. 이 유형의 사람은 실제로 바위를 굴려 산꼭대기까지 도착한다. 그러나 그는 자기가 목적지에 도착했다는 사실을 거의 눈치 채지 못한다. 그는 잠시 쉬면서 성취감을 맛보는 대신에 바로 더 높은 산을 둘러보고 나서 새로운 목적지를 향하여 바위를 굴려 올린다. 그의 AC 자아는 '기쁘게 하라' '완전하게 하라'의 부모명령을 듣고 있다. 이 유형은 주로 일 중독자의 경우로서, 자신의 성취감을 맛보면서 주변 사람들과 함께 기쁨을 나누는 대신에 끊임없이 활동이나 성취에 집착하고 몰두한다.

6) '무계획'식 각본('open-ended' script)

'무계획'식 각본('open-ended' script)은 "나는 일정한 목적을 성취한 이후에는 무엇을 해야 좋을지 모르겠어요."를 진행하는 유형이다. 이 유형은 상황이 변하는 전환점을 보여 준다는 점에서 '까지'식 각본이나 '그 후'식 각본과 비슷하다. 그러나 '무계획'식 각본 유형은 일정 시점 이후의 시간이 하나의 커다란 공백 상태로 있다. 그것은 마치 연극 대본의 마지막 페이지를 잃어버린 것과 같다.

이러한 경우는 우리가 직장을 은퇴한 이후나 또는 자녀들이 성장하여 집을 떠난 이후에 발생할 수 있다. 우리가 인생의 다른 전환점을 맞이했을 때를 위하여 미리 준비해 놓지 않는다면, 처음에는 홀가분함을 느끼지만 점차적으로 자신의 시간을 어떻게 써야 할지 몰라 당황하게 된다. 즉, 하나의 목표가 완성되면 다른 목표가 생길 때까지 허둥거리게 되며, 우울증이나 빈 둥지 증후군에 걸리게 될 수도 있다. '무계획'식 각본 유형은 장기간뿐만 아니라 단기간에 걸쳐서도 유지된다. 이 유형을 진행할 때 AC 자아는 '기쁘게 하라' '완전하게 하라'의 부모명령을 듣고 있다.

'무계획'식 각본의 그리스 신화: 필레몬과 바우키스

제우스신은 아들 헤르메스와 함께 사람으로 변신하여 여행을 떠났다. 어느 날 밤 그들은 지친 나그네의 모습으로 이집 저집의 문을 두드리며 밤이슬을 피할 수 있도록 해 달라고 통사정을 하였지만 모두에게 거절을 당했다. 그러던 중 외진 곳에 있는 허름한 오두막집에 이르게 되었다. 그곳에는 늙고 초라한 필레몬(Philemon)과 바우키스(Baucis)가 살고 있었다. 이 노부부는 두 사람을 환영하였고 가진 음식 모두를 내놓으며 정성껏 대접하였다. 신들은 노부부의 친절에 대한 보답으로 그들의 소원을 들어 주었다. 그 소원은 서로의 죽음을 보지 않는 것이었다. 신들은 이들의 모습을 서로의 옆에서 가지가 얽힌 채 심긴 나무로 변신시켜 생명을 연장해 주었다.

번(1972)은 필레몬과 바우키스 신화는 P 자아의 지시 사항들을 완료한 늙은이들이 그다음은 무엇을 해야 할지 모르며, 마치 식물과 같이 바람에 살랑이는 잎사귀들처럼 쓸데없이 남의 이야기나 하며 여생을 보내는 것을 의미한다고 한다.

2 과정 주제들의 결합

한 사람이 여섯 가지의 과정 각본 유형을 모두 보일 수 있다. 그러나 대부분의 사람은 여섯 가지 유형 중 하나의 유형을 지배적으로 보인다. 어떤 사람에게는 두 가지 유형이 혼합된 형태로 나타날 수 있다. 이런 경우 두 가지 중 한 가지가 주된 유형으로 나타나지만, 두 번째 것도 중요하다.

예를 들어, '거의II'식 각본을 가진 사람들은 또한 '까지'식 각본 유형도 나타낼 수 있다. 예로, 은경이의 암묵적인 신념은 "내가 일등이 되기까지는 쉴 수 없어. 그러나 어딘가에 항상 더 높은 정상이 있기 때문에 나는 결코 실제로 일등이 되지 못해. 결국 나는 결코 쉴 수 없어."이다. '까지'식과 '결코'식의 각본을 결합하는 사람은 "나는 내 일을 끝낼 때까지는 즐길 수 없어. 그러나 나는 내 일을 결코 완수할 수 없으므로 나는 결코 즐길 수 없어."라는 신념을 따른다. 이 외에 자주 결합되는 각본 유형으로 '그 후'식 각본에 '거의 I '식 유형이 더해지는 경우와 '항상'식에 '결코'식이 더해지는 경우가 있다. 그 각각의 경우는 거기에 해당하는 각본 '모토'(신념)를 만들어 낼 수 있다(Stewart & Joines, 1987).

3 과정 각본으로부터의 자율성 회복

과정 각본에서 벗어나는 것은 TA를 통한 성격 변화 중 가장 쉬운 변화에 속한다. 먼저, 자신의 주된 과정 각본 유형을 확인하고, 자신의 과정 각본이 불편하다면 그것에서 벗어나 자유로워질 수 있다. 일단 자신의 과정 각본에 대한 통찰력을 갖게 되면, A 자아의 통제를 통해 그 유형에서 벗어나는 방식으로 행동하면 된다(Stewart & Joines, 1987).

만약 주된 유형이 '까지'식이라면, 앞으로는 일을 모두 마치기 전이라도 즐겁게 지낼 것을 결정함으로써 그 유형에서 벗어날 수 있다. 예를 들어, 커피를 마시고 싶다면 설거지를 다 하지 않고서도 커피를 마실 수 있다.

'그 후'식 유형을 가진 사람은, 내일도 즐겁게 지낼 것을 미리 결정한 후 오늘을 즐기므로 과정 각본에서 탈출할 수 있다. 예를 들면, 만약 당신이 오늘 회식을 하고 있다면 다음 날 심한 두통을 유발시키지 않을 정도로만 술을 마시면서 즐겁게 시간을 보낸다.

'결코'식의 유형을 깨뜨리기 위해서는 먼저 자신이 원하는 것이 무엇인지를 결정한다. 원하는 것을 얻기 위해 할 수 있는 다섯 가지 구체적인 행동들을 나열한 다음, 이것을 하루에 하나씩 실천한다.

만약 당신이 '항상'식 유형을 유지해 왔다면, 똑같은 실수를 되풀이할 필요가 없으며, 일이 아주 좋지 않은 상황으로 진행될 때는 그 일을 계속할 필요가 없다는 것을 인식하라. 당신이 원한다면 불만족스러운 직업이나 사람들과의 관계 또는 소재지에서 떠날 수 있으며 새로운 것을 찾을 수도 있다.

'거의 I '식 유형은 자신이 하는 일을 반드시 완성한다고 확신함으로써 빠져나올 수 있다. 만약 방을 청소한다면 완전하게 청소한다. 책을 읽고 있다면 모든 장을 끝까지 읽는다. '거의 II'식 유형을 허물기 위해서는 성취할 때마다 자신의 성취를 즐기는 과정을 밟는다. 자신이 이루고자 하는 목표들의 목록을 작성하고 하나의 목표를 완수할 때마다 목록에서 그것에 ×표를 한다. 막 성취한 것에 대하여 축하하지 않고서는 그다음 목표로 출발하지 않는다.

만약 당신이 '무계획'식 유형을 전수 받았다면, 이제부터는 자신이 원하는 인생 이야기를 창조적으로 쓸 수 있는 기회가 왔다고 생각하라. 지금까지는 부모명령 슬로건에 순응하며 부모의 삶을 살아왔을 가능성이 크다. 그러나 이제는 자신의 결말을 자신이 좋아하는 방식으로 쓰면서 자유롭게 살 수 있다.

과정 각본 유형에 반대되는 행동을 완료할 때마다 점차 그 유형은 약화되고, 오래된 과정 각본의 주제에서 점점 더 멀리 그리고 쉽게 벗어날 수 있다. 과정 각본 유형에서 벗어남에 따라 동시에 부모명령 각본에서도 벗어날 수 있다.

실습

TA에서는 새로운 변화를 위하여 계약적 방법을 사용한다. 새로운 변화를 위한 계약은 "I am OK, You are OK"의 인생태도에 근거해야 한다. 계약의 내용은 긍정적이고 구체적이면서도 심플해야 하고, 실현 가능해야 하며, 측정 가능하고 안전해야 한다. 무엇보다도 이 계약은 자기 자신과 맺는 계약이다. 당신의 과정 각본에서 벗어날 수 있는 새로운 행동들을 결정하고 구체적인 실천 방안을 계획해 보자.

〈새로운 변화를 위한 행동 계약〉

- 나는 (언제)부터 (무엇)을 (어떻게)하겠다!
- 내가 ______________________________ 을 할 때, 다른 사람들은 내가 변화 중이라는 것을 알게 될 것이다.
- 그 변화를 만들어 내기 위해 내가 기꺼이 하고자 하는 것은 ______________________________ 이다.
- 나는 ______________________________ 함으로써 나 자신을 방해할 수 있다.
- 이 계약을 수행하는 데 도움을 주고 변화를 이끌어낼 수 있는 내가 가진 개인적 기술, 재능, 능력, 그리고 타고난 자질은 ______________________________ 이다.
- 나의 계약이 완수될 경우 그것이 내 삶에 주는 의미는 ______________________________ 이다.

제15장 드라이버

임상심리학자 칼러(T. Kahler,1974)는 번의 인생각본과 인생태도 이론의 추상적 개념을 행동과학적으로 관찰 가능한지 알아내고자 하였다. 그는 '각본은 대단히 짧은 시간에 연출될 수 있다'는 번의 아이디어에 근거해서 매초마다 내담자의 말, 어조, 손짓, 자세와 얼굴 표정 등을 세심하게 관찰하였다. 그 결과, 사람들이 어떤 유형의 각본 행동이나 감정으로 옮겨 가기 바로 직전에 일관되게 보여 주는 뚜렷한 행동적 특성이 나타난다는 것을 발견하게 되었고, 이것을 드라이버(driver: 몰이꾼)라 불렀다(Kahler & Capers, 1974).

현재까지 발표된 드라이버는 대략 일곱 가지다. 다음에 살펴 볼 칼러(1974)의 다섯 가지 드라이버에 추가하여 메리 굴딩(M. Goulding, 1979)의 "주의하라(Be careful)", 그리고 키스 튜도(K. Tudor, 2008)의 "꼭 이루어 내라(Take it)"가 있다. 우리는 드라이버 행동을 관찰하므로 짧은 시간 내에 한 개인의 인생각본과 성격의 특징, 그 외에도 많은 것을 예측할 수 있다. 그러나 드라이버의 기원이 양육(nurture)인가? 천성(nature)인가? 유아의 생존 전략인가 아니면 그 밖의 무엇인가? 이것은 현대 TA 연구에서 가장 도전적인 과제이다. 현재 이 드라이버 이론은 그 발상에 있어서 매우 행동과학(behavior science) 및 행동치료(behavior therapy)적이며 따라서 정신분석 이론과는 한층 멀어지게 되었다(Kahler & Capers, 1974; Stewart & Joines, 1987; 우재현 1995). 본격적으로 드라이버에 대해 배우기 전에, 다음의 [간편 드라이버 체크리스트]를 바탕으로 자신의 드라이버를 확인해 볼 것이다.

[간편 드라이버 체크리스트]

다음 문장을 읽고 자신의 평소 행동에 대하여 그 정도에 해당하는 만큼 오른쪽 빈칸에 숫자를 쓰시오(문영주, 2015).

5 매우 그렇다, 4 종종 그렇다, 3 보통이다, 2 별로 그렇지 않다, 1 전혀 그렇지 않다		점수
1	이야기할 때, "확실히" "혹시" "말하자면" "아마도"라는 삽입구를 사용한다.	
2	이야기할 때, 자세는 몸의 중심선으로 균형을 잡는다.	
3	마음속으로 '나는 좀 더 철저히 해야 해.'라는 생각이 올라온다.	
4	이야기할 때, "첫째는" "둘째는" 또는 "하나는" "둘은"이라고 말하거나 손가락으로 헤아린다.	
5	매사에 확실하고 정확하고 체계적으로 일을 수행한다.	
A 합계 ( )		

5 매우 그렇다, 4 종종 그렇다, 3 보통이다, 2 별로 그렇지 않다, 1 전혀 그렇지 않다		점수
6	나의 존재 자체로 충분하지 않거나 적합하지 않다는 생각이 올라온다.	
7	이야기를 할 때 상대방을 바라보며 고개를 자주 끄덕이거나 손바닥을 위로 올리는 등의 제스처를 하거나, 또는 옆 사람에게 기대는 듯한 자세를 취한다.	
8	눈썹을 자주 치켜들어 이마에 주름이 지며, 미소를 지을 때는 윗니와 아랫니가 훤히 보일 정도로 웃는다.	
9	다른 사람들의 욕구나 필요에 관심이 많다.	
10	소화 기관이 자주 불편하다.	
B 합계 ( )		

5 매우 그렇다, 4 종종 그렇다, 3 보통이다, 2 별로 그렇지 않다, 1 전혀 그렇지 않다		점수
11	이야기할 때 목소리를 억제하고 목 근육을 긴장시키듯 하거나, 중얼거리거나 망설이는 듯 말한다.	
12	"~하려 한다." "노력할 거야." "열심히 해야지."라는 말을 자주 하는 편이다.	
13	코 위에 두 개의 수직 주름이 나타나도록 눈썹을 긴장시키고 미간을 찡그린다.	
14	새로운 일이나 여러 가지 일에 한꺼번에 관심을 갖는 편이다.	
15	어깨 근육이 긴장하여 앞으로 쏠려 약간 구부정하고 위장 부분에 긴장감이 있다.	
C 합계 ( )		

5 매우 그렇다, 4 종종 그렇다, 3 보통이다, 2 별로 그렇지 않다, 1 전혀 그렇지 않다		점수
16	나의 나약한 모습을 다른 사람들에게 알게 하고 싶지 않다.	
17	어조는 고르고 단조로우며 얼굴 표정이나 제스처가 없다.	
18	주변 사람들에게 나의 필요나 욕구, 감정들을 말하지 않는다.	
19	팔짱을 끼거나 다리를 꼬고 앉는다.	
20	신체 감각이 무감각하고 뻣뻣하다.	
D 합계 ( )		

5 매우 그렇다, 4 종종 그렇다, 3 보통이다, 2 별로 그렇지 않다, 1 전혀 그렇지 않다		점수
21	이야기할 때 말이 빠르고 다른 사람의 말을 차단하듯이 이야기하고 만다.	
22	"서둘러." "빨리." "시작해." "시간 없어." 등의 재촉하는 말을 한다.	
23	마음이 급해서 손가락으로 톡톡 두드리거나, 발을 툭툭 치거나, 의자에서 꿈틀거리거나, 시선을 빠르게 자주 옮긴다.	
24	시계를 자주 쳐다본다.	
25	시간 내에 끝낼 수 없을 것 같다는 생각이 들면 안절부절못한다.	
E 합계 ( )		

[그래프 그리기]

A, B, C, D, E의 각 그룹의 합계를 아래에 옮겨 적고, 오른쪽 그래프에 숫자에 해당되는 만큼 색칠하라. 이것이 당신의 드라이버(몰이꾼) 각각의 강도이다.

		0–5	5–10	10–15	15–20	20–25
A. 완전하게 하라	(　　점)					
B. (타인을) 기쁘게 하라	(　　점)					
C. 열심히 하라	(　　점)					
D. 강해져라	(　　점)					
E. 서둘러라	(　　점)					

---

*타당화된 드라이버 체크리스트는 다음의 학술 자료를 참고하시오.

문호영, 윤영진(2021). 교류분석 이론에 근거한 드라이버와 시간구조화 척도 타당성 연구. 교류분석상담연구, 11(1), 1-25.

1 다섯 가지 드라이버의 특성

드라이버는 P 자아에서 기인하는 부정적이고 제한적인 메시지다. 이것은 축소 각본의 첫 단계로 필연적으로 "I am Not OK, You are OK"의 인생태도를 갖게 되며 '도발자' 혹은 '약점을 가진 상대'로서 게임을 시작하게 된다. 이러한 드라이버는 말, 어조, 손짓, 자세, 얼굴 표정 등의 독특한 조합으로 나타나며, 대부분의 사람은 특별히 선호하는 주된 드라이버를 갖는다. 칼러의 다섯 가지 드라이버는 다음과 같다.

① 완전하게 하라(Be Perfect).

② 기쁘게 하라(Please Others).

③ 열심히 하라(Try Hard).

④ 강해져라(Be Strong).

⑤ 서둘러라(Hurry Up).

지금부터 다섯 가지 드라이버의 신체적 감각, 심리 내적 디스카운트, 말, 어조, 손짓, 자세, 얼굴 표정 등의 독특한 행동적 특성들과 강점 및 약점에 대하여 살펴본다(Kahler & Capers, 1974; Kahler, 1978; Stewart, 1996; Clark 2012; Stewart & Joines, 2012).

1) 완전하게 하라(Be Perfect)

- 신체적 감각: 긴장한다.
- 심리 내적 디스카운트: "너는 더 잘해야 해."
- 말: '완전하게 하라'의 드라이버에 있는 사람은 자주 삽입구를 사용할 것이다. 전형적으로, "말하자면" "아마도" "혹시" "확실히" "완전히" "누가 말하는 것처

럼" "우리가 보았듯이" 등이 있다. 그러나 말해진 것에 대한 새로운 정보를 첨가하지 않는다.

> "오늘은, 말했던 것처럼, 드라이버에 대하여 공부합니다."
>
> "TA는, 말하자면, 성격에 대한 이론입니다."

또 다른 단서는 말하는 도중에 숫자나 글자로 헤아리는 것이다.

> "오늘 우리의 주제 하나는 드라이버를 논의하는 것이고, 둘은 그것과 각 본과의 관계를 공부하는 것입니다."

- 어조: 정확한 발음, 높지도 낮지도 않게 잘 조절되어 있어 종종 A 자아로 들린다.
- 손짓: 말할 때 글자나 숫자를 따라 손가락으로 헤아린다. 간혹 손은 전통적으로 '사색하는 사람'의 손짓으로서 턱을 쓰다듬는다.
- 자세: 똑바로 몸의 중심선으로 균형을 잡는 모습으로 종종 A 자아처럼 보인다.
- 얼굴 표정: 말을 하다가 잠깐 멈추고 눈은 위로(가끔 아래로) 하고 한쪽을 바라본다. 그 사람이 말을 멈추고 있을 때는 천장이나 바닥 어딘가에 쓰인 완벽한 해답을 읽으려고 노력하는 것처럼 보인다. 동시에 입가는 옆으로 뻗어 있거나 입 주위가 조금 바깥쪽으로 나와 약간 긴장되어 있다.
- 강점: 확실하고 정확하고 체계적으로 일을 수행한다. 잠재적 문제 해결을 위한 계획을 세운다.
- 약점: 기한이 다 되어서 문제가 발생한다. 종종 숲을(전체적 구조를) 보지 못한다. 프로젝트에 필요한 세부 사항에서 오판을 할 수 있다. 자신뿐만 아니라 다른 사람들도 '잘 해낼 수 있다'는 것을 믿지 못한다.

2) 기쁘게 하라(Please Others)

- 신체적 감각: 위가 꽉 조인다.
- 심리 내적 디스카운트: "너는 충분하지(적합하지, 탐탁하지) 않아"
- 말: '기쁘게 하라'는 드라이버에 있는 사람은 좋다가 나빠지는 문장 구조를 자주 사용한다.

> "당신의 가르침은 정말 재미있었어요. 그러나 내가 당신이 말한 것을 기억할지는 모르겠어요."

이때 긍정적인 부분인 앞쪽은 목소리 톤이 높고 부정적인 부분인 뒤쪽은 톤이 낮다.

> "정말 굉장한 파티야! 그러나 저런, 난 아침에는 후회할 거야."

또는 "좋아요?" "으흠?" "괜찮아요?" 등과 같은 묻는 말을 사용할 것이다.

- 어조: 높은 목소리, 앙앙거리는 어조, 전형적으로 각 문장의 끝을 올린다.
- 손짓: 손바닥을 위로 하여 손을 뻗는다.
- 자세: 어깨는 둥글게 앞으로 구부리거나 다른 사람 쪽으로 몸을 기울인다. 또는 고개를 자주 끄덕인다.
- 얼굴 표정: 종종 자신의 얼굴을 약간 밑으로 숙이고 당신을 볼 것이다. 그때 그의 눈썹은 치켜들어 올려지고, 이마에는 수평 주름이 잡힐 것이다. 동시에 입은 미소 짓는 모양을 한다. 그러나 드라이버가 아닌 진실한 미소와 비교해 볼 때 '기쁘게 하라'의 표현은 좀 더 긴장되거나 과장되어 있다. 윗니들이 드러나고 때로는 아랫니도 보인다.
- 강점: 다른 사람들의 욕구나 필요에 관심을 가진다. 훌륭한 팀원으로 기능한다. 조화를 이룬다. 소외되는 사람들을 토론에 끌어들인다.
- 약점: 사람들을 당황시키고 싶어 하지 않는다. 비판하는 것을 꺼려 하므로 종

종 무시를 받기도 한다. 의견을 말하는 데 주저하기 때문에 뭔가 부족한 구성원처럼 보일 수도 있다.

3) 열심히 하라(Try Hard)

- 신체적 감각: 위가 꽉 조이고 어깨는 긴장한다.
- 심리 내적 디스카운트: "너는 더 열심히 노력해야 해."
- 말: '열심히 하라'의 사람은 "하려 한다."라는 말을 자주 사용할 것이다.

  "내가 너에게 말하려 하는 것은……."

  "나는 우리가 서로 합의한 것을 하려고 할 것이다."

  여기에서 "하려 한다."는 항상 "나는 그것을 하기보다는 하려고 노력할 거야."라는 의미를 시사한다. 또 전형적으로 "이것은 어렵다." "나는 할 수 없다." "뭐라고?" "그것을 왜 또?" "이해할 수 없어." "……하는 것은 힘들어." 그리고 "허?" "어?" "글쎄?"와 같이 미심쩍어하거나 불평하는 듯한 말을 자주 한다.

- 어조: 때때로 소리를 낮추고 억제하는 듯이 들리도록 목 근육을 긴장시킨다. 중얼거리거나 망설이는 듯한 어조다.
- 손짓: 한 손은 마치 뭔가를 듣거나 보기 위해 애를 쓰고 있는 것처럼 자주 눈 옆이나 한쪽 귀 옆에 둔다. 주먹은 꽉 움켜쥐고 있다.
- 자세: '다른 사람을 기쁘게 하라'와 같이 '열심히 하라'의 사람도 종종 앞으로 몸을 구부리고 있다. 손은 무릎 위에 둘 것이다. 보통 인상은 등을 구부리고 있는 자세다.
- 얼굴 표정: 코 위에 두 개의 수직 주름이 나타나도록 눈썹을 긴장시키고 미간을 찡그리고 있다. 때로는 눈과 얼굴 전체가 촘촘한 주름살로 찌푸려져 있기도 한다.

- 강점: 하는 일에 최선을 다한다. 새로운 일에 흥미를 갖는다. 주어진 일 전반에 관심을 기울인다.
- 약점: 일이 끝나기 전에 관심이 소진된다. 한꺼번에 너무 많은 것을 하려는 경향이 있다. 해야 할 일이 늘 한 가지 이상이어서 일을 마치는 데 어려움을 겪는다.

4) 강해져라(Be Strong)

- 신체적 감각: 무감각하고 뻣뻣하다.
- 심리 내적 디스카운트: "너는 약하다는 것을 사람들이 알도록 허용할 수 없어."
- 말: '강해져라' 드라이버에 있는 사람은 다음과 같은 말을 자주 사용한다.

  "나의 감정과 행동은 내 책임이 아니라 나의 외부의 힘 때문이야."

  "나는 당신 때문에 화가 났어."

  "이 책은 나를 지루하게 해."

  "그 생각은 나에게 충격을 주었어."

  "그의 태도 때문에 나는 싸우지 않을 수 없었어."

  "도시 내부의 환경이 폭력을 불러 일으켜."

  자기 자신에 대하여 이야기할 때 사람(들), 당신, 그것, 저것과 같은 거리를 두는 단어를 주로 사용한다.

  "저것은 느낌이 좋아."("나는 좋게 느낀다."의 의미)

  "그것 참 기분 좋다."

  "이런 생활들이 사람을 압박하고 있어."

- 어조: 고르고 단조로우며 대부분 낮다.
- 손짓: 제스처가 없다.

- 자세: 움직임이 없고 폐쇄적이다. 팔짱을 끼거나 다리를 꼬고 있다. 한쪽 다리의 발목을 다른 쪽 다리의 무릎 위에 얹고 있는 자세를 취한다.
- 얼굴 표정: 얼굴은 표정이 없고 움직이지 않는다.
- 강점: 긴장 상태에서도 활력이 넘친다. 위기에도 초연할 수 있다. 타인의 분노와 고충을 효과적으로 다루고 문제를 해결할 수 있다. 강한 책임감을 지닌 꾸준하고 믿을 만한 사람으로 보인다. 정직한 피드백과 창의적 비평을 줄 수 있다.
- 약점: 나약함을 수용하는 것에 대한 강한 혐오가 있다. 실패를 나약함으로 간주한다. 언제나 많은 짐을 지고 도움을 구하지 않는다. 정서적 반응에 무관심할 수 있다.

5) 서둘러라(Hurry Up)

- 신체적 감각: 안절부절못한다.
- 심리 내적 디스카운트: "너는 그것을 할 수 없을 것이다."
- 말: '서둘러라' 드라이버에 있는 사람은 "서둘러." "빨리." "시작해." "가자." "시간 없어." 등의 말을 자주 한다.
- 어조: 끊어지는 말로, 기관총 같은, 때때로 말을 너무 빨리 해서 말들이 뒤섞일 것이다.
- 손짓: 손가락을 톡톡 두드리고, 발을 툭툭 치거나 흔든다.
- 자세: 의자에서 꿈틀거린다. 자세를 바꾸며 초조해한다.
- 얼굴 표정: 시선을 빠르게 자주 옮기거나 시계를 계속 쳐다본다.
- 강점: 일을 신속히 마무리하므로 많은 일을 해낼 수 있다. 마감일을 잘 준수할 수 있다. 일을 수행하는 가장 효과적인 방법을 찾는다.
- 약점: 마감에 임박할 때까지 꾸물거린다. 서두르다 실수를 한다. 일을 끝내는 데 의의를 두고 대충 한다. 기한을 넘긴다.

2 드라이버 행동관찰의 방법

다섯 가지의 드라이버 행동들은 전형적으로 0.5초에서 1초 내로 나타난다. 이렇게 짧은 시간 내에 관찰하는 것이 처음에는 익숙하지 않겠지만 연습을 통하여 곧 간단하고 자연스러운 일이 될 것이다. 상담에서 드라이버 행동을 관찰할 때 실수하기 쉬운 몇 가지가 있다. 다음과 같은 다섯 가지 주의점을 염두에 두어야 할 것이다(Stewart & Joines, 1987; Stewart, 1996).

첫째, 해석하지 말고 관찰하라.
둘째, 순간적인 관찰에 익숙해져라.
셋째, 행동 단서의 전체를 살펴라.
넷째, 일차 드라이버를 집어내라.
다섯째, 내용이 아닌 과정을 관찰하라.

- 첫째, 해석하지 말고 관찰하라

TA의 행동적 진단을 검토할 때처럼 '해석하지 마라'의 주의사항은 드라이버 행동관찰에서도 적용된다. 실제로 볼 수 있고 들을 수 있는 행동들만 따라가라. 예를 들면, 당신이 나를 볼 때 "엄격하게 보인다."라고 말할지도 모른다. 그러나 당신이 '엄격함'이라고 해석할 때 나의 얼굴과 몸 그리고 목소리는 어떠한가? 당신은 나의 어디에서 근육의 긴장을 보는가? 내 목소리는 낮은가, 높은가, 큰가, 거친가? 눈썹을 올리거나 내리는가? 내가 어느 방향을 보고 있는가? 당신이 보기에 내가 어떤 손짓을 하고 있는가? 이와 같이 관찰 가능한 단서들에 유의하여 드라이버를 탐색한다.

• 둘째, 순간적인 관찰에 익숙해져라

드라이버는 분, 시간 혹은 상담 회기(session)보다는 25초나 30초의 단위 안에서 관찰할 필요가 있다. 예를 들어, 다음과 같은 변화를 고려하라(Stewart, 1996).

상담사: 오늘 무슨 말을 할까요?

내담자: 음! …… (입의 끝부분이 아주 조금 밖으로 움직이고 가슴 중앙에 손가락을 놓으며 위와 옆을 본다.) 좋아요! (목소리가 높아지고 음절의 끝이 올라간다. 동시에 눈썹을 올려서 수평선의 주름이 이마에 나타난다. 눈을 크게 뜰 때 윗니가 보이도록 입을 벌린다. 상담사를 향하여 기대며 손바닥을 위로 향하여 손을 뻗는다.)

이 같은 묘사는 실제로 일어난 것보다 더욱 길고 상세하게 해야 쉽게 이해할 수 있다. 내담자는 몇 초 동안에 이 모든 행동을 동시에 보였다. 이 시간 동안 그녀는 '완전하게 하라' 그리고 '기쁘게 하라' 드라이버를 처음으로 나타낸다. 당신은 매우 짧은 시간의 틀 안에서 이러한 변화를 관찰해야 하며, 드라이버의 작은 행동들을 쉽게 발견해야 한다.

• 셋째, 행동 단서의 전체를 살펴라

드라이버 진단에 대한 신뢰를 갖기 위해서는 행동 단서의 전체를 보고 경청해야 한다. 사람의 행동은 말, 어조, 손짓, 자세, 얼굴 표정 등 다섯 가지 모든 영역에서 그려진다. 이안 스튜어트(Ian Stewart, 1996)는 드라이버로 보이는 것에서 적어도 세 가지 정도의 단서를 찾은 후에 드라이버로 진단할 것을 제안한다. 즉, 드라이버에 대한 믿을 만한 진단을 위해서는 그 드라이버에 대해 발생하고 있는 여러 가지 단서를 함께 살펴볼 필요가 있다. 단지 하나의 단서만을 찾으려고 하면 실수할 수 있다.

예를 들어, "나는 ~하려고 할 거야."라는 말을 들었다면 당신은 "아! 그는 '열심

히 하라' 드라이버에 있다."라고 결론지을 수도 있다. 그러나 반드시 그런 것은 아니다. 다른 행동적 단서들을 보았다면, 입을 긴장시키고 천장 쪽을 쳐다보며 손가락을 꼽고 있는 것도 보았을 것이다. 이런 신호들은 실제로는 '완전하게 하라' 드라이버에 있었다는 것을 좀 더 잘 나타낼 것이다. 또 다른 경우, 행동적 단서가 어떤 드라이버도 아닌 단지 A 자아에 있는 것을 표시하면서 "나는 ~하려고 노력할 거야."라는 말을 할 수도 있을 것이다.

• 넷째, 일차 드라이버를 집어내라

우리는 각자 다섯 가지 드라이버 행동 모두를 나타낼 수 있다. 그러나 대부분의 사람은 하나의 드라이버를 가장 빈번히 나타낸다. 교류자극에 대해 반응할 때 가장 빈번하게 또는 가장 먼저 보여 주는 것을 '일차 드라이버'라고 부른다. 어떤 사람들은 동일한 빈도를 나타내는 두 가지 주요 드라이버를 가지고 있다. 빈도는 한참 떨어지지만 때로는 세 가지 또는 그 이상의 드라이버들을 골고루 보여 주는 사람들도 있을 것이다.

상담사는 내담자에게 어떤 것을 말하거나 질문한 후 잠깐 동안에 일어날지도 모르는 특별한 것을 관찰하는 것이 좋을 것이다. 그때 무엇이 이 사람의 일차 드라이버인지 판단하는 것이 중요하다. 대부분의 사람은 명확히 그들의 일차 드라이버를 다섯 가지 드라이버 행동 중에서 선택할 것이다. 드라이버를 관찰할 때 과정 각본도 함께 진단해 보라.

• 다섯째, 내용이 아닌 과정을 관찰하라

사람들은 전형적으로 빠른 간격으로 드라이버 행동을 보인다. 내담자와 대화를 할 때 몇 분 동안 일차 드라이버의 단서뿐만 아니라 그 이상의 많은 것을 보고 듣게 될 것이다. 그러나 상담사와 내담자가 나눈 이야기의 내용은 드라이버 발견과 관련이 없는 것이다. 드라이버를 효과적으로 관찰하기 위하여 내용(무엇)을 듣기보다는 과정(어떻게)에 집중해야 한다.

예를 들어, '어떤 것을 완전하게 하기를 원하는' 사람을 가정해 보자. 그 자체가 상담사에게 흥미로울지 모른다. 그러나 이것은 '완전하게 하라' 드라이버의 진단이 아니다. '완전하게 하기를 원한다는 것은' 내용이지 과정이 아니기 때문이다. 이 사람이 '완전하게 하라' 드라이버를 보이는지 알고 싶다면 상담사는 매 순간 그가 말하면서 어떻게 부가어를 사용하는지, 잠깐 동안 위를 보는지, 그리고 그의 손가락으로 수를 세는지를 확인해야 한다.

마찬가지로 "다른 사람을 기쁘게 하는 것은 중요한 것입니까?"라는 질문을 했을 때 "예."라고 대답한 여성이 있다고 가정해 보자. 이것은 그녀의 성격에 관한 어떤 것을 상담사에게 말하는 것이다. 그러나 이것은 '기쁘게 하라' 드라이버의 진단 방법이 아니다. 그 드라이버는 다른 모든 드라이버와 같이 매우 특별하고, 짧고, 생동감 있는 행동의 패키지로 구성이 된다. 상담사는 그 사람이 순간적으로 눈썹이 올라가는가, 윗니가 드러나는가, 앞을 보는 순간 얼굴을 숙이는가, 귀 가까이로 어깨를 구부리는가, 목소리가 울리는가 등을 관찰해야 한다.

3 드라이버 행동과 각본과의 관계

1) 드라이버 행동을 통해서 각본이 진행된다

사람들이 각본감정을 갖거나 내면으로부터 금지명령을 듣기 바로 직전에는 반드시 드라이버 행동을 보인다(T. Kahler,1974). 이는 각본에 빠지는 사람은 반드시 드라이버를 거친다는 것을 의미한다. 우리는 이 사실을 이용하여 진단적으로 또는 즉시 문제 안에 있는 각본신념을 직면할 수 있다. 예를 들어, 내담자가 웃을 때, 그것은 각본적 웃음인가 아니면 자연스러운 웃음인가? 또는 그녀가 화를 낼 때, 그것은 각본감정인가 아니면 진정한 화인가? 여기에 드라이버 행동이 단서가 될 수 있다. 내담자가 웃거나 화내기 바로 직전에 드라이버 행동을 보였는지 관찰해야 한다. 만약에 드라이버 행동을 보이지 않았다면 내담자는 각본에 빠지지 않았음을 알 수 있다. 하지만 드라이버 행동을 보이면서도 각본으로 가지 않는 사람도 있을 것이다. 그런 사람은 아마도 단순히 드라이버 행동을 보였지만 곧장 거기에서 벗어나 각본적이지 않은 감정과 행동으로 갈 수 있다(Stewart, 1996). 그러므로 드라이버 행동을 보였다 해서 모든 사람이 각본으로 들어가는 것은 아니지만, 각본으로 들어가는 사람들은 반드시 드라이버 행동을 통과한다고 볼 수 있다.

2) 드라이버 행동은 그 자체가 부모명령 각본신념의 재연이다

드라이버 행동은 각본으로 빠져드는 관문(gate way)이 될 뿐만 아니라, 그 자체로 이미 그 사람의 각본신념들 중 하나를 재연하고 있다. 마음속으로 부모명령 각본(대항금지명령) 메시지를 듣고 있을 때 그에 상응하는 드라이버 행동을 나타낸다. 이때 AC 자아의 신념은 '그 드라이버를 따르는 한(완전하게 하는 한, 다른 사람들을 기쁘게 하는 한, 열심히 하는 한, 강해지는 한 등등), 나는 OK다(I'm OK, IF~)'라는 것이다. 우리는 드라이버와 각본 상태에 들어갈 때 신화적 목소리를 재현하면서 조건적 긍정의 태도를 유지한다. 드라이버와 각본의 기반이 되는 네 가지 신화들은 두 쌍으로 이루어져 있다. 각 쌍 중 하나는 P 자아에서 시작되고, 다른 하나는 C 자아의 반응에서 비롯된다(T. Kahler,1974; 1978).

첫 번째 신화	
양육적 P 자아 (NP)	"나는 너의 생각을 대신함으로써 너를 기분 좋게 할 수 있다(I can make you feel good by doing your thinking for you)."
두 번째 신화	
순응하는 C 자아 (AC)	"당신은 저를 대신해서 생각함으로써 저를 기분 좋게 할 수 있습니다(You can make me feel good by doing my thinking for me)."

아마 우리는 드라이버를 통과한 후 부모명령을 지속적으로 유지하는 것을 실패하게 되므로 결국 각본감정을 맛볼 것이다. 이때 우리의 내면에서는 CP 자아의 부정적인 목소리를 듣게 된다. 그리고 그 목소리에 호응하여 부정적인 AC 자아로 옮겨 간다.

세 번째 신화	
비판적 P 자아 (CP)	"내가 너에게 무엇을 말하느냐에 따라 너를 기분 나쁘게 할 수 있어(I can make you feel bad by what I say to you)."
네 번째 신화	
순응하는 C 자아 (AC)	"당신은 저에게 무엇을 말하느냐에 따라 저를 기분 나쁘게 할 수 있습니다(You can make me feel bad by what you say to me)."

정은의 사례를 보면, 그녀는 "내가 부모를 기쁘게 한다면, 또는 완전하게 한다면, 나는 부모에게 중요한 사람(OK)이 될 거야."라는 기대를 가지고 드라이버로 들어간다(첫 번째와 두 번째 신화). 그러나 지속적으로 부모를 기쁘게 하는 것이 힘들어지고, 아들은 애쓰지 않아도 여전히 부모의 관심과 돌봄을 받는 것을 보게 된다. 그 순간 "딸자식은 시집가면 아무 소용없어."라는 아빠의 말을 상기하면서 "역시 나는 (부모에게) 중요한 사람이 될 수 없어."의 각본신념을 재확인하게 되고 결국 버림받음, 서글픔, 분노, 좌절감 등의 각본감정을 맛보게 된다(세 번째와 네 번째 신화).

현실에서 이 네 가지 신화처럼 믿고 반응하는 것은, 자신이 가지고 있는 '선택권'을 무시하는 것이며, 자신의 감정과 행동에 대한 책임을 회피하는 것이다. 내가 화가 난 감정으로 상대방의 말에 반응한다 할지라도 사실은 상대방이 나를 화나게 만든 것이 아니다. 내 안에는 즐거운, 공허한, 두려운, 슬픈, 흥미로운, 또는 다른 여러 가지 감정들이 존재하며, 나는 이들 중 지금-여기에 합당한 감정을 선택할 수 있다. 상대방의 입장에서는 그 자신이 '나를 화나게 만들고 있다'고 실제로 믿을 수도 있다. 아마 상대방은 나를 화나게 하고 싶었을지도 모른다. 그러나 상대가 나를 화나도록 강하게 유혹할 수는 있지만, 실제로 나를 화나게 만들 수는 없다. 내가 상대의 유혹에 어떻게 반응할지의 여부는 나 자신에게 달려 있기 때문이다(Stewart & Joines, 1987).

내담자의 드라이버 행동을 관찰했을 때, 바로 부모명령 각본신념도 직면할 수 있을 것이다. 예를 들면 다음과 같다(Stewart & Joines, 1987).

내담자: (위를 올려 보며 한쪽 손가락을 움직인다.) 내가 전에도 말했듯이 내가 원하는 것은 여기서 내가 알고 싶은 것을 정확하게 이야기하는 것입니다.

상담사: 저에게 대충이라도 뭘 원하시는지 말씀해 주시는 것은 괜찮을까요?

내담자: (목을 앞으로 구부리며, 미간을 찡그리고, 목소리 톤을 억제하며) 음 … 글쎄요 … 우리가 말하고 있는 게 좀 어려운 것 같습니다. 하지만 … 음 … 노력해 보죠.

상담사: 좋아요. 네, 노력해 보겠다는 것이 당신이 할 수 있는 유일한 것 같네요. 당신은 노력하고 있을 때만 괜찮은 사람이군요. 그래서 당신이 얻게 되는 것은 무엇인가요?

이 내담자는 '열심히 하라' 드라이버 행동을 보여 주고 있으며, 동시에 "나는 오직 노력하고 있을 때만 괜찮아."라는 부모명령 각본신념을 재연하고 있다. 상담사는 내담자에게 이것을 직면하고 있다.

3) 드라이버 행동은 과정 각본 유형을 보여 준다.

주요 드라이버에 주의를 기울임으로써 과정 각본 유형을 알 수 있다. 사람들은

드라이버 내용에 복종하면서 동시에 자신의 과정 각본 유형을 유지하며 그것을 강화시키고 있다. 주요 드라이버와 과정 각본의 관계는 다음 〈표 15-1〉에서 보여 주고 있다.

<표 15-1> 주요 드라이버와 과정 각본(Stewart & Joines, 1987)

주요 드라이버	과정 각본
완전하게 하라(Be Perfect)	'까지(Until)'식
기쁘게 하라(Please Others)	'그 후(After)'식
강해져라(Be Strong)	'결코(Never)'식
열심히 하라(Try Hard)	'항상(Always)'식
기쁘게 하라+열심히 하라	'거의(Almost) Ⅰ'식
기쁘게 하라+완전하게 하라	'거의(Almost) Ⅱ'식
기쁘게 하라+완전하게 하라	'무계획(Open-ended)'식

드라이버 행동들 그 자체가 과정 각본의 축소판이다. 내가 하나의 드라이버 행동을 할 때마다 나는 0.5초 또는 1초 사이에 그와 일치하는 과정 각본 형태를 수행하고 있는 것이다. 이때 나는 드라이버 행동을 의식하고 그것에서 벗어남으로써 과정 각본도 무력화시킬 수 있다. 또는 과정 각본 유형에서 벗어남으로써 드라이버에서도 벗어나 A 자아에 머무를 수 있다.

'거의Ⅰ'식 각본은 '기쁘게 하라'와 '열심히 하라'의 복합 드라이버를, '거의Ⅱ'식 각본은 '기쁘게 하라'와 '완전하게 하라'의 복합 드라이버를 가진 사람들이 보여 준다. 그리고 '무계획'식 각본을 가진 사람도 '기쁘게 하라'에 '완전하게 하라'의 복합 드라이버를 보여 주지만, 두 드라이버는 '거의 Ⅱ'식 각본보다 좀 더 강하게 나타날 것이다. 그러나 '거의Ⅰ'식 각본과 '거의Ⅱ'식 각본, 그리고 '무계획'식 각본에서는 각본과 드라이버 사이의 관계가 그렇게 명확하지 않다(Stewart & Joines, 1987).

스튜어트(1996)는 자신의 경험상 '서둘러라' 드라이버는 많은 경우 드라이버 행동과 과정 각본 간의 직접적인 연계가 없는 '예외적인 것'으로 보인다고 한다. 또한 우리는 좀처럼 일차 드라이버로서 이것을 관찰할 수 없다. 대신에 이차 드라이버로 종종 일어나기도 하고 일차 드라이버를 강화하는 것으로 작용하기도 한다.

마음속으로 부모명령 각본(대항금지명령) 메시지를 듣고 있을 때 그에 상응하는 드라이버 행동을 나타낸다. 이때 AC 자아의 신념은 "그 드라이버를 따르는 한 (완전하게 하는 한, 다른 사람들을 기쁘게 하는 한, 열심히 하는 한, 강해지는 한 등등), 나는 OK다(I'm OK, IF~)."라는 것이다.

4) 드라이버 행동은 금지명령을 방어하는 기능을 한다

드라이버는 금지명령과 관련해서 형성된 더 심한 결정을 방어하는 각본 기능을 수행할 것이다. 즉, 부모명령 메시지에 계속 순응하는 한, 금지명령을 듣지 않아도 된다고 생각한다(대항금지명령). 그러나 점차 에너지가 소진되어 부모명령을 따르는 것에 실패하게 되면서, 지금까지 방어해 왔던 금지명령을 필연적으로 듣게 된다. 그리고 금지명령과 관련하여 자신이 내렸던 조기의 결정을 재현하면서 자신의 인생태도를 확인하게 되고, 동시에 그에 따른 각본감정을 경험하게 될 것이다. 부모명령 각본 드라이버가 CP 자아의 부정적인 이면교류로 진행될 때 〈표 15-2〉와 같은 금지명령을 연출하게 된다(스기다 미네야스).

<표 15-2> 드라이버와 금지명령

드라이버(부모명령 각본)	금지명령
완전하게 하라	아이처럼 즐기면 안 돼, 실행하면 안 돼, 느끼면 안 돼.
열심히 노력하라	성공하면 안 돼, 인생을 즐기면 안 돼.
타인을 기쁘게 하라	중요한 사람이 되면 안 돼, 실행하면 안 돼, 남(여)자가 되면 안 돼, 성장하면 안 돼.
강해져라	자연스럽게 느끼면 안 돼, 사랑하면 안 돼, 건강하면 안 돼.
서둘러라	성공하면 안 돼.

번(1972)은 '각본'을 우리가 버려야 할 쓰레기라 하였으며, 그것은 우리의 삶에 혼란과 장애를 주며 진정한 우리 자신이 되지 못하게 한다고 하였다. 그는 각본에서 벗어나 진정한 자기(real self)를 내면 깊은 곳에서 만난 사람은 다른 사람들을 존중하고 사랑하며 세상에서 함께 춤을 출 수 있다고 말한다. 클로드 스타이너(C. Steiner, 1974)도 좋은 각본이든 나쁜 각본이든 사람이 각본을 가지고 있다는 사실은 인간의 충만한 잠재 가능성으로 살아가는 것을 손상시키는 것이라 강조하였다(문영주, 2015).

4 드라이버로부터의 자율성 회복

다섯 가지 드라이버들은 Not-OK 부모명령 각본의 구조에 대한 기능적 표현이다. 즉, 당신이 하나의 드라이버 행동을 수행할 때, 당신의 AC 자아는 내면의 목소리인 "네가 모든 것을 제대로 한다면(또는 사람들을 기쁘게 한다면/계속해서 열심히 한다면/강하게 된다면) 여기에서 너는 OK야."의 부모명령을 반복하고 있다.

이와 같은 드라이버에서 벗어나기 위하여, 예를 들어 당신은 '완전하게 하라'고 말했던 내면의 오래된 P 자아의 목소리를 없애기 위하여 P 자아의 목소리 대신에 자기 자신이 설치한 새로운 테이프의 내용, 즉 "나는 현재 상태로 이미 충분하다."를 듣도록 한다. 이것을 반복적으로 실행하므로 당신은 당신을 묶고 있었던 P 자아의 '완전하게 하라'의 목소리에서 점차 해방하게 되고 드라이버 행동에서도 벗어나므로 자율적인 사람이 될 수 있다. 이때 당신은 A 자아에 머무르게 된다.

각 드라이버 메시지에는 '허가자'라고 부르는 교정 수단이 있다. 만약 당신의 부모가 좋은 사람이었다면 당신은 그들로부터 이러한 '허가자'를 어느 정도 받았을 것이다. 부모가 그렇지 않은 사람이었다면, 스스로 그 '허가자'를 둘 수가 있다. 우리에게 생명을 주는 양육적인 허가자는 "It's OK to ……."로 시작한다. 각 드라이버의 '허가자'를 요약하면 〈표 15-3〉과 같다. 상담사는 내담자가 자신에게 주어진 긍정적 선택들을 기억하고 실천할 수 있도록 돕거나, 아니면 그가 원하는 새로운 재양육 메시지를 선택하도록 돕는다. 이것은 부모명령으로부터 벗어나 자신이 원하는 삶을 실현할 수 있도록 돕는 것이다. 이것은 긍정적 CP 자아가 A 자아에게 주는 메시지이며, 창의적인 사고와 합리성을 격려하며 행동을 진행시킨다. 여기에서 최초의 달성 가능한 목표는 순조롭게 실현된다. 개인이 치료 상황에 있을 때 그는 패자로부터 비승자로, 그리고 승자로 이동하며 '더욱 OK'가 된다. 그는 Not-OK 메시지나 각본명령을 듣기보다는 OK 메시지에 더욱 귀를 기울이기 시작한다. 그러므로 '나는 OK다'라는 느낌이 들며 지금-여기에서 기쁨을 느낀다.

<표 15-3> 드라이버와 허가자

드라이버(Driver)	허가자(Allower)
완전하게 하라 (Be Perfect)	너 자신이 되어도 괜찮아(It's OK to be yourself). 당신은 있는 그대로 충분하다(You're good enough as you are). 그 외: 실수해도 괜찮아. 실패해도 괜찮아. 더러워져도 괜찮아. 인간적으로 되어도 괜찮아. 감동적이지 않아도 돼.
(다른 사람을) 기쁘게 하라 (Please Others)	너 자신을 생각하고 너 자신을 존중해도 괜찮아(It's OK to consider yourself and respect yourself). 너 자신을 기쁘게 하라(Please yourself). 그 외: 네 자신의 판단을 의지해도 괜찮아. 네 자신의 필요를 돌봐도 괜찮아. 너는 사랑스러워. 너의 가치는 다른 사람의 판단에 달려 있지 않아. 너는 다른 사람의 감정에 반응하지 않아도 괜찮아. 너는 네 자신의 감정에 대한 책임을 받아들여도 괜찮아.
강해져라 (Be Strong)	네가 원하는 것을 공개하고 표현해도 괜찮아(It's OK to be open and express your wants & needs). 그 외: 마음을 열고 가까이 와서 느끼고 감정을 표현해라. 강하지 않아도 괜찮아. 인간적으로 되어도 괜찮아.

열심히 하라 (Try Hard)	그것을 해도 괜찮아(It's OK to do It). 그 외: 네가 하고 있는 것을 끝마쳐도 괜찮아. 그것을 잘해도 괜찮아. 승리해도 괜찮아. 나는 네가 바로 너여서 좋아. 너는 아름다워. 인생은 즐길 수 있어.
서둘러라 (Hurry Up)	너의 시간을 가져도 괜찮아(It's OK to take your time). 그 외: 지금을 살아도 괜찮아. 너는 네가 하고 싶은 것을 할 시간을 가지고 있어.

* 출처: Kahler & Capers (1974)와 Stewart & Joines (1987)를 편집함.

당신은 자신에게 유익하지 않은 드라이버에 따르지 않겠다고 결심하고, 일상생활에서 그것을 실천하기 위한 행동 계약을 한다. 당신이 의식적으로 당신의 드라이버 행동을 자유로운 행동으로 대치할 때마다, 당신은 "드라이버에 따르는 한, 나는 OK다."라는 조건적 OK의 태도에서 벗어나게 되고 비언어적으로 '허가자'를 확인하게 될 것이다. 당신은 또한 밤에 잠자리에 들기 전에, 그리고 아침에 일어날 때마다 자기 자신에게 스스로 '허가자'를 반복하여 말할 수 있다. 또는 종이에 허가자를 써서 침실, 부엌, 화장실, 사무실, 책상 등 자주 보이는 곳에 붙여 두는 것도 도움이 될 것이다.

그러나 '허가자'를 확인하는 과정에서 불편한 감정을 경험한다면 얼마 동안 중지하라. 불편한 감정을 느낌으로써, 당신은 부모명령 각본 드라이버가 더 강한 각본결정이나 금지명령을 방어해 왔다는 것을 스스로 알게 될 것이다. 그때는 당신이 드라이버에서 벗어나려고 시도하기 전에 먼저 더 강한 그 결정을 발견하여 제거하는 것이 현명하다(Stewart & Joines, 1987).

실습

1. 앞에서 실시한 〈간편 드라이버 체크리스트〉의 그래프를 옆 사람과 나눠 보라. 그리고 서로에게 다음과 같은 질문을 해 보라.

   "당신은 드라이버를 무엇으로 대체할 수 있습니까?", "당신의 C 자아는 무엇을 필요로 합니까?", "당신의 C 자아는 무엇을 원합니까?"

   각자 자신의 대답을 정리하여 다음 형태로 적어 보라.

   드라이버:

   허가자:

2. 드라이버를 대신해서 허가자를 선택하면 우리의 삶도 그것에 맞추어 변화되어야 한다. 앞에서 실시해 보았던 〈새로운 변화를 위한 행동 계약〉을 다시 작성해 보라.

〈새로운 변화를 위한 행동 계약〉

• 나는 (언제)부터 (무엇)을 (어떻게)하겠다!

• 내가 ________________________________ 을 할 때, 다른 사람들은 내가 변화 중이라는 것을 알게 될 것이다.

• 그 변화를 만들어 내기 위해 내가 기꺼이 하고자 하는 것은 ________________________________이다.

• 나는 ________________________________함으로써 나 자신을 방해할 수 있다.

• 이 계약을 수행하는 데 도움을 주고 변화를 이끌어낼 수 있는 내가 가진 개인적 기술, 재능, 능력, 그리고 타고난 자질은 ____________________이다.

• 나의 계약이 완수될 경우 그것이 내 삶에 주는 의미는 ________________________________이다.

제5부

제16장 교류분석상담

1 교류분석상담의 이해

1) 교류분석상담의 정의

교류분석(TA)상담의 정의와 관련하여 1995년에 국제교류분석협회(ITAA)와 유럽교류분석협회(EATA) 상담분과위원회에서는 다음과 같이 제시하였다(www.ITAAWorld.org, www.eatanews.org).

- 교류분석상담은 계약에 의한 전문적 활동이다.
- 교류분석상담은 내담자의 에너지와 자원을 강화하여 내담자가 일상에서 문제해결을 할 수 있도록 조력한다.
- 교류분석상담은 내담자가 자각, 선택권, 기술을 발달시켜 사회적 · 전문적 · 문화적 환경에서 자율적인 삶을 살 수 있도록 조력한다(Lister-Ford, 2002).

2) 교류분석상담의 인간관

교류분석상담은 인본주의 심리학 원리에 근거하며, 다음의 세 가지 기본적 인간관을 강조한다.

첫째, 인간은 긍정적이다(Human being is OK). 교류분석상담은 인간 본질에 대한 긍정성(OK)을 인정하는 I'm OK, You're OK의 원리에 바탕을 둔다.

둘째, 모든 인간은 사고 능력을 갖고 있다(Everyone has the capacity to think). 교류분석상담은 인간이 생득적으로 자율적 사고 능력을 갖고 있다는 원리에 바탕을 두기에 부적응적 패자 각본의 삶에서 벗어날 책임이 내담자에게 있다고 본다.

셋째, 인간은 자신의 운명을 결정하며, 그 결정은 변화 가능하다(People decide their own destiny and these decisions can be changed). 교류분석상담이 내담자의 운명을 변화시키기 위해서는 내담자에게 상담에 대한 동기부여, 적합한 상담 이론과 기법, 실현 가능한 상담목표 설정, 지지적 환경 제공이라는 네 가지 전제 조건을 충족시켜 줄 수 있어야 한다.

2 교류분석상담의 특징

1) 유아기 초기결정의 정의

인간은 원가족으로부터 경험한 유아기 초기 경험들과 관련하여 문제해결력이 결여된 초기결정을 내린다. 초기결정은 지금-여기 언어적으로 의식화하여 입술 밖으로 표현하진 못하지만 결코 지워지지 않는 상태로 몸에 기억된다. 초기결정 관련 상처받은 마음, 즉 트라우마가 된 경험들은 비언어적인 정서적 형태로 뇌의 신경·구조 변화 등 뇌에 치명적 손상을 가할 뿐만 아니라 유아의 몸에 기록된다.

몸에 기록된 유아기 미해결 문제는 추후 스트레스 상태에 처한 경우, 유사한 상황이나 사건, 사람에게 재연되는 경향이 있다. 즉, 유아기 어린 시절의 억압된 분노, 억울함, 수치심, 죄책감 등 부정감정은 신체적 긴장 등 반응 형태로 만들어져 몸으로 드러낸다(Stewart, 1989).

<표 16-1> 초기 어린 시절 학대 유형별 주요 사례

유형	주요 사례
신체적 학대	때리기, 물에 빠뜨리기, 치기, 던지기, 발로 차기, 화상 입히기, 심하게 흔들기 등
방임	굶기기, 자동차 안에 방치하기, 더러워도 씻기지 않기, 집에 가두기, 심하게 아파도 병원에 데려가지 않기 등
심리적 학대	무시하기, 말로 위협하기, 자녀 앞에서 가정폭력 행사하기, 자녀 간 차별하기 등
성적 학대	성행위 자녀에게 노출시키기, 포르노그래피 피사체로 삼는 행위, 자녀에게 성적 행위 등

사례

내담자인 31살 A는 최근 청년지원정책사업에 제출할 서류 발급을 위해 행정복지센터에 들렀던 일로 지금도 힘들다고 했다. 당시 담당 직원은 A에게 발급받고 싶은 서류가 무엇인지 몇 차례 물었으나 그는 계속 버벅거렸으며, 겨우 짧게 몇 마디 답한 끝에 발급받을 수 있었다. 또 발급된 서류 목록에 대해서도 창구 담당자에게 자꾸 제대로 모두 발급되었는지 되물어 확인했다. 그 순간 A는 주변 창구에 있는 직원들의 표정이 자신을 멍청한 청년이라고 비웃는 것 같아서 몹시 화가 났을 뿐만 아니라 자기 자신이 나잇값을 못한 것 같아 한없이 부끄러웠다. 또한 가슴 중앙 부분이 꾹 눌리는 듯한 강한 압박감으로 인해 숨쉬기가 불편했다고 호소했다.

상담 과정 중 A는 위와 유사한 과거 유년기 경험을 다음과 같이 보고했다.

유치원 시절 A는 매일 부과되는 유치원 과제를 다 마쳤으면 과제장 네모 칸에 초록색 색칠을, 과제를 안 한 경우는 빨간색 색칠을 해 가야 했다. 어느 날 A는 이 규칙을 깜박 잊고 과제를 안 했는데도 초록색 색칠을 해 가고 말았다. 담임선생님은 반 아이들 앞에서 이를 공개해 버렸고, 아이들은 큰 소리로 웃었다. 그리고 선생님은 과제 색칠을 잘못한 A를 꾸중했다. A는 선생님이 꾸중한 말보다 반 아이들이 자신을 멍청한 애라고 비웃는 것 같아서 화가 났다. 또한 색칠 하나 구분하지 못한 자신이 바보같이 여겨져 부끄러웠다. 그 순간 가슴이 꽉 조여 오고 숨도 쉬지 못할 만큼 답답해졌다.

2) 유아기에 형성된 패자각본과 부적응 패턴 양상

(1) 유아기에 형성된 패자 각본

유아기에 형성된 패자 각본은 유아 자신의 욕구 충족과 부모의 욕구 충족 사이에서의 타협과도 같다. 인간은 '어떻게 하면 이 세상에서 가장 잘 살 수 있을까?'라는 관점에서 자신에 대한 결정을 내리게 된다. 하지만 이러한 결정이 항상 적합한 결정은 아니다. 예를 들어, 유아기에 감정을 솔직히 표현하여 부모로부터 혹독한 처벌을 받은 경험이 있는 아동은 '부모에게 솔직하게 감정 표현을 하는 것은 위험한 것이다.'라는 결정을 내리는 경향이 있다. 이후 아동은 이러한 초기결정에 기초하여 진정한 자신의 욕구를 억압한 상태로 살아가게 된다. 초기결정은 각본의 핵심이 되며, 이때 결정된 각본을 패자 각본이라 칭한다(Woollams & Brown, 1979).

(2) 패자 각본의 부적응 패턴 양상

패자 각본의 자아상태는 자아상태 구성 요소 중 P와 C가 각각 A를 침범하여 편견, 망상이라는 오염을 일으키거나 혹은 P와 C가 A를 함께 침범하여 이중오염을 일으키는 자아상태 병리상태에 놓여 있다. 뿐만 아니라 자아상태 배제로 인해 하나의 자아상태가 지나치게 경직되어 심리적 에너지의 이동이 차단된 상태이다.

만일 아동이 패자 각본을 형성한 경우라면 추후 성인기에도 부적응적이고 정신병리적인 삶이 지속될 수 있다. 다음 <표 17-2>에 초기 어린 시절의 패자 각본 형성으로 인한 영역별 부적응 내용들을 제시하였다.

<표 16-2> 초기 어린 시절의 패자 각본 형성 관련 부적응 양상

영역	내용
신경계 각인	크고 작든 우리 몸 안에 자리 잡게 되며, 뇌의 신경 구조를 변화시킴.

러버밴드[1)]	스트레스를 통제하지 못하는 경우 유사 상황, 일, 문제 등에 끊임없이 러버밴드, 즉 미해결 문제가 다시 반복적으로 살아 움직임.
수동성	문제해결 상황 시 자아상태 병리(오염이나 배제)로 인해 문제해결이 가능한 능력을 디스카운트하고 각본신념에 따른 자기-보호 반응적인 아무것도 하지 않기 · 과잉 적응 · 심리적 동요/짜증 · 무력화/폭력 등의 부적응 행동 패턴이 반복됨.
라켓감정	일상생활 속 다양한 장면에서 심리적 게임을 펼치며, 이면 교류 속 불안, 우울, 화, 답답함, 짜증 등 부정정서로 인한 불편감정을 자주 경험함.

3) 도피구의 폐쇄

교류분석상담은 비극적 각본결말에 대한 보호 및 치료 과정의 일부로서 내담자의 열려 있는 도피구를 폐쇄해야 한다. 도피구 폐쇄 절차는 내담자의 A가 도피구인 세 가지 비극적 각본결말, 즉 자살 또는 자해, 살인 또는 타인에 대한 상해, 미치는 것의 선택을 폐쇄하겠다고 결정하는 것이다(Stewart, 1989). 도피구 폐쇄를 통해 내담자는 스스로 힘든 상황을 수용하게 되며, 상황을 변화시킬 수 있는 힘을 자각하게 됨으로써 폭넓은 차원의 자유로움을 느끼게 된다. 이에 지금까지의 삶에서 부정적 감정 유지에 쏟았던 에너지는 긍정적 변화 유발 쪽으로 전환된다. 또한 이와 함께 상담사를 위한 도피구 폐쇄도 매우 중요하다.

▶ 특히 교류분석상담사는 내담자의 도피구 폐쇄 촉진 이전에 먼저 자신의 도피구를 반드시 폐쇄해야 한다. 이를 위해 때로는 상담사가 다른 상담사의 내담자가 되어 도피구를 닫는 과정을 밟을 필요가 있다.

---

1) 러버밴드(Kupfer & Haimowiz, 1971)란 어떤 상황이 "어린 시절 장면으로 돌아간 것처럼 그 순간에 대한 반응을 하게끔 이끄는 방식을 묘사하는 환기 문구임(Stewart & Joines, 1987: 111).

도피구 폐쇄 선언문

- 나는 어떠한 경우라도, 사고든 고의든 자살 또는 자해를 실행이나 시도하거나 자살을 계획하는 것을 절대 하지 않겠다.
- 나는 어떠한 경우라도, 사고든 고의든 다른 사람을 살해하거나 상해하거나 이를 시도하거나 계획하는 것을 절대 하지 않겠다.
- 나는 어떠한 경우라도, 사고든 고의든 미치거나 미치기를 시도하거나 계획하는 것을 절대 하지 않겠다.

4) 교류분석상담의 목표 및 주요 기능

(1) 교류분석상담의 목표

인간은 초기 어린 시절의 주양육자 등 중요한 인물들의 기대나 요구에 영향을 받았을지라도 궁극적으로는 과거의 결정에 대한 재검토가 가능하다. 내담자가 상담의 과정에서 더 이상 초기결정에 따른 패자 각본이 타당하지 않다고 판단될 때 승자 각본으로의 새로운 결정을 내릴 수 있다. 이처럼 내담자는 자신의 수동적인 각본을 자율로 재결정하여 승자 각본을 다시 쓰는 것을 배우게 된다. 또한 상담을 통해 어린 시절 부모로부터 받은 부모명령과 금지명령이라는 각본 메시지를 알아차림으로써 자신의 삶을 자율적으로 통제할 수 있게 된다.

TA 상담목표

지금-여기에서, 즉 이 순간을 100% 즐길 수 있으며 다른 사람과 친밀한 관계를 유지하면서 인생의 의미를 발견할 수 있도록 자각성(awareness), 자발성(spontaneity), 친밀성(intimacy)의 발휘나 회복을 하도록 해 주는 자율성(autonomy) 성취에 있다.
→ 이에 TA 상담사는 내담자로 하여금 유보되고 포기한 자신의 자율성을 증대시키고 현재 행동과 삶의 방향에 대한 새로운 결정을 내리도록 조력해 주어야 한다.

(2) 교류분석상담의 주요 기능

교류분석상담사가 지녀야 할 주요 기능은 크로스만이 제시한 3P 차원에서 살펴볼 수 있다. 교류분석상담사는 허가(permission), 보호(protection), 잠재력(potency)이라는 세 가지 주요 원리를 실천해야 한다(Crossman, 1966).

① 허가(permission)

상담사는 내담자가 자신의 내부에 있는 P의 편견에 찬 명령에 맞서도록 허가를 줄 수 있어야 한다. 상담을 요청한 내담자들의 대부분은 부모명령과 금지명령에 따라 행동하는 경향이 있다. 따라서 상담사는 내담자의 P가 내담자에게 "…… 해서는 안 돼."라고 말했던 것을 바꾸어 "…… 해도 좋다."라는 허가를 제공해 주어야 한다. 내담자는 상담사의 허가를 통해 각본에 들어 있는 굴지명령이나 부모명령에서 자유로워질 수 있다.

주요 허가 내용

인간은 시간이 구조화되어 있지 않은 상황에 직면하는 경우 시간을 먼저 구조화시키려는, 즉 구조화 욕구(structure hunger)를 충족시키려는 경향이 있다. TA의 주요 개념 중 하나인 시간 구조화는 사람들이 둘이나 혹은 집단 간 교류에 있어서 시간을 폐쇄, 의식, 잡담, 활동, 심리게임, 친밀의 여섯 가지 양상으로 프로그램화하여 보내는 방법이다. 특히 심리게임은 초기 어린 시절 주양육자와의 관계에서 긍정적 스트로크를 얻지 못함에 기초한다. 또한 심리게임은 구체적이고 예측 가능한 결말을 얻기 위해 일종의 속임수를 사용하여 자신에게 익숙한 스트로크를 추구하고자 일련의 상호 보완적인 교류를 펼치는 시간 구조화 양상이다. 이에 시간을 효과적으로 사용할 수 있도록 심리게임을 멈추도록 허가할 필요가 있다.

허가의 예) "느끼는 대로 느끼는 것이 좋아." → 우리 모두는 감정을 느낄 권리를 지녔기 때문임.

"열심히 일하는 것을 그만두는 것이 좋아." → 우리의 건강에 영향을 미치기 때문임.

→ 상담사는 보다 의미 있게 일상의 시간을 구조화하도록 하기 위해 자아상태 교류 방식을 새롭게 선택하도록 개입할 수 있어야 한다. 즉, 내담자가 A의 논리적 사고와 C의 즐거운 삶을 유지할 수 있도록 상담 회기 중 A의 역할과 C의 역할연습을 실시한다. 이를 통해 내담자는 익숙한 스트로크 추구를 위해 활용되던 자아상태 이면 교류를 멈추고 새롭게 상보 교류를 선택하여 긍정적 스트로크를 추구하는 삶으로 나아갈 수 있다.

② 보호(protection)

상담사는 내담자가 스스로 자신을 보호할 수 있을 때까지 내담자의 내부에 있는 P의 분노에 대해서 적절한 보호를 해 줄 수 있어야 한다. 상담사가 P적 금지명령을 포기할 수 있도록 허가를 준 경우, 내담자 내면의 C는 각본 일부를 포기하려는 순간이기에 두려움을 느끼게 된다(Steiner, 1971). 이에 상담사는 내담자를 보호하기 위해 안전한 상담환경 등을 제공할 필요가 있다.

주요 보호 내용

- 안전한 환경 제공: 내담자가 신체적으로 안전한 장소에서 상담받도록 하기
- 비밀 보장
- 도피구 폐쇄: 자살 · 타살 · 미치기, 즉 세 가지 비극적 각본결말 방지하기
- 의료기관 소개: 신체질환이 있는 경우 의료검진을 받도록 하기
- 정신병원 소개: 정신질환 징후가 발견되는 경우 정신과 치료를 받도록 하기
- 약물중독치료시설 소개: 알코올중독이나 마약중독의 경우 필요 시설 안내하기
- 이해관계 당사자와 상담하지 않기: 개인적 · 성적 · 금전적 관계가 있는 사람과는 상담하지 않기

(3) 역량(potency)

상담사는 내담자로 하여금 내담자의 내부에 있는 P보다 훨씬 더 큰 힘을 상담사가 지니고 있다는 확신을 줄 수 있어야 한다. 따라서 교류분석상담사는 자아상태분석, 교류패턴분석, 게임분석, 각본분석 등을 통해 내담자가 자율성을 성취하도록 교류분석상담 기법을 배우고 상담 수련을 받아야 한다.

상담사의 능력 자가진단 질문

"상담사인 나는 이 내담자와 상담을 진행하는 데 필요한 상담 이론 및 기법 등의 전문적인 자질을 소유하고 있는가?"

3 교류분석상담의 원리

1) 공개적 의사소통

교류분석상담은 인간이 긍정적이고 자율적 사고를 할 수 있다는 인간관에 바탕을 두기에 상담사와 내담자 모두 상담 과정에서 일어난 정보를 알 권리가 있다고 본다. 이에 교류분석상담 사례 기록지는 내담자에게 공개할 수 있다. 또한 교류분석상담사는 교류분석의 개념에 대해서도 내담자가 배우도록 격려할 필요가 있다. 이 공개적 의사소통의 원칙이 상담에 있어서 내담자와 상담사를 동등한 몫의 역할을 할 수 있도록 이끈다.

2) 계약적 방법

교류분석상담은 '인간은 OK이다.'라는 긍정적 인간관에 기초하기에, 상담사와 내담자 모두 상담목표 성취에 있어서 자신의 결정과 행동에 대한 동등한 몫의 공동책임이 있다고 본다. 이에 상담사와 내담자 모두에게 각자의 책임을 명확하게 부여해 주기 위해서 상호 간 합의하에 교류분석상담현장에 계약적 방법이 실천적으로 활용된다.

제17장 교류분석상담의 주요 기법

번의 주요 저서인『Transactional Analysis in Psychotherapy』(1961)와『Principles of Group Treatment』(1966)에서는 교류분석상담사들이 익혀야 할 다양한 상담 기법이 제시되어 있다. 이 가운데 이 장에서는 내담자의 내적 혼란 탐색을 통해 P, A, C 활성화, 즉 내담자의 인지 · 정서 · 행동 문제 이해를 촉진하는 대표적인 아홉 가지 기법을 에릭 번이 제시한 8가지 주요 상담 기법과 최근의 주요 상담 기법 중 하나인 과녁 맞추기 교류 순으로 제시하였다.

1 질문

질문(interrogation)은 내담자가 자신의 심리적 어려움을 A로 표현하는 것이 어렵기에 내담자가 A에서 설정한 계약 목표를 달성할 수 있도록 유의미한 내용을 확인하고 기록하는 기법이다. 이 기법은 내담자의 경험의 세계와 관련한 정보 수집, 특정 상황별 교류패턴과 대처 방식 통찰에 도움이 된다.

한편, 질문 기법은 매우 강력한 기법에 해당하므로 강압적인 어투와 자세가 아닌 상호 간 자아상태 A 대 A로 신중하게 사용해야 한다. 특히 내담자가 A로 대답한다는 확신이 들 때 사용해야 한다. 즉, 내담자가 자신의 내면세계의 꼭대기와 골짜기 그리고 고원을 탐색하여 그 영토에 친숙해질 수 있도록 유의하여 사용한다. 질문 기법은 내담자의 지난 과거(P와 C의 내용)가 어떻게 내담자의 현재 A에 영향을 미쳤는지, 즉 내담자의 내적 혼란을 탐색할 수 있도록 P, C를 활성화시키는 데 유용한 기법이다.

비효과적 질문 VS 효과적 질문의 예

- 비효과적 질문의 예

'언제' '왜'로 시작하는 질문은 구체적 상황에 초점을 맞추고 있기에 특정한 주요 정보 파악에는 효과적이다. 그러나 이러한 질문 그 자체에 압도되어 짧은 대답을 초래하여 내면세계의 탐색을 가로막는 경향이 있다. 특히 왜로 시작하는 질문은 추궁의 의미가 포함되어 있어서 내담자가 방어할 수 있다.

상담사: 언제부터 학대가 심해졌나요?

내담자: 글쎄…… 잘 모르겠어요.

상담사: 왜 집에서 먼 대학을 지원하게 되었습니까?

내담자: 찾다 보니…….

- 효과적 질문의 예

－폐쇄형 질문

상담사: 상담을 받은 적이 있으세요?

내담자: 아니요.

상담사: 자살을 하고 싶다는 생각을 한 적이 있으세요?

내담자: 최근 1주일간은 거의 매일 그랬어요.

→ '예' '아니요' 한두 마디 답으로 원하는 정보나 자료를 얻기 위해 사용하며, 내담자가 말한 바를 이해했는지 확인 및 동의를 구하거나 내담자가 위기 상황에 처했을 때 효과적이다.

－개방형 질문

상담사: 오늘은 어떤 일에 대해 말씀하고 싶으세요?

내담자: 자꾸 화가 나고 감정 조절이 어려워요.

상담사: 회사에서 명예퇴직을 권유받았을 때 그 부분에 대해 어떻게 느끼셨나요?

내담자: 버림받은 기분이에요. 지금껏 회사를 위해 야근도 감수하고 그저 열심히 일만 했는데…….

상담사: 또래들에게 왕따를 당했을 때 어떤 생각이 들었나요?
내담자: 내가 바보 같고 쓸모없는 사람처럼 여겨졌어요.
→ 위의 '무엇'과 '어떻게'로 시작하는 개방형의 질문은 내담자 경험 중 밝혀지지 않은 측면을 좀 더 파악하고 싶을 때 효과적이다. 논의의 초점을 내담자에게 두기에 내담자 문제를 명료화하는 데 도움이 된다.

상담사: 최근 자신이 조금 부족하다는 생각이 들 때, 어린 시절 부모에게 들었던 말 중 기억나는 말이 있나요?
내담자: 너는 늘 그 모양이냐. 언제 철들래. 형 좀 닮아라. 쯧쯧…….
→ 내담자가 지금-여기 A에서 현재와 관련이 있는 과거 장면인 P와 C에 주의 집중을 할 수 있도록 촉진시킨다.

2 구체화

구체화(specification)는 상담사의 A와 내담자의 A가 내담자의 특정 행동에 관여된 자아상태를 일치된 관점에서 탐색하는 기법이다. 내담자의 진술이 모호한 경우, 상담사가 내담자의 특정 정보를 범주화할 때 효과적이다. 구체화는 내담자로 하여금 좀 더 구체적으로 말하도록 할 때, 내담자가 진술한 내용을 분명하고 정확하게 들었는지 확인할 때, 내담자의 애매모호한 진술 내용을 명확히 할 때 사용되는 기법이다.

구체화 기법의 표현은 질문 기법의 표현과 유사하다. 구체화의 목적은 내담자의 마음이나 내담자의 마음에 있는 특정 정보를 보다 명확히 하여 인지, 정서, 행동적 측면의 변화를 가져오기 위해 내적 혼란을 탐색하는 기법이다. 또한 내담자로 하여금 자신이 한 말을 확인하여 자신이 한 말에 대해 책임질 수 있도록 돕는 기법이다.

구체화의 초점 및 효과적 구체화의 예

• 구체화의 초점

세 가지 자아상태 반응 알아차리기. 예를 들어, 상담사와 내담자 모두 내담자의 특정 행동이 P에서 나왔음에 대한 동의가 있는 경우 내담자의 행동반응이 P에 기인했다고 판단한다.

– A 반응의 예: "그것 참 흥미 있네, 전에는 그렇게 생각하지 못했는데……."

– P 반응의 예: "그것 참 미숙하군." 혹은 "정말 바보 같은 소리네."

– C 반응의 예: "당신이 또 맞았군!" 혹은 "그렇지는 않지……."

• 효과적 구체화의 예

내담자: 이번 주는 딸과 잘 지낼 것이에요.

상담사: 딸과 잘 지낸다는 것은 구체적으로 어떻게 하겠다는 말인가요?

→ 내담자가 한 반응을 실제 생활 속 행동 범주에 포함시켜 보다 명확히 함으로써 P, C 활성화를 도모한다.

3 직면

직면(confrontation)은 상담사가 내담자의 사고나 행동 등의 모순이나 불일치를 초래한 P나 C 혹은 오염된 A를 대면할 수 있도록 이끄는 기법이다. 즉, 내담자가 이전 회기 등에서 언급한 말 등의 구체적인 정보를 사용하여 현재의 모순이나 불일치를 지적하여 내적 혼란 탐색을 촉진시킨다. 이를 통해 내담자의 P, A, C에 집중된 에너지는 균형을 잃고 재배치됨으로써 알아차림이 증진된다. 직면의 시기가 적합하지 않은 경우, 집중된 에너지의 재배치가 오히려 이전 행동 관련 부적절한 자아상태를 강화시킬 수 있다.

직면의 치료적 목표는 내담자의 A를 오염되지 않는 상태로 재배치하기 위함이다. 직면의 달성 여부는 내담자의 사색적 침묵 혹은 통찰적 웃음으로 드러난다. 직면은 내담자의 모순된 행동, 불일치, 부조화, 비일관성과 혼합된 언어적·비언어적 메시지를 지적해 주는 피드백이거나 해석이 곁든 피드백으로서 통찰을 촉진시킨다. 효과적인 직면을 위해 상담사는 내담자를 'I'm OK, You're OK' 자세로 대해야 한다. 즉, 이는 내담자의 신념/생각, 감정과 행동에 대한 각본적인 패턴과 직면하고 있는 것이지 내담자의 존재적 가치를 의심해서는 안 됨을 의미한다. 또한 효과적인 직면은 내담자로 하여금 상담사의 직면 개입을 수용하고, 자신에 대해 더 새롭고 건전한 시각을 유지할 수 있도록 한다. 즉, 내담자는 P, C 그리고 오염된 A로부터 자유롭게 되고 부정적인 인생태도, 각본신념과 게임을 자각하고 벗어나게 된다. 이에 상담사는 내담자가 불일치 영역 관련 행동 변화의 토대를 마련할 수 있도록 지속적으로 지지해 주어야 한다. 무엇보다 중요한 것은 직면은 내담자가 새로운 행동 변화에 도전할 수 있도록 이끌기 위해 사용한다는 점이다.

초점과 효과적 직면의 예

- 직면의 초점과 표현 방식
  - 내담자 이야기 내용 중 불일치 발견하기
    상담사: 어떻게 이 두 가지 모순된 점을 통합시킬 수 있었나요?
  - 내담자의 모순점이나 불일치를 여러 차원으로 요약/모순점 지적/다른 관점에서 해석해 주기(reframing)
    - "한편으로는 ~하지만/싶지만, 다른 한편으로는/또 ~하군요/할 것 같군요/하는군요."

    상담사: 한편으로는 올해 바로 대학에 진학하고 싶고, 또 한편으로는 1년을 더 재수하고 싶다는 것으로 들리는군요.

    상담사: 한편으로는 그녀 곁은 떠나고 싶지만 다른 한편으로는 그녀 없이는 못 살 것 같군요.

    상담사: 지금 살림할 돈이 없다고 하시지만, 또 조금 전에는 비싼 옷을 샀다고 말씀하시기도 하는군요.

· "~라고 말하지만, 모습은(비언어적으로는) ~처럼 보이는군요."

상담사: 자신을 약하고 조용하다고 말하지만, 지금 그 말을 하는 모습은 당당하고 활달한 사람처럼 보이는군요.

– 내담자가 직면을 수용하지 않는 경우

· 직면 방식을 보다 유연하게 또는 강력하게 적용한 후 그 점에 대해 내담자와 논의해 보기

• 효과적 직면의 예

내담자: 나는 술을 끊을 수 없어요!

상담사: 나는 술을 끊지 않겠다고 다시 말해 보시겠어요? (자아상태 에너지 균형을 유도하고 재배치시키기 위해 사용)

내담자: (내담자가 A로) 내가 또 갖고 있는 힘을 포기하려 하는군!

→ 이 진술문의 예처럼 내담자가 통찰력을 얻은 것처럼 말한다면 내담자의 자아상태가 C에서 A로 전환되었음을 알 수 있다.

4 해석

해석(interpretation)은 상담사가 내담자의 인지 · 정서 · 행동의 주제와 패턴을 지적하고 방어 · 저항 · 전이를 설명해 줌으로써 내담자의 인지 · 정서 · 행동 문제 이해를 촉진하는 기법이다. TA적 관점에서 해석은 자아상태 구조적 병리를 탐색하는 데 효과적인 기법이다. 내담자의 자아상태 C에는 내담자의 아픈 과거 경험이 내재되어 있다. 해석 기법은 상담사가 내담자의 오염되지 않은 A와 동맹하여 내담자로 하여금 자신의 C에 담긴 문제행동의 근원을 파악할 수 있도록 이해의 틀을 새롭게 제공한다. 이때 내담자의 P는 해석에 대항하여 유혹적인 영향력을 행사하고자 할 것이다. 또한 C는 해석을 부모의 보호를 빼앗는 위협으로 인식하기에, P를 공격하여 지금까지의 이득을 포기할 것인지 혹은 새로운 행동을 할 것인지를 선택해야 한다.

해석은 내담자의 A가 활성화되어 보다 현실적 관점을 유지할 수 있도록 접근하는 데 초점을 둔다. 해석은 상담사의 주요 관심사에 따라 다른 양상이나 수준으로 제공될 수 있다. 특히 해석은 상담사의 준거 틀을 내담자가 받아들이라는 강요가 아님을 유의해야 한다. 해석은 상담사와 내담자 간의 충분한 치료적 동맹 관계가 구축되고, 상담사가 내담자를 심층적으로 이해할 수 있을 때 실시해야 한다.

해석 시 중요한 것은 왜 내담자가 지금까지 부적응적인 행동을 해 왔는지를 상담사가 내담자에게 설명하는, 상담사와 내담자의 A 대 A의 교류라는 점이다. 예를 들면, 가족 전체 혹은 한 개인의 행동으로 간주되는 정보들을 바탕으로 가족 간 역기능적 상호작용을 이해할 수 있도록 설명이 제공된다. 이에 상담사는 교류분석 주요 개념별 기법에 숙달되어 있어야 내담자 문제의 근원들을 자아상태, 교류패턴(교차 교류나 이면 교류) 혹은 심리게임 등의 측면에서 심층적으로 설명할 수 있다.

해석 절차에 따른 효과적 해석의 예

- 해석 절차
  - 1단계: 기초자료 수집 단계
    내담자의 반응과 과거력을 살펴보고 연결점을 찾아 적절한 해석 타이밍을 검토해 본다.
  - 2단계: 해석 단계
    협력적이고 부드러운 자세로 해석을 제기한다.
  - 3단계: 통찰 혹은 저항/부작용
    인지 · 정서 · 행동적 관점 통찰이 일어난다. 혹은 비효과적 해석으로 인한 부작용이 유발될 수 있다.
  - 4단계: 철저한 해석 규명 및 후속 반응 관찰 단계

• 효과적 해석의 예

내담자 1: 처참하게 짓밟혀 일그러진 새끼 강아지들을 돌보는 꿈을 꾸었어요. 제 꿈이 어떻게 해석되나요, 선생님?

→ 내담자의 이러한 질문은 내담자가 정신분석적 꿈 분석 작업을 해 본 적이 있음을 암시한다. 이는 내담자 자아상태 A에서 하는 표현이다.

상담사 1: 처참하게 일그러진 강아지들 말인가요? 예전에 낙태했다는 말을 하지 않았던가요?

내담자 2: (코를 훌쩍인다. 침묵 후) 그래요. (또 다시 침묵 후 코를 훌쩍이며) 나는 언제나 고양이를 키우고 싶었어요.

→ 내담자의 코 훌쩍임은 내담자 자아상태가 C에서 하는 행동이다. 지금은 낙태를 승인하는 문화이기에 내담자는 이젠 낙태에 대한 책임 추궁을 당하지 않아도 된다. "그래요."라는 뜻은 내담자 자아상태가 A에서 하는 반응이며, 이는 내담자의 C가 얼마나 죄책감과 긴장을 느꼈음을 보여 주며, 이제는 아무 일이 없었던 것처럼 행동하기보다 뭔가를 시도할 준비가 되었음을 보여 주는 반응이다. "나는 언제나 고양이를 키우고 싶었어요."란 "난 이제 낙태에 대한 P의 비난으로부터 자유로워졌기에 강아지를 돌보며 더 이상 속죄할 필요 없이 내가 늘 원하던 고양이를 키우고 싶어요."라는 반응이다. 이에 대한 해석의 예를 상담사 2에 제시하였다.

상담사 2: 지금까지는 C가 죄책감과 긴장 속에서 살아왔지만, 이제는 낙태에 대한 P의 비난으로부터 A가 자유로워졌기에 강아지를 돌보며 더 이상 속죄할 필요 없이 평소 늘 원하던 고양이를 키우며 살고 싶다는 것으로 생각되네요.

5 설명

설명(explanation)은 상담사가 내담자의 심리 내적 에너지의 재배치, 자아상태 오염 제거, A의 재조명과 재교육을 위해 사용하는 기법으로서 내담자 A의 활성화를 촉진시킨다. 설명 기법은 내담자에게 A 대 A의 입장에서 가르치는 기법이기에 현실 직면이 어려운 내담자에게 적용할 필요가 있다.

설명 기법은 내담자가 적절히 A로 귀 기울일 자세가 되어 있을 때 한두 개의 간단한 평서문 형식으로 가능한 짧게 사용해야 한다. 특히 내담자가 여전히 '네, 그렇지만……(yes, but)' '궁지로 몰기(cornering)' 게임을 연출하는 경우 사용하지 않도록 유의해야 한다.

효과적 설명의 예

- 자녀가 문제행동 유발 시 습관적으로 소리를 지르는 내담자 관련 설명

상담사: 그러니까 내면의 C가 활동적으로 되는 것을 알 수 있고, 그때 A는 물러나고 P가 그 자리를 차지하고 이런 것이 아이들에게 소리를 지를 때 나타나는 것으로 볼 수 있네요.

내담자: (P 반응) 왜 우리 애들은 그런 식으로 행동할까요?
(C 반응) 세상에……. 남편에게 설명해 줘야겠어.
(A 반응) 말이 되는군.

- 행동 조절이 어렵고 금연 시도 중 자신도 모르게 담배를 피우는 내담자 관련 설명

상담사: 때때로 C가 지나치게 활동적인 에너지로 넘쳐날 때 A가 허약해져 무릎을 꿇고 말게 되죠. 그 경우, 아마도 생각 없이 담배에 손이 가서 자주 피우게 될 거예요.

6 예시

예시(illustration)는 상담사가 내담자에게 가족원의 상호작용 정도나 변화 가능성을 예를 들어 은유적으로 설명하는 기법이다. 특히 유머를 곁들여 사용하면 내담자의 C가 저항하지 않고 긴장감을 해소할 수 있다. 예시는 성공적인 직면 이후의 예, 에피소드나 비교를 들려주는 것이다. 예시의 목적은 직면의 효과성을 높이고 직면을 통한 상담사와 내담자의 어색한 분위기나 내담자의 자아상태가 P나 C로 이동하지 않도록 내담자의 A를 활성화시키는 기법이다.

특히 예시는 직면을 통해 내담자가 통찰의 웃음을 내비칠 때 즉각적으로 제시해야 효과적이다. 이 경우, 예시는 내담자의 통찰의 웃음을 더 자극시켜 내담자를 이전의 모순에 푹 빠져 있던 카덱시스로부터 자유롭게 한다. 이를 통해 내담자는 마음이 이완되고 A의 알아차림이 촉진된다.

효과적 예시의 예

• 부부 문제를 호소하는 여성 내담자에게 부여된 지난주 주 1회 남편과의 데이트하기 과제 점검 회기

상담사 1: 지난주 과제에 대해 이야기를 나눠 보도록 하겠습니다.

내담자 1: 아, 넘 바빠서 과제를 못 했어요.

상담사 2: '아직은 남편과의 관계를 회복시키지 않을 거야!'라고 들리는군요. 남편에게 데이트를 신청하지 않고 주저하는 것은 '혹시 데이트 신청을 했다가 거절당하면 어떡하나.'란 생각이나, 아직도 여전히 미운 감정이 있어 가까워지기가 어려운 것은 아닐까요? 이는 마치 권투 경기 초반에 상대만 잔뜩 노려보고 있는 것과 비슷하군요. 섣불리 주먹을 뻗었다간 상대의 카운터펀치를 맞고 링 바닥에 나뒹굴고 KO패 당하는 장면에 압도당해 있거나 상대가 두려워 경기를 차일피일 미루는 겁쟁이 도전자처럼 말이죠.

→ 이는 내담자의 진술과 행동 간 불일치를 직면 기술을 활용하여 분명하게 구체화한 후 은유적으로 부부의 상호작용 정도나 변화 정도를 알아차림할 수 있도록 예시 기법을 적용한 표현이다.

7 확증

확증(confirmation)은 내담자 A의 안정화를 조력하는 기법이다. 상담사는 직면을 확인하기 위해 내담자에게 여러 자료를 제공하여 자아경계와 A를 활성화시킨다. 내담자의 A가 자기조절 능력을 발휘할 때 성장 가능한 합리적이고 이성적인 선택

이 가능하다. 즉, A가 활성화될 수 있도록 보충 설명, 정보 등을 제공하여 상담사가 적용한 직면에 대한 이해 정도와 스스로 자신이 결정한 바를 확신할 수 있도록 조력하는 기법이다.

확증 기법은 내담자의 P에게는 C가 신뢰받지 못하고 있음을 입증하는 것으로 들릴지도 모른다. 이 경우, C는 상담사의 덫에 갇혀 버린 것 같아 분노를 느끼게 된다. 이에 상담사는 내담자가 확신할 수 있도록 민첩하게 내담자의 A적 특성인 논리적 힘을 강화시킬 수 있어야 한다. 확증은 내담자의 P가 C에 대항하거나 C가 상담사에 대항하는 것을 막을 정도로 내담자의 A가 강하게 형성되었을 때 사용해야 한다. 내담자의 어떤 행동은 상담을 통해 일시적으로 좋아졌다가 좌절을 경험할 경우, 때론 항상성의 원리에 의해 곧 원래의 상태로 되돌아가는(러버밴드) 경향이 있다. 즉, 내담자가 준거 틀과 각본행동으로 빠져들 가능성도 남아 있다. 이에 상담사는 내담자의 행동 변화 실천 정도를 반복적으로 확인할 필요가 있다. 확증 기법은 상담사가 적용한 직면이나 잇따른 예시 기법이 성공적이지 않거나, 내담자가 '네, 그렇지만……(yes, but)' '궁지로 몰기(cornering)' 등 심리적 게임을 연출하거나 상담사가 우쭐대는 태도로 사용하지 않도록 유의해야 한다.

효과적 확증의 예

상담사 1: 지난 회기에 복통이 끔찍할 정도로 심하다고 하셨지요? 하지만, 아직 내과 의사를 찾아가지 않으셨네요.

내담자 1: 의사의 식단 조절 처방이 끔찍할 것 같아서요.

상담사 2: 방금 의사의 식단 조절 처방을 끔찍하다고 반응하셨는데, 지금 스스로 식단 조절도 늘 하고 계시구요.

내담자 2: 건강관리를 위해 끔찍할 정도로 열심히 하고 있죠.

상담사 3: 오늘 이야기 속에서 ○○ 씨가 일상에서 항상 끔찍하다는 말을 자주 쓰고 있음이 확인되네요.

내담자 3: 아, 그러고 보니 제가 입버릇처럼 늘 끔찍하다는 말을 그냥 써 왔네요.

8 결정화

결정화(crystallization)는 상담사 A가 내담자 A에게 필요한 스트로크를 보다 효과적으로 추구할 수 방법을 말해 주는 기법이다. 이 기법은 내담자가 자신의 A에 기초하여 자율적인 선택을 할 수 있도록 하는 A 활성화를 촉진하여 결정을 촉진시킨다. 그러나 만일 상담사가 부모의 위치에서 P적인 충고(편견)를 제공하게 되면 내담자의 선택은 A에서 나온 것이 아니라 C의 반항이나 욕구 불만에서 나온 단지 결심에 불과하다. 특히 결심은 결정이 아니기에 결국 깨지고 만다. 이에 결정화 기법은 내담자가 A로 선언하여 결정할 수 있도록 내담자가 적절하게 준비가 되었을 때 사용해야 한다. 이 경우, 내담자의 P와 C는 건강한 상태가 되고 A도 활성화된다. 유의할 점은 그래도 C는 여전히 기존의 행동 패턴을 버리고 새로운 행동을 취하는 것에 대한 두려움과 익숙한 행동 패턴으로 돌아가고 싶은 향수 또한 지닌다는 사실이다.

내담자의 C가 정말로 버려야 할 것은 그동안 잘못해 온 P이다. 결정화에 대한 P의 반응의 한 예로, 50살 아들을 둔 내담자가 아들이 결혼해 집을 떠나겠다고 선언했을 때 어찌할 바를 몰라 서둘러 상담사의 말을 듣거나 아니면 즉각적으로 아파 버리는 경우를 들 수 있다. 이 경우, 상담사는 내담자의 C가 건강해지려고 할 때 P의 격분을 극복해야만 한다. 내담자가 신체화 증상을 마지막 싸움의 무기로 사용하고자 하는 상황이 생기면 어려워지고 위험해질 수 있기 때문이다. 이에 반드시 결정은 내담자가 하도록 해야 한다. 만약 몰아붙이면 내담자는 다리를 부러트리거나 위궤양이 생길 수도 있다. 중요한 것은 상담사가 내담자와 함께 자녀의 독립 관련 이야기를 나눌 수는 있지만, 자녀 독립에 대한 입장은 내담자가 최종 결정할 수 있도록 해야 한다는 점이다.

결정화의 유의점 및 효과적 결정화의 예

- C의 결심인지 A의 결정인지 구분하기

내담자: 내가 더 나은 결정을 해야 하나요?

→ 이러한 반응은 "내가 잘했어요?" 혹은 "이게 맞아요?" 등과 같이 전형적인 내담자의 C에서 나온 반응에 해당한다.

상담사: 네.

→ 만일 상담사가 이렇게 반응한다면 내담자가 이후 결정한 바들은 더 이상 내담자의 A에서 선언한 결정으로 볼 수 없다.

상담사: 아니요.

→ 만일 상담사가 이렇게 반응한다면 이후 내담자의 자율적 결정 활성화에 큰 도움이 된다.

- 결정화 적용의 한계
  - 자신이나 타인의 신체화 증상에 대한 특이한 관심
  - 만성 우울증
  - 갑자기 용기 있는 듯한 모습
  - 신체화 증상 재개 신호

- 효과적 결정화의 예
  - 내담자가 A에서 결정을 내릴 수 있는 시점이 되었을 때

상담사: 원한다면 지금부터 게임을 더 이상 하지 않겠다고 선택할 수 있습니다.

9 과녁 맞추기 교류

과녁 맞추기 교류는 최근의 주요 상담 기법 중 하나이다. 이 기법은 내담자가 상담사로부터 이해받고 있음을 접촉시키는 가장 유용한 기법이다. 특히 이 과녁 맞추기 교류는 하나의 교류로서 내담자의 PAC 세 가지 자아상태 모두를 다룸으로써

내적 갈등(P와 C)을 인식하게 하고 최종적으로 A 자아로 상황을 결정하도록 촉진시킨다. 과녁 맞추기 교류 기법의 도식은 다음과 같다.

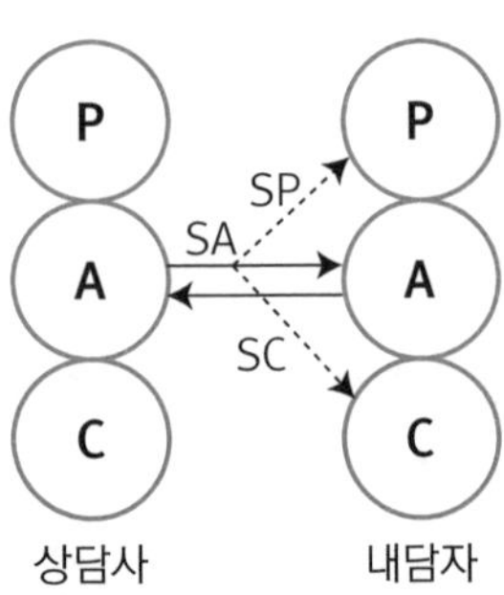

상담사의 교류 예문	벡터 방향별 반응 분석	
불안해 보이는군요.	A → C	• 상담사가 내담자의 두려움을 인식하고 반응 • 내담자 C에 대한 상담사의 자극(SC)
그리고 비밀을 지키기를 바라구요.	A → P	• 문제 원인에 대한 논의 주저 인식 • 내담자 P에 대한 상담사의 자극(SP)
처음 상담 시 많은 사람이 자신의 이야기를 시작할 때 일반적으로 불편하게 느끼죠.	A → A	• C와 P를 중재 • 내담자 A에 대한 상담사의 자극(SA)

과녁 맞추기 교류 기법의 활용 목적은 내담자의 내적 갈등 해결에 있다. 이 예문에서 내담자는 '말하고 싶어'(C) 하지만 두려움 속에 "그러면 안 돼."(P) 하면서 주저하고 있기에 P와 C 모두가 받아들일 수 있는 해결 방안을 찾을 수 있도록 상담사가 중재자로서 "말하는 것은 좋은 생각이다. 이것이 치유의 한 부분이다."(A)라고 반응해 주는 기법이다. 과녁 맞추기 교류 시 C든 P든 어떤 자아상태를 먼저 다룰 것인지 반드시 지켜야 할 규칙은 없으며, 이는 전적으로 상담사의 평가에 따른다. 상담사는 내담자의 P와 C가 활성화되도록 반드시 상담사 A의 말에 대해서 내담자 A가 마지막 반응을 하도록 해야 한다.

제18장 교류분석상담의 단계

 1 초기 단계

초기 단계는 내담자 이야기 듣기 및 상담동맹 맺기 단계이다. 상담사는 라포와 공감의 상보 교류를 바탕으로 상담 관계를 수립하며, 내담자가 하는 이야기를 적극적으로 경청하면서 해석과 질문 기법을 활용하여 내담자의 주요 정보가 표면으로 드러날 수 있도록 한다. 그리고 내담자가 준비가 되면 상담 계약을 체결한다.

초기 단계의 주요 상담 과정을 소개하면 다음과 같다. 다음 주요 과정 내용 중 상담 신청 및 접수면접은 본 상담 이전에 실시되는 절차이나, 사설 개인상담소 등 소규모 상담실 운영 관점에서 초기 단계 주요 내용에 포함시켜 제시하였음을 밝힌다.

초기 단계 상담의 주요 과정

- 상담 신청 및 접수면접하기
  - 내담자 첫 인상 및 행동관찰 → 4부 드라이버 참조
  - 기초진단검사 및 평가 → 표준화 진단도구(자아상태 & 인생태도) → 3부 TA 성격 프로파일 분석 참조

    * TA 비표준화 질적 분석 도구

    자아상태 도식(구조/ 기능, 오염, 이고그램), 교류패턴 도식(상보, 교차, 이면), 스트로크 패턴(스트로킹 프로파일), 인생태도/오케이목장 도식(상담목표 수립, 인생태

도 변화 탐색), 각본 매트릭스(부모명령, 프로그램, 금지명령, 허가 탐색), 드라마 삼각형 도식(게임 탐색), 공생 관계 도식(역기능적 상호 의존 패턴 탐색), 시간 구조화 유형(스트로크 추구 패턴 탐색), 디스카운트 매트릭스, 라켓시스템(각본시스템)분석, 자율시스템분석(승자 각본-자율성 성취, 상담 종결 방향)

- 상담 구조화하기

- 상담 관계 수립하기

- 사례개념화하기 → 교류분석상담사 1~4부에서 제시한 TA 주요 개념별 제시 내용 참조
  - 1부: 자아상태 모델, 교류패턴분석, 인생태도
  - 2부: 스트로크, 시간 구조화, 게임, 각본
  - 3부: 수동성(디스카운트, 준거 틀과 재정의, 공생), TA 성격 프로파일 분석 워크숍
  - 4부: 각본시스템, 과정 각본, 드라이버

- 상담목표(총괄 계약) 설정 및 전략 수립하기

위의 초기 단계 상담의 주요 과정 중 아래에서는 상담 구조화하기, 상담관계 수집하기와 상담목표 설정하기에 대해 제시하였다.

1) 상담 구조화하기

상담 구조화 과정은 상담을 전체적으로 안내하는 오리엔테이션과 같은 과정이다. 내담자가 상담에 대해서 어떻게 생각하고 있는지, 상담이 무엇인지를 분명하게 설명함으로써 내담자와 상담사 간에 상담에 대한 기대를 맞추어 나가는 과정이기도 하다.

번(1970)은 인간의 욕구를 여섯 가지로 제시하면서, 그중 가장 큰 삶의 문제로 시간 구조화 욕구를 언급하였다. 구조화 욕구는 인간에게 내재된 고유의 욕구이

다. 특히 상처받기 쉬운 새로운 환경에 노출되어 있는 내담자일수록 구조화 욕구는 더 강하게 요구된다. 이에 상담 구조화는 초기 단계 첫 회기에 반드시 제시되어야 하며, 상담 회기 중에도 필요시 제공해야 한다. 특히 구조화는 번(1966)이 정의한 잘 정의된 행동 과정에 대한 명확한 양자 간의 약속(an explicit bilateral commitment to a well-defined course of action)이라는 계약과 맥락적으로 상통한다. 번은 계약의 종류를 비즈니스 계약(상담 관계 및 시간의 구조화), 관리 계약(비밀 보장의 구조화)과 치료 계약(상담목표 설정 부분 참조 요망)으로 구분하여 제시하였다.

다음은 상담 구조화의 개념과 함께 초기 단계 상담 시 필요한 구조화 예시문들이다.

① 상담 관계 및 시간의 구조화(비즈니스 계약)

상담 관계란 상담 과정이 어떻게 진행되며, 상담사와 내담자가 어떤 역할을 하는가를 알려 주는 구조화를 의미한다. 상담사는 내담자가 상담사를 믿고 자신의 이야기를 자연스럽게 표현할 수 있도록 상담 관계가 어떤 것인지 이에 대한 정보를 내담자에게 제공해 주어야 한다. 또한 상담 시간(45~50분, 상담 이론에 따라 조정 가능), 횟수(내담자의 문제의 질, 자아 강도, 상담비용 감당 정도, 해결의지 등 고려, 내담자와 합의하여 결정), 장소, 날짜, 상담료, 약속 위반 시의 규칙(사전 안내 교육을 통해 원활한 상담 관계 형성하기) 등에 대한 구조화를 의미한다.

상담 관계 및 시간에 관한 구조화 예시문

"상담실에 올 때 어떤 도움을 받을 거라고 생각했는지요? (친구가 가 보라고 했어요.) 친구가 가 보라고 했지만 난 ○○ 씨가 상담하고 싶어 하는 것에 더 관심이 있어요. 여기서 ○○ 씨를 나무라거나 약점을 캐고자 하지는 않아요. ○○ 씨와 이야기를 나누면서 ○○ 씨가 하고 싶었던 이야기나 어려움들을 풀어 보기 위해 대화를 해 나갈 거예요. ○○ 씨와 내가 솔직하고 적극적으로 상담에 집중하면 좋은 결과를 얻을 수 있기 때문에 우리 각자 노력하도록 해요. 보통 상담은 일주, 1회 50분씩 정도 진행이 돼요. 만약 약속을 못 지키게 될 경우는 상담실로 전화나 문자로 미리 알려 주셔요. 상담은 한두 번으로 끝내지 않고 여러 번 만나서 하게 되는데, 여기 상담실에서는 한 사람에게 ○○회 이내의 상담을 하고 있어요. 그래서 일단 ○○회 상담을 하는 것으로 하고, 나중에 더 필요하다고 생각되면 그때 가서 같이 의논해 보도록 해요. 이제 상담이 어떻게 진행되는지 알게 되었나요? 혹시 상담에 대해 더 알고 싶은 것이 있는지요?"

② 비밀 보장의 구조화(관리 계약)

상담사는 내담자에 대한 비밀 보장을 유지하고 지켜 주어야 할 의무가 있다. 그러나 특수한 상황(자살, 성폭력, 아동폭력 등의 위기 시)의 경우 담당의사, 응급의료서비스기관 혹은 경찰 등 제3자에게 알려야 하는 등 비밀 보장에 한계가 있음도 반드시 고지해야 한다.

상담 관계 및 시간에 관한 구조화 예시문

"앞으로 ○○ 씨와 상담한 내용은 나와 ○○ 씨 사이의 비밀이기 때문에 아무에게도 이야기하지 않을 거예요. 상담에서 말한 내용뿐만 아니라 ○○ 씨가 상담받고 있다는 사실도 알려 주지 않을 거예요. 그런데 제가 부득이하게 ○○ 씨의 비밀을 보장해 주지 못하게 되는 경우가 있어요. 예를 들어, 제가 보기에 자신을 해칠 위험이 있다거나, 혹은 다른 사람이나 사회에 해가 될 심각한 위험이 있다고 판단이 될 경우는 ○○ 씨의 비밀을 지키지 못할 수도 있어요. 만일 심각한 위험 상황이라고 생각되면, ○○ 씨의 부모님이나 보호자에게 연락해서 의논을 할 수도 있어요. 물론 이 경우에도 가급적 ○○ 씨의 동의를 구하겠지만, 매우 급한 상황에서는 ○○ 씨의 동의를 받지 못할 수도 있어요."

2) 상담 관계 수립하기

① 라포(rapport) 형성

상담의 초기 단계에 있어서 무엇보다 중요한 것은 내담자에게 편안하고 따뜻한 정서적 환경인 라포를 조성하는 일이다. 라포는 언어적 · 비언어적으로 내담자가 신체적으로 편안할 수 있도록 해 주는 것에서부터 시작된다. 다음에 그 예가 제시되어 있다.

라포 형성의 예

- 상담실 위치 및 교통편, 주차장 및 대기실 정보 등
- 따뜻한 환경 조성, 음료 및 다과 제공
- 상담실 좌석의 불편 여부 점검, 화장실과 흡연구역 등의 안내

출처: Lister-Ford (2002).

② 공감(empathy)

먼로(Munro, 1995)는 인간이 공감 능력을 지니고 태어났다고 한다. 공감은 현실감각을 잃지 않으면서 내담자에게 마음의 파장을 맞추며 내담자의 경험을 느낄 줄 아는 반응적인 과정이다. 즉, 내담자의 내면세계를 정확하게 읽고 이해하는 것이다. TA 상담사는 내담자의 언어적 · 비언어적 단서를 면밀히 탐색하는 등 공감적 능력을 발달시켜야 한다. 상담사의 공감적 능력은 내담자의 삶과 정서적 상태를 파악할 수 있는 원천이다.

그룹활동

공감 능력을 발달시키기 위해 2인 1조가 되어 내담자 역할과 상담사 역할을 돌아가면서 해 보기 바랍니다.

1. 상담사가 감각만을 활용하여 내담자에 대한 다음 내용을 관찰해 본다.
   - 악수하기: 느낀 점은?
   - 피부 탄력, 얼굴, 손톱 모양, 손과 옷차림 파악하기: 어떻게 보았는가?
   - 내담자 내면의 냄새는 어떤지 1~2분간 탐색하기: 무슨 냄새가 나는가?
   - 몸에서 나는 소리, 호흡, 음색 탐색하기: 무슨 소리가 들리는가?
   - 내담자를 맞이했을 때 '직감적' 느낌 탐색하기: 내면에서 어떤 경험을 하는가?
   - 내담자의 옷을 입었다고 상상하기: 피부에서 느껴지는 옷의 감촉은 어떠한가?
   - 내담자의 입안에서 나는 맛 상상하기: 입안에서 느껴지는 맛은 어떠한가?

2. 1에서 수집된 정보만을 활용하여 상상되는 내담자의 현재 생활양식을 내담자에게 표현해 본다.

3. 활동에서 느낀 경험에 대해 피드백을 나눠 본다.

출처: Lister-Ford (2002).

▶ 라포와 공감은 상보 교류를 통해서 행해진다. TA의 자아상태 기능 모델은 내담자가 대인 간 교류 시 의사소통 방식에 있어 어떤 자아상태를 두드러지게 사용하는지에 대한 정보를 제공해 준다.

상보 교류 예문

상담실에 들어선 내담자는 남편의 죽음을 고통스러워하면서 상담사가 동정 어린 양육적 반응을 해 주기를 원했다. 이때 K는 AC에서 상담사의 NP에게 말을 걸고(S1), 양육적 반응을 돌려받는다(R1).

내담자(S1): 어디서부터 말을 꺼내야 할지 모르겠습니다. 너무 고통스럽고 힘들어요. (AC)

상담사(R1): 천천히 언제든 하고 싶은 말이 있으면 하세요. 지금 이 자리에서 모든 걸 한꺼번에 다 말하지 않아도 돼요. (NP)

상보 교류 도식

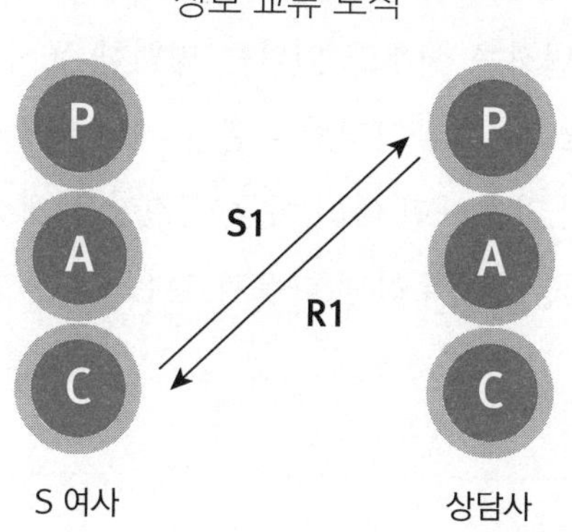

출처: Lister-Ford (2002).

3) 상담목표(총괄 계약) 설정하기

상담의 목표는 상담 회기 진행 중에도 내담자와의 합의에 의해서 새롭게 재설정될 수 있다. 이에 치료 계약도 수정이 가능함을 고지해 주어야 한다. 또한 치료 계약 체결 시 다음의 사항들을 유의할 필요가 있다(Stewart, 1989).

첫째, 상담 기간 내에 실현 가능하며, 안전한 목표이어야 한다.

둘째, 긍정적인 표현으로 작성해야 한다. 예를 들어, 내담자가 "나는 폭력을 쓰지 않겠다."라는 부정적 표현의 계약을 하는 경우 폭력을 쓰지 않겠다는 것보다는 "새롭게 어떤 행동을 하고 싶나요?"란 질문을 통해 긍정적인 말로 치료 계약을 설정할 수 있도록 조력해야 한다.

셋째, 관찰 가능한 행동 계약(TA 계약 체결의 핵)을 체결해야 한다. 예를 들어, "나는 인터넷게임 시간을 하루 4시간에서 2시간으로 줄일 것이다." 등의 치료적 행동 계약을 체결해야 한다.

• 총괄 계약의 각본 변화 및 표지로 문장화

TA의 주요 목표는 각본으로부터 빠져나오는 움직임에 있다. 표지란 내담자의 각본 변화를 위한 구체적인 성취 가능한 행동 계약, 즉 회기 계약을 의미한다. 표지는 내담자가 원하는 변화를 이루고 있다는 명백한 표시로 작용한다(Stewart, I., 2007). 예를 들면, 'Don't close' 금지명령 각본을 지닌 내담자의 각본 변화가 "나는 사람들과 가까이 지내지 않겠다던 나의 아동기 결정을 재결정해서 다른 사람들과 가까이 지내겠다."로 설정된 경우라면 다음과 같은 몇 가지 예들을 표지로 설정할 수 있다.

Don't close 각본 변화 표지 예문

- . . (날짜 표시)까지 사랑하는 연인 관계로 발전하겠다.
- 한 달에 한 번씩 만날 수 있는 3명의 친구를 사귄다.
- 이웃에 있는 두 곳의 클럽에 가입한다.
- 내 친척 중 3명에게 편지를 쓴다.
- 일주일 동안 매일 애인에게 내가 좋아하는 것을 말한다.
- 어머니를 가상의 의자에 앉히고 어머니가 나에게 다른 사람과 친밀하게 지내지 말라고 했던 것을 내가 어떻게 느꼈는지를 말할 것이다.
- 상담사에게 '나를 차 주세요(kick me)' 심리게임을 해 왔던 것을 모두 이야기하고, 앞으로는 심리게임하지 않고 내가 원하는 것을 얻는 방법을 찾아낸다.

TA에서는 상담목표라는 표현으로 총괄 계약이란 용어를 사용한다. 총괄 계약은 내담자가 변화하기 위해 계약하는 각본 변화 부분과 각본 변화가 이루어졌다는 것을 보여 주는 하나의 중요한 표지, 즉 회기 계약으로 구성된다. 총괄 계약의 공식은 다음과 같다.

총괄 계약

총괄 계약＝(각본 변화)＋(회기 계약)

- 나는 친밀해지지 않겠다는 아동기 결정을 재결정하여 사람들과 가깝게 지낼 것이다. 이를 보여 주기 위해 나는 ○○일까지 연인 관계를 맺을 것이다.
- 나는 성공하지 않겠다는 나의 아동기 결정을 재결정하여 내 인생에서 성공하겠다. 이를 보여 주기 위해 나는 ○개월 안에 직장에서 승진하겠다.
- 나는 내가 소중하지 않다는 낡은 제한적 결정에서 벗어나겠다. 내 자신이 소중하다는 것을 알리기 위해, 스피치 학원에 등록해서 앞으로 ○개월 안에 부모님에게 내 의견을 표현하겠다.
- 나는 끝내야 할 일이 조금 남아 있더라도 이번 크리스마스 전에 ○주간의 휴가를 갈 것이다. 그 방법으로 부모명령인 '열심히 일해라' 말고도 또 다른 선택권을 내가 가지고 있음을 보여 줄 것이다.

여기에서 중요한 표지는 성과 계약이며, 상담사는 그 성과가 일어나도록 촉진시키는 행동 계약도 합의할 필요가 있다. 이 행동 계약은 그 자체가 각본 변화를 위한 표지이다. 이 중에 하나의 표지를 상담 사례 요약지에 한 회기 계약으로 기입한다. 예를 들면, '나는 어머니를 가상의 의자에 앉히고 어머니가 나에게 다른 사람과 친밀하게 지내지 말라고 했던 것을 내가 어떻게 느꼈는지 말할 것이다.'가 있다. 또한 내담자가 성장할수록 계약도 함께 성장해야 하기에 TA에서 계약은 명료하면서도 유연해야 한다.

4) 초기 단계의 상담 사례

내담자의 반응

내담자는 자신의 부모의 삶을 되돌아보면서 조용해지더니 여러 번 사색적이 되었다. 부모의 결혼을 묘사할 때는 눈에 눈물이 고이면서 뺨으로 흘러내렸으며, 아무런 말도 하지 않았다.

내담자의 출생

내담자가 부모 이야기를 회상하면서 받은 충격이 줄어들 무렵, 상담사는 내담자에게 계속 이야기하라고 요청했다. 내담자는 자기 위 삼형제들의 출생을 급히 설명해 나갔다. 엄마가 첫 임신에서 그랬듯이 10년 후 '사고로' 내담자가 태어났다고 했다. 내담자는 1분이 넘게 조용하였다. 상담사는 부드럽게 '사고로'라는 표현이 무엇인지 질문했다. 내담자는 질문에 직접적으로 대답하지 않았다. 대신 깊은 숨을 내쉬면서 잠시 있다가 다시 위를 올려다보고 상담사와 시선을 맞추었다. "그들은 어머니에게 나를 지우라고 했어요." 내담자는 흐느끼며 울기 시작했다. 내담자의 엄마는 할아버지가 넷째 아이는 갖지 말라고 그럴듯한 이유를 대며 아버지에게 말하는 소리를 들었다. 그 당시는 가족이 십년 간 자녀 양육과 경제적인 어려움에서 겨우 빠져나올 시기여서 처음으로 돈 문제를 걱정하지 않아도 되었다. 내담자의 엄마는 임신과 출산이 쉽지 않았으며 늘 건강이 좋지 않았다. 하지만 이런 상황에서도 어떤 이유인지는 몰라도 내담자의 엄마는 넷째 아이를 출산하였다.

내담자의 아동기

내담자는 형제자매들과 연령차가 심했기에 가족 안에서 영원한 아이였다. 아동기는 밝고 명랑하며 많은 사람들에게 사랑받는 모습으로 묘사되었다. 내담자는 자신이 이야기한 것을 다시 생각하면서 "나는 항상 더 열심히 해야만 한다고 느꼈어요. 부모는 최선의 것을 주려고 열심히 일하며 희생했다고 말했어요."라고 했다.

내담자가 중학교에 입학했을 때 가족의 형편은 좀 더 나아졌으며, 인근 마을로 이사를 갔는데 부모는 언제나 초과 근무를 할 수 있는 공장에 일자리를 얻었다. 부모는 내담자를 사립학교에 보내기로 결정하였으며, 공부를 잘하는 내담자의 능력에 대해 기뻐했다.

그러나 내담자는 자신의 사회적 지위는 '한 수 아래'라고 느꼈기에 자신보다 더 높은 사회적 지위를 가진 친구들과 비교하여 자신이 열등하다고 느꼈다. 내담자는 학교에 갈 때마다 자주 메스껍고 걱정이 되었지만 부모를 실망시키지 않으려고 열심히 공부했다.

15세가 되었을 때 대학에 진학하기 위해서는 공부를 해야 한다는 것을 알았다. 내담자는 "어느 누구도 대학 진학에 대해 이야기한 적이 없어요. 하지만 이것은 이미 결정되어 있었지요. 심지어 나는 대학을 가지 않는다는 것을 생각해 본 적이 없어요."라고 말했다.

출처: Lister-Ford (2002).

부모로부터 내담자에게 투사된(의심 없이 받아들인) 미해결의 생각, 감정과 행동

P

즐기기 전에 의무 우선, 항상 다른 사람 우선

지금-여기라는 현실에 맞는 현재 생각, 감정과 행동

자기희생(직장을 바꾸고 싶지만 어떻게 할지 몰라) 곤경에 빠진, 무기력함, 두려움

지금-여기에 적합하지 않은 과거의 직접적 경험으로부터 온 미해결된 감정과 행동

소중한(부모에겐 희망이며, 부모의 고통 보상, 자신의 재능으로 부모 기분 좋게 해 주기)

내담자의 자아상태 구조분석

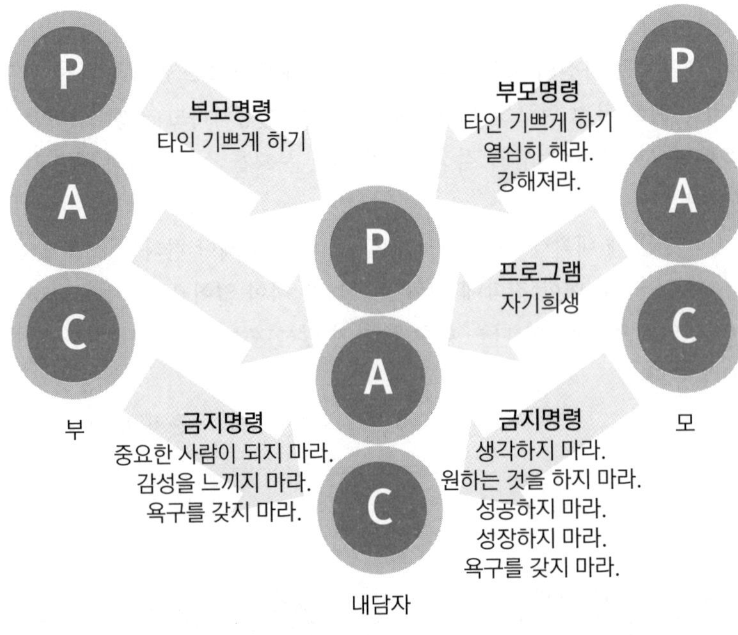

내담자의 각본 매트릭스 분석

* 1부 자아상태 모델 참조.

실습

▣ 내담자의 이야기 탐색 ▣

다음 질문에 따라 2인 1조가 되어 상담사와 내담자 역할을 번갈아 하면서 내담자의 삶의 이야기를 분석해 보자.

상 1	당신의 아버지에 대해 이야기해 주시기 바랍니다.
상 2	당신의 어머니에 대해 이야기해 주시기 바랍니다.
상 3	당신의 출생과 관련한 일화들을 이야기해 주시기 바랍니다.
상 4	당신의 아동기에 대해 이야기해 주시기 바랍니다.
상 5	당신의 형제자매와의 관계에 대해 이야기해 주시기 바랍니다.

실습

▣ 내담자의 자아상태 구조분석 ▣

앞에서 탐색된 내담자의 이야기를 바탕으로 내담자의 자아상태 구조를 분석해 보자.

▣ 내담자의 각본 매트릭스 분석 ▣

앞에서 탐색된 내담자의 이야기를 바탕으로 내담자의 각본 매트릭스를 분석해 보자.

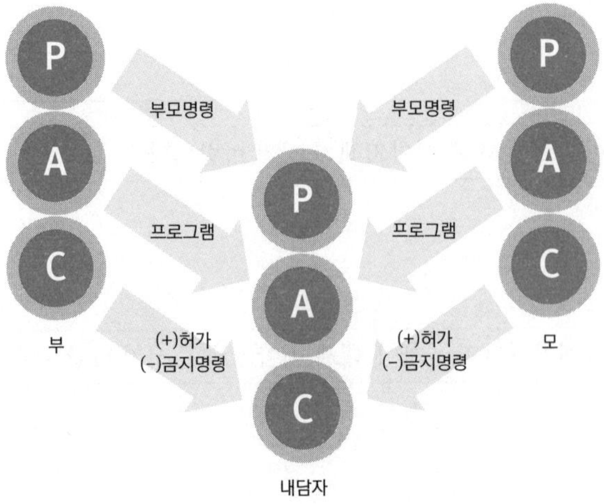

2 중기 단계

중기 단계 상담은 상담사가 내담자의 각본적 행동반응 패턴을 바람직한 방향으로 변화하도록 효과적인 개입을 하는 데 초점을 둔다. 내담자의 각본적 행동반응 패턴에 대한 효과적 진전을 일으키는 요인들로는 중기 단계 핵심 내용들인 감정 정화(감정적 변화), 이해(인지적 변화), 대안 설정과 행동 변화(행동적 변화) 요인들을 들 수 있다. 교류분석상담에서는 이를 자아상태 자각의 촉진, 자발성과 친밀성 회복, 자율성 성취라는 교류분석적 상담목표 성취와 관련이 있는 용어를 사용하여 각 하위 기법들을 통해 내담자의 각본적 행동반응 패턴에 대해 개입한다.

중기 단계 상담의 주요 과정

- 자아상태 자각 촉진시키기 *자각의 발달 단계
  - 과정 각본 직면 → 4부 참조
  - 준거 틀 직면 → 3부 참조
  - 디스카운트 직면 → 3부 참조

- 자발성과 친밀성 회복하기 *문제해결 단계
  - 공생 관계 벗어나기 → 3부 참조

- 자율성 성취하기 *재결정 단계
  - 재결정하기 → 빈 의자 기법 활용
  - 각본작동 체계로부터 자율시스템 구축하기 → 4부 참조

1) 자각의 발달

상담의 중기 단계에서 내담자는 자신의 각본적 행동반응 패턴에 대한 자각을 하

게 된다. 즉, 상담에 오게 된 호소문제의 본질과 원인을 더 잘 알고 이해할 수 있게 된다. 내담자가 호소하는 제 증상들이 감소나 완화되기 시작하고, 보다 더 자신의 삶에 대한 실존적인 책임을 느끼게 된다. 이러한 과정을 통해 내담자는 초기 어린 시절 미해결 문제 관련 초기결정한 각본신념하에 내재된 억압시킨 감정을 인식하고 이를 표출하기 시작한다.

(1) 과정 각본 직면

TA 상담사가 내담자의 각본을 효과적으로 변화시키기 위해서는 각본의 개념이나 종류에 대한 이해와 함께 상담 중기 단계 과정에서 내담자가 지닌 과정 각본 패턴에 대한 직면 작업을 시도해야 한다. 이에 상담사는 내담자의 과정 각본을 주의하여 살펴보고, 과정 각본 유형이 탐색된 경우 이에 대한 행동 계약을 다시 체결해야 한다. 그러나 내담자가 도피구를 조화롭게 닫기 전까지는 내담자의 과정 각본을 직면하지 않도록 주의해야 한다. 이 주의는, 특히 부모명령 각본 메시지를 직면하는 데 있어서 매우 중요하다. 만일 상담사가 도피구 폐쇄 전 부모명령에 대해 직면 작업을 시도한다면 각본에 묻혀 있던 문제를 직면하는 것이기에 비극적 결말이 초래될 수도 있다.

먼저, 내담자의 과정 각본 패턴에 대한 변화를 유도하고자 한다면 상담사가 드라이버 행동을 하지 않도록 모델링을 보여야 한다. 내담자는 상담사가 하나의 드라이버 행동을 보일 때마다 그 답례로 드라이버로 초대되어 자신의 과정 각본을 강화시키는 경향이 있다. 또한 내담자가 드라이버에 빠져 있을 때 상담사도 드라이버 행동반응을 보인다면 동일한 일이 일어날 수 있다. 이 두 가지 양상 모두 각자의 C에서 유발된다. C는 드라이버에 빠지는 것이 자신의 욕구 충족에 도움이 되기에 다음에도 드라이버 행동을 계속해 나가기로 결정하게 된다.

다음은 TA 상담에 있어서 내담자 각본 변화에 효과적인 개입 방법 중 하나인 여섯 가지 과정 각본 직면법이다(Woollams & Brown, 1979).

<과정 각본 유형별 내담자의 각본 직면법>

유형	내담자 직면 기법
까지	• 내담자가 일을 나중에까지 미루기보다는 지금 하도록 유도하기 • 내담자의 각본, 라켓 그리고 게임의 세부 사항을 완성하기 전이라도 변화해도 좋다고 허가하기 • 내담자가 일을 더 한 후 끝내겠다는 유혹을 버리고 적절한 시점에서 짧게 마무리하기 • 계약 체결 당시 내담자 C가 솔직하게 접근을 하지 못하고 주변을 빙빙 도는 전략에 대비하여 특정 계약 체결을 준비해 두기
결코	• 내담자의 자율적 에너지가 미약하더라도 무조건적인 긍정적 스트로크를 제공하기 • 내담자가 물러서면 어떻게든 끌어당기려 하기보다는 상담사가 먼저 자연스럽게 다가가기 • 내담자와 양자택일식 계약 체결을 하기보다 내담자가 성취하지 못한 바를 완성해 나갈 수 있는 목표에 초점을 두고 계약을 체결하기 • 내담자가 바라는 것과 이를 성취하는 방법에 대해서 자신의 생각 및 느낌을 공개적으로 표현하도록 조력하기
항상	• 내담자의 자율적 각본 변화를 도모하기 위해 자발성을 촉진시킬 수 있는 스트로크를 내담자에게 제공하기 • 내담자의 부정적인 대인 관계 반복행동 패턴 등에 유의하기 • 내담자가 변화의 증거가 있는지와 다른 대안적 행동을 탐색하기 위해 A로 접근하기
후에	• 긍정적 어조로 상담을 마무리하며 이후 일어날 부정적 상황도 예상하기 • 내담자가 보호받고 있음을 보증하는 조치 취하기 • 내담자가 처한 문제 상황을 확장하여 해석하기 * 절차: 상황을 부정적으로 확장 해석하기 → 점차 상황을 긍정적으로 확장 해석하기 * 유의점: 내담자가 상황을 긍정적으로 확장 해석할 때 바로 긍정적 스트로크를 제공하기

거의	• 내담자의 거의 다 끝내기, 거의 다 이해하기 등의 패턴에 대해 직면하기 • 내담자가 시작한 일에 대해 완료 계약을 체결하도록 요구하기 • 내담자가 체결한 계약을 완료할 경우 긍정적 스트로크 제공하기 • 내담자가 상담 회기 중 새로운 일을 진행하고자 하는 경우 먼저 선행 작업을 마무리하도록 요청하기 • 내담자가 상담 시간 혹은 상담을 진행할 의사가 없어서 상담을 조기 종료해야 하는 경우 지금까지 성취된 부분에 대해서는 요약을 해 주기 • 내담자가 거의식 II 패턴으로 인해 일이 성취되지 않은 상태에서 다음 일을 서둘러 진행하려는 욕구에 대해 직면하기 • 내담자가 계약한 바 목표 성취 시마다 바로 성취한 바에 대해 축하의 스트로크 제공하기
무계획	• 장단기 목표 설정 기술을 사용하고 설정한 목표를 자주 점검하도록 유도하여 내담자의 무계획 각본 패턴에 대해 직면하기 • 내담자가 자신의 의지에 기반하여 무계획 각본의 빈 페이지를 재구성하도록 조력하기

(2) 준거 틀 직면(Lister-Ford, 2002)

① 비언어적 직면

상담사가 내담자가 언급한 내용에 대해 내담자의 기대에 맞춘 반응을 하지 않거나 상담실 내에서 내담자의 말이 공명되게 내버려 두는, 즉 침묵 속 교차 교류를 사용하여 직면시킨다.

상담사에게 한 남성 내담자가 여자친구를 사귀는 어려움에 대해 이야기한다.

내담자: 나는 항상 내가 가장 좋아하는 여자에게 나 자신을 바보로 만들어요. 하! 하!

상담사는 언어적 반응은 전혀 하지 않지만 내담자에게 더 이야기하라는 듯이 따뜻한 눈길로 바라본다. 내담자는 웃음을 멈추고 점차 침묵한다. 내담자의 얼굴에 슬픔

이 스친다. 상담사의 비언어적인 도전은 자신을 비난하는 농담 '교수대의 웃음'과 내담자가 자신의 고통을 어떻게 무시하는지를 알아차리게 돕는다.

내담자: 사실 나는 끔찍하게 외롭고, 대부분의 시간에 이것을 받아들이기가 너무나 두려워요.

② NP를 사용한 직면

상담사가 NP를 사용하여 내담자가 지닌 심리적 부적응 패턴들이 지금까지의 삶에 전혀 도움이 되지 않음을 알아차리도록 조력해 주는 준거 틀 직면에 유용한 개입 전략이다.

한 내담자가 건강을 증진하고자 상담을 받고 있다.

내담자 1: 건강이 많이 좋질 않습니다. 담배, 초콜릿, 술을 끊고, 강도 높은 운동 프로그램을 시작해야겠어요.

상담사 1: 그것은 당신의 생활방식에 있어 큰 변화로 여겨지는군요. 신체는 점진적인 변화에 더 잘 반응하지요. 좀 더 가벼운 운동법을 고려해 보신 적은 있는지요?

내담자 2: 어떤 방법이죠?

상담사 2: 담배, 초콜릿, 술을 한번에 끊는다는 것은 그 자체가 아주 힘든 일이지요. 그것에 적응하기에는 보통 꽤 오랜 시간이 걸리지요.

내담자 3: 알아요. 5년 전에 한번 해 봤어요. 제가 너무 예민해져서 남편이 그냥 그만두라고 하더군요.

상담사 3: 강도가 좀 낮은 운동 프로그램을 우선순위에 두는 것이 어떨까요?

내담자 4: 아마 불가능할지도 몰라요. (잠시 있다가) 그러나 무엇인가는 해야죠. 계속 이렇게 지낼 수는 없어요. 우리 아이들을 제가 실망시키고 있는 것 같아요. 나쁜 모델을 만드는 것 같아요. 어떻게 하면 좋을까요? (눈물이 고이기 시작한다.)

상담사 4: 얼마나 절망스러우신지 알 수 있을 것 같군요. 자, 이제는 규칙적인 운동부터 천천히 가볍게 시작하면서 점진적으로 줄이는 것이 어떨까요?

내담자 5: 그렇게 하지 못할까 봐 걱정이 되네요.

상담사 5: 목표에 도달할 수 있는 가장 좋은 방법은 무엇이라고 생각하시나요?

내담자 6: 글쎄, 그렇게 물으시면…… 네, 이전에는 어려운 방법들을 계속하진 못했네요. 그러나 이번에는 정말로 하고 싶어요.

* 3부 준거 틀 참조.

③ 디스카운트 직면(Stewart, 1989)

▶ 내담자의 A가 디스카운트의 본질을 평가

내담자 1: 보다시피 나는 단지 본래 쌀쌀한 사람입니다.

상담사 1: '본래' 그런 식이었다는 것이 정말 사실이라고 생각하십니까?

내담자 2: 나는 도움이 필요합니다.

상담사 2: 무슨 도움이 필요한가요?

2) 디스카운트 반박

내담자 1: 나는 생각할 수 없습니다.

상담사 1: 아니, 당신은 생각할 수 있습니다.

내담자 2: 당신은 나를 화나게 하는군요!

상담사 2: 아니요. 나는 아닙니다. 어느 누구도 당신에게 어떤 감정을 느끼도록 할 수는 없어요.

* 3부 디스카운트 참조.

3) 자발성과 친밀성의 회복

내담자의 문제가 해결되는 단계에 속하는 이 단계에서 내담자는 지금까지 심리 내면에 억압시켰던 감추어져 있는 각본적 감정(라켓감정)들과 이와 관련이 있는 각본을 강화시킨 기억들과 만나게 된다. 이를 통해 내담자가 자신의 욕구와 바람을 억압시킴으로써 불필요하게 생겨난 감정들을 풀어내게 된다. 이때 내담자는 초기 어린 시절인 과거 잃어버린 기회와 관련하여 슬픔이라는 진짜 감정을 접촉하게 된다. 특히 이 단계는 내담자가 자신의 삶을 재평가하는 과정이 수반되기에 불안이 야기되기도 한다. 이에 이 단계는 전 상담의 과정 중 상담사와 내담자 모두에게 가장 도전인 단계에 속한다. 무엇보다 내담자가 자신의 감정을 솔직히 표현하고 몸에 기억된 트라우마, 즉 심리적 상처에서 벗어나게 되면 자신의 삶을 더 자유롭고 분명하게 인식하고 느낄 수 있기에 다음 단계인 자율적 성취, 즉 재결정의 단계로 나아갈 수 있게 된다. 이에 이 단계에서의 상담사는, 먼저 내담자 P와 C의 혼란을 명료화시켜 P와 C의 경험을 A와 분리할 수 있어야 하며, 다음으로 내담자 A의 위치를 견고화하여 A의 자각을 통합해 자아상태 기능의 활성화를 촉진시킬 수 있어야 한다.

(1) 자발성 회복(Lister-Ford, 2002)

자발성은 내담자의 통합된 A부터 나오는 진짜 감정, 생각과 행동이 각색되지 않고 표현되는 것을 의미한다. 이 단계에서 상담사가 흔히 경험하는 어려움은 내담자가 순수한 자발성과 거짓 자발성을 혼동하는 것이다. 즉, 자신의 의도적인 반응을 합리화하고자 허가증처럼 "나는 자유인이야." "나는 나야."란 구실로 비합리적이고 무책임한 행동을 하면서 주변 사람들보다 도덕적으로 우위임을 내비치고자 한다. 이 경우, 부드럽게 내담자로 하여금 진짜 자발성과 거짓 자발성의 차이를 알아차림하도록 개입할 필요가 있다.

거짓 자발성 개입 전략의 예

• 거짓 자발성

내담자는 상담 초기에는 통제적인 모에게서 늘 위협을 받고 있다는 인상을 주었다가 점차 자신의 아내에게 늘 몹시 위협을 받고 있다는 인상을 주었다. 이어 그는 자신이 2류라고 느끼는 것에 대해 모와 아내를 은근히 비난했으며, 양심적인 평소 모습으로부터 벗어나 점점 더 직장에 지각하고 상사에게도 거칠게 대할 뿐만 아니라 여비서에게는 성희롱에 가까운 행동까지도 하였다. 또한 내담자는 시간이 흐를수록 자신의 행동을 "나는 나야."란 이유를 대고 합리화시키면서 직장에서 쫓겨날 수 있는 명확한 사실에 대해 눈감아 버리고 있었다.

→ 상담사 개입: 상담사는 내담자의 거짓 자발성을 개입하기 위해 부드럽고 조심스럽게 접근하였다. 내담자는 사람들의 행동에 대해 무엇이든 자신을 '지배하려는' 시도라고 인식하는 패턴이 강화되어 갔다. 상담사는 내담자로 하여금 이러한 행동이 사실은 내재된 분노에 기인함을 조금씩 알아차림하도록 조력하였다. 이는 내담자가 진정한 자발성을 지니기보다는 자신이 여러 해 동안 지배받아 고통받아 왔다고 느꼈던 세상을 맹렬히 비난했던 행동들이다. 즉, 내담자가 순수한 자발성과 거짓 자발성을 혼동하여 일어난 행동들이었다.

〈내담자 이완 기법 TIP〉

- 내담자가 일정하게 예측할 수 있도록 성실히 대하라.
- 상담사 자신뿐만 아니라 내담자의 염려를 포용하라.
- 내담자가 괴로워할 때, 비언어적으로는 개방된 자세와 차분한 제스처와 얼굴 표정을 통해서, 그리고 언어적으로는 차분하고 한결같은 부드러운 톤으로 내담자를 위로하라.

(2) 친밀성 회복(Lister-Ford, 2002)

친밀은 주변 사람들을 기꺼이 숨김없이 대하며, 위험 부담을 안더라도 느끼고 생각하고 원하는 바를 진심으로 공유하는 헌신적이고 지속적으로 연결되어 있는 상태를 의미한다. 진정한 친밀을 추구하기 위해서는 진정으로 신뢰할 수 있는 사

람을 분별할 수 있어야 한다. 또한 희로애락을 함께 나누고 현재에 온전히 충실하면서 현재를 넘어서 볼 수 있는 능력을 지녀야 한다. 심지어 각본에 깊이 얽매인 사람일지라도 심리게임에 빠지지 않는 진짜 친밀의 짧은 순간을 향유할 수 있음을 기억해야 한다. 이를 위해 상담사는 내담자의 남아 있는 공생 패턴을 해결하여 순간적인 친밀 그 이상의 친밀성을 개발할 수 있어야 한다. 즉, 내담자가 자신 및 가장 가깝고 가장 사랑하는 사람 안에 내재된 방해 요인들을 두렵지만 직면할 수 있도록 개입해야 한다. 이에 이 단계에서 상담사는 내담자의 두려움 및 염려를 수용할 수 있는 역량을 갖추어야 한다. 특히 구체화 기법을 활용하여 공생 패턴을 깨뜨리는 개입 능력을 갖추어 내담자가 친밀성을 회복할 수 있도록 조력해야 한다.

4) 공생 관계 벗어나기

(1) 내담자에게서 상담사에로의 공생 패턴: 내담자의 불안

내담자는 부모와 헤어질 것을 생각하자 초조해졌다. 부모를 버리고 자신의 길을 감으로써 부모에게 회복할 수 없는 상처를 주게 될까 봐 염려되었다. 내담자가 가족들이 부여했던 역할, 즉 '모든 사람을 기쁘게 하는 영원한 어린아이'를 벗어 버리려 생각할 때 계속 죄책감이 들었고, 동일한 방식으로 자신이 더 이상 사랑을 받거나 받아들여지지 않을 것을 우려하게 되었다.

상담사는 이러한 단계를 밟는 것이 얼마나 어려운가를 잘 알고 있었다. 상담사는 공감하고 인내하면서 내담자가 여러 회기에 걸쳐 그 문제와 씨름하도록 하였다. 어느 회기쯤에 가서 내담자는 힘겹게 분투하면서 예기치 않게 상담사에게 화를 내었다.

▶ 내담자: 이렇게까지 어렵다고 이야기해 주진 않았잖아요. 도대체 제가 상담사 님께 도움을 받고 있기나 하는지라는 생각이 들어요. 그냥 앉아서 내가 말하는 것에 대해 고개만 끄덕이고 있으니. 내가 무엇을 해야 하는지 어떻게 알 수 있나요? 상담사 님은 의자에 앉아 좋은 이야기만 하면 되니까 편하시죠. 이게 어떤 느낌인지 전혀 모를 겁니다. 만약 안다면, 전처럼 저에게 필요한 실질적인 도움을 주었겠지요. 이제 더 이상 내게 관심을 두지 않는 것 같아요.

상담사는 내담자가 불안함을 느낀다는 것을 알게 되었고, 이 때문에 상담 관계가 변했다고 믿었다. 내담자의 상담사와의 관계에서 느끼는 불안은 내담자가 자신의 가족에 대해서 느끼는 불안과 유사한 것이다. 내담자는 상담사가 이전보다 덜 신경을 써 준다는 것이 불안하다. 그러나 이것은 내담자가 자신이 변하면 가족들이 자신을 덜 사랑할 것이라는 불안을 상담사에게 투사시킨 것이다. 즉, 이것이 내담자에게서 상담사로의 상담 관계에서 펼쳐지는 공생 패턴이다.

(2) 상담사의 효율적 반응

내담자는 가족을 기쁘게 하고 그들의 필요에 따라 주어야만 한다는 자신의 각본신념 때문에 분노를 제대로 표현하지도 못했다. 상담사에 대한 내담자의 분노는 상담 관계에서 내담자 자신의 미해결된 욕구를 중심에 둠으로써 상담 과정에 있어서는 친밀을 회복하는 하나의 중요한 획기적인 사건이 된다. 교류분석상담은 이 시점에서 상담사가 어떻게 반응하는가가 매우 중요하다.

상담사의 효율적 반응

- 내담자가 분노와 두려움, 불만을 표출하고 이해할 수 있도록 조력하기
- 왜 상담 관계가 변했다고 내담자가 인식했는지 함께 탐색하기
- 가족에 대한 두려움과 염려가 자신의 인식에 영향을 미쳤음을 깨닫도록 하기
- 공생 관계 포기의 첫걸음으로서 상담사에게 도전하고 미해결된 욕구를 표출시킬 수 있도록 조력하기

상담사의 이러한 반응 작업은 내담자가 가족과의 관계에서도 해낼 수 있다는 전조가 된다.

▶ 공생 관계 포기

내담자는 매우 다치기 쉬운 힘든 단계에 접어들게 된다. 이에 상담사는 앞으로 있을 상담 회기 동안에는 내담자가 자신감을 회복할 수 있도록 해야 한다. 이를 위해 상담사는 내담자로 하여금 상담에 대해 느낀 바를 솔직하게 말할 수 있도록 조력해야 한다. 그리고 내담자가 준비가 되면, 내담자의 성숙된 자아정체성 확립을 위해 '영원한 어린아이' 역할을 포기하도록 조력한다. 점차 내담자는 자신의 가족관계에서 새로운 위치를 찾게 되면서 자연스럽게 공생 관계를 포기하게 된다.

▶ 내담자의 가족 공생 관계 작업

이 단계는 조심스럽고 부드럽게, 그리고 세심하게 진행할 필요가 있다. 이 단계에서 내담자는 견디기 힘든 고통이 밀려와 다시 한번 염려의 소용돌이에 빠지게 될 것이다.

* 3부 공생 참조.

5) 자율성 성취

이 과정에서 내담자는 지금까지 삶의 여러 영역에서 스트레스 상황인 각본 상태에 놓일 경우 취해 왔던 각본적 역할을 버리게 된다. 자녀는 부모로부터 의식적이든 무의식적이든 출생 시부터 어떻게 행동하고 생각하고 느껴야 하는지 영향을 받는다. 자녀 스스로 이러한 영향으로부터 벗어나기란 결코 쉬운 문제는 아니다. 이는 내담자의 P에 새로운 메시지인 허가가 제공되고, A가 P로부터 통제권을 넘겨받아 자연스런 C를 해방시키는, 즉 지금–여기에서 앞으로 어떻게 다르게 살 것인지, 진정으로 원하는 것이 무엇인지를 자율적으로 선택하는 재결정하에서만 가능하다.

자율성 성취의 단계에서는 상담 전 기간에 걸쳐 이루어진 변화가 이제 새로운 방식으로 함께 어우러져서 새로운 유형의 이해, 감정 및 경험을 형성한다. 내담자가 적극적이고 의도적으로 새로운 여정을 시작하면서 모든 것을 새롭게 통합하고 실행하기 때문에, 이전에 획득한 자각이 자발성과 친밀로 연결된다. 이 시기 내담자는 상담 장면에서뿐만 아니라 상담실 밖에서도 자신의 변화된 삶을 실험하게 된다. 이에 상담사는 내담자의 자율성 성취를 위해 변화를 시도하는 일련의 노력들을 민감하게 읽고 지지해 주는 긍정적 스트로크 제공자로서의 역할이 무엇보다 중요하다. 이러한 과정을 통해서 초기 단계에 설정한 내담자와의 상담 계약이 완료되어 간다. 이에 이 단계에서 상담사는 내담자가 자율적 태도를 통합 및 종합하여 자율적 행동을 실천할 수 있도록 내담자를 지지해야 한다. 또한 이를 통해 내담자가 온전히 자율성을 접촉하고 자신감 있게 행동하며, 일시적 각본적 행동에 빠져드는 것으로부터도 벗어날 수 있도록 개입 전략을 개발할 수 있는 능력을 지녀야 한다. 다음에 자율성 성취 과정에 대한 이해를 도모하기 위해 재결정, 각본작동 치료 과정에 대해 소개하였다.

(1) 재결정

재결정 8단계 과정 중 제5단계-재결정 말하기의 과정을 제시하였다.

상담사 1: 힘껏 아버지를 등에서 내려놓았습니다. 아버지는 이제 당신을 더 이상 해칠 수 없습니다. 아버지에게 하고 싶은 말이 있으면 계속해서 하세요.

내담자 1: 아버지, 저는 아버지를 너무 오랫동안 제 옆에 모시고 있었네요. 그러나 이제 저는 아버지와 똑같을 필요가 없어요.

상담사 2: (시험적으로 내담자에게 말한다.) 나는 아버지와는 다른 사람이 될 수 있어요. (부정적인 말에서 긍정적인 말로 옮기도록 유도하는데 뜻은 변화가 없다.)

내담자 2: 저는 아버지와는 다른 사람이 될 수 있어요.

상담사 3: 정말입니까?

내담자 3: 예, 정말입니다.

상담사 4: 그럼 아버지와 어떻게 달라질 수 있는지 말해 주세요.

내담자 4: 아버지, 아버지가 다른 사람으로부터 아버지가 얻고 싶은 것을 얻어 내는 유일한 방법은 고함을 치거나, 때리거나, 심술궂게 하는 것이었지요. 그것은 아버지의 잘못이 아닙니다. 아버지는 단지 다른 방법을 몰랐기 때문입니다.
상담사 5: 그렇다면 다른 방법을 안다면 아버지에게 이야기하세요.
내담자 5: 예, 저는 제가 원하는 것을 다른 사람에게 요청할 수 있어요.
상담사 6: (아버지에게 시험적으로 말하기) 아버지, 저는 내가 원하는 것을 다른 사람에게 요청하겠습니다(내담자가 스스로 '할 수 있다'에서 '하겠다'로 의지를 담아낸다).
내담자 6: (강한 목소리로) 아버지, 저는 제가 원하면 다른 사람들에게 제가 원하는 것을 요청하겠습니다. 저는 더 이상 사람들과 싸울 필요가 없습니다.
상담사 7: 아버지가 말한 것이 사실인지 알 수 있도록 스스로에게 시간을 주세요. (뜸을 들인다.) 그것이 사실입니까?
내담자 7: 예, 사실입니다.
상담사 8: 어떻게 느낍니까?
내담자 8: 해방감이 느껴집니다. (미소를 지으며 편안한 자세를 취한다).
상담사 9: 잘했어요.

(2) 각본시스템 치료 과정

이 과정에서는 내담자가 일생 동안 유지해 온 각본적 행동반응 패턴에서 벗어나 자율적인 삶을 살 수 있도록 얼스킨(Erskine, 1979)이 제시한 각본시스템에 기반하여 각본 변화를 모색한다. 물론 각본시스템은 내담자의 각본신념, 감정, 사고, 행동이 강화되는 일련의 과정을 보여 주는 분석 도구에 해당하지만, 자율성이 성취된 변화된 각본을 분석하는 데 있어서도 매우 훌륭한 도구이다. 다음에 각본시스템 치료 과정에 대한 이해를 돕고자 4부에 제시된 각본시스템 도식과 자율시스템 도식을 제시하였다.

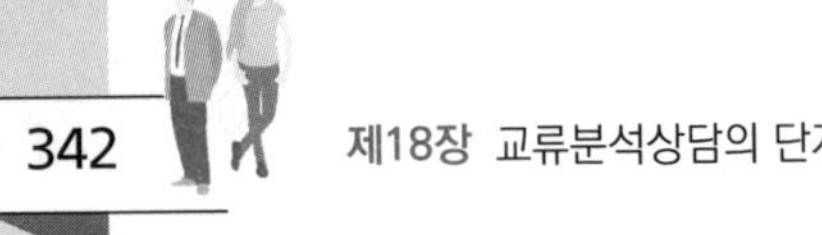

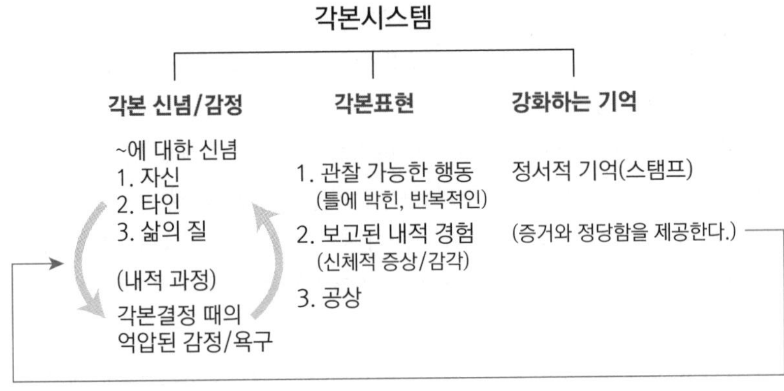

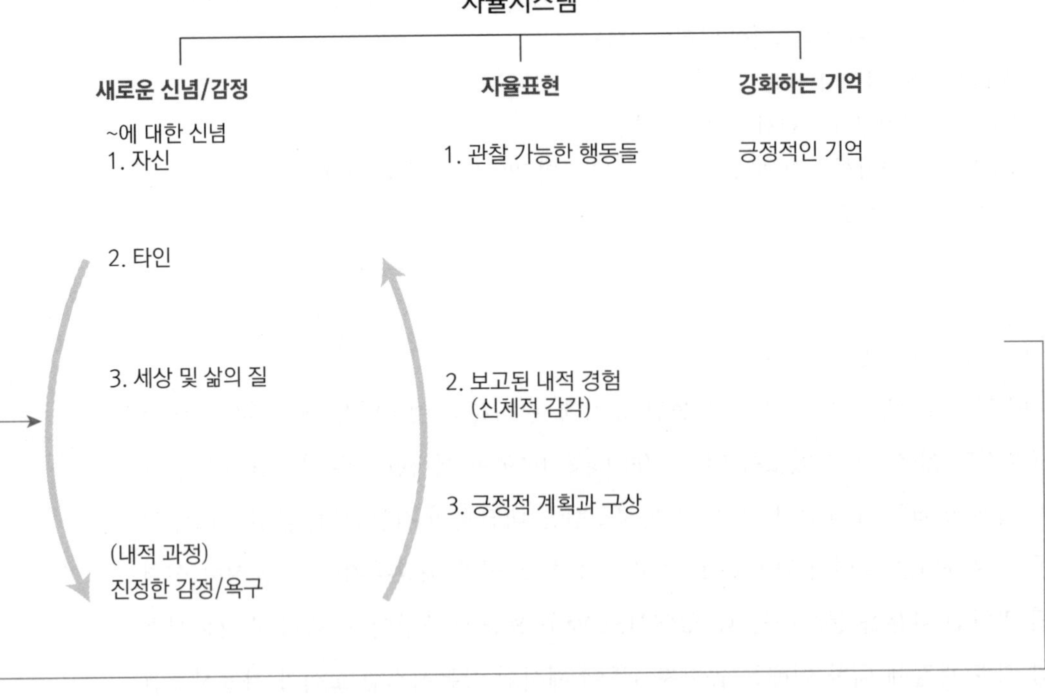

상담 중기 단계 마무리에 내담자의 각본시스템에 담겨진 내용들이 자율성이 성취된 자율시스템으로 다시 작성된다면 상담의 종결 단계로의 이행이 가능하다. 중요한 것은 상담사는 각본시스템 어느 지점에서라도 내담자의 각본적 행동반응

패턴에 대한 효과적 개입을 통해 변화를 시도할 수 있어야 한다는 점이다. 각본적 행동 패턴은 한번 변화가 이루어지면 그다음부터는 더 쉽게 변화가 일어난다. 다음에 각본시스템에서 분석된 내용을 바탕으로 자율시스템으로의 변화 과정 절차를 제시해 두었다.

자율성 성취를 위한 자율시스템으로의 변화 절차

- 각본결정을 내리게 했던 근원적인 강화된 일련의 트라우마를 재경험하고 자신, 타인, 그리고 삶의 질에 대해 새로운 결정을 내리기
- 억압시켜 놓았던 미해결된 감정을 표현하기
- 충족시키고 싶었던 욕구를 요청해 보기
- 다른 사람들과 잘 지내기 위해 건강한 사회적인 매너를 갖추기
- 혼자 휴식 취하기부터 즐거움, 자발성 그리고 친밀감 나누기 등을 번갈아 상상해 보기
- 자기 자신을 억압시킬 때에 나타나는 목 근육의 증상을 알리기

6) 중기 단계의 상담 사례

(1) 각본시스템분석의 실제

▶ K의 이야기

동생의 탄생과 함께, K는 아픈 동생이 부모로부터 받았던 보살핌과 자신이 밀려나 있는 듯한 느낌이 들어 자신이 중요하지 않은 사람이라는 결론을 내렸다. 그때 당시 K의 어머니는 엄청난 스트레스 상황에 있었고 심리적으로 무기력한 상태였다. K의 아버지는 자주 집을 떠나 있었다. "나는 중요한 사람이 아니야."라는 결정은 연이은 동생들의 탄생과 맏이로서 K의 욕구가 무시될 수밖에 없는 트라우마 경험이 많은 가정환경에서 더욱 강화되었다.

K는 치료 과정에서 부모님에게서 "중요한 사람이 돼서는 안 돼."라는 비언어적 태도에 의한 명령을 받았던 경험을 이야기하였다. 내담자는 어린 시절 자신이 중요한 사람으로 여겨지지 못한 점에 대한 한 가지 해결책은 다른 사람, 즉 동생들과 부모님을 돌보는 것이고, 그것이 자신의 욕구를 충족시켜 줄 수 있을 것이라는 것을 발견했다.

이러한 결정은 K가 성인이 되었을 때 남을 돕는 직업을 선택했다는 사실에서 가시화되었다. K는 대체로 조용하고 수줍은 태도를 보였으며 타인의 의견을 잘 따르곤 했다. 타인에게서 받았던 사회적 반응은 자신이 무시를 당하며 원하는 것을 얻지 못한다는 것이었다. 그것은 K로 하여금 K 자신은 중요한 사람이 아니며, 결함이 있고 타인이 더 중요하다는 신념을 강화시켜 주었다. 슬픈 감정에서 비롯된 행동은 결국 K를 우울과 심한 두통에 빠뜨렸다.

K의 상상은 K가 다른 사람들을 잘 대해 주면 그들이 K를 사랑하고 보살펴 줄 것이라는 반각본결정에 기인한 것이다. 또한 K는 이러한 결정을 지지하기 위해 자신이 종국에는 혼자서, 가난하게, 사랑받지 못한 상태가 되어 있을 것이라는 상상을 가끔 하였다.

▶ K의 각본시스템분석

K의 각본시스템

각본 신념/감정

~에 대한 신념:

1. 자기
핵심: 나는 소중하지 않다.
지지하기: 나는 항상 혼자다.

2. 타인
핵심: 다른 사람이 가장 중요하다.
지지하기: 어느 누구도 나를 원하지 않는다. 어느 누구도 나를 사랑하지 않는다.

3. 삶의 질
핵심: 삶은 힘들고 외롭다.
지지하기: 좋아하고 하고 싶은 것은 다른 사람을 돌보는 것이다. 나는 완전히 혼자 힘으로 해내야만 한다.

(내적 과정)
각본결정 때의 억압된 감정

상처
분노

각본표현

1. 관찰 가능한 행동
슬픈
은밀한
홀로 지내기
늘 일만 하기
눈 마주치지 않기
타인 욕구에 역점 두기
자기 자신을 위한 요구는 하지 않기

2. 보고된 내적 경험
빼근한 목
두통

3. 공상
결국에는 고독하게 늙음.
다른 사람들을 돕는 삶에 감사함.

기억 강화

(외)형제/자매가 먼저 떠오른다.
엄마가 나를 돌봐주지 않아서 슬프다.
친구가 거의 없다.
사람들과 잘 못 어울린다.

▶ P의 이야기

내담자의 어려움과 연관된 반복적인 내사와 관련 있는 실제 부모인물을 밝혀내야 한다. 이를 위해 내사된 내용을 완전히 표출시켜 내담자가 그것을 더 잘 자각하고 언제 방해하는지 인식할 수 있도록 해 주어야 한다. 내담자가 부모인물로 인해 힘들었다는 것을 인정하고, 세대 간에 걸친 역기능적 각본행동에서 분리될 수 있도록 개입한다.

빈 의자 기법 진행 방식

1. 부모인물(아버지나 어머니)이 빈 의자에 앉아 있다고 상상해 보세요.
2. 아버지를 묘사해 보세요.
   (아버지의 이름, 입고 있는 옷, 머리 스타일, 어떤 자세를 취하고 있는지, 목소리

톤, 제스처, 얼굴 표정 및 개인적인 특성 등)

→ P는 현재의 부모가 아닌 과거의 어느 한 시점에서의 부모로서 묘사하기

3. 이제 빈 의자로 옮겨 앉아 아버지가 되어 보세요.

→ P에게 다음에 제시된 기억회상을 촉진시켜 주는 질문들을 하여 내담자가 P의 역할을 잘 하도록 조력하기

- 이름을 말해 주시겠습니까?
- 나이는 어떻게 되십니까?
- 어디에 살고 있습니까?
- 당신의 삶에 대해서 이야기해 주시겠습니까?

→ 빠르게 빈 의자 기법의 효과를 보고자 한다면, P에게 과거의 이야기를 현재시제로 이야기하도록 유도한다. 또한 대화를 현장감 있게 진행하고 항상 P를 이름으로 불러야 한다.

4. 이어서 내사된 부모와 과거의 내담자 간의 관계에 대해 적당한 치료적 질문을 던진다.
5. P를 깊이 공감해 준다.

→ P의 삶의 정황 내에서 상황을 이해하려고 노력한다. 일단 상담사와 P 사이에 이러한 공감대가 형성되면 변화가 즉각 유발된다. P는 보통 부드러워지고 내담자와 공감적인 대화를 나눌 수 있게 된다.

6. 이 같은 대화로부터 내담자에 대한 P의 메시지가 내담자의 잘못이 아니라 자신의 힘겨운 싸움의 결과라는 것이 분명해지면 P와 대화를 끝내고 작별한다.
7. 내담자로 하여금 원래 자기의 의자로 되돌아가게 한다.
8. 지금까지 작업을 통해 알아차린 바를 나눈다.

→ 빈 의자 기법은 P의 메시지를 격리시키는 데에 초점이 있다. 이에 내담자는 거침없이 내뱉은 P의 에너지에 압도당하지 않는다.

▶ 주의 사항

- 내담자가 빈 의자 기법의 사용을 불편해할 경우, 약간만 앉은 자리를 변형하여 그 자리에서 이야기하도록 한다.
- 내담자가 동일시한 내사된 다른 사람의 정체가 드러나기 때문에, 내담자가 P 인물이 되는 그 순간을 명확히 해야 한다.
- 마지막으로, 내담자가 P의 역할에서 벗어나도록 해야 한다.

▶ C의 이야기

C의 이야기를 촉진하기 위해서는 내담자를 C로 들어가게 한다. P의 대화에서와 같이 빈 의자를 써서 C를 묘사해 보도록 안내한다. 그리고 내담자는 반대쪽 A의 의자에 앉아 적극적으로 C를 머리로 그리며 이를 상담사에게 설명한다. A에서 C로의 점진적 전환이 이 기법을 통해 이루어진다. 내담자의 에너지가 확실히 C에 있으면 의자를 바꾸어 앉아 C의 경험으로 옮겨 갈 준비를 한다. 이렇게 되면 어린 시절의 모습으로 보일 것이다. 이때 상담사는 C의 나이에 걸맞은 어휘를 사용해야 한다.

빈 의자 기법 진행

내담자는 C로 쉽게 들어갔다. 어린 시절 자신은 모든 사람의 입에 오르내렸고 가족의 관심을 한몸에 받고 있었다. 저녁 시간에 나누는 가족들의 이야기는 대개 내담자의 학교생활, 교우 관계, 다음날 있을 암송 수업에서 낭송할 암송을 듣거나 내담자에게 새로운 드레스를 만들어 주자는 것 등 모든 것이 내담자에게 집중되었다. 내담자는 가족들에게 홍미와 기쁨의 원천을 지속적으로 제공하였다. 내담자의 가족들은 에게 새로운 드레스를 만들어 주자는 것 등 모든 것이 내담자에게 집중되었다. 내담자는 가족들에게 홍미와 기쁨의 원천을 지속적으로 제공하였다. 내담자의 가족들은 보호 성향이 매우 강해 내담자가 무슨 문제로 힘들어하면 가족 모두가 염려를 하였다.

내담자는 자신이 힘들어할 때마다 가족들이 내담자의 힘든 상황을 어떻게 하면 호전시켜 줄 수 있을까에 대해 낮은 목소리로 의논하는 소리를 들었다. 내담자는 자신의 어린 시절 이야기를 담담히 해 나가면서 힘이 없어지고 사색적으로 되어 갔다. 내담자의 감정은 분명히 변화되어 가고 있었다.

내담자: 가족들은 모두 저에게 잘해 주려고 애쓰고 있지만 나는 날 혼자 있게 해 주었으면 좋겠어요. 움직일 수도 없고 숨쉴 수도 없는 것처럼 느껴져요. 내가 행복하지 않더라도 나는 그 감정을 숨겨야 합니다. 모든 일이 잘되어 가는 것처럼 위장해야 해요. 만약 가족들을 걱정시키면 나는 심한 죄책감을 느끼게 돼요. 가족을 행복하게 해 주고 싶어요(내담자가 갑자기 지금-여기로 돌아온다). 그것을 지금 느낄 수 있어요, 일종의 무섭게 나의 위를 휘젓는 이 분노의 감정을. 서서히 점점 더 조여 오는 느낌이에요. …… 할 때까지 …… 할 때까지 …… 할 때까지.

내담자는 숨쉬기가 힘들어지자 호흡을 고르기 위해 애를 썼다. 내담자의 얼굴은 점점 붉게 물들어 갔고 손바닥에는 땀방울이 맺혔다. 내담자의 증세는 공황발작에 가까워 보였다. 상담사는 재빠르게 종이봉지를 내담자에게 건네주면서 코와 입 위에 대고 호흡하도록 하였다. 상담사는 차분한 목소리로 내담자가 깊은 호흡을 하도록 격려해 주면서 점차 회복하도록 조력하였다. 내담자가 편안하게 호흡하게 되면서 종이봉지는 더 이상 필요 없게 되었다.

상담사: 과거를 회상하면서 감정이 느껴지자 패닉 상태가 시작되었어요, 무서웠나요?
내담자: 예, 많이요. 어릴 적에 그런 일을 했었는지는 기억이 나지 않지만, 제가 기억하는 것보다 더 강한 것 같았어요.
상담사: 그것이 사무실에서 자주 경험하던 감정과 같던가요?
내담자: 네. 이만큼 심한 적은 없었지만 늘 그럴 수 있었겠다란 생각이 들어요.

▶ 이제까지 설명할 수 없고 이해할 수 없었던 행동의 근원이 마침내 밝혀졌다. 내담자가 처음 상담 장면에 가져온 문제에 대한 근본 원인이 밝혀지고 명료하게 된 것이다. 내담자가 직장에서 일할 때 자주 경험했던 공황발작의 근원은 가족들이 지속적으로 그녀를 관심의 중심에 두었기 때문이었다. 가족들의 지나친 관심으로 숨이 막혔고, 자기 자신의 자발적인 선택을 희생하여 가족을 즐겁게 하려는 함정에 빠져 들어갔다. 돌이켜 보면 내담자가 업무 중에 경험했던 증세들이 C의 경험과 관련이 있음을 깨닫게 된 것이다. 옳은 길을 따르려고 하면서 동시에 가족들을 기쁘게 하려는 딜레마로 말미암아 혼란스러워진 C는 과중한 짐을 지게 되었고 긴장하여 제대로 기능할 수가 없게 된 것이다.

출처: Lister-Ford (2002).

3 종결 단계

상담의 과정 중 마지막 단계에 해당하는 종결 단계는 상담목표 성취 및 종결의 단계이다. 이 단계는 내담자가 상담 초기 단계에서 설정한 목표가 성취되어 지금까지 진행해 왔던 상담의 전체 회기별 과정들을 되돌아보고 종결하는 단계이다.

즉, 계약 완료 여부에 따라 상담 종결의 시기를 결정하게 된다. 내담자에게 변화된 삶의 즐거움을 느낄 수 있도록 전 상담 회기 과정을 재점검해 보도록 요청한 후 상담을 종결한다. 이 절에서는 주요 과정인 상담 종결 논의 및 상담평가, 상담 종결 단계에서 다루어야 할 이슈와 추수상담에 대한 내용과 함께 부가적으로 상담 종결 후 내담자와의 관계 및 종결 단계 상담 사례에 대해서도 제시해 두었다.

종결 단계 상담의 주요 과정

- 상담 종결 논의 및 상담평가
  - 계약 완료
  - 계약 완료 체크 목록
- 상담 종결 단계에서 다루어야 할 이슈
  - 종결 단계 검토 목록
  - 내담자와의 상담 여정 회상하기
- 추수상담

1) 상담 종결 논의 및 상담평가

내담자의 변화란 각본으로부터 나와 자율로 들어가는 것이지만, 어떤 사람도 전적으로 각본에서 자유로운 사람은 없다. 교류분석상담은 계약적이므로 상담 종결의 결정 시기는 계약 완료 여부와 관련이 있다. 앞에서 언급하였듯이 교류분석상담은 내담자와의 계약 체결에 기초하여 종결을 논하기에 다음의 계약 완료 체크 목록을 상담 종결 시기 결정을 위해 활용할 필요가 있다.

계약 완료 체크 목록(Lister-Ford, 2002)

- 내담자의 변화에 대한 만족 정도(만족감 VS 허탈감)는 어떠한가?
- 내담자의 생각, 감정과 행동에 대한 계약 완료의 일치 정도는 어떠한가?
- 다른 사람들이 내담자가 변했다고 표현을 하는가?
- 내담자가 각본 방식 포기로 인해 남겨진 허탈감을 새로운 자율적 생활양식에 의해 충족하고 있는가?
- 내담자가 새로운 자율적 자아에 대한 즐거움을 느끼고 있는가?
- 상담사와 내담자가 지금까지 성취한 상담결과에 동의하는가?

2) 종결 단계에서 다루어야 할 이슈

상담 종결 단계에는 내담자로 하여금 자신이 성취한 상담목표를 회고해 보고 자신의 변화에 대해서 즐거움을 느낄 수 있는 기회를 제공해 줄 필요가 있다. 이를 위해 내담자가 첫 상담 장면을 기억하여 성취한 변화를 충분히 설명할 수 있도록 상담 회기들을 검토해 보아야 한다.

종결 단계 검토 목록(Lister-Ford, 2002)

- 긍정적이건 부정적이건 가장 의미 있었던 회기
- 웃게 만든 회기
- 가장 의미가 있는 변화
- 내담자와 상담사의 관계
- 가장 도움된 것
- 다른 상담 기법
- 가장 아쉬웠던 것

내담자와의 상담 여정 회상하기

- 상담 여정 중에 상담사가 개입하였던 부분과 가장 긍정적인 순간들을 공유하기
- 내담자에게 스트로크를 주고 성취한 변화를 인정하기
- 내담자와의 만남을 그리워할 것임을 이야기해 주어 상담사가 내담자와의 이별에 신경을 쓰고 있으며 내담자가 상담사에게 영향을 끼쳤다는 것을 느끼도록 하면서 떠나보내기

3) 추수상담

추수상담에 관해 교류분석상담에 있어서는 어떤 표준은 없다. 추수상담을 정해 놓으면 내담자의 C에 상담사가 '우리의 이별은 이별이 결코 아니야.' 혹은 '일을 완벽하게 마무리하지 못하면 바로 당신이 돌아와야 해.' 하는 메시지를 내포하는 위험이 있다. 이에 교류분석상담사는 현재까지 진행해 왔던 상담을 명확하게 종결해야 한다. 추후 내담자가 새로운 자기변화를 원하는 시기가 왔을 때 다시 접촉할 수 있으며, 이때 내담자와 상담사는 쌍방이 새로운 계약을 할 능력과 의사가 있는지의 여부를 새롭게 탐색하게 된다. 또한 추후 내담자가 추가적인 도움이 필요한 문제에 있어서 그 문제에 따라 내담자가 원할 경우, 기꺼이 다른 상담사를 찾는 것을 조력해 줄 수 있어야 한다. 이것은 공생 관계의 역동을 막는 데 도움이 되고, 내담자에게는 내담자가 기존의 상담사를 벗어나서 다른 상담사에게 가도 좋다는 열린 마음을 보여 주는 계기가 된다.

4) 상담 종결 후 내담자와의 관계

교류분석상담사뿐만 아니라 대부분의 상담사는 가끔 이전 내담자로부터 소식을 들으면 기뻐한다. 내담자가 상담사와의 관계를 지속하기 위한 수단으로서 우편, 문자, 메일 등을 추후 커뮤니케이션 수단으로 사용하지 않도록 해야 한다. 그리고 답장을 보낼 것이라는 기대를 하지 않도록 확실히 해 주어야 한다. 간단한 쪽지를 보내는 것도 괜찮겠다고 생각되는 경우일지라도 내담자들이 상담사에게서 답장을 받지 못할 것으로 예측하도록 만들 필요가 있다. 그렇지 않으면 본의 아니게 관계 속으로 끌려들어 가게 되거나 답장을 하지 않았다는 이유로 내담자에게 거절당한 느낌을 주게 된다.

5) 종결 단계의 상담 사례

(1) 상담의 전반적 평가

상담사는 내담자의 작업을 검토하면서, 처음 만났던 불안해하고 매우 고통스러워하던 젊은 내담자가 기억났다. 상담사는 내담자가 얼마나 가족들에게 발목이 잡혀 있었는지를, 부모를 실망시킬까 봐 두려워하여 자신의 길을 도저히 개척할 수 없다고 느끼고 있었는지를 기억하였다.

- 상담사는 내담자에게서 변화가 일어나지 않는 것 같았던 느리고 고통스러운 작업, P와 C에 대한 작업이 서서히 A를 해방시켜 그것을 드러나게 함으로써 자신감이 커진 것, 내담자가 마침내 분노를 표출했던 대전환의 순간, 자신의 이름을 줄여서 부르고 자신의 A의 정체성을 새로이 한 것, 더 이상 남을 기쁘게 하는 아이가 아니라 전적으로 새로운 방향으로 뻗어 나가는 성숙한 정체성을 가진 성장한 여인이 된 것을 회상했다.
- 상담사가 자신의 작업에서 가장 뿌듯했던 것은 내담자의 C를 놀라게 하지도 않았고 P를 멀리하지도 않았던 자신의 느리고 인내하는 스타일을 사용한 것이었다. 돌이켜 보건대 상담사는 내담자가 모든 단계에서 견딜 수 있도록 효과적인 접근 방법을 구사하였다. 이것이 상담을 성공으로 이끈 견인차가 되었다.
  → 상담사가 내담자와 공생 관계를 이루려는 경향이 있었다는 것은 약점이었다. 곰곰이 생각해 보면 상담사는 이것이 심각하게 작업을 저해하였다고는 생각지 않고 오히려 여러 차례에 걸쳐 너무 편안함을 느낄 수 있게 해 주었다. 상담사는 이것이 자신의 상담 시 일어나는 일반적인 약점인지 이 내담자와의 상담 과정에서만 나타난 특정한 것인지를 알아보기 위해 슈퍼바이저와 이 문제를 논의하기로 결정했다. 그러나 전반적으로 내담자와의 작업은 성공적이었다고 생각한다.

(2) 내담자의 중요성 인식하기

- 상담사는 자신이 내담자와 작업하면서 받은 긍정적 스트로크의 높은 성과를 이미 알고 있다. 상담사는 내담자와의 작업으로 인해서 자긍심이 높아지고 기분도 좋아졌다. 어떤 상담사도 이러한 만족스런 기분에서는 그냥 내담자를 떠나보내고 싶지 않을 것이다. 그러나 상담사는 상실에 대한 아픔을 다루어야 할 때가 되었다. 이제 다른 방법으로 자긍심을 높일 수 있어야 한다. 이는 다른 내담자와의 작업으로, 혹은 콘퍼런스에서의 발표를 통해 동료들로부터 또 한 차례의 스트로크를 받을 수 있는 전문가적 활동을 통해 가능하다.
- 상담사의 내담자에 대한 가장 큰 바람은 자신의 진정한 욕구와 필요에 맞는 생활양식을 구축하는 것, 즉 내담자를 해방시켜 자율적인 삶으로 나아갈 수 있도록 하는 데 있다. 상담사는 자신의 자긍심이 그와 같은 희망과 뒤엉키게 될 수도 있음을 깨달았다. 내담자와 함께 내담자가 바라는 것들에 초점을 맞추는 것이 중요한 것 같았다.
- 상담사는 자신이 내담자에 대해 실망감을 거의 갖지 않고 있음을 깨달았을 때 스스로 놀라움을 금치 못하였다. 왜냐하면 무엇인가가 자신을 아프게 실망시키거나 내담자의 각본 스토리의 일부가 상담 과정에서 얼마간 재생되리라는 것이 예상되었기 때문이다. 실제로 그렇지 않았다는 것은 내담자의 각본이 정말로 변했다는 긍정적인 신호였다. 생각해 보니 이것은 상담사에게는 가장 큰 즐거움이었다.
- 상담사는 자기 자신의 삶을 살고자 하는 젊은이들에게 특별한 투자를 하였다는 것에 보람을 느꼈다. 젊었을 적에 한 친구가 결정적인 순간에 자신을 도와서 낙제를 면할 수 있게 해 주었던 것이 생각났다. 때때로 적절한 시점에 젊은이들에게 필요한 도움을 주면 그들의 인생에 중요한 영향을 미침으로써 매우 큰 변화를 이끌 수 있다. 이러한 점이 특별한 만족감을 느끼게 해 준다는 것을 상담사는 알게 되었다.

  → 상담사는 내담자의 추후 삶의 여정이 힘들지는 모르지만 내담자의 발전을 진정으로 기뻐하였으며 내담자를 떠나보내야 한다는 것을 알았다.

(3) 내담자와 종결하기

- 상담사는 종결에 관련된 특별히 의미 있는 패턴을 갖고 있지는 않았다. 상담사는 이 단계에서 내담자와 함께 작업할 때 일반적으로 효과적이고 세심한 방식을 취하였다. 상담사는 내담자의 발랄함 때문에 특별히 내담자를 좋아하게 되었다는 사실을 알았고 또 그 같은 사실은 경계해야 할 이슈라는 것도 잘 알고 있었다. 상담사는 한편으로는 기쁜 마음으로 내담자를 떠나보내면서 다른 한편으로는 긍정적인 스트로크를 얻기 위한 수단으로 공생 관계를 계속 유지해 나가려는 유혹들을 막을 필요가 있었다.
- 모든 상담사는 자신들만의 독특한 상담 종결 준비 방법이 있다. 상담사는 숲을 거닐면서 자신이 무척 즐기는 자연의 아름다움은 계절의 순환에 의존하고 있다는 것을 머리에 떠올렸다. 떠나보낼 시간도 그 계절의 순환에 포함되지 않는가. 상담사는 걸으면서 내담자의 이미지를 그렸다. 상담사는 내담자를 자신 있고 활발한 모습으로 그렸으며, 내담자의 성취에 즐거움을 느꼈다.
- 이제 어떻게 자신이 더 붙잡고 있기를 바랄 수 있겠는가? 붙잡는 것은 지금까지의 작업을 무의미하게 만들 뿐 아니라 내담자의 근본적인 생활력을 제한하는 것이 된다. 그것은 마치 아름답고 어린 나무를 다른 나무의 그늘에서 키우려고 하는 것과 같다. 그것은 이기적인 행위이다. 상담사가 자신의 성찰 중에 발견한 진실을 받아들이면서 내담자를 떠나보낼 준비가 되었다는 것을 느꼈다.

  → 상담사는 자신 안에 있는 치유자를 발견했다. 치유자로서 상담사는 상담 여행의 보호자이면서 합의한 목적지에 안전하게 도착하게 할 책임이 있었다. 상담사는 내담자나 상담사인 자신의 여행에 대해서도 소유권이 없었다. 상담사는 이제 관용과 호의의 정신에서 내담자가 떠나가도록 도울 수 있게 되었다.

출처: Lister-Ford (2002).

제19장 교류분석상담사의 성장

지금까지 교류분석상담사 과정 5단계(5부)를 거치며 교류분석의 주요 개념을 학습하고 적용하는 시간을 가졌다. 이 과정을 모두 이수하고 필기시험 합격을 포함한 소정의 조건을 갖추면 한국교류분석상담학회가 인증하는 교류분석상담사 자격을 취득하게 된다. 하지만 당신은 이제 막 상담의 길에 들어선 초심 상담사라는 점을 일깨우고 싶다. 상담 전문가로 성장하는 긴 여정의 출발선에 발을 딛고 선 새내기 상담사라는 것이다. 갈 길이 멀다. 하지만 배움과 성장의 길로 나아가길 바란다. 배움과 수련의 과정을 용기와 즐거움으로 헤쳐 나가길 바란다. 이에 이 장에서는 교류분석상담 전문가로 나아가는 과정에서 접할 수 있는 몇 가지 주제들에 대해 살펴보고 성장을 위한 방향을 제시한다.

1 마음이 건강한 TA 상담사

1) 불안 다루기

우리는 전문가로 성장하는 과정에서 여러 형태의 불안을 경험할 수 있다. 내담자의 불안이 아니라 상담사로서 자신의 삶에 대한 불안이다. 이는 지극히 정상적인 반응이다.

- 교류분석상담사로서 준비가 되었는가?
- 상담사로의 일이 나에게 잘 맞는가?
- 다른 사람을 도울 준비가 되어있는가?

성장 과정에서 당신은 이러한 질문들과 계속 마주하게 될 것이다. 명확한 답을 내놓을 수 없는 한 불안은 지속될 것이다. 전문가가 되는 것은 새로운 것을 배우고 도전하는 기쁨도 있지만, 감수해야 할 희생도 있다. 치러야 할 비용과 감내해야 할 불편감, 그에 따른 불확실성에 따라 불안도 높아질 것이다. 배움과 수련의 과정에서 대면할 수 있는 불안을 수용하되 인내로 대처하길 바란다.

2) 부정적인 감정 다루기

상담사는 내담자가 표현하는 부정적인 감정에 익숙해져야 한다. 상담실은 마음의 고통을 있는 그대로 표현할 수 있는 안전한 공간이다. 억누르고 회피했던 고통, 불안, 슬픔, 분노와 같은 감정을 정직하게 드러내는 곳이다. 상담이 진행됨에 따라 인생각본을 작성하던 시기에 억눌러야만 했던 핵심 감정, 즉 진실한 감정에 접촉하게 되면 내담자는 흐느끼거나 울부짖기도 하고 가슴을 치며 통곡하기도 한다. 감정의 폭발이 일어나는 것이다. 이는 상담이 잘 진행되고 있다는 신호로 받아들여야 한다. 상담사는 내담자의 고통에 공감하는 수준에 머무르거나 여기에 만족해서는 안 된다. 내담자가 감정적 고통의 가장 강력한 단계에까지 가도록 도울 수 있어야 한다.

삶에는 이별, 죽음, 버려짐, 실패 등과 같은 크고 작은 예기치 못한 비극적 상실의 스토리가 가득하다. 이러한 상실에서 비롯되는 부정적인 감정들을 홀로 마주하기란 쉽지 않다. 존재의 불안을 자극하기 때문이다. 이 지점에서 감정의 왜곡이나 억압과 거부와 같은 방어기제가 발생하게 된다.

이런 방식으로 미해결된 감정들은 '애도(mourning)'를 통해 해소해야 한다. 내담자는 상담사의 도움으로 상실로 인한 고통의 순간을 마주할 용기를 얻는다. 내담자가 표현하는 어떠한 감정도 괜찮다는 안전감을 충분히 표현해 줌으로써 신뢰를 제공할 수 있다. 상담사는 내담자가 표현하는 여러 부정적인 감정들을 마주할 때 침착하고 능숙해야 한다. 혹시라도 내담자의 부정적인 감정 표현이 두렵거나 불편하다면 이 문제를 당신의 슈퍼바이저와 정직하게 다루기를 바란다.

3) 개인적인 요구 통제하기

전문 상담사는 내담자의 회복과 성장을 위해 자신의 요구나 욕구, 흥미와 취향 등을 통제할 수 있어야 한다. 예를 들면, 상담이 진행되는 중에 들릴 수 있는 전화벨 소리, 자동차 경적 등과 같은 상담을 방해할 수 있는 모든 외부 자극을 차단하기 위해 적극적으로 노력해야 한다.

이와 함께 상담사 내부의 방해물도 통제해야 한다. 뱃속의 꼬르륵 소리, 쏟아지는 졸음, 잡다한 생각은 물론 화장실 가는 시간 등을 통제하는 것이다. 이러한 것은 모두 상담에 대한 집중력을 떨어뜨릴 수 있는 요인들이다. 그러므로 상담사는 인간다움을 잃지 않으면서도 집중력을 떨어뜨리는 여러 행동을 유연하게 조절할 수 있는 내적인 힘을 키울 필요가 있다. 지금-여기의 순간에 오롯이 몰입하게 하는 마음챙김 연습과 같은 노력이 제안된다.

4) 역전이 자각하기

역전이(countertransference)는 좁은 의미에서는 내담자가 어린 시절 자신에게 중요한 인물과 관련된 감정을 상담사에게 투사하는 전이에 따른 상담사의 무의식적인 반응을, 넓은 의미에서는 내담자의 전이에 대한 상담사의 의식적 · 무의식적인 모든 반응을 뜻한다. 상담사와 내담자는 상담 관계에서 상당한 영향을 주고받는다. 이 과정에서 상담사 개인의 내적인 취약성이 드러난다. 이때 상담사가 자신의 역동을 자각하지 못하면 내담자의 정서 경험에 압도되는 위험에 처할 수 있다.

내담자의 갈등과 혼란 속에서 길을 잃게 되면, 내담자 스스로 해결책을 찾도록 도울 수 있는 효과적인 상담사가 되지 못한다. 역전이는 상담사가 정서적으로 반응하도록 자극받을 때, 방어적으로 반응할 때, 상담사 자신의 주제가 관여되어 상담 관계에 존재할 능력을 상실했을 때 나타난다(Corey, 2017).

상담사가 자신의 갈등, 욕구, 자원, 취약점 등을 자각하지 못하면 자신의 목적을 위해 상담 시간을 사용하게 된다. 나아가 상담에서 길을 잃고 자신의 욕구 충족을 위해 내담자를 이용할 위험에 처한다. 따라서 상담사 스스로 상담을 통해 이런 문제를 해결해야 한다. 모든 역전이로부터 자유로워질 수는 없지만, 이것이 상담 관계에 미치는 영향을 자각할 수는 있는 것이다. 자각하면 현상을 객관화하고 다룰 수 있게 된다. 상담 전문가로 성장하는 과정에서 심리상담 혹은 분석을 받아야 할 이유이다.

5) 활력 유지하기

상담사는 상담 관계에서 내담자에게 새로운 대상으로 존재한다. 내담자에게 꼭 필요했지만 부족했던 '무조건적 긍정적 존재의 인정(I'm OK)' '사고하고 판단할 수 있음의 인정(able to think)' '새로운 결단을 할 수 있음의 인정(able to re-decide)'을 충분히 제공하고 격려하는 심리적 재양육자로서의 건강한 대상으로 존재한다.

건강한 대상으로 존재하기 위해서는 무엇보다 상담사 자신을 돌보는 노력이 선행되어야 한다. 자신을 돌본다는 것은 일상의 삶을 소진시키고 무력하게 하는 요소를 다루고 활력을 유지함을 의미한다. 스트레스를 유발하는 사건이나 상황들을 통제하기는 쉽지 않다. 하지만 스트레스 상황을 해석하고 반응하는 것은 일정 수준 통제할 수 있다. 따라서 심리적 · 육체적으로 소진(burnout)의 징후를 포착하고 이에 대처하며 활력, 즉 생생함을 유지하는 자신만의 방법을 준비해 둘 필요가 있다.

상담 전문가는 심리적 조력의 전문가이다. 기본적으로 타인, 즉 내담자를 잘 돕는 사람이다. 반면, 자신에 대해서는 소홀한 경우가 많다. 실제로, 너무 많은 상담 일정과 업무로 자신을 돌볼 시간이 없다는 상담사가 많다. 상담은 성격상 그 자체로 심리적 소진을 촉진하는 작업이다. 과도하고 지속적인 상담 업무는 상담사의 소진을 초래한다. 소진을 경험하는 상담사는 내담자와 건강한 상호작용을 유지하기 어렵다. 특징적으로 내담자의 정서에 대한 적절한 공감적 반응이 어려워진다. 동시에 주의집중과 경청과 같은 기본적인 상담 기술을 활용하는 데 어려움이 발생한다.

상담사가 지쳐 있고 심리적으로 피폐한 상태에 있게 되면, 내담자를 제대로 돌볼 수가 없을 뿐만 아니라 해를 끼칠 수도 있다. 결국 상담사가 자신을 돌보는 것은 타인돌봄으로 연결된다. 그렇기에 상담사의 자기돌봄은 해도 되고 하지 않아도 되는 선택의 문제가 아니다. 상담사의 자기돌봄은 필수이고 상수이다. 윤리적인 관점에서도 지극히 타당한 일이다. 활력이 넘치고 생기 있는 상담사, 일상에서 행복과 안녕감을 누리는 상담사가 되어야 한다. 이를 위해 자기만의 준비된 방법을 적용하고 실천하는 상담사가 되어야 한다.

2 전문성을 갖춘 상담사

1) 폭넓은 학습하기

교류분석상담사는 탁월한 전문성을 갖추기 위해 꾸준히 노력하고 성장해야 한다. 상담에서 만나는 모든 내담자는 언제나 새로운 도전 과제라 할 수 있다. 한 예로 우울은 상담에서 자주 이야기되는 주제이지만, 내담자에 따라서 무기력과 극심한 상실감, 불안과 심한 위축, 불면과 체중 감소, 체중 증가와 과다 수면, 반복되는 자살 생각, 자해 행동 등과 같은 각기 다른 행동 양상들을 나타낸다. 나타내는 증상은 다양하지만, 핵심 주제는 우울이다. 따라서 이러한 내담자를 효과적으로 돕기 위해서는 우울에 대해 철저히 이해해야 하고, 이러한 문제를 직접 상담하는 경험을 쌓아야 한다.

상담 장면에서 마주하는 주제들은 실로 다양하다. 불안장애, 강박장애, 성격장애와 같은 정신병리적 주제를 포함하여 중독, 부부가족 갈등, 대인 관계, 진로 및 취업 등 삶의 전반적인 내용을 포괄한다. 어떤 종류의 문제든 내담자가 도움을 요청하는 것은 상담 주제로 다룰 수 있다. 따라서 상담사는 해당 영역들에 대한 심층적인 학습과 수련을 통해 전문적 지식을 쌓아가야 한다.

한편, 권위 있는 상담 전문가들은 전문성 이외에도 인간관계에서 뛰어난 기술을 발휘할 뿐만 아니라, 자신의 정서적 건강을 챙기고, 삶의 여러 측면에서 탁월하기 위해 열성적으로 학습하는 것으로 나타났다(Skovholt, 2001). 또한 저명한 상담 대가들은 자신의 삶과 내담자를 도우려는 노력에 대해 깊이 사색하는 습관을 가지고 있었으며(Kottler & Shepard, 2015), 자신에 대해 반성적 성찰을 하고, 자신의 상담에 대해 사색하는 데 많은 시간을 할애하였다(Duncan, Miller, & Sparks, 2004). 따라서 전문 상담사는 자신과 타인의 삶에 대한 지속적인 성찰을 바탕으로 탁월성을 추구해 나가야 한다.

2) TA 전문가로 나아가기

교류분석상담사 5단계 과정을 마치면서 배움과 성장의 즐거움을 경험했을 것이다. 이러한 배움과 성장의 여정을 지속하길 바란다. 상담사에 머무르거나 안주하지 말고, 보다 큰 통찰과 전문성을 확보할 수 있는 전문가 과정으로 나아가길 바란다. 상담사 과정이 '나'를 위한 과정이었다면, 전문가 과정은 '나와 너'를 위한 과정이 될 것이다.

한국교류분석상담학회는 교류분석 전문가 과정과 수련감독 과정을 제공하고 있다. 자격 과정과 관련한 상세한 정보는 학회 홈페이지(http:www.taca.kr)에서 확

인할 수 있다. 교류분석 상담 전문가로 나아가는 과정이 즐겁고 행복한 여정이 되기를 바란다.

실습

1. TA 상담사로서 나를 불안하게 하는 것은 무엇이고 이를 해결할 방안은 무엇인가?

2. TA 상담사로서 가장 다루기 힘든 감정은 무엇이고 이를 해결할 방안은 무엇인가?

3. TA 상담 장면에서 통제하기 어려운 점은 무엇이고 이를 해결할 방안은 무엇인가?

4. TA 상담사로서 경험하는 역전이는 무엇이고 이를 해결할 방안은 무엇인가?

5. TA 상담사로서 경험한 소진은 무엇이고 활기찬 삶을 위해 노력할 점은 무엇인가?

6. TA 상담 전문성을 갖추기 위해 현재 하고 있는 노력과 앞으로의 계획은 무엇인가?

부록

◆ 자아상태-인생태도 검사 실시 방법 안내

1. TA 성격 프로파일 검사지 구매 자격 및 구매 방법
2. 온라인 TA 성격 프로파일 검사 실시 방법
3. 수기 TA 성격 프로파일 검사 실시 방법

◆ 자아상태-인생태도 검사 실시 방법 안내

1. TA 성격 프로파일 검사지 구매 자격 및 구매 방법

구매 자격

1) 각 기관 및 센터: TA 성격프로파일 분석사 자격 이상을 소지한 자가 있는 경우
2) 개인: TA 성격프로파일 분석사 (또는 교류분석상담사) 자격을 소지한 자

구매 방법

1) 수기 자아상태 및 인생태도 검사지와 프로파일: 전국 각 지부를 통해 구입 가능
2) 온라인 자아상태 및 인생태도 검사지와 프로파일: 학회 사이트를 통해 구입 가능
[한국교류분석상담학회(taca.kr)]

검사 실시 및 해석 자격

TA 성격프로파일 분석사 (또는 교류분석상담사) 자격을 소지한 자

2. 온라인 TA 성격 프로파일 검사 실시 방법

1. 학회 홈페이지 로그인 - 오른쪽 상단 [온라인 검사] 배너 클릭

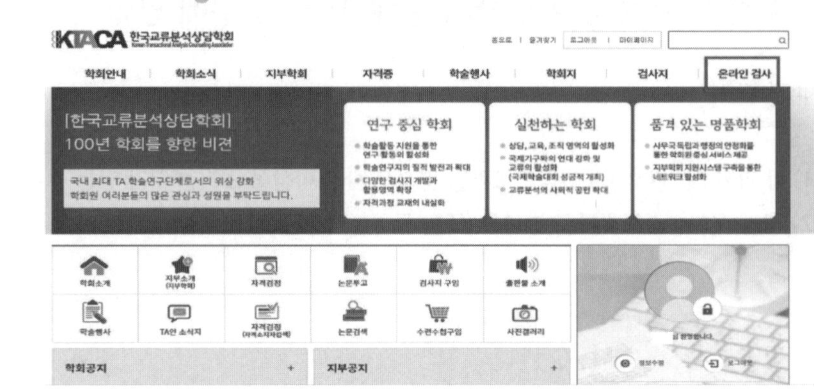

2. 온라인 검사 인증키 구매 클릭

3. 원하는 검사지 확인 후, 바로 구매하기 클릭 (화살표 좌우 클릭시 검사 종류 확인 가능)

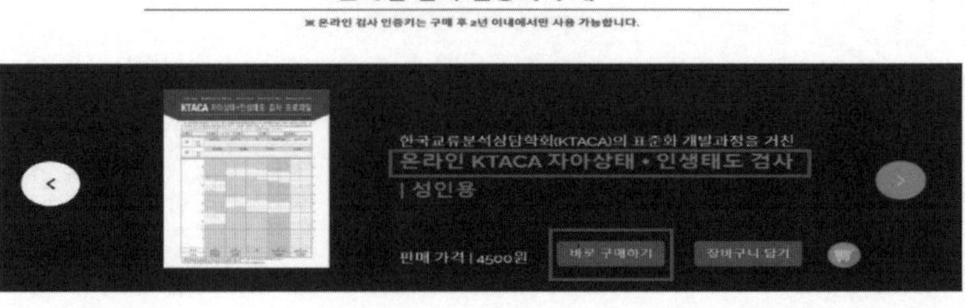

4. 주문서 작성 화면에서 구매 수량 확인

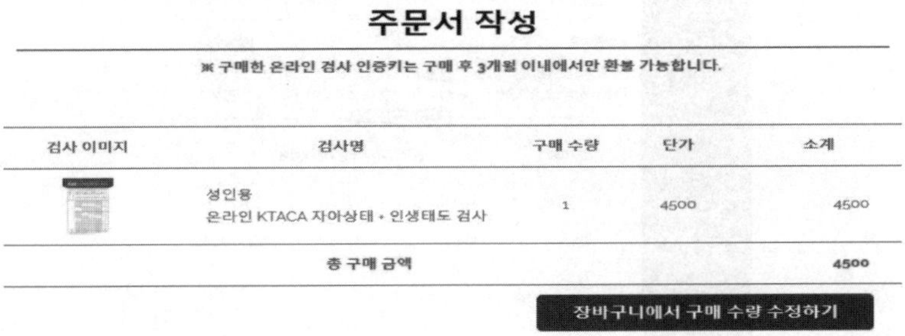

주문서 작성

※ 구매한 온라인 검사 인증키는 구매 후 3개월 이내에서만 환불 가능합니다.

검사 이미지	검사명	구매 수량	단가	소계
	성인용 온라인 KTACA 자아상태 + 인생태도 검사	1	4500	4500
	총 구매 금액			4500

장바구니에서 구매 수량 수정하기

5. 결제 정보 입력

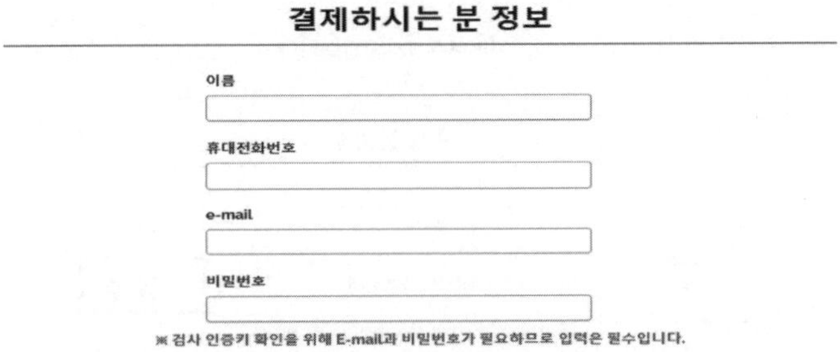

결제하시는 분 정보

이름

휴대전화번호

e-mail

비밀번호

※ 검사 인증키 확인을 위해 E-mail과 비밀번호가 필요하므로 입력은 필수입니다.

6. 결제 방법 선택 및 결제하기 클릭

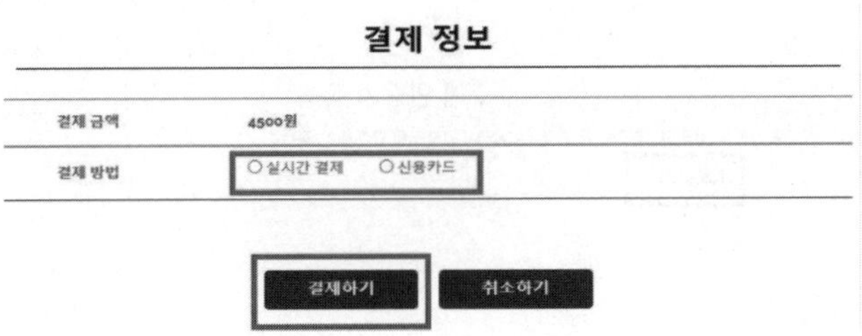

결제 정보

결제 금액	4500원
결제 방법	○ 실시간 결제 ○ 신용카드

결제하기 취소하기

7. (신용카드 결제) 카드 선택 후 결제 진행

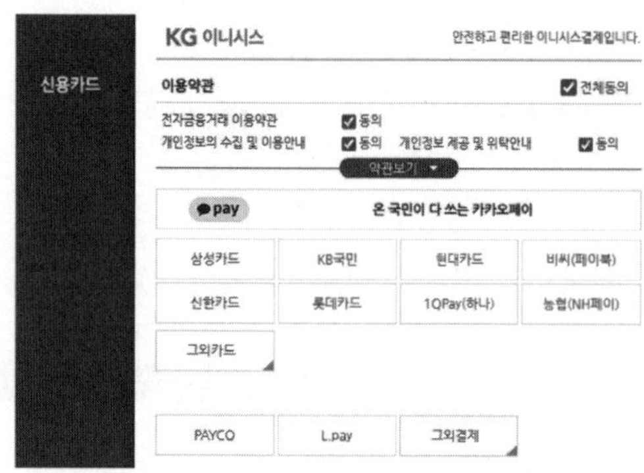

8. 결제 후 구매 정보 화면에서 우측 [인증키 보기] 클릭

구매해주셔서 고맙습니다.

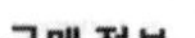

구매 정보

검사 이미지	검사명	구매 수량
	성인용 | 온라인 KTACA 자아상태 + 인생태도 검사	1 인증키 보기

※ 구매하신 인증키 확인은 [구매 인증키 확인]에서 해주세요.

9. 구매 인증키(8자리) 복사 또는 별도로 기록하여 보관

구매 인증키 목록

▣ 성인용 | 온라인 KTACA 자아상태 + 인생태도 검사 구매 인증키(8자리) 1개

TI$3ZZCi

※ 인증키 분실시, 처음 구매시 입력하였던 이름/e-mail/비밀번호로 재확인 가능합니다.

구매자 확인

이름

e-mail

비밀번호

※ 구매할 때 입력했던 이름, e-mail과 비밀번호를 입력해주세요.

구매 인증키 환불 | 구매 인증키 보기 | 비밀번호 재설정 주소 e-mail로 받기

10. 구매한 검사 코드 및 검사 기본 정보 입력 후 [다음] 클릭

KTACA 온라인 자아상태 • 인생태도 검사

온라인 검사 인증키 정보 입력

검사 인증키

8자리 코드 기재

검사 기본 정보 입력

이름

e-mail

성별

성별

나이

직업

다음

11. 검사 개요 안내

KTACA 온라인 자아상태 • 인생태도 검사

KTACA 자아상태 & 인생태도 검사 개요

교류분석의 창시자 Eric Berne (1964)은 '자아상태(ego state)'라는 용어를 사용하여 한 인간의 성격적 특성을 정의하면서, 사람의 성격 구조를 Parent ego state, Adult ego state, Child ego state로 즉 PAC모델을 제시하였습니다. PAC 자아상태는 '사람'이나 '할' 그리고 '문제 상황'에서 5가지 자아상태, 즉 통제적 부모(Controlling Parent), 양육적 부모(Nuturing Parent), 어른(Adult), 자유스러운 어린이(Free Child), 순응하는 어린이(Adapted Child) 자아상태로 기능(반응)한다고 하였습니다(J. Dusay, 1970).

한편 Berne (1964)은 인생태도를 자신과 타인에 대한 기본적인 개념으로 초기 경험을 바탕으로 내린 결정을 정당화하도록 어린 시절에 만들어지는 것이라고 말했다. 반면 Claude Steiner는 태어난 후 몇 달 안의 어른 초기에 형성된다고 보았다. 「자기부정 · 타인긍정」, 「자기긍정 · 타인부정」, 「자기부정 · 타인부정」, 「자기긍정 · 타인긍정」으로 구별하고, 자아상태(Ego State) 검사 결과와 관련지어 성격 특성(경향성)을 설명하고 있다. 자아상태와 인생태도를 함께 살펴보는 작업은 자신의 마음을 들여다보는 유익한 작업이 될 것이다.

본 자아상태 검사지는 한국교류분석상담학회(KTACA)의 표준화 개발과정을 거쳐 사용되고 있으며, 검사 결과의 분석 및 해석에 대한 전문성 그리고 검사지 사용의 윤리성을 높이기 위하여 한국교류분석상담학회(KTACA)의 TA성격프로파일분석사 이상의 자격소지자가 검사를 실시하고 결과를 해석하여야 한다.

12. 검사 시작 전 안내사항 숙지 후 [성인용 검사 시작] 클릭

검사를 시작하기 전 읽어보세요

본 검사는 성격진단이나 개인의 능력을 측정하기 위한 것이 아닙니다.

본 검사는 개인의 성격 경향성을 알아보고, 자신과 타인을 이해하며 건강한 가정과 사회생활을 할 수 있도록 도움을 주고자 하는 데 그 목적이 있습니다.

본 검사의 문항에는 '정답'이 없습니다. 각 문항을 읽은 다음 자신의 상태를 가장 잘 나타내는 정도를, 응답하시기 바랍니다.

본 검사의 각 문항에 대하여 너무 오래 생각하지 말고 자연스럽게 느껴지는 마음상태대로 응답하시기 바랍니다.

본 검사는 자신이 바라는 것을 답하는 것이 아니라, 현재 느끼고 행동하는 정도를 표시하는 것입니다.

본 검사는 자아상태 검사 50문항과 인생태도 검사 40문항으로 구성되어 있습니다.

저작권 보유자 | 윤영진, 문호영, 김미례, 송준석, 이영호, 정정숙

성인용 검사 시작

13. 검사 실시(해당 칸에 클릭하면 응답 후 자동 넘김)

KTACA 온라인 자아상태 • 인생태도 검사

☐ 응답 후 자동 넘김 설정

90. 나는 나 자신을 그다지 존중하지 않는다.

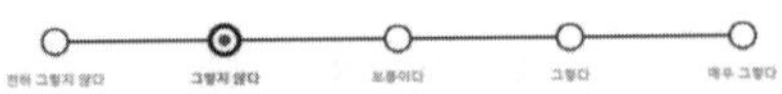

제출하기

14. 제출 완료 안내 및 [결과보기] 클릭

KTACA 온라인 자아상태 • 인생태도 검사

제출이 완료되었습니다.

- **[결과보기] 단추를 선택**하여 PDF로 결과를 볼 수 있습니다.
- 누리집의 **[검사 결과 다시보기]**에서 언제든지 결과를 다시 확인할 수 있습니다.
- [검사 결과 다시보기]를 이용하려면 검사 전 입력한 검사 인증키와 e-mail를 기억해두세요.

검사 프로파일 예시 및 자아상태 기능별 성격 특성

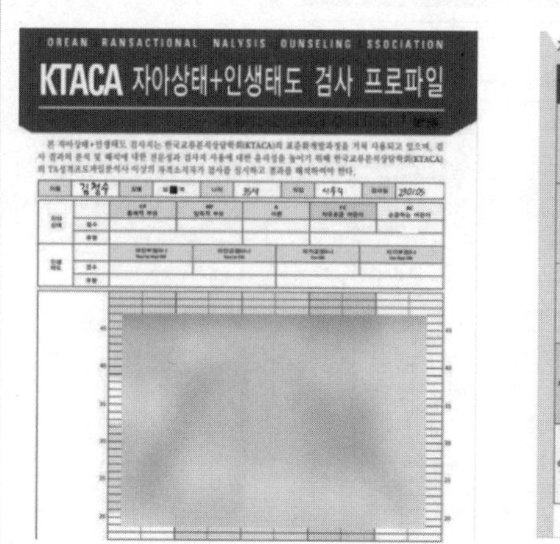

KTACA 자아상태+인생태도 검사 프로파일

자아상태(Ego State) 기능별 성격 특성

주도적인 자아상태 성격 특성 및 자아상태 활성화 방안

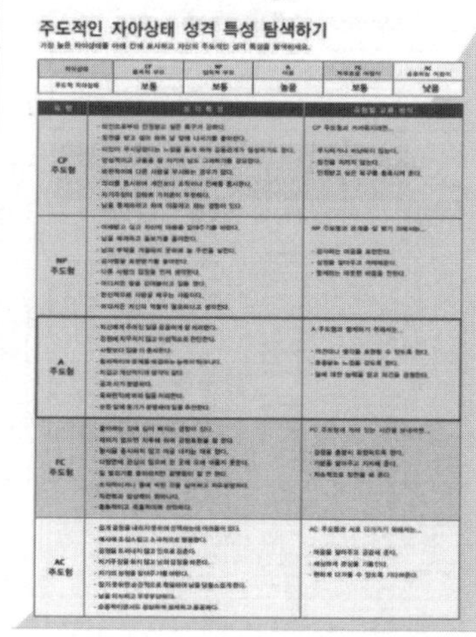

주도적인 자아상태 성격 특성 탐색하기

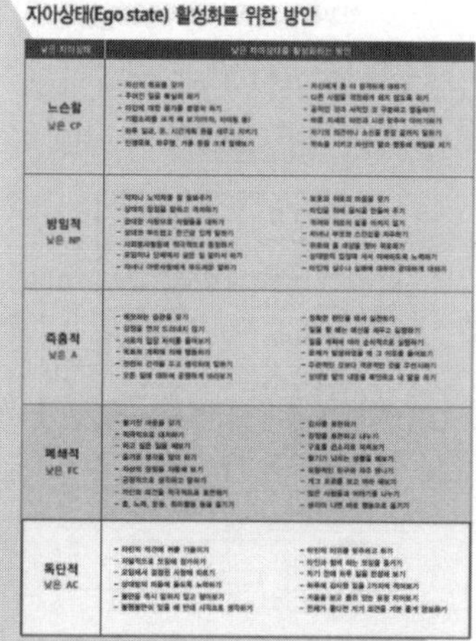

자아상태(Ego state) 활성화를 위한 방안

인생태도 분석 프로파일

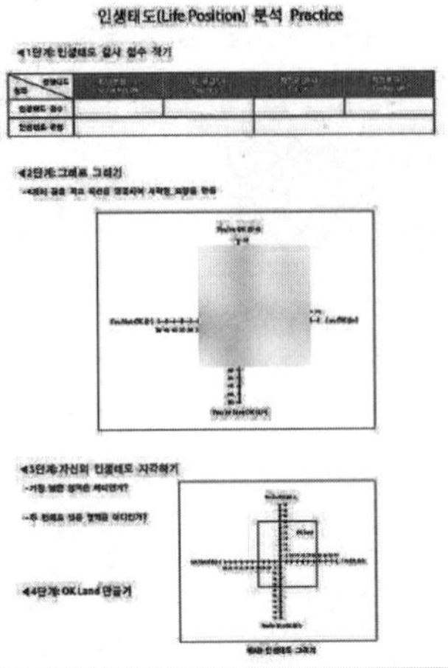

인생태도 OK 목장 및 행동유형 자기분석

인생태도(Life Position)®와 OK목장

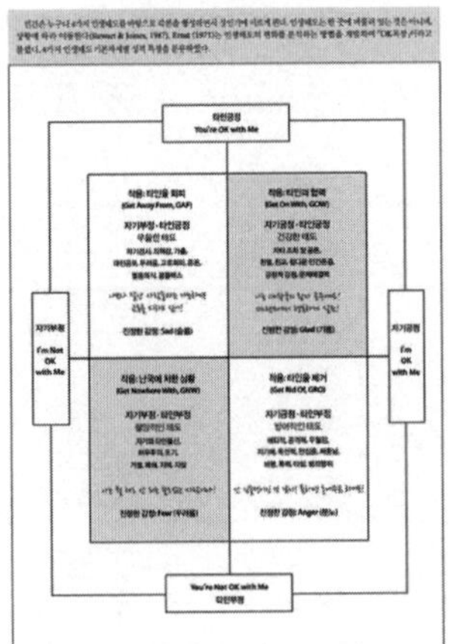

인생태도(Life Position)와 행동유형 자기분석

3. 수기 TA 성격 프로파일 검사 실시 방법

검사 오리엔테이션

1. 검사를 미리 준비한다.

프로파일지 내 첨부된 검사 응답지를 분리하여
각 검사지 안에 삽입 후, 테이블 위에 볼펜과 함께 준비한다.

2. 프로파일의 검사 목적에 대해 설명한다.

- 이 검사는 정신병리를 진단하거나 개인의 능력을 측정하는 검사가 아닙니다.
- 자신의 선천적인 성격 유형이나 타고난 기질을 알아보는 검사 또한 아닙니다.
- 이 검사는 자신의 대인 관계 및 행동 패턴에 대한 이해를 바탕으로 합니다.
- 타인과의 관계 역동을 이해하고 개선하므로 건강한 사회생활을 할 수 있도록 도움을 주고자 하는 데 목적이 있습니다.
- 자신의 자아상태 에너지의 활용과 인생태도의 변화를 목적으로 합니다.

검사 오리엔테이션

3. 검사 답안지에 자신의 기본 정보를 기입하도록 한다.

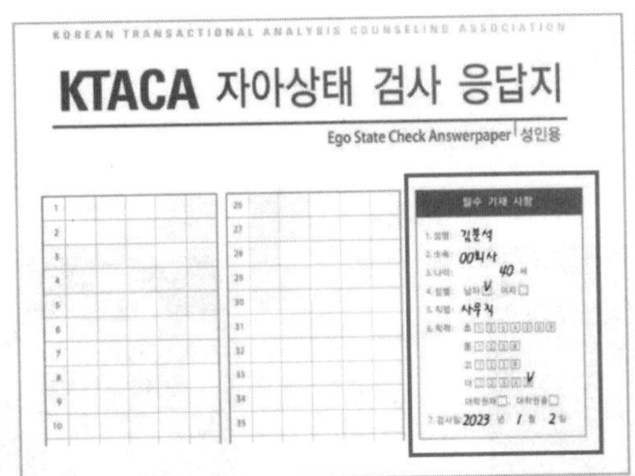

4. 검사지에 제시되어 있는 검사 실시 요령에 대해 안내한다.

- 자신이 바라는 모습이 아닌, 최대한 솔직한 자신의 모습으로 응답해주세요.
- 정답이 없으므로, 자신의 상태를 가장 잘 나타내는 정도를 체크해주세요.
- 너무 깊이 생각하기보다 바로 체크해주세요.

① 전혀 그렇지 않다 ② 그렇지 않다 ③ 보통이다 ④ 그렇다 ⑤매우 그렇다

1			3		
2	3				
3				4	
4		4			
5			3		
6					3
7	2				
8					2
9	2				

<응답지 답안 기록 방법>

- 색칠 되지 않은 흰 색 칸에

- 자신이 체크하고자 숫자를

-기록한다.

검사의 채점

응답지 예시

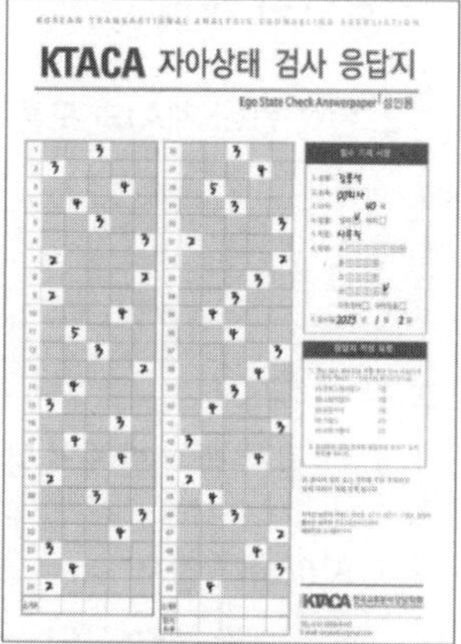

KTACA 자아상태 검사 응답지

Ego State Check Answerpaper | 성인용

1. 응답지의 첫째 줄부터 세로로 기입된 점수를 합산하여 합산 점수를 기입한다.

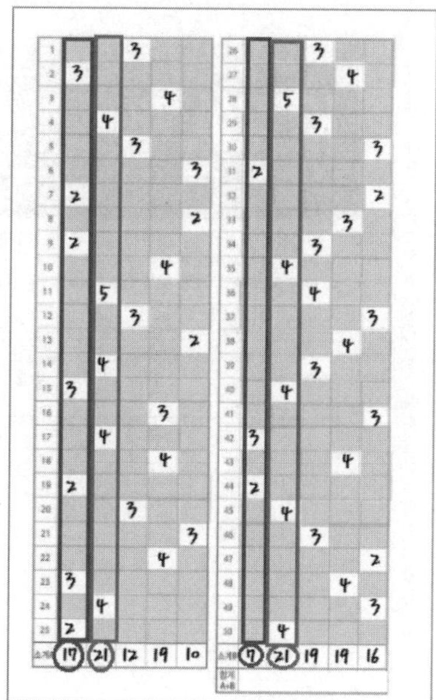

번호						번호					
1			3			26			3		
2	3					27				4	
3				4		28		5			
4		4				29			3		
5			3			30					3
6					3	31	2				
7	2					32					2
8					2	33				3	
9	2					34			3		
10				4		35		4			
11		5				36			4		
12			3			37					3
13					2	38				4	
14		4				39			3		
15	3					40		4			
16				3		41					3
17		4				42	3				
18				4		43				4	
19	2					44	2				
20			3			45		4			
21					3	46			3		
22				4		47					2
23	3					48				4	
24		4				49					3
25	2					50		4			
소계	17	21	12	19	10	소계B	7	21	19	19	16
						합계 A+B					

검사의 채점

2. 왼쪽 칸(소계A)와 오른쪽 칸(소계B)를 합산한다. [합계 A+B]

소계A	17	21	12	19	10
소계B	7	21	19	19	16
합계 A+B	24	42	31	38	26

3. 각 검사 점수 합계의 영역을 확인한다.

자아상태 검사

	CP	NP	A	FC	AC
합계 A+B	24	42	31	38	26

인생태도 검사

	U-	U+	I+	I-
합계 A+B	24	38	35	20

4. 프로파일지에 인적사항 작성 후 점수를 기록한다.

KOREAN TRANSACTIONAL ANALYSIS COUNSELING ASSOCIATION

KTACA 자아상태+인생태도 검사 프로파일

Ego State - Life Position Check Profile | 성인용

본 자아상태+인생태도 검사지는 한국교류분석상담학회(KTACA)의 표준화개발과정을 거쳐 사용되고 있으며, 검사 결과의 분석 및 해석에 대한 전문성과 검사지 사용에 대한 윤리성을 높이기 위해 한국교류분석상담학회(KTACA)의 TA성격프로파일분석사 이상의 자격소지자가 검사를 실시하고 결과를 해석하여야 한다.

이름	김분석	성별	남☑ 여□	나이	40	직업	사무직	검사일	23.01.02

		CP 통제적 부모	NP 양육적 부모	A 어른	FC 자유로운 어린이	AC 순응하는 어린이
자아상태	점수	24	42	31	38	26
	유형					

		타인부정(U-) You're Not OK	타인긍정(U+) You're OK	자기긍정(I+) I'm OK	자기부정(I-) I'm Not OK
인생태도	점수	24	38	35	20
	유형				

검사의 채점

5. 프로파일에 자아상태 그래프를 검은색 실선으로 그린다.

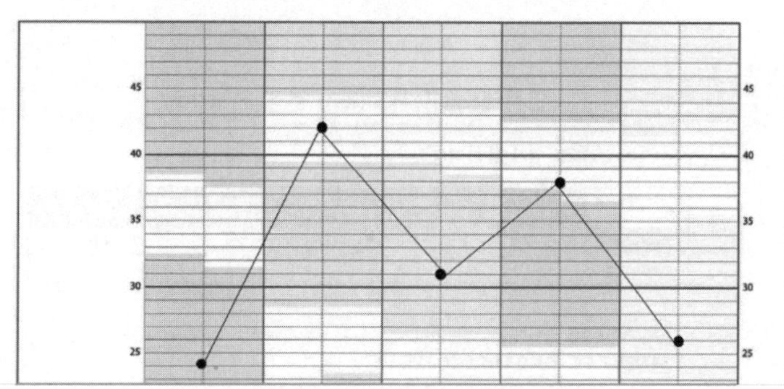

6. 이어서 프로파일에 인생태도 그래프를 붉은색 점선으로 그린다.

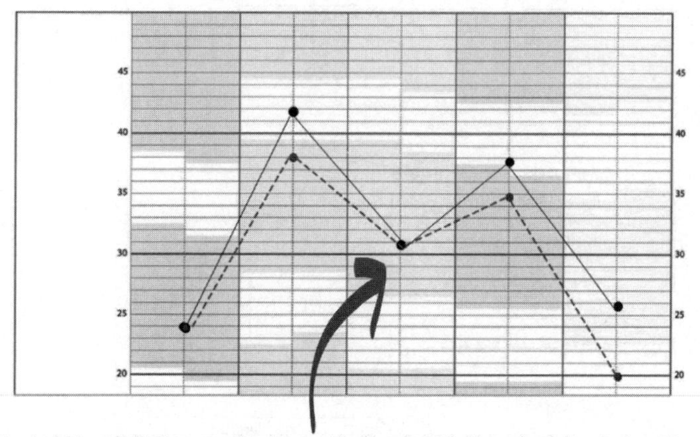

※ 유의사항: 인생태도 그래프를 그릴 때, 자아상태 A의 점을 지나도록 그린다.

검사의 채점

7. 인생태도 분석 - 검사 점수 기재 및 그래프를 그린다.

인생태도(Life Position) 분석 Practice

◀1단계: 인생태도 검사 점수 적기

인생태도 / 항목	타인부정(U-) You're Not OK	타인긍정(U+) You're OK	자기긍정(I+) I'm OK	자기부정(I-) I'm Not OK
인생태도 점수	24	38	35	20
인생태도 유형				

◀2단계: 그래프 그리기

-4개의 점을 찍고 직선을 연결하여 사각형 모양을 만듦

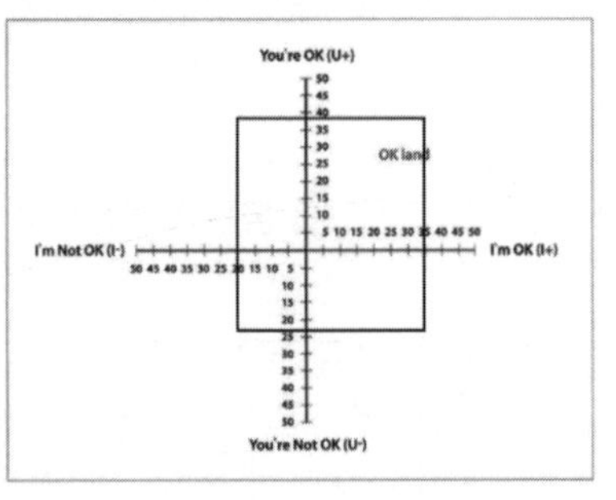

◀3단계: 자신의 인생태도 자각하기

-가장 넓은 영역은 어디인가?

-두 번째로 넓은 영역은 어디인가?

◀4단계: OK Land 만들기

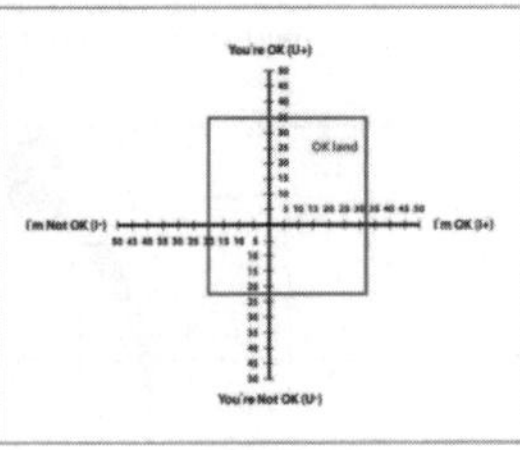

예제) 인생태도 그리기

참고문헌

김미례(2015). 교류분석상담의 과정과 기법. 아카데미아.

김미례(2015). 교류분석상담의 기초 2. 아카데미아.

김종호(2009). 교류분석(TA)이론의 이고그램(egogram) 척도개발 연구. 대구대학교 대학원 박사학위논문.

문영주(2015). 교류분석상담의 인생각본 치료. 아카데미아.

박성희(2005). 동화로 열어가는 상담이야기. 학지사

박원모(2008). 교류분석 이론에 의한 중고등학생 자아상태 검사 개발 및 타당화. 경성대학교 대학원 박사학위논문.

우재현 편저(1995). 임상 교류분석 프로그램. 정암서원.

우재현(2005). 심성개발 교류분석 프로그램. 정암서원.

우재현(2006). 심성개발을 위한 교류분석(TA) 프로그램-초급과정(TA101 course)-9판. 정암서원.

우재현(2006). 이고그램 243패턴-성격의 진단과 개선-6판. 정암서원.

윤영진, 문호영, 김미례, 송준석, 이영호, 정정숙(2016). KTACA형 인생태도 검사지 성인용. 경기: 아카데미아.

윤영진, 문호영, 김미례, 송준석, 이영호, 정정숙(2016). KTACA형 자아상태 검사지 성인용. 아카데미아.

윤영진, 문호영, 김미례, 송준석, 이영호, 정정숙(2016). KTACA형 자아상태+인생태도 검사 프로파일. 한국교류분석상담학회.

윤영진, 문호영, 김미례, 송준석, 이영호, 정정숙(2016). TACA형 자아상태와 인생태도 평정

척도 개발 및 활용의 실제. 아카데미아.

윤영진, 문호영, 이영호, 박용민(2014). TACA형 인생태도 평정척도 개발 및 타당화 연구. 교류분석상담, Vol. 4, No. 2, 125-164.

윤영진, 문호영, 이영호, 박용민(2014). TACA형 자아상태 평정척도 개발 및 타당화 연구. 교류분석상담, Vol. 4, No. 2, 25-77.

임은미, 강지현, 권해수, 김광수, 김정희, 김희수, 박승민, 여태철, 윤경희, 이영순, 임진영, 최지영, 최지은, 황매향(2013). 한국상담학회상담학총서 8: 인간발달과 상담. 학지사.

정문자, 정혜정, 이선혜, 전영주(2007). 가족치료의 이해. 학지사.

Allen, J. (2004). Neurophysiology: use of transaetional Anolysis in counseling Children and adolesceut in the light ot recent fiucings in neurophysiology. *CPJ-RUGBY*. 13-16.

Allen, J. R., & Allen, B. A. (1995) Narrative Theory, Redecision Therapy and Postmodernism. *TAJ, 25*(4), 327-334.

Babcock, D., & Keepers, T. (1976). *Raising Kids OK: The Only Complete Parent's Guide to Transactional Analysis*. Avon.

Berne, E. (1961). *Transactional Analysis in Psychotherapy*. Grove Press.

Berne, E. (1966). *Principles of Group Treatment*. Oxford University Press.

Berne, E. (1966). *The Structure and Dynamics of Organizations and Groups?*

Berne, E. (1968). *A Layman's Guide to Psychiatry and Psychoanalysis*. Penguin.

Berne, E. (1968). *Games People Play: the Basic Handbook of Transactional Analysis*. Grove Press.

Berne, E. (1969). *Standard Nomenclature. TAB, 8*(32), 111-112.

Berne, E. (1970). *Sex in Human Loving*. Simon and Schuster.

Berne, E. (1972). *What Do You Say After You Say Hello?: The Psychology of Human Destiny*. Grove Press.

Berne, E. (2006). 심리게임 (*Games People Play*). (조혜정 역). 교양인.

Boyd, H. S., & Cowles-Boyd I. (1980). *Blocking Tragic Scripts. TAJ, 10*(3), 227–9.

Clarke, J. I. (1981). *Self-Esteem: A Family Affair Learder Guide*. HarperCollins.

Clarke, S. L. (2012). *Clareke's Dictionary of Transactional Analysis*. Peace Imprints.

Clarkson, P. (1987). The Bystander Role. *TAJ, 17*(3), 82–87.

Corey, G. (2003). 심리상담과 치료의 이론과 실제 (*Theory and Practice of Counseling and Psychotherapy*). (조현춘, 조현제 공역). 시그마프레스. (원저는 2001년에 출판).

Corey, G. (2017). *Theory and practice of counseling and psychotherapy* (10th ed.). Cengage Learning.

Crossman, P. (1966). Permission and Protection. *TAJ, 5*(19), 152–154.

Duncan, B. L., Miller, S. D., & Sparks, J. A. (2004). *The heroic client: A revolutionary way to improve effectiveness through client-directed, outcome-informed therapy*. Jossey-Bass.

Dusay, J. M. (1972). *Egograms*. Harper & Row.

Dusay, J. M. (1977). *EGOGRAMS, –How I See You and You See Me*. Harper & Row Publishers.

English, F. (1976). Racketeering. *TAJ, 6*(1), 78–81.

Erickson, E. H. (1950). *Childhood and Society*. Norton.

Ernst, E. (1971). The OK corral: the grid for get-on-with. *TAJ, 1*(4), 231–40.

Erskine, R. (1973). *TAJ, 3*(3), 17–18.

Erskine, R. (1997). *Theories and Methods of an Integrative Transactional Analysis: A Volume of Selected Articles*. San Francisco: TA Press.

Freud, S. (2010). 정신분석학의 근본개념 (*Beyond the Pleasure Principle*). (윤희기, 박찬부 공역). 열린책들. (원저는 1920, 1922년에 출판).

Goulding, M. M., & Goulding, R. L. (1979). *Changing Lives through Redecision Therapy*. Grove Press.

Goulding, M. M., & Goulding, R. L. (1976). Injuctions, Decisions and Redecisions. *TAJ, 6*(1), 41–48.

Hamilton, N. G. (2007). 대상관계 이론과 실제 (*Object Relations Theory in Practice*). (김진숙, 김창대, 이지연 공역). 학지사.

Harris, T. A. (1973). *I'm OK–You're OK*. Avon Books.

Hawkes, I. (2007). The Permission Wheel. *TAJ, 37*(3), 210–217.

Hay, J. (1992). *Transactional Analysis for Trainers*. McGraw-Hill.

Heyer, N. Robert (1979). Development of a Questionnaire to Measure Ego States with Some Applications to Social and Comparative Psychiatry. *TAJ*. ITAA.

James, M. (1974). Self Reparenting Theory and Process. *TAJ, 4*(3), 32–39.

James, M. (1981). *Breaking free: Self-reparenting for a new self*. Addison Wesley.

James, M., & Goulding, M. (1998). Self-Reparenting and Redecision. *TAJ*, 28(1), 16–19.

James, M., & Jongeward, D. (1978). *Born To Win-Transactional Analysis with Gestalt Experimenrs*. Addison Wesley.

James, M., & Jongeward, D. (1994). 아이는 성공하기 위해 태어난다 (*Born to Win*). (이원영 역). 샘터사.

James, M., & Savary L. (1977). *A New Self: Self-Therapy with Transactional Analysis*. Addison-Wesley Publishing Company.

Kadis, L. B. (Ed). (1985). *Redecision Therapy: Expanded perspectives*. Western Institute of Group and Family Therapy.

Kahler, T. (1978). *Transactional Analysis Revisited: Scripting, Treatment and Communication Techniques*. Human Development Publications.

Kahler, T., & Capers, H. (1974). The Miniscript. *TAJ, 4*(1), 26–42.

Karpman, S. (1968). Fairy Tales and Script Drama Analysis. *Transactional Analysis Bulletin, 7*(26), 39–43.

Karpman, S. (1971). Options. *TAJ, 1*(1):79–87.

Kottler, J. A., & Shepard, D. S. (2015). *Introduction to counseling: Voices from the field* (8th ed.). Cengage Learning.

Kouwenhoven, M. (1983). *TA in Nederland*. Tulip.

Kupfer, D. (1962). On Stroking. *TAB, 1*(2), 9.

Lennox, C. (Ed). (1997). *Redecision Therapy: A brief, action-oriented approach*. Jason Aronson.

Levin-Landheer, P. (1981). A Developmental Script Questionnaire. *TAJ, 11*(1), 77–80.

Levin-Landheer, P. (1982). The Cyde of Development. *TAJ, 12*(2), 129–139.

Levin, P. (2015). Ego States and Emotional Development in Adolescence. *TAJ*, 228–237.

Lister-Ford, C. (2008). 기법을 중심으로 한 TA 상담과 심리치료 (*Skills in Transactional Analysis Counseling & Psychotherapy*). (박의순, 이진선 공역). 서울: 시그마프레스.

May, R. (1969). *Love and Will*. W. W. Norton.

McKenna, J. (1974). Stroking profile. *TAJ, 4*(4), 20–24.

Mellor, K., & Sigmund, E. (1980). Discounting. *TAJ, 5*(3), 295–302.

Mihailovic, K. P. Mihailovic, D. (2004). The Social Matrix of Socialization. *Transactionl Analysis journal, 34*(4), 347–355.

Munro, R. L. (1995). *Schools of Psychoanalytic Thought Dryden*.

Napper, R., & Newton, T. (2000). *TACTICS: Transactional Analysis concepts for all trainers, teachers and tutors + insight into collaborative learning strategies.* TA Resources.

Newton, T. (2006). Script, Psychological Life Plans, and the Learnong Cycle. *TAJ, 36*(3): 186–195.

Pieper, J. (1974). *About Love, translated by Richard and Clara Winston*. Franciscan Her-ald Press. (Tyrrell, B. Christotherapy II, 117에서 재인용).

Schiff, A., & Schiff, J. (1971). Passivity. *TAJ, 1*(1), 71–78.

Schiff, I. in collaboration with Schiff, A., Mellor, K., Schiff, E, Richman, D., Fishman, J., Wolz, L., Fishman, C., & Momb, D. (1975). *Cathexis Reader: Transactional Analysis Treatment of Psychosis*. Harper Row.

Schiff, J. L. (1975). *Cathexis Reader: Transactional Analysis Treatment of Psychosis*.

Harper Row.

Schiff, J., & Schiff, A. (1975). Frames of Reference. *TAJ, 5*, 290–4.

Schiff, J. L. (1977). One hundred children generate a lot of TA: History, development, and activities of the Schiff family. In: G. Barnes(Ed.), *Transactional Aanlysis after Eric Berne: Teachings and Practices of Three TA Schools* (pp. 53–76). Harper's College Press.

Schiff, S. (1977). Personality Development and Symbiosis, *TAJ, 7*(4), 310–316.

Skovholt, T. M. (2001). *The resilient practitioner: Burnout prevention and self-care strategies for counselor, therapists, teacher, and health professionals*. Allyn & Bacon.

Steiner, C. (1966) Scripts and counterscript. *TAB, 5*(8). 133–135.

Steiner, C. (1971) The stroke economy. *TAJ, 1*(3), 9–15.

Steiner, C. (1971). *Game Alcoholic Play: Transactional Analysis of Life Scripts*. Grove Press.

Steiner, C. (1974). *Scripts People Live: Transactional Analysis of Life Scripts*. Grove Press.

Steiner, C. M. (1966). Script and Counterscript. *TAB, 5*(18), 133–135.

Steiner, C. M. (1971). The stroke economy. *TAJ, 1*(3), 9–15.

Steiner, C. M. (1974). *Scripts People Live*. Grove Press.

Stewart, I. & Joines, V. S. (1987). *TA Today: A New Introduction to Transactional Analysis*. Life Space Publishing.

Stewart, I. (1989). *Transactional Analysis Counselling in Action* (2nd ed.). Sage Publications.

Stewart, I. (1996). *Developing Transactional Analysis Counselling*. Sage Publisher.

Stewart, I. (2007). *Transactional Analysis counseling in Action* (Third edition). Sage Publisher.

Stewart, I. (2009). 교류분석 상담의 적용 (*Developing Transactional Analysis Counselling*. London: Sage Publisher, 87). (교류분석임상연구회 역). 학지사. (원저는 1996년에 출판)

Stewart, I., & Joines, V. (1987). *TA Today: a New Introduction to Transactional Analysis*. Nottingham & Chapel: Life Space.

Tilney, T. (1998). *Dictionary of Transactional Analysis*. Whurr, p. 120.

Trautmann, R., & Erskine, G. (1981). Ego State Analysis: A Comparative View. *TAJ, 11*(2), 178-185.

Tudor, K. (2008). "Take It"-A Sixth Driver. *TAJ, 38*(1), 43-57.

Widdowson, M. (2016). TA심리상담: 100가지 핵심기법 (*Transactional Analysis: 100 Key Points and Techniques*). (가족마음연구소 역). 시그마프레스. (원저는 2010년에 출판).

Woollams, S., & Brown, M. (1978). *Transactional Analysis A Modern and Comprehensive Text of TA Theory and Practice*. Huron Valley Institute.

Woollams, S., & Brown, M. (1979). *Handbook of Transactional Analysis*. Englewood Cliffs.

Wyckoff, H. (1975). *Readings in Radical Psychiatry* (Steiner ed.). Grove Press.

杉田峰康, 水野正憲, 岡野一央博 (1989). TAOK診斷 Text: human ware 開發을 위한 text. 금강출판사.

杉田峰康 (1989). 교류분석 (交流分析). (김현수 역). 민지사.

추천도서

김미례, 정정숙(2017). 교류분석 개인상담. 아카데미아.

김미례, 정현주, 이성직, 김희숙, 박동혁, 조난숙, 황매향(2022). 부모교육 및 상담. 학지사.

문영주(2015). 교류분석상담의 인생각본 치료. 아카데미아.

이영호, 박미현(2011). 관계의 미학: 생활 속의 교류분석. 학지사.

Anita, M., & Chris. D. (2015). 기업과 조직을 살리는 교류분석: 커뮤니케이션 방법을 바꾸는 세 가지 비밀 (*Working together: organizational transactional analysis and business performance*). (김미례, 김병윤, 김영호, 김정삼, 박용민, 박창규, 송준석, 이영호, 정

원철, 정지선 공역; 한국교류분석상담학회). 학지사.

Barrow, G., & Newton, T. (2012). 교육현장에서 교류분석의 적용 (*Walking the talk : how transactional analysis is improving behaviour and raising self-esteem*). (이영호, 박미현 공역). 학지사.

Dinkmeyer, D., & Losoncy, L. (2012). 격려 기술 (*Skills of encouragement : bringing out the best in yourself and others*). (김미례, 오명자, 김광운 공역). 학지사.

Goulding, M. & Goulding, R. (1979). *Changing Lives through Redecision Therapy*. Brunner/mazel. Publishers.

Harris, T. A. (2008). 마음의 해부학 (*I'M OK－YOU'RE OK*). (조성숙 역). 21세기북스.

Joines, V. S., & Stewart, I. (2002). *Personality Adaptations*. Nottingham & Chapel Hill: Life space.

Llister-Ford. (2002). *Skills in Transactional Analysis Counseling & Psychotherapy*. Sage Publication.

Stewart, I. (1989). *Transactional Analysis Counselling in Action* (2nd ed.). Sage Publications.

Stewart, I. (1996). *Developing Transactional Analysis Counselling*. Sage Publisher.

Stewart, I. (2007). *Transactional Analysis Counselling in Action*. London: Sage.

Stewart, I. (2009). 교류분석의 창시자 에릭 번. (박현주 역). 학지사.

White, T. (2013). 교류분석(TA)적 접근을 통한 자살 상담과 치료(*Working with suicidal individuals: a guide to providing understanding, assessment and support*). (공은숙, 김명하, 김미례, 문영주, 박미현, 박용민, 서혜석, 송준석, 아영아, 오명자 공역; 한국교류분석상담학회). 학지사.

Widdowson, M., & Ayres, A. (2010). *Transactional Analysis: 100 Key Points and Techniques*. Taylor & Francis Group.

찾아보기

인명

내용

ㄴ

ㄷ

ㄹ

저자 소개

김미례
(Mi Rye Kim)

호남대학교 상담심리학과 교수/학생상담센터장
한국교류분석상담학회 회장
전국대학상담학과협의회 회장
(사)한국상담학회 한국학교상담학회 회장 역임
(사)한국상담학회 대외협력위원장 역임
(사)한국상담학회 초월영성상담학회 학술위원장 역임
– 여성가족부 청소년상담사 1급
– 한국상담학회 전문상담사 1급(S225)

<주요 저 · 역서 및 논문>
임상실무에서의 정신화하기 핸드북(공역, 학지사, 2024)
초월영성상담자의 길(공저, 학지사, 2022)
부모교육 및 상담(공역, 학지사, 2022)
교류분석 개인상담(공저, 아카데미아, 2017)
교류분석 상담의 과정과 기법(공저, 아카데미아, 2015)
TACA형 자아상태와 인생태도 평정척도 개발 및 활용의 실제(공저, 아카데미아, 2016)
교류분석 이론에 기반한 청소년용 드라이버 척도개발 및 타당화 연구(공동, 2023)
교류분석 이론에 기반한 청소년용 시간구조화 척도개발 및 타당화 연구(공동, 2022)
교류분석 이론에 근거한 직무스트레스 척도 개발에 관한 연구(공동, 2020)

김장회
(Kim Janghoi)

경상국립대학교 교육학과 교수

<주요 저 · 역서>
심리상담과 치료의 이론과 실제, 11판(공역, 센게이지, 2024)
미래사회 진로교육과 상담(공저, 사회평론, 2020)
교류분석상담(공저, 학지사, 2019)
생활지도학 개론(공저, 학지사, 2019)

문영주
(Moon Youngju)

심리상담클리닉 뜨락 대표원장
한국에릭번심리상담연구소 소장
한국상담심리학회 상담심리사 1급(제1244호)
한국교류분석상담학회 상담영역교류분석수련감독자
ITAA(International Transactional Analysis Association) 정회원
한국교류분석상담학회 부학회장/학술위원장/상담영역위원장 역임

<주요 저 · 역서>
교류분석상담의 인생각본 치료(아카데미아, 2015)
교류분석을 적용한 자살 상담과 치료(공역, 학지사, 2013)
군 집단상담 이론과 실제(공저, 은혜출판사, 2009)

이영호
(Lee Youngho)

인제대학교 사회복지학과 교수

<주요 저서 및 논문>

사회복지실천기술론(공동체, 2022)
성격의 비밀, 교류분석이 풀다 아임 오케이 유어 오케이(이너북스, 2020)
인생태도의 심리치료적 활용을 위한 Tony White의 확장적 관점에 관한 시사점(공동, 2020)
교류분석상담에서의 마음챙김 명상 활용을 위한 고찰(2018)

전우경
(Jeon WooKyeong)

아이플러스 부모교육연구소 소장
중앙대학교 유아교육학과 겸임교수 역임
중앙대학교 부설 부모교육아카데미 주임교수 역임
한국교류분석상담학회 학회장 역임

<주요 저 · 역서 및 논문>

영유아교사를 위한 부모교육(공저, 학지사, 2017)
교류분석부모교육 워크북, 강사지침서(공저, 아카데미아, 2017)
부모와 자녀의 성장을 위한 비밀열쇠(공역, 학지사, 2021)
우리 모두의 아이(공저, 교육부, 2017)
유아 · 부모 · 교사를 위한 유치원 부모교육 프로그램(공저, 유아교육진흥원, 2012)
영아의 애착 형성을 위한 부모교육 프로그램의 구성과 적용효과(2003)

정원철
(Jeong Wonchul)

신라대 사회복지학과 교수
한국사회복지상담학회장
한국교류분석상담학회장 역임
신라대학교 도서관장
부산시입퇴원심사위원회 부위원장

<주요 저 · 역서>

쉽게 풀어쓴 집단상담(공저, 학지사, 2021)
자살상담과 치료(공역, 학지사, 2015)
기업과 조직을 살리는 교류분석(공역, 학지사, 2015)
정신보건사회사업론(공저, 공동체, 2021)
공동체사회복지상담(공저, 양서원, 2020)
사회복지실천론(공저, 양서원, 2021)

교류분석의 이해와 상담의 적용
Understanding and Application of Transactional Analysis

2024년 6월 5일 1판 1쇄 인쇄
2024년 6월 15일 1판 1쇄 발행

한국교류분석상담학회 편
지은이 • 김미례 · 김장회 · 문영주 · 이영호 · 전우경 · 정원철
펴낸이 • 김진환
펴낸곳 • (주) 학지사
04031 서울특별시 마포구 양화로 15길 20 마인드월드빌딩 4층
대 표 전 화 • 02)330-5114 팩스 • 02)324-2345
등 록 번 호 • 제313-2006-000265호

홈 페 이 지 • http://www.hakjisa.co.kr
인스타그램 • https://www.instagram.com/hakjisabook

ISBN 978-89-997-3071-9 93180

정가 26,000원

저자와의 협약으로 인지는 생략합니다.
파본은 구입처에서 교환해 드립니다.